KB260356

동아대학교 아세안연구소 연구총서 1

미얀마 역사-전통과 변혁

A History of Myanmar Since Ancient Times: Traditions and Transformations

마이클 아웅뜨윙·마이트리 아웅뜨윙 **지음**

박장식·강민지 **옮김**

진인진

목차

역사 연표

기원전 40,000-3,000년	석기 문화
기원전 3,000-500년	금속 문화
기원전 500년-서기 800년	도시국가('쀼') 시대
800-1300년	'고전기' 미얀마-버강 왕조와 왕국
1364-1527년	후고전기-제1차 어와 왕조와 왕국
1358-1539년	제1차 버고 왕조와 왕국
1539-1599년	제2차 버고·따웅우 왕조와 왕국
1597-1752년	제2차 어와 왕조와 왕국
1752-1886년	꽁바웅 왕조와 왕국
1824-1942년	영국 식민지 시대
1942-1948년	제2차 세계대전, 일본 점령 및 독립
1948-1962년	내전 및 '의회제도' 실험
1962-1974년	혁명정부와 '버마식 사회주의'
1974-1988년	버마사회주의계획당
1988-2010년	다당제로 이행 시기
2011-현재	'통제 민주주의'

• • • •

저자 한국어판 서문

저의 저서인 *A History of Myanmar Since Ancient Times*: *Traditions and Transforma-tions* (2012, London: Reaktion Books)의 한국어판(미얀마 역사, 그 전통과 변혁)은 2010년 한국 부산에서 시작된 10년이 넘는 기간의 협력, 지적 교류 그리고 우정의 결과물이다. 이 기간에 한국과 동남아시아의 유대를 강화하기 위한 연구 사업이 시작되었는데, 박장식 교수가 이끄는 비전은 두 지역의 학자들을 연결하는 동시에 차세대 한국의 동남아 전문가 양성을 위한 연구 및 교육 역량을 구축하는 데 우선순위를 두었다. 이러한 맥락에서 저와 고인이 되신 아버지 마이클 아웅뜨윙 교수는 박장식 교수 및 한국의 동료 교수들과 긴밀한 동반자 관계를 맺게 되었다. 향후 10년간 우리는 다양한 협력 프로젝트를 통해 미얀마, 한국, 그리고 동남아시아/아세안 연구의 발전을 도모하기 위해 함께 노력할 것이다. 그런 의미에서 박 교수와 나의 제자이자 미얀마의 차세대 학자인 강민지가 공동으로 멋지게 번역한 이 책은 동남아와의 폭넓은 연결을 촉진하고 한국의 향후 미얀마 연구에 이바지하고자 하는 우리의 공동 의지를 반영하고 있다.

마이트리 아웅뜨윙
2024년 싱가포르

저자 서문

'미얀마'(Myanmar)라는 용어에 대해서 먼저 약간의 규명이 필요하다고 생각했다. 우선, 고대와 근대 미얀마어 문자에서 각각 Mranma와 Myanma로 표기되는 이 용어는 명사가 아니라 명사를 수식하는 형용사(역주-형용사의 용법도 지니고 있다는 표현이 정확함)이다. 그래서 미얀마 삐(또는 삐)(Myanmar Pyay/Pyi)는 그 국가를 뜻하고, 미얀마 류묘(Myanmar Lu Myo)는 그 국민을, 미얀마 저가(Myanmar Saga)는 그 언어를 의미한다. 미얀마어에서 '미얀마'(Myanmar)를 명사로 사용하는 것은 마치 'America' 대신에 'American'이라는 말을 사용하는 것과 같아서, 'I am going back to America'가 아닌 'I am going back to American'이라고 말하는 것과 같다.

둘째로, 미얀마라는 말은 '국제적' 언론(및 '학술적' 문헌)에 의해 흔히 애용되었던 '버마'라는 용어를 대체하는 것으로, 1989년 군사정부가 처음 도입한 용어는 아니다. 오히려 고대 미얀마어인 미얀마(Myanma)는 국가를 의미하는 것으로 적어도 12세기 초부터 줄곧 사용됐다. 이와 유사하게 미얀마의 지명인 '양공'(Yangon)은 훨씬 나중에 영국인에 의해 '랭군'(Rangoon)으로, '삐'(Pyi 또는 Pyay)는 '프롬'(Prome)으로, '못떠마'(Muttama)는 '마르타반'(Martaban) 등 영어식 어법으로 변경되었다. 현재 전체 인구의 87%를 상회하는 버마족(역주-미얀마의 다수를 점하는 언어종족)은 그러한 미얀마어 표기를 당연하게도 알고 있었고 늘 사용해 왔다.

사실 '버마'(Burma)라는 용어가 19세기와 영국 지배기에서 탄생한 이국적인 새로운 표현이다. 그 용어는 분명히 토착적인 단어가 아니며, 그 시기 이전 국어나 소수종족의 언어에도 나타나지 않는다. '버마'라는 말이 음성학적으로 미얀마어인 '버마'(Bama, Myanma의 구어적 표현, 역주-미얀마어는 문어체와 구어체의 구별이 뚜렷한데, 일부 단어나 조사 및 문장 구조에 있어서 차이가 확연함)에서 파생된 것으로 여겨지지만, '버마'는 태생적으로 영어이며 미얀마인들의 이해나 동의하에 생겨난 것이 아닌 오로지 식민지 용어인 셈이다.

영어가 미얀마의 공용어로 사용되던 식민지 시대 절정기에 누군가 영어를 구사하지 못하는 보통의 버마족(전체 인구의 압도적 다수를 차지함)에게 국명을 물어보았다면 분명히 '버마'(Burma)가 아닌 '미얀마 쀄이'(Myanma Pyi)라고 답했을 것이며, 수도명을 물었어도 '랭군'(Rangoon)이 아닌 '양공'(Yangon)이라 답했을 것이다. 만약 영어식 용어(역주-버마, 랭군 등)로 답했다면 극소수의 영어 사용 엘리트 계층의 사람이었을 것이다.

셋째로, 독립 이후 많은 식민지는 식민지 시절의 경험을 비판하면서, 토착 지명을 다시 사용하기 시작했다. 스리랑카와 미얀마가 그리하였으며, 인도도 봄베이(Bombay)에서 뭄바이(Mumbai), 캘커타(Calcutta)에서 콜카타(Kolkata), 마드라스(Madras)에서 첸나이(Chennai)로 환원하여 사용하고 있다. 하지만, 스리랑카와 인도와는 달리, 몇몇 국가들이 다분히 정치적인 이유로 '미얀마' 대신 '버마'를 계속 사용하고 있어 문제가 되고 있다. 즉, '버마'라는 말은 국제적으로 법적 지위를 갖지 못하는 외생적 용어라는 점에서 현재의 긴장 상태를 해결하기보다 오히려 더 지속시킬 뿐이다.

좀 더 살펴보자면, 미국 학술적 어법으로 'Burman'(버마족)은 언어 분류에 의한 종족집단(ethno-linguistic group)을 가리키며, 'Burmese'(미얀마인)는 국민을 지칭한다. 하지만, 영국 학술계에서는 그 두 단어는 정반대의 의미를 지닌다. 하지만, 그 어느 쪽도 정확하지 않은데, 이는 미얀마어 자체에서 종족과 국민의 구별이 없기 때문이다. 둘 다 Myanma 또는 Bama로 사용된다. 'Burman'과 'Burmese'('Burma'라는 단어처럼)의 구별 또한 영국의 식민지 권력에 있어서 중요한 'British'와 'English'에서 나타나는 의미 차이를 답습하려는 식민지 시대의 용어이다. 당연히 'Myanmarese' 같은 말도 없다.

이 책에서는 편의상 현재 국제적으로 통용되는 공식적인 용어로 국가의 의미로는 '미얀마'(Myanmar)를, 국민과 국어에 대해서는 '미얀마인 또는 미얀마어'(Burmese)를, 문맥상 필요한 경우에는 '버마'(Burma)를 사용한다. '버마'는 대개 공식 문서나 기록을 사용할 때 식민지 시대에서 저작된 참고문헌을 인용하거나 영어로 쓰인 'Burma'라는 고유명사를 언급할 때만 사용한다. 또한, 본서에서는 혼란을 최소화하기 위하여 가령 Upper and Lower Burma, Irrawaddy, Salween, Ava, Pagan, Moulmein, Martaban, Pegu, Mandalay 및 Arakan 등 이미 잘 알려진 단어들의 영어 철자는 그대로 사용한다(역주-이 번역서에서는 현대 미얀마어의 어법을 병기하고 그 발음에 충실하게 표현하였음).

• • • •

머리글   신·구시대의 혼합

싱가포르에서 출발한 실크에어(Silk Air) 항공기가 아담한 현대식 양공 신국제공항에 착륙하
니 활주로에서 엿보이는 콘크리트가 아닌 키 큰 풀이나 도시의 어지러운 모습으로 약간은 당
황스럽다. 미얀마에서는 시간이 정지하고 있는지 아니면 그래도 흘러가고 있는 것일까? 이
런 의혹이 생기는 것은 두 관점은 모두 사실이기 때문이다. 지금 미얀마는 과거에 현재를 안
착시키기 위해 노력 중이며, 오랜 기간 지속된 문화적 전통과 역사적 경향을 단기간에 외부
로부터 유입되어 발생한 경제적, 지정학적 실체에 통합하려고 안간힘을 쓰고 있다. 그 결과
신·구 사이의 '융합'과 '긴장'을 빚고 있다. 그래서 이 프롤로그에서 독자들에게 현재의 미
얀마를 소개하는 한편, 이어지는 장에서는 '회상 장면'(flashback) 형식으로 이 나라가 어떻게
성립되었는지 설명하려고 한다.

일단 냉방 시설에 깨끗하게 잘 정돈된 터미널에 들어서면 입국 절차는 빠르고 쉽게 진
행된다. 이민국 직원은 서양식 복장을 하고 있지만 얼굴에 떠낫카(thanakha) 분[1]을 바른 여
성이 대부분이며, 이전 같으면 여러 사람을 거치면서 많은 서류에 스탬프를 찍고 검토와 승
인을 받아야 해서 긴 줄을 서게 했던 수작업이 이제는 컴퓨터의 키보드를 몇 번 두드리는 것
으로 완료된다(심지어 '도착 비자'도 지금은 가능함).

입국 절차 이후 수화물은 제대로 작동하는 회전식 수취대에서 비교적 쉽게 찾을 수 있

---

1   이 가루 반죽(분)은 떠낫카 나무를 잘라 숫돌에 물을 더해 갈아 만들며, 햇빛 차단, 보습 및 기
타 미용의 목적으로 사용된다.

떠낫카를 바른 미얀마 소녀

고, 놀랍게도 아무 문제 없이 세관 검색대를 유유히 빠져나올 수 있다. 과거와 같이 내국인 들(주로 미얀마인)에게 여행 가방을 열어 모든 물건을 끄집어내게 한다거나, 이에 분노한 가방 소유자가 더 높은 지위의 관리자를 알고 있으니 이 사실을 알리겠다는 식으로 으름장을 놓는 다든지, 그래서 그 말에 대해 세관원은 반발적 위협을 가하거나 담배나 술을 슬쩍 요구하는 소란은 이제 없어졌다. 이러한 일들은 과거 미얀마 입국 시에 일종의 악몽과도 같았다. 십 년 전과 비교하면 얼마나 변했는지 실감하게 된다.

공항 밖으로 나오면 여행 가방을 낚아채고 금방 망가질 듯 보이는 택시로 승객을 데려 가려는 한 무리 기사들의 아우성도 더는 들리지 않는다. 그 대신 거리에는 공식적인 '가이 드'(유니폼과 배지를 착용하고 있음)가 있어 그의 안내에 따른 택시 승차 과정은 전적으로 순조로 운 것은 아니어도 질서 있게 진행되어 곧바로 비교적 깨끗하고 가로수가 이어진 도로를 달려 호텔로 향한다. 안타깝게도 도로에 그늘을 제공해주었던 많은 고목이 이제 그 혜택을 베풀지 못하고 있다. 이는 2008년 5월 초 델타 지역과 양공을 덮쳤던 사이클론 나르기스에 의해 뿌 리째 뽑혔기 때문이다.

그 사이클론은 북쪽 방글라데시 방향이 통상적인 진로이었지만 갑자기 방향을 틀어 동 쪽 미얀마 델타 지역으로 진입하여 무방비 상태의 사람들을 엄습하였다. 36시간 동안 정부의 36차례 이상에 걸친 경고에도 불구하고 사이클론의 피해를 막기에는 그리 효과적이지 못하였다.[2] 주로 대나무와 억새로 지어진 농어촌은 해변에 있거나 관개 수로와 강 근처에 있어서 대부분의 델타 지역 거주민들은 전화(핸드폰은 확실히 없는 상황)가 없었고 보통 배를 이용한다(도로는 정상적인 시기에도 많은 물자와 사람을 이동시키기에 부적절함).

에야워디(Irrawaddy, 역주-1989년 공식 지명이 Ayeyarwady 에야워디로 변경됨) 델타 전 지역은 해수면에 이르러 사람도 가옥도 시간당 풍속 240km와 6m의 큰 파도에 버틸 수가 없었다. 사이클론은 약 138,000명의 목숨을 앗아갔는데, 아마도 대부분이 익사로 희생되었을 것이다. 또한, 사이클론 급습 이전에 벼를 심지 않았지만, 큰 파도는 저지대 농경지를 침수시켰다. 지금도 재정착과 재건설이 그 황폐한 지역에서 계속 이루어지고 있으며, 2009년 그곳을 방문했을 때 쌀 수확이 이루어지고 있었다. (소식통에 따르면, 외부 원조에서 약속한 자금의 5%만이 지원되었다고 한다.)

공항에서 호텔로 가는 길에 옛 미국 대사의 관저가 있는데, 사이클론 급습 당시에는 미국 외교관들의 거처로 제공되었다. 그곳은 여전히 양공에서 최고의 경치를 지닌 최고급 주택가에 속한다. 인야 호수(Inya Lake)에 접해 있고, 테니스장, 고용인 숙사와 보트 선착장도 갖추고 있다. 그곳 도로를 따라 조금 내려가면 이제는 대학원대학이 되어버린(역주-지금은 학부생도 모집하고 있음) 양공대학이 동남아 전역에서 볼 수 있는 확연한 식민지풍의 건물과 함께 수목이 울창한 지대에 자리하고 있다. 그곳 캠퍼스의 가장 특이한 건물이자 1948년 독립 이전 저드슨대학(Judson College, 저명한 침례교 소속 선교사의 이름으로 명명함)으로 사용했던 저드슨 채플 타워가 아직 남아있다. 양공대는 무엇보다 민족주의 운동 전개 및 독립 후 시대에 있어서 정치적 활동으로 잘 알려져 있다.

보행자의 무단 횡단이 빈번하긴 해도(아마 세계에서 최고 수준 일 듯하다.), 공항과 도심 간의 교통은 특히 방콕 같은 동남아 국가의 수도에서 흔히 마주치는 교통지옥이진 않다. 이 나라를 처음 방문했다면 바로 시야에 들어오는 것은, 고온 다습한 지역임에도 불구하고 오늘날 서양식 의복으로 갈아입은 아시아의 다른 도시 거주민들과 달리, 남녀 모두 아직도 자랑스럽게 입고 있는 그들의 전통 의상, 즉 동남아의 사롱(sarong)에 해당하는 미얀마식 의복(역주-미얀마어로는 '론지'로 부르며, 여성용은 '터메잉' 남성용은 '뼤소'라고 함)이다. 양공은 제한된 구시가지

2 　제네바 소재 UN기후기구(UN Weather Agency, 역주-지금은 UN기상기구(UN Meteorological Organization)로 조직 변경)에서 그러한 정보를 수집하여 보고한다. 'WHO praises Burma cyclone response', Bangkok Post (5 September 2008)도 참조할 것.

아침 탁발을 떠나기 위해 늘어선 승려

미얀마의 여승 띨라싱(상좌불교에서는 여승은 정식 승려로 인정하지 않음)

속에서 새로운 성장을 꾀하려는 무언가 과도하게 팽창된 도시라는 느낌이 든다. 이런 사실은 일본과 한국에서 생산된 토요타와 기아 SUV와 함께 제2차 세계대전 당시에 사용했던 낡은 트럭이 혼합된 거리의 자동차 구성에서도 충분히 느낄 수 있다.

택시가 도심으로 진입하여 호텔로 가기 위해 주요 간선 도로를 타면, 양공에서 가장 높은 구릉에 우뚝 솟아있는 웅장한 쉐더공(Shwedagon) 파고다가 시선을 사로잡는다. 압도적인 인구를 지닌 이곳 불교도에게 있어서 이 파고다는 도시의 성스러운 중심지이다. 또한, 그곳은 식민지와 민족주의 운동 시대의 정치적 저항 및 대중 집회 장소의 상징적 무대로도 사용되었다. 미얀마의 종교와 정치는 항상 격정적인 유착 관계를 유지해왔다.

또한, 쉐더공 파고다의 재산에 속하는 수백만 에이커에 달하는 면세지는 11세기 이후의 교단(church)과 국가 간의 친숙한 경제 관계를 반영하고 있다. 그 사원의 영지는 이 나라에서 가장 가치 있는 자산 중의 하나임이 틀림없다. 그곳에는 세속을 단념하기로 서약한 독실한 승려들이 거주하는 많은 승원이 자리하고 있다. 그들은 이 땅에서 최고의 종교 조직체인 '상가'(Sangha, 역주-산스크리트어인 상가는 '모임, 연합, 무리'의 의미이며, 그 발음에서 '승'과 의미에서 '중'이 파생하였고, 미얀마어로는 '땅가'라고 함) 속하며, 상가는 국가에 의해 공식 '교단'으로 인정되어 (최근 통계로) 9개의 교파에 약 40만 명의 승려와 수도승을 포함한다(대략 28만 명의 군인으로 구성되는 국군(Tatmadaw, 땃마도)보다 수가 많다.). 국가 최고 상가는 자체에서 선출한 관리와 원로 조직을 갖고 있으며, 이를 통하여 조직 통제, 자격시험 시행, 계율 집행, 승직 박탈 및 교리 보전 등을 담당한다.

동시에, 양공과 기타 지역에는 상가에 속하지 않는 승려들의 이른바 '불법'(outlaw) 승원이 존재한다. 이러한 '노란 가사를 걸친 인간들'(humans in yellow robes, 독립 미얀마의 초대 총리 우누(U Nu)가 사용했던 용어)은 세속과의 단절에는 관심이 없고, 필수 자격시험을 치르지 않으며, 승려로서 우안거(wa)를 지키지도 않는다. 대개 그들은 아주 간단한 계율조차 모를 정도로 경전에 무지하여 국가 최고 상가로부터 진실성을 인정받지 못하여 공식적인 승직을 받지 못하고 있다.

그들은 열정적인 학습과 정통 승려라면 필수적으로 요구되는 계율 없이 자신의 승원에서 편안한 삶을 영위하고 있다. 사적인 문제, 빚, 세금 및 심지어 법을 포함한 세속적 삶의 곤경에서 도피하여 은신처를 가진 이후 그들은 종종 스스로 법이라고 여긴다. 이들은 사프란 가사를 걸치고 삭발하고 있어 겉보기에는 진짜 승려와 구분이 어렵기 때문에 대부분의 일반 신도로부터 지속해서 존경과 예물을 받기도 한다. 2007년에 발생했던 이른바 '사프란 혁명'도 조작된 사실이다. 정치적 반대 세력들이 삭발하고 사프란 가사를 걸쳐 지도부에 잠입해서 지도력을 장악하고 초기에 평화적 시위였던 것을 폭력 사태로 변모시켰다.[3] (이 사건은 12장에서 상세히 언급할 것임)

호텔에 도착하니 택시를 수화물을 나르는 도어맨이 친절하게 맞이한다. 호텔 체크인 데스크의 유창한 영어를 구사하는 매력적인 젊은 남녀 직원이 차가운 물수건과 현지 생과일주스로 방문객을 대접한다. 그들은 인터넷 예약을 신속하고도 공손하게 처리해준다. 숙박비는 미얀마 화폐 짯(kyat)이나 미화 달러로 지불할 수 있고, 달러는 호텔 내에서 아무 문제 없이 현재 환율로 환전할 수 있다.[4] 지폐에 여러 흠집이 있을까 자세히 검사하는 것을 제외하고는 특별한 소란은 없다. 수십 년 전과 마찬가지로 가격 흥정 때문에 불안해할 필요도 없고 이곳저곳에 서명하고 여권을 보여주면 된다.

미국 주도의 몇몇 서방 국가들에 의한 경제 제재 조치가 가해지기 전까지 호텔에서는 미국 신용카드를 받았다. 미국 신용카드의 사용을 그다지 흔쾌하게 받는 것은 아니지만, 다른 통화나 지불 비용에 상당한 수수료를 부과시키는 '돈세탁' 방법이 어느 정도 있어서 결제는 가능하다. 전반적인 경제 제재와 특히 미국 신용카드와 관련하여 더 심각한 문제는 결코 여유가 없는 사람들에게 부정적인 정서를 유발하는 데에 있다. 그래서 신용카드가 초래하는 문제의 완화책으로 그냥 현찰을 더욱 사용하게 된다. 돈 문제에서 좀 더 자유로워지기 위해서 호텔에서 신용카드로 지불하면, 객실로 가방을 옮겨주는 청년에게 건네주는 팁은 거의 두 배가 된다. 미얀마의 경제제재와 관련해서 예상치 못했던 결과로 부자를 더욱 부유하게 만들게 된 것도 있다. 원래 경제 제재의 의도는 미얀마 정부를 무릎 꿇게 만들려고 한 것인데, 미

---

3 Aung-Thwin, Michael (2009, 2-31). 이 사건에 대해서 다음 자료도 참조하시오. *Myanmar Information Committee, Yangon* (7 October 2007), p. 1; 'Monks – being used to smuggle porn CDs across the border from Myanmar', *Asian Tribune* (4 May 2003), p. 1; F William Engdahl, 'Myanmar's "Saffron Revolution": The Geopolitics behind the Protest Movement', *Global Research* (15 October 2007), pp. 1-16; Denis D. Gray, 'Myanmar Monks, 1988 Activists Linked', *USA Today* (26 October 2007), p. 1.

4 정부 공식 환율(미화 1달러당 6짯)은 개인 방문자에게 적용되지 않는다. 다른 분야 가령 국제 항공기와 선박의 착륙료와 정박료 등에 적용된다. 시장 환율이 적용된다면, 강한 경제력을 지닌 곳은 미얀마에서 지불할 것이 없게 되지만, 다른 경우에는 엄청나고도 불공정한 비용을 지불해야 한다. 그 차이는 사실상 미얀마 공항과 항구에 정박할 때 실크에어 항공사와 일본 화물선에게 보조금을 지원하는 미얀마 농부(GDP는 대체로 농업과 그 관련 산업으로 구성되는 것이어서)가 메워야 한다. (역주-현재 미얀마는 합리적인 시장 환율을 공식 환율(정부의 개입이 있긴 하지만)로 정하고 있어 더 이상 이런 문제는 발생하지 않는다.)

얀마는 이웃 국가에서 필요한 것, 즉 중국에서 무기나 군수품을, 이스라엘 같은 미국의 동맹국에서 군사훈련과 조언을 구할 수 있어서 예상대로 제재 효과는 없다. (역주-미국의 경제 제재 조치는 2016년 10월 7일 자로 전면 해제되어 이제 신용카드 사용이 보편화된 상태이며 불편함이 전혀 없다. 2021년 2월 1일 쿠데타로 군부의 주요 인물이나 관련 기업에 대한 경제 제재 조치가 재차 취해졌다.)

'4성급'인 서밋팍뷰(Summit Parkview) 호텔의 객실은 현대 여행에서 기대하는 쾌적한 설비, 즉 냉방 설비, 냉장고, 수건과 욕조, 샴푸, 비누 및 칫솔 등을 갖추고 있다. 물론, 인도, 중국, 말레이시아와 태국뿐만 아니라 CNN, BBC, Myanmar TV 및 여러 유럽(프랑스, 독일, 이탈리아)과 호주 채널을 제공하는 텔레비전도 있다. 냉장고에는 무료로 제공하는 안전한 생수가 들어있다. 전자 탕비기, 차와 커피 및 생과일 제공 또한 표준 서비스에 속한다. 아시아와 유럽 스타일의 아침 뷔페는 하루 숙박비 약 29불(비수기)에 포함된다. 이 나라의 많은 관광호텔들은 싱가포르의 투자로 이루어졌기 때문에 객실 내의 비품은 싱가포르에서 흔히 볼 수 있는 것들이다.

또한, 수영장, 잘 구비된 체육관, 사우나 시설을 갖춘 라커룸, 에어로빅 스튜디오 및 (제대로 하는) 마사지실 등도 있다. 호텔에는 방문객을 위한 바도 있는데, 여기에는 주로 필리핀 밴드가 출연하지만, 우리가 만난 밴드는 보컬 담당으로 카친족, 버마족, 카렌족 여성들이었고 전자기타와 키보드 연주 담당으로 버마족과 카렌족 남성들로 구성되었다. (그들은 영어로 대화는 못하지만, 노래는 팝송이었다.) 로비에는 인터넷 방이 있었는데, 일인당 1달러를 지불하면 30분간 구글이나 가장 중요한 이메일 접속을 포함한 웹 서핑이 가능하였다. 이것은 십 년 전의 양공의 상황과는 다르다. (역주-현재 미얀마의 거의 모든 카페, 식당, 호텔 등에서는 와이파이 접속을 통하여 인터넷을 무료로 제공하고 있고 속도도 크게 개선되고 있다.)

호텔 밖으로 나와 길거리 카페에 들어가면 여러 소문이 흘러나오고 대화 소리(물론 미얀마어)는 결코 조용하지 않지만 정치적인 얘기는 신중하다. 중간 가격대의 푸드 코트와 서양식 음식을 취급하는 비싼 고급 식당도 있다. 놀랄만한 일은 고급식당의 경우로 이제 단골로 찾는 손님들 대부분이 외국인이 아닌 (거의 서구화된) 현지 미얀마인이라는 점이다. 10년 전만 해도 그런 식당에서 단 한 명의 미얀마인도 찾아볼 수 없었고 모두 외국인이었다. 그런 곳에서 식사를 할 수 있는 여유가 생긴 (군인이 아닌) 미얀마인 계층이 이제 분명히 생긴 것이다. 그들이 식사 후에 랜드로버나 토요타 SUV에 올라타는 것을 보면 그 짐작이 사실이라는 게 '여실히' 드러난다.

양공의 유명한 보족제(Bogyoke Ze)와 만덜레의 제교(Zegyo) 같이 큰 '드라이 마켓'(dry market, 역주-주로 의류나 전자제품을 판매하는 시장)은 상품을 천장까지 진열하고 있다. 또한, '웻

마켓'(wet market, 역주-채소, 고기, 어류 등 식료품 전문 시장)에서도 신선한 야채, 과일, 생선, 고기 등을 공급하고 있으며, 물론 그곳에서 행상인들이 '믿을 만한' 것으로 간주할 수 있는 미얀마 전통음식을 팔고 있다. 하지만, 그곳만 아니라 괜찮은 호텔에서도 이제 비교적 '믿을 만한' 현지 음식을 접할 수 있다. 가격은 좀 비싸지만, 먹기에 좀 더 '안전하고'(면역력이 떨어진 우리에게) 쾌적한 냉방 시설 속에서 즐길 수 있다.

우리가 머물렀던 또 다른 호텔 세도나(Sedona)는 인야 호수의 도시 쪽을 내려다보고 있다. 그 호수 가에는 최근에 건설된 마치 요새 같은 미국 대사관이 미국 외교관과 그 가족의 거주 공간으로 한때 '워싱턴 공원'으로 불리던 지역에 자리하고 있다. 인근에는 미국 미주리 출신의 한 모르몬교도가 헤엄쳐 와서 이틀 동안 머물렀던 아웅산수찌(Aung San Suu Kyi)의 저택이 있다. 불행하게도 이 사건은 몇 주 전 미국무장관 힐러리 클린턴이 인도네시아 방문에서 암시한 것처럼 워싱턴의 대미얀마 정책 변화가 (마침내) 이루어지기 직전 발생하였고 결국 철회하게 만들었다. 그 수영 침입자 '사건'은 (양국 간의) 화해로 진전될 움직임을 멈추게 하였다. 사실 과거 20년 동안 화해의 조짐이 나돌 때마다 거의 정확하게 그런 유사한 '사건들'이 발생하였다.[5] 그러니 이러한 사건과 반체제 기구 사이에 어떤 관련성이 있는지 의심하게 된다. 반체제 조직체들은 화해의 실패로부터 교묘히 물질적인 보상을 얻게 되지만, 성공하게 되면 그들의 현찰 수입원이 막히게 된다.

그러나 이 특별한 사건에서 (본서의 접근 방법의 하나로써) 흥미로운 사실은 이 사건이, 태국과 싱가포르를 중심으로 하는 영어 매체 언론의 공격적인 화제이긴 하지만, 양공에서는 그다지 회자되는 얘기의 주제가 아니라는 점이다. 이런 사실은 지금 우리가 방문하고 있는 '실제' 미얀마와는 아무 관련이 없는 아주 다른 측면의 거의 상상적인(imaginary) 미얀마가 외국의 가상공간에 존재한다는 장기간에 걸친 논쟁을 확인시켜 주는 셈이다. 달리 표현하자면, 외국 언론의 관심과 우선순위는 대다수 미얀마인의 현실을 반영하지 못하고 있다는 말이다. 그들의 우선순위와 관심사를 찾기 위해서는 이 나라의 '핵심 지역'(heartland)인 상부 미얀마 (Upper Myanmar, 역주-버강, 어와, 쉐보, 만덜레를 중심으로 하는 과거 왕조시대의 왕도가 존재했던 버마족 전통문화의 중심지이며, 이에 반해 몬족과 영국 식민지배의 중심이 되었던 버고와 양공의 인근지역을 하부 미얀마(Lower Myanmar)로 부른다.)로 떠나야 한다.

---

5 가장 최근의 예로 핵무기 개발에 대한 가짜 고발이 제기되자 (미얀마 정부와의) 후속 대화를 위해 입국 예정이었던 미 상원의원 짐 웹(Jim Webb)의 방문이 취소되었다. 이것은 단순히 우연의 일치가 아니다.

상부 미얀마로는 자동차, 열차, 버스, 비행기 또는 배로 갈 수 있다. 대부분의 국제 여행객들은 이제 버강(Pagan, 역주-공식 지명 Bagan)과 만덜레(Mandalay)에 취항하고 있는 네덜란드 제작 포커식(Dutch Fokker) 비행기를 이용한다. 순환 항로에는 유명 지역을 포함하고 양공으로 다시 돌아온다. 30년 전만 해도 매주 두 개(많아야 세 개)의 버마연방항공(UBA, Union of Burma Airways) 정기항공편만 있었고, 버강에는 호텔도 두 개밖에 없었다. 이제는 일반적인 설비를 갖춘 수십 개의 항공편과 호텔이 있다. 현재 호텔의 대부분은 토지 구획을 할당하고 전동식 지하수 급수시설을 제공하고 있으며, 이제는 고시된 고고학구역(역주-유네스코 등재 이후 버강의 고고학구역 내에서는 호텔 신축 허가는 불가함)밖에 위치하고 있다. (1990년대 초 중급 호텔의 객실료는 조식과 사원 방문용 자전거 임대료 포함 겨우 4달러였다.)

버강의 관문인 냐웅우(Nyaung-U) 공항은 초기에 비포장 활주로가 있었고, 고대 왕도, 버강의 도로 중 오직 하나만이 포장되어 있었다. 외국인 방문객들은 보통 담마야지까(Dham-mayazika) 같은 사원들을 돌아볼 수가 없었는데, '너무 멀어' 접근하기 어렵다고 생각했다. (지금은 관광객의 주요 방문지가 되었다.) 일부 토지는 여전히 상가의 소유로 되어있지만, 거의 2,900개의 사원이 지금도 고고학국(역주-현재 종교문화부 산하 고고학·국립박물관국)의 관리 하에 버강의 대략 16평방마일의 공간에 흩어져 있다. 고고학국은 버강의 중요한 많은 보물들을 전시하기 위하여 새로 큰 규모의 박물관을 개축하였다. 고고학국 관리들을 위한 사무실과 숙소도 새롭게 건축하였다. 고고학국은 빈약한 예산에도 불구하고 현존하는 건조물과 벽화의 시대별 재료와 고유한 디자인을 사용하여 고대 유적을 보존하는데 힘쓰고 있다.

버강에서 비행기, 선박 또는 도로를 이용하여 만덜레로 갈 수 있다. 그곳은 거대한 에야워디 강 및 중국과 인도로 통하는 몇몇 고대 통로가 지나는 광활하며 전략적인 평원에 자리하고 있다. 또한, 만덜레는 중요한 국내 도로망의 교차로이기도 하다. 에야워디 강 건너 북서쪽에 위치하고 마지막 왕조의 발상지인 쉐보(Shwebo)로도 하루 여정의 거리에 있다. 그곳은 한때 무(Mu) 강 유역의 상부 입구와 방대한 관개지를 관할하였다. 그쪽 농경지에는 오늘날에도 연중 농업용수가 수로를 통해 흐르는데, 12세기에 미얀마 왕국에 의해 건설된 것이다. 자신의 개인 소유 논에 사용하는 (국가) 관개용수의 연간 사용료를 묻자 농부는 웃으면서 '12 짯'(약 미화 12센트)이라고 한다. 농부는 그것을 사용하지 않을 수도 있지만, 쌀을 정부에 시장가격보다 약간 싸게 넘기고 그 대신 다음 해에 사용할 비료를 (관개용수와 함께) 할인된 가격으로 구매한다.

그 반대 방향, 즉 남동쪽으로 짜웃세(Kyaukse) 평야로도 갈 수 있다. 그곳은 연중 물이 흐르는 몇 개의 큰 시내가 북쪽의 밋응에(Myitnge) 강(문자적으로 '작은 강'이라는 의미이지만, 제법 큰 규모임)으로 합류하고, 최종적으로 에야워디 강으로 연결된다. 그 시내의 발원지는 동쪽의 샨 고원(Shan Hills)으로 강수량이 많아 식민지 시대 이전에 최고의 쌀 생산 지역이었던 짜웃세로 흘러들어간다. 짜웃세 평야에는 버강 시대에 축조된 많은 수로와 제방은 여전히 건재하고, 미얀마에서 가장 다양한 농산물을 생산하고 있다. 20세기 초반 영국이 에야워디 델타를 쌀 최대 생산지로 만들기 이전까지 천 년 동안, 이 지역은 국가 전체 인구를 먹여 살렸다. 이는 국가의 중심이 하부 미얀마(Lower Myanmar)로 이동하는 주요 원인이 되었다, 그러나 2005-6년 사이에 삔머나(Pyinmana)에 인접한 네삐도(Naypyidaw)로 수도가 이전하면서 건조지대(Dry Zone)로 권력의 중심이 복귀하였다.

농업 인구가 전 인구의 약 70%에 이르기 때문에 독립 이후부터 (민간 및 군부) 정부는 정책 우선순위를 농업과 촌락에 두었다. 그 결과로 도시 부문에 신경을 못 쓴 탓에 근대의 저항운동, 그 지도자, 추종자 및 각종 문제는 도시에서 발원하였다.

만덜레도 동쪽에 펼쳐진 샨 고원의 '관문'이다. 그곳에는 샨족(Shan, 역주-Tai 따이어족의 한 갈래)이 대거 거주하고 있으며 현 미얀마 인구의 약 9%를 차지하고 있다. 하지만, 샨 고원에 가도 간혹 '샨 방언'이 섞인 국어인 미얀마어가 사용된다. 불교는 도처에서 확연히 드러난다. 종교와 언어는 국가의 가장 중요한 통합요소가 되어왔다.

서늘한 날씨의 고지대에 매력을 느낀 영국인들은 그들이 메묘(May Myo)라고 불렀던 삥우르윙(Pyin Oo Lwin, 역주-1989년에 공식 개명)에 최고의 피서지를 건설하였다. 그곳의 높은 고도는 북반구의 정복자에게 안식을 제공하였다. 그렇지 않았다면, 영국인들은 만덜레의 폭서기에 '매우 더운 날씨'(mad dogs and Englishmen)로 인하여 엄청나게 고통받았을 것이다. 오늘날 삥우르윙의 빅토리아식 저택, 성공회 교회 및 영국티가든(English Tea Garden)은 식민지 시대의 향수를 느끼거나 그 혜택을 받았던 사람들에게 역사적 매력을 선사한다. 하지만, 이와 다르게 몇몇 유사한 '인공물'(artefacts)과 어떤 제도들, 가령 일부 식민주의자의 통혼으로 남겨진 후손들과 이곳 여기저기에서 눈에 보이는 낡아빠진 식민지 시대 건축물 및 여전히 유효한 인도 형법의 몇 가지 요소들은 오늘날에도 마치 영국인들이 미얀마에 발을 들여 놓은 적이 없는 것처럼 느껴지게 한다. 그런 영국인의 자만적인 '유산'은 역사가의 마음과 책 속에 크게 남아있다.

자동차로 상부 지역으로 여행하는 것은 이제 안전하고 즐거운 경험이 된다. 1950년대 말과 1960년대 초만 하더라도 양공 밖으로 멀리 나갈 수가 없었는데, 이는 반군 세력과 강도들이 지방 시골 지역의 대부분을 장악했기 때문이었다. 그들은 일정하게 철도 궤도와 교량을 파괴하였기 때문에 열차 여행도 위험하였다. 하지만, 1970년대 이후 미얀마는 안전을 되찾았으며, 반군 세력이 여전히 변방 지역에서 활동하긴 했지만, 강도들은 거의 자취를 감췄고, 이전에는 불가능했던 지역을 방문할 수 있게 되었다.

2009년 새로운 수도 네삐도에 이르는 4차선 고속도로에서 주행을 해보니 뭔가 길고 지루한 미국 중서부를 관통하는 주간 고속도로 90호선을 달리는 느낌이 들었다. 양공-네삐도 (역주-지금은 만덜레까지 확장) 고속도로는 그 당시 완공이 되지 않았지만, 아마도 미얀마 전역에 쏟아부었던 콘크리트보다도 더 많은 양이 사용되었을 것이다. 이전 12시간이 걸렸던 여정이 2009년 봄까지 제2차선만 이용해도 약 6시간만 소요되었다. 현재 4시간이 채 걸리지 않는다고 한다.

'수도', '왕도' 또는 '태양의 왕도'(미얀마 국왕은 천상계의 후예로 여김) 등 여러 해석이 가능한 네삐도는 새로 조성된 도시로 처음 건설되었을 당시에 브라질리아(Brasilia)를 연상케 하였다. 앞서 언급한 것처럼, 네삐도는 선사 및 역사 시대의 도시 거주지로 버강 시대 이후 중요한 제후가 지배하였던 삔머나에 인접해있다. 그곳은 미얀마인 다수가 거주하고 있고 역사의 대부분이 형성되었던 이 나라의 고대 '중심지'인 건조 지대의 일부분이다.

게다가 근대에 들어와 삔머나는 상징적인 의미를 갖고 있다. 그곳은 아웅산(Aung San) 과 미얀마군이 연합군의 반격이 시작되기 전인 1945년 봄에 처음 일본군에 반기를 들었던 장소로 알려져 있다. 그래서 삔머나는 이 나라의 군대사에 있어서 (이를테면) 조지 워싱턴 (George Washington)이 뉴저지주 트렌턴(Trenton) 공략을 위하여 크리스마스이브에 감행했던

양공 기점으로 네삐도를 거쳐 만덜레가 종점인 미얀마 제1호 고속도로

15세기에 건립된 양공의 쉐더공 파고다

'델라웨어 강의 도하'(crossing the Delaware)가 미국 군대사에서 지니는 것과 거의 유사한 역사적 의미를 지니고 있다.

이러한 역사적, 문화적, 심리적 이유 외에도 새로운 수도를 건설한다는 것은 전략적 및 다른 실제적 가치가 있다. 네삐도는 양공과 만덜레 중간 지점으로 싯따웅(Sittaung) 강 유역의 중요한 남북축 선상에 있다. 이곳은 오늘날 여전히 미얀마에 적용되는 장기간에 걸친 육로를 통한 국내 및 국제 네트워크의 부분으로 동쪽 샨 고원과 서쪽 삐(Prome, 역주-공식 지명 Pyay)로 쉽게 접근할 수 있는 지역이다. 또한, 이 지역은 이 나라의 천연자원, 특히 보석(루비, 옥 등), 티크 및 광물 등의 중심지이거나 용이한 접근성을 지니고 있다. 또한, 이 수도는 근대 수도에 필요한 다른 시설들과 함께 인근 지역에 24시간 전기 공급이 가능한 (양공에서는 듣지 못한 사실) 새로운 수력발전소가 있다.

양공의 공간이나 기반시설은 아시아의 21세기 수도가 갖추어야 할 수준으로 개선되지 못하였다. 네삐도의 모든 것, 즉 도로, 하수도, 수도, 전력 송전망, 통신, 정부 청사, 병원, 요양원, 발전소, 학교 및 중앙시장 등은 새로 건설되었다. 도시는 지금 확장 일로에 있고, 정부 청사는 왕복 6차선으로 매우 넓은 간선 도로에서 떨어진 곳에 상당한 규모의 공간에 큼직하게 건설되었다.

공무원의 숙사는 한동안 무료로 제공되었지만, 지금은 그렇지 않은 모양이다. 구획된 농지는 소작농에게 좋은 조건으로 할당되었다. 호텔은 높지 않고 넓게 자리한 미국 중서부의 모텔을 연상케 한다. 이 도시에서는 자동차(또는 택시)가 필요한데, 대중교통이 증가하는 인구에 비해 턱없이 적기 때문이다. (2010년 기준으로 네삐도의 인구는 삔머나의 인구를 포함하여 백만 명에 가까운 것으로 알려져 있고, 양공과 만덜레 다음으로 많은 인구수를 갖고 있다.) 국제공항도 건설되어 양공에서 출발하면 30분이면 도착하며, 새로운 역도 최근에 완공되어 양공-만덜레 노선에 연결된다. 여러 대사관 부지도 마련되어 중국대사관이 가장 큰 규모이지만, 미국대사관은 새롭게 완공된 양공에 그대로 남아 있을 것이다.

전통시대의 정통적 왕도에는 7가지가 필수적으로 갖춰져야 했다. 그중의 하나가 중앙 사원으로 이는 국가의 수호 역할을 담당하는 것으로 여겨졌기 때문에 왕도의 가장 성스러운 장소에 건축되어야 했다. '옷빠따딴띠'(Uppatathanti 또는 Uppatasanti로 표기되며 '재난으로부터 보호'의 뜻을 지님)라고 불리는 네삐도의 '수도 사원'은 우연의 일치는 아니겠지만 양공의 신성한 쉐더공 사원과 실제로 똑같은 형태이다. 하지만, 안다(anda, 지상 윗부분의 돔형 구조)는 양공의 쉐더공 사원보다 1피트 낮다고 한다. 그 이유는 복제물은 원형보다 크거나 높아서는 안 된다는 원칙에 따른 것이라고 많은 학자와 승려들이 말해주었다. 그 사원의 봉헌식에는 상가와

네삐도의 흘룻도(국회) 의사당

국가의 최고위급들이 참가하였다.

2010년 11월 7일 총선거 이후 흘룻도(Hluttaw, 국회)가 들어설 '전통' 양식의 인상적인 건물은 2009년 봄에도 건설 중이었고, 이제는 완공되었다. 국회 건물은 중요한 국가 행사가 거행되는 넓은 도로의 끝에 세워졌으며, 인디아게이트(Gateway of India)에서 국회에 이르는 장엄하게 경외심을 일으키는 인도 뉴델리의 도로와 무척 닮았다.

네삐도는 많은 측면에서 과거와 연계되어 있지만, 한편으로 동남아 국가들의 수도가 지닌 전통에서 벗어나 현재를 반영하는 점도 있다. 전통시대 초기의 정치 중심지는 왕국의 경제, 문화, 종교 및 사회의 중심지이기도 하였다. 이제 네삐도가 정치 중심이 되고, 양공은 경제 중심(종교 중심도 될 수 있음) 및 버강과 만덜레는 문화 중심이 되면서, 식민지 이전의 수도가 지녔던 복합적 성격은 무너졌다. 다른 표현을 빌리자면, 정치 중심지는 새롭게 탄생한 많은 국가에서 발견되는 형태와 매우 유사하게 이제 더 이상 종교, 문화 및 경제 중심지를 동반할 수 없게 된다. 그래서 네삐도의 건물은 현실적일 뿐만 아니라 구조적이며 개념적인 변화를 담고 있고, 미얀마 근대사의 지배적인 양상인 옛것으로 복귀와 새것으로 전진을 동시에 나타내고 있다.

새로 난 고속도로가 아닌 따웅우(Toungoo)에서 양공에 이르는 옛 도로를 이용하여 네삐도에서 돌아오는 여정은 훨씬 흥미로웠다. 이 도로는 많은 역사적인 마을을 통과하는데, 특히 미얀마 역사에 있어서 가장 중요한 왕조 중 한 근거지인 따웅우가 포함된다. 북쪽에서 그 도시에 들어서면, 전통 군장을 갖추고 칼집에서 약간 뺀 검을 들고 있는 그 유명한 버인나웅(Bayinnaung) 왕의 실물보다 약간 큰 규모로 새롭게 제작한 동상이 도시의 입구를 지키고 있다. 그는 따웅우의 수호 '신'의 모습을 나타내고 있다. 이는 마치 미국 국회의사당(Capitol)에서 진행되고 있는 일들을 기념관에서 왕좌 같은 자리에 실물보다 큰 크기로 앉아 조용히 지켜보고 있는 아브람 링컨(Abraham Lincoln) 또한 국가와 수도의 수호 '신'이라는 것과 같은 맥락이다.

미얀마 역사 속에서 군사적으로 가장 위대한 업적을 남긴 버인나웅 왕은 오늘날에도 다른 두 국왕, 즉 아니룻다(Aniruddha, 역주-아니룻다는 버강 왕조의 초대 국왕 어노여타Anawrahta를 의미하며, 아니룻다는 산스크리트어이고 어노여타는 그것의 미얀마어 표기

버인나웅 왕(재위 1551~1581년)**의 최신 동상**

이어서 이 책에서는 어노여타를 사용함)와 얼라웅퍼야(Alaungpaya)와 함께 국가 영웅으로 꼽힌다. 세 국왕은 모두 파괴와 혼란의 시대를 거친 후 자신의 왕국을 재통일하였고, 혹독한 국내외의 공격을 이겨내고 자신의 지역에서 이전의 영광스런 자리로 복귀하였다. 근대 버마의 '아버지'로 칭송받는 아웅산 장군(Bogyoke Aung San)과 그의 군부 후계자 네윈 장군(General Ne Win)은 세계 제2차 대전과 독립 속의 혼란과 무질서를 거치면서 그들과 매우 유사한 업적을 이룬 것으로 인식되어 미얀마의 통일을 이룬 영웅의 비공식(unwritten) '전당'에 속하게 되었다. 이처럼 재통일, 정체성의 회복, 자기 신뢰 및 영광의 회복 등과 같은 주제는 아직도 지배자와 피지배자 속에서 공명하고 있다.

따웅우에 이르는 도로는 개선되어 7시간 반이 걸린 여행에서 거의 15분마다 가장자리까지 짐을 실은 거대한 닛산 디젤차를 지나쳤다. 분명히 많은 경제 활동이 진행 중이었고, 그와 같은 장면은 우리나 아마도 UN 통계조사자들도 이전에는 미얀마에서 보지 못한 것이라 여겨진다. 트랙터와 유사한 트레일러도 보았는데, 이는 10년 전만 해도 미얀마의 도로에서

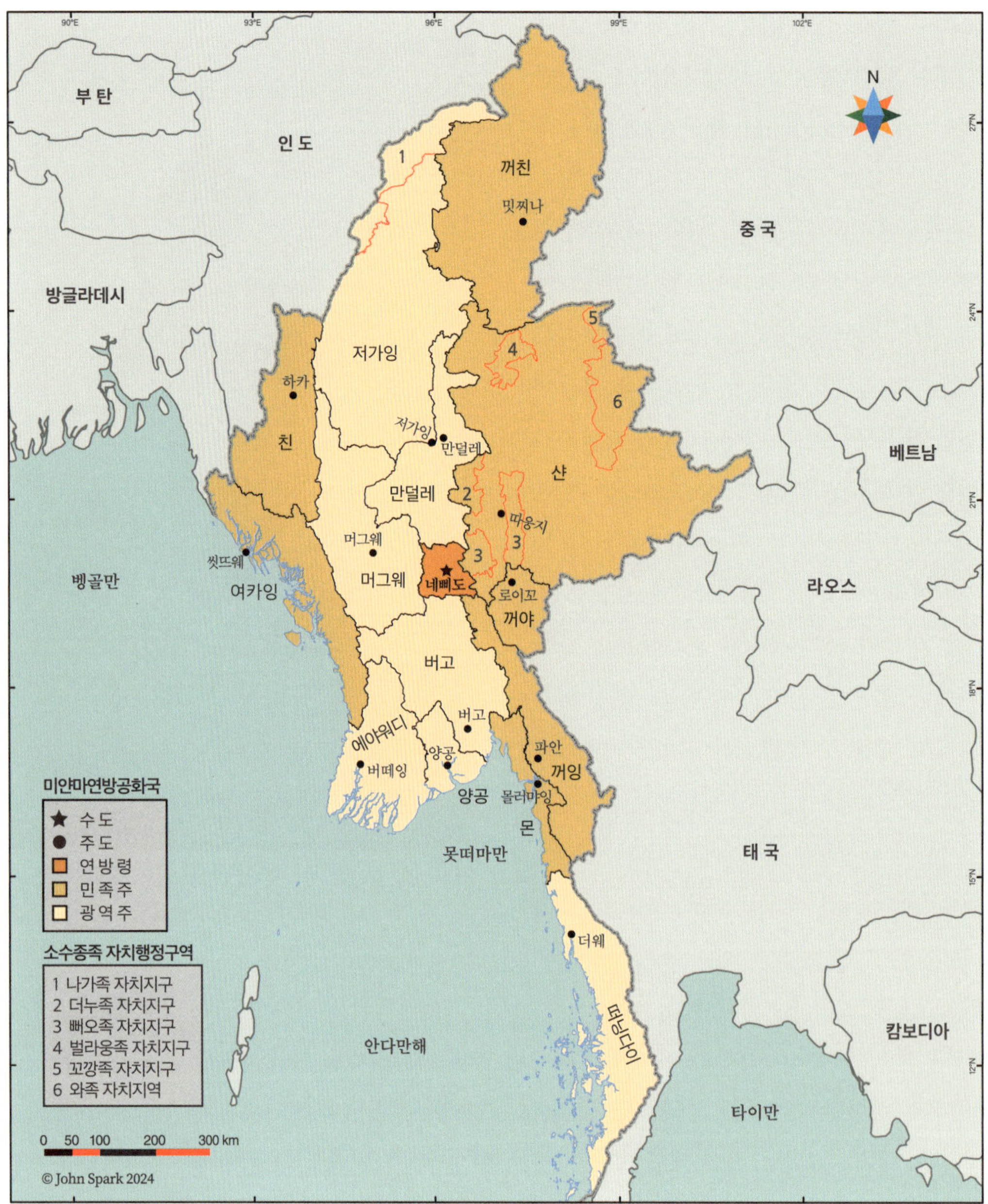

미얀마 행정구역 지도

운행되지 않았다. 1988년과 2010년 사이에 미얀마 촌락 지역에 있어서 기반 시설의 발전은 놀랄만한 일이었지만, 거의(아니 결코) '국제적인' 언론에서 보고된 바 없다.

우리가 통과한 마을에서는 식사할 장소가 있었고, 이는 분명히 교통량이 증가한데 따른 것이었다. 이러한 모습은 미얀마 시골 어디에서나 같았다. 우리가 잠시 머물렀던 곳에는 찬 생수와 콜라(태국산) 그리고 흙 마당도 있었다. 이런저런 마을에 머물다 보면 변한 게 없이 이전과 똑같다는 생각이 든다. 그렇게 차분하고 느슨한 분위기 속에서 미얀마인의 환대와 친근감은 정말로 변함없다는 사실을 알게 된다. 하지만, 이런 시골과 덜 친근한 도시의 상황은 똑같이 미얀마스럽다고 할 수 있고, 이는 네브라스카 주의 크레타(Crete)와 시카고도 각자 다른 세계 속에 속하면서도 둘 다 확실하게 미국 풍경이라는 사실과 다를 바 없다. 그런데도, 기억해야 할 사실은 현대 미얀마의 5천9백만 명의 인구 중 약 25%에 불과한 도시 인구를 제외한 나머지는 시골에서 생을 보낸다는 것이다.

서구어로 작성된 기사에서 이 나라에 관한 사실을 읽을 때마다 등장되는 이미지의 극명한 차이로 인하여 미얀마 방문객들은 길거리에서 군부 지배의 전형으로 여겨지는 군인, 탱크, 장갑차 또는 기관총 자리에 둘러쳐진 철조망이 보이지 않는 것에 놀랄 것이다. '잔인'과 '억압'이라는 말은 이전 정부에 관한 거의 모든 언론 기사에서 반드시 등장하는 것이지만, 실제 보통 사람들과 개인적인 접촉을 해보면 그 기사에서 암시하는 것처럼 그들의 얼굴이나 행동에서 공포나 압제에 억눌려 있는 인상은 느끼지 못한다. 실제는 그 반대이며, 지난 20년 동안 자생적 '국제공동체'와 그 언론에 의해 자행된 이 나라의 경찰 국가적 이미지를 무너뜨리는 것은 변함없이 만나게 되는 미얀마인의 온정, 환대, 유머 감각, 정신, 저력 및 자부심이다.

한편, 실제(actual) 미얀마와 가상(virtual) 미얀마, 즉 '실시간'으로 '현장에서' 경험하는 것과 컴퓨터 화면으로 가상공간에서 보이는 것(시간적으로는 멈추게 됨) 사이에서 보려고 하는 것과 자연히 보이는 것 양자 간에는 현실적 불일치가 존재한다. 진정성을 가지고 미얀마를 더 이해하고 알기 원한다면, 서구 언론의 편견을 일단 배제하고 열린 마음으로 이 나라를 방문해야 한다.

서론   기존과 다른 관점

본서는 '국가'에 초점을 둔 역사서이며, 선사 시대부터 2011년 3월까지의 오랜 시간을 다루고 있다. 그래서 이 땅 자체의 인구, 기술, 예술 및 주거에 관한 기록은 적어도 4만 년의 시간(구석기 시대)으로 거슬러 올라가지만, 미얀마의 '국가' 기원은 9세기와 14세기 초 동안 지배했던 이 나라의 최초 통일 왕국 버강, 즉 9세기 중반까지 지난 1200년보다 더 이른 시점으로 돌아가지 않을 것이다. 이에, 본 역사서는 버강에서 시작하여 현 미얀마연방공화국(Republic of the Union of Myanmar)에서 끝나게 되며, 2011년까지의 가장 핵심적인 인물, 단체, 사건, 제도, 장소 및 유형을 집중 조명한다.

지난 1200년간을 초점에 둔다는 것은 분명하게 '매개자'(agency)를 미얀마어 사용자에게 부여한다는 것이다. 즉, 미얀마어 사용자의 지도자, 그들의 역사, 그들의 개념, 그들의 제도, 그들의 문화 및 그들의 공간 등을 포함한 모두를 의미한다. 그러나 이러한 구상은 본서의 구성보다 역사적 기록에 중점을 두는 데에서 비롯되었다. 결국 미얀마어 사용자는 지난 1200년간의 역사를 지배했고, 그 역사는 근대 미얀마의 '건설'로 바로 이어져, 상당 부분 그들의 이야기는 미얀마의 것이 되었다.

만약 그 주체를 제거한다면, 이 나라의 입증 가능한 역사의 95%도 버려야 한다. 만약 주요한 역사적 인물을 제외한다면, 이 나라의 행위자와 역사적으로 가장 중요한 지도자들의 70%가 포함되지 않는다. 그들의 제도나 개념을 없앤다면, 오직 국가 형성 이전의 사회 형태만이 남게 될 것이다. 그들의 공간을 제거한다면, '문명' 형성의 증거 대부분과 함께 거의 천 년 넘게 이 나라의 사람과 문화를 지탱해 왔던 가장 생산적인 지역을 포기해야 한다. 다른 표현을 빌리자면, 미얀마어 사용자들을 중심으로 수행되었던 역할을 무시한 채 이 나라의 역사를 재구성하려는 시도는 경험적 의미에서 불가능할 뿐만 아니라 지적으로 왜곡하는 것이기도 하다.

'미얀마어 사용자'란 같은 언어와 정체성을 공유하는 우세한 문화집단으로 수많은 구성 요소, 즉 권력, 정당성 및 권위를 뒷받침하는 실질적인 범세계적 종교와 그와 관련된 신앙 체계의 관념, 공통적인 (논쟁의 여지가 있지만) 역사, 문학 및 신화, 서로 유사한 거주지와 생업, 그리고 일련의 친숙한 사회관습, 가치 및 법 등으로 형성되어 있다. 다시 말하면, 과거와 오늘에 이르기까지 미얀마를 자신들의 본거지로, 그곳의 보편적 문화를 자신들의 것으로 여기는 인구 대다수를 지칭하는 것이다.

결론적으로, 미얀마어 사용자란 미얀마의 역사를 '형성했던' 다수를 의미하는 것으로, 영어, 프랑스어, 독일어, 태국어, 베트남어 사용자가 영국, 프랑스, 독일, 태국, 베트남의 역사를 '형성했던' 것과 같은 맥락이다. 미얀마어 사용자는 19세기와 20세기에 있어서 세계 대부분 지역에 거주하던 거의 모든 언어종족 집단들의 최고의 목적이었던 국민국가 형성의 '경쟁'에 있어서 (현재) '승자'이다. 그들은 인구학적, 물질적, 정치적, 군사적 및 문화적 우세를 천년 넘게 유지할 수 있었고, 그 나라의 역사 속에서 가장 중요한 순간들을 버티어 냈기 때문에 그런 경쟁에서 '이겼다'고 할 수 있다. 그 결과로, 그 역사 속에서 가장 중요한 인물, 사건, 제도, 관념 및 장소 또한 미얀마의 것과 같다고 여길 수 있다.

분명히 해두고 싶은 것은, 그렇다고 해도 소수의 사람과 문화(이른바 '조연')가 이 나라의 역사 형성에 있어서 공헌한 바가 없고 중요하지 않다는 말은 아니다. 그들도 공헌했고 중요한 역할을 했다. 중심과 외연, 농업과 해상, 산지민과 평지 마을, 촌락과 도시 영역, 불교도와 비불교도 등 이러한 것은 모든 분석의 일부이며 때로는 너무 과장되기도 하지만, 이 책에서는 필요시 적용 가능한 사례를 분석함으로써 그들의 역할도 인정하고 있다.

자신의 목적에 따라 '균형'을 찾으려고 할 때에 매우 주의할 필요가 있는데, 사실상 근거가 없는 사람과 사건에 '똑같은 무게'를 부여하면 실제 역사를 왜곡할 수 있기 때문이다. 그래서 한 편으로 '균형'을 취하려는 학술적 의도와 다른 측면에서 역사적 정확성(우리의 우선순위)을 내세우는 데에는 분명한 구분이 있어야 한다. 전자는 본질적으로 도덕적(정치적) 관심에 중점을 두는 반면, 후자는 경험적(사료적) 관심에 무게를 둔다. 그러나 이 두 가지 측면은 역사의 재구성이라는 공통적인 목적에 동등한 가치를 두고 서로 대체할 수 있는 접근 방법이 아니다. 왜냐하면 그 둘의 목표와 수단은 아주 다르기 때문이다.

그리하여 불균형적인 역사적 상황을 단순히 '균형을 잡기' 위해서 또는 세계의 부당성을 바로잡기 위한 목적으로 '듣지 않은 소리'에 대해 반사적으로 '소리를 내지' 않으려 했다. 오로지 확실한 증거가 있을 때만 그렇게 할 것이다. (그 외에도, 만약 미얀마에 대해 '국제적' 언론에서 나오는 말들의 범위와 규모가 어떤 '소리'가 과거 20년 동안 제대로 듣지 못했다는 것을 결정하기 위한 표준이 된다면, 그것은 순전히 소수가 아닌 다수의 것이라는 사실이다.)

예외가 규칙이 되고 규칙이 예외가 되어 역사를 더욱 왜곡시키고 더 나쁜 불균형으로 만들어 버리는 곳에서는 '균형'을 제공한다고 모든 것을 쉽게 바꿔 놓을 수 없다. 그리하여, 예를 들어, 이런 문제를 바라보는 또 다른 방법으로 비국가 주체(가령, 산지 부족과 다른 '매개체'(interstices))를 강조하는 '무국가'(state-less)의 동남아 역사가 최근에 등장하기도 했다.[6] 그러나 이런 임기응변적인 관점은 사실적인 측면에서 보면 성립되지 않을 뿐만 아니라, 국가가 빠지면 (명백한 증거로) 존재해 왔던 국가 외에 아무 것도 없다는 것이 사실이다.[7] 확실한 증거를 바탕으로 전근대 동남아의 역사는 국가의 역사이다.

역사가들은 미얀마 역사의 구성에 있어서 불균형을 만들 수 있다. 예를 들어, 영어로 출판된 이 나라의 가장 일반적인 역사서들도 부적절하게 가장 많은 수의 장을 가장 최근 시대(전체 역사의 5% 이내에 해당함)에 할당하고 있고 21세기 이전의 시대에는 가장 적은 수의 장을 배당함으로써 가장 길어야 하고 강조해야 하는 (전근대) 시대에 비하여 가장 짧은 (근대) 시대에 '특권'을 부여하고 있다.

하지만, 현대 미얀마를 가장 잘 정의할 수 있는 것(종교, 언어와 문학, 관습과 민법, 공연 및 기타 예술, 농민의 사회경제적 가치 및 '후원-수혜'의 정치적 가치 등)은 거의 근대가 아닌 전근대 시대에서 비롯된다. 이것은 앞서 살펴본 대로, 전근대를 축소시켜 결국 '주객전도'(tail wags the dog)의 질적 불균형을 초래하여 짧은 근대에 주어지는 양적 불균형을 한층 더 과중시키고 있다는 것을 의미한다. 그런 접근 방법은 미얀마의 역사를 왜곡시킬 뿐만 아니라, 은연중에 외부적이고 최근의 일이 토착적이고 고대의 것보다 더 중요하다고 인정하게 만든다. 그러한 외부적 '현재 중심주의'는 오늘날 미얀마의 역사를 인식하고 이해하고 저술하는 방법으로 계속 구현되고 있다.

이 나라 역사의 불균형과 왜곡에 대한 일부 대응책으로 본서는 시간과 중요도에 있어서

---

6 다음 저서에서 스캇(James C. Scott)의 주장을 참조하시오. *The Art of Not Being Governed: An Anarchist History of Upland Southeast Asia* (New Haven, er, 2009).

7 Michael Aung-Thwin, 'Ava and Pegu: A Tale of Two Kingdoms', *Journal of Southeast Asian Studies*, XLII/1 (2011), pp. 1-16.

엄청난 차이만큼은 아니지만, 형식적으로 근대에 할당된 장의 수를 줄이고 전근대에 그 수를 늘렸다. 이 정도의 변화만 주더라도, 이제 등장하는 본문 속에서 살펴보게 되겠지만, 근대 미얀마 역사에 관한 해석과 결론을 바꿀 수 있을 것이다.

역사의 어떤 특정한 '시대'를 불균형적으로 더 할애하는 것뿐만 아니라, 단순히 '시대'를 줄이거나 늘리는 것도 역사의 기술이나 이해에 영향을 미친다. 예를 들어, 전통 역사서에 등장하는 영국 '시대'는 정식 독립과 함께 1948년에 '끝난다.' 하지만, 실제 영국의 지배는 1942년 일본의 침임으로 끝나는 것이어서 본서에서는 '종식'을 그 시점으로 두고 있다. 두 시점은 사건과 인물의 전개하는 '객관적' 역할보다 오히려 역사가들이 사건과 인물에 부여된 중요성으로 고려되어야 하기 때문이다.

그러한 경우 우리의 접근 방법은 '행위자'를 토착적인 것으로 보는 것이다. 이것이 의미하는 바는, 인도네시아 역사가의 말을 빌리자면, 우리는 미얀마어 사용자들을 '그들 자신의 역사의 중심'으로 돌리고, 거기에 더해 역사의 대부분을 분류 작업을 통한 (수동적인) 배경보다는 그것이 속한 (능동적인) 배경을 전면에 배치하는 것이다.[8]

외부 세계의 관점에 대해 좀 더 구체적으로 말하자면, 인도, 중국 및 서양이 역사적으로 이 나라에 제공했던 주류의 문화적, 기술적 공헌은 더 이상 중심 무대이거나 전반적인 '활동'(play)을 차지한 것은 아니며, 어떤 '장면'과 특별한 '행위'(acts)의 한 부분일 뿐이라는 의미이다. 따라서 이 나라 식민지 이전 역사의 재구성을 위해서는 토착적 자료, 즉 문학, 신화, 비문 연대기, 칙령, 법전, 통계조사기록 등을 가장 우선적으로 고려한다. 또한, 이 나라의 역사와 정치에 관한 우리의 분석과 결론에 있어서 외부적인 것보다 '인간'과 '그의' 세계에 관한 권력, 권위 및 정당성을 둘러싼 미얀마적인 신념을 더 (때로는 덜) 강조한다.

내부적인 (국내의) 장면에 있어서 접근 방법은 지금은 그 배경으로 분류되는 외부적 관점이자 전통적으로 강조해온 '국제' 무역과 상업이 아닌 농업 (및 농민의 가치)-대부분의 역사를 통해 거의 모든 사람들의 전면적이고도 지배적인 생활방식-을 그 장면의 전면에 배치한다. 주요한 강 유역의 건조지대는 국가와 그 수도가 거의 변함없이 (지금도 여전히) 그 중심에 자리했던 이유로 이 나라의 역사, 문화 및 정치에 있어서 월등한 역할을 확보하고 있다.

이러한 접근 방법은 현 상태의 '불균형'에서 '균형'으로 되돌리고, 이 나라의 역사를 본서에서 기술하고 있듯이 역사적으로 가장 중요한 사람들과 그 문화에 초점을 맞추게 한다.

---

8 Jean Gelman Taylor, *Indonesia: Peoples and Histories* (New Haven, CT, and London, 2003), p. xvii.

이것은 부분적으로 동남아의 '자율적'(autonomous) 역사기술학에 대한 우리의 공헌이기도 하다.[9]

또한, 우리는 내러티브역사(narrative history, 역주-일련의 사건들을 재구성하여 역사를 기술하는 방법론)-아날학파(Annales School)가 '사건의 역사'(l'histoire événementeille, the history of events)라고 부름-를 강조하고 제도사(institutional history)를 지양한다. 하지만, 전자가 후자보다 더 중요하다는 사실을 암시하는 것은 아니다. 그 반대로, '사건의 역사'는 오직 (또는 대체로) 특별한 맥락, 즉 미얀마의 사회·정치적 및 문화적 제도를 낳게 되는 장기간에 걸친 '상수'(constant)-이 경우는 미얀마의 지리·인구학적 환경-속에서 발생할 때에만 그 의미를 갖는다고 생각한다. 또한, 후자는 전자가 하는 만큼 사건과 인물의 중요성을 형성한다. 이러한 '변화'(change)와 '지속'(constancy)-또는 다른 말로 하자면, 선형과 순환 역사(linear and cyclic history)-간의 상호 작용은 대부분의 미얀마 역사의 전개 속에서 '나선형적'(spiralling) 역사 패턴을 양산해왔다.[10]

마지막으로, 역사의 개념화가 무엇이든지 간에 그 재구성은 최고의 유용한 증거에 기초해야 한다. 어떤 관념이나 이론-최악인 것은 정치 철학 또는 의제(agenda)-으로 시작할 수는 없다. 불행히도 미얀마와 관련해서는 최근 많이 사용되어 왔던 방법론인 역사 재구성에 알맞은 '사실'(facts)을 찾아야 한다. 본서에 사용된 사료는 많고 다양하며, 제1차(원본이며 현대의) 자료에 초점을 맞추었다. 이와는 달리, 식민지 이전 시대의 역사는 대개 현대적 또는 현대에 가까운 고고학, 비문 및 문학 등 다양한 종류의 사료에 기초를 두었고, 식민지 및 식민지 이후 시대의 역사는 비정부 사료와 함께 정부(영국과 미얀마) 사료에 대부분 의존하였다. 이 책에 사용된 사료는 참고문헌에 기재된 대로 비교적 방대하고 매우 많지만, 인용은 의도적으로 최소화하였다.

제1장 '배경'은 물질(실체)과 인간의 환경, 즉 미얀마 역사가 만들어지고 그것으로 형성된 불변의 지리적 및 간헐적으로 변모해온 인구학적 토대를 살펴본다. 이러한 일정하고 지속적인 토대의 중요성을 역사가들은 종종 가볍게 여기는데, 이는 역사학이라는 학문이 항상 시

---

9 '자율사'의 개념과 분석은 스메일(John Smail)의 다음 논문을 참조하였다. 'On the Possibility of An Autonomous History of Modern Southeast Asia', *Journal of Southeast Asian History*, II/2 (1961), pp. 72-102.

10 Michael Aung-Thwin, 'Spirals in Burmese and Early Southeast Asian History', *Journal of Interdisciplinary History*, XXI/4 (1991), pp. 575-602.

간에 따라 변화하는 인물과 사건을 강조하기 때문이다 (이른바 '소프트웨어'). 그러나 이제 살펴보겠지만, 물질적 환경('하드웨어')은 미얀마의 역사와 제도와 형성된 '구조'의 발전에 상당한 영향을 미친 요소가 되어왔다.

제2장은 대략 4만 년 전부터 기원전 500년까지에 이르는 미얀마의 선사 시대를 다루고 있다. 구석기, 신석기 및 동석기 시대 및 그 이후의 청동기와 철기 시대에 초점을 둔다. 이러한 선사 시대는 윤남과 인도에서 말레이 및 인도네시아 다도해에 걸쳐 전개되는 광범위한 선사 및 초기 역사 시대의 동남아 패턴에 부분적으로 연계되어 있다. 이 나라 안에의 가장 초기와 가장 많은 선사시대 유적지는 해안 인접지역에 몇몇 정착지를 지닌 야워디, 친드윙(Chindwin), 무, 밍웅에, 싯따웅 및 사몽(Samon) 강 유역(특히 미얀마의 건조지대)에 분포되어 있다. 선사 및 초기 역사 시대의 사람과 문화는 이후 등장하는 도시국가 시대의 토대를 마련해주었다.

제3장의 주제는 미얀마의 형성 시기인 도시국가 시대(Urban Age)를 다루고 있다. 기원전 8세기경 청동기와 철기 도구를 사용했던 건조지대 거주인의 정착지의 흔적이 있지만, 진정한 도시 사회의 것으로 여겨지는 신뢰할 만한 과학적 증거는 기원전 2세기 무렵의 것이다. 그러한 증거는 서기 9세기 중엽까지 문화를 전파했던 흔히 '쀼족'(Pyu)이라고 불리는 티벳-버마어족(Tibeto-Burman) 사용자들과 관련된다. 바로 이 도시 문화가 그 이후의 미얀마의 '황금기'라고 할 수 있는 '고전기'(classical era)의 토대가 되었다.

제4장은 '고전' 시대를 살펴본다. 에야워디 강의 동쪽 제방에 조성된 성곽 도시 중심에 자리한 버강 왕국은 4세기 이상(9세기 중엽에서 14세기 초)동안 지속되었고, 이 나라에 있어서 전형적인 모범, 이른바 '틀'(template)이 되었다. 버강의 종교적 헌신, 부, 권력, 권위, 문화적 정교함 및 위엄의 범위와 규모는 결코 다시 넘을 수 없고, 그 기본적 구조는 다음 시대의 본질적인 모형이 되었다. 미얀마어 사용자들에 의해 주도되었던 문화는 시간이 지남에 따라 '국가적' 문화로 연결되어, 다음 몇 세기에 걸쳐 모든 방향으로 이 나라의 먼 곳까지 퍼져 나갔다. 하지만, 그 핵심은 친드윙, 에야워디 및 싯따웅 강의 광활한 유역에 남았다.

이 왕국은 외부적으로 발생한 사건이 결국 쇠퇴로 이끈 장기간에 걸친 구조적 성격의 내부적인 문제를 악화시켰던 시기인 13세기 말과 14세기 첫 십년 경에 쇠락의 조짐을 나타내기 시작했다. 이것은, 아날 학파의 용어를 사용하자면, '사건의 역사'와 '장기간 지속'(longue durée)의 고전적 '결합'(즉 한 사회와 역사 속에서 '순간적 사건'과 장기적 패턴이 구조적 변화를 함께 일으키는 것)이었고, 버강의 붕괴를 의미한다. 또한, 그것은 바로 통합의 종식일 뿐이며, 버강을 발흥시킨 요소의 감퇴나 소멸이 아니었다. 농경지, 관개시설, 경작자, 군인, 문필가, 승려, 승원, 사원, 마을, 도시, 티크삼림, 루비, 은광과 금광, 임산물 등은 계속 존재하였고, 단지 하나의 중심으로 더 이상 통합되지 못했을 뿐이었다.

버강이 통합자의 역할을 마감하자, 남겨진 왕족과 후손들은 일찍부터 영주(governor)가 지배하던 세 군데의 소규모 권력 중심으로 흩어졌다(허구이기도 사실이기도 함). 이런 상황이 반세기가 지나자, 여전히 남아있던 흩어진 사람과 물질 자원이 제1차 어와(Ava) 왕조로 1364년에 다시 한번 결집되었고, 그 왕도는 어와와 같은 이름을 가진 새로운 도시였다.

어와(역주-미얀마 만델레 지역 방언의 구어체 발음에서 비롯되었고, 문어체로는 잉와(Inwa 또는 Innwa)로 표기됨)는 버강이 사용했던 같은 구조로 구성되었고, 후자의 제도를 그대로 채택했다. 오랜 전통과 달리, 어와 왕국(및 시대)은 그 이전에 발흥하여 모든 것을 파괴했던 '샨족 야만주의의 암흑시기'가 아니었다. 최근 조사에서 어와는 미얀마어 사용자들의 왕국이자 버강의 작은 르네상스로 여겨지고, 후대를 위하여 '고전적' 전통을 부활시켜 보존했던 것으로 나타나며, 그 일부는 21세기에도 남아있다.

한동안 해상왕국이 하부 미얀마에서 등장했다. 한따워디(Hamsavati, 역주-현재의 미얀마어 표기는 Hanthawaddy)로 불리는 이 왕국의 중심은 고대 미얀마어로 뻬구(Payku, 영어 표기로 Pegu이며, 고대 몬어(Mon)로는 버고(Bago)로 발음됨)로 알려져 있으며, 몬어 사용자들이 몇 세기에 걸쳐 하부 미얀마로 이주해와 이곳을 지배하였다. 그 왕국은 상당한 시기가 지난 뒤 라머냐데따(Ramannadesa, '라만의 영역')가 되었다. 이 왕국의 신화적 기원은 미얀마 몬족의 성인전(hagiography)에 나오듯이 그들의 '캐멀롯'(Camelot)이었던 가장 전형적인 불교 시대(아쇼카 왕 지배하의 인도)로 거슬러 올라간다. 이러한 예언적인 신화는 다시 과거를 드러내고 현대로 불러와 근대 몬족 민주주의의 불을 지펴왔다. 유럽인들이 집단으로 미얀마의 역사 속에 처음 진입한 때가 바로 후기 버고 시대였다. 그래서 제5장은 상부와 하부 미얀마 간의 관계 및 그 기원과 발전에 초점을 두었다. 시기적으로는 14세기 일부, 15세기 전체 및 16세기 1/4분기에 해당한다.

제6장은 미얀마의 역사에 있어서 가장 중요한 시대 중의 하나를 살펴본다. 그 시기는 16세기 1/4분기에서 말까지(역사가들이 '전근대'(Early Modern era)라고 부름)이며, 그중에서 16세기 중엽이 특히 주목할 만하다. 이는 제2차 버고 왕조(제1차 따웅우 왕조라고도 함)의 이야기이며, 그 왕조는 미얀마 전체를 재통일하였고, 후대에 태국과 라오스의 핵심이 되는 대륙부 동남아의 서쪽과 중앙의 주요한 거점지역을 차례로 정복하였다.

하지만, 이 왕조도 미얀마 역사 속에서 단명하여 겨우 60년을 넘기지 못하였다. 그런데도, 현지 역사가들은 이 시대를 미얀마 역사에 있어서 '제2차 통일'(제1차는 버강 시대)이라고 생각하였고, 최고의 군사적 업적을 성취한 것으로 여긴다. 문화정체성, 내부 질서, 영토 보전 및 정치적 주권이 근대에도 대개 일련의 군사 지도자와 정부에 의해 유지되고 있는 국가에서는 그런 업적의 주제가 지금도 쉽게 지워지지 않는다.

16세기 말경에 이르러, 이 나라의 서쪽 해안지역인 지금의 여카잉(Arakan, 역주-공식 표기는 Rakhine) 주에 자리하면서 새롭게 발흥한 해상 중심과 권력인 먀웃우(Mrauk-U)와 싯따웅 강의 건조지대 가장자리에 위치한 따웅우가 단명했지만 거대한 제국의 왕도인 버고를 파괴하였다. 이미 상부 미얀마로 도피했던 버고 왕조의 생존자들은 권력 공백 상태에 편승하여 그곳에서 새로운 왕조를 세웠는데, 이것이 제7장의 이야기이다. 이 새 왕조와 시대는 현지 역사서와 역사가들에게 두띠야 잉와 밍셋(Dutiya Inwa Minset), 즉 제2차 어와 왕조(1599~1752년)로 알려져 있다. 그러나 서구 역사가들은 이 왕조를 '후기'(Later) 및 '복구 따웅우 왕조'(Restored Toungoo Dynasty)라고도 부른다.

'핵심지역'인 옛 어와로 돌아와 왕도로 재건하면서, 제2차 어와 왕조의 지배자들은 먼저 인력과 물질 자원을 정비하였다. 그 다음, 하류로 내려가 1599년의 엄청난 파괴로 인하여 무정부와 혼란의 상태로 조각난 하부 미얀마를 평정하였다. 이제 이 나라는 부와 위엄에서는 아니지만 특별히 그 규모와 구성에 있어서는 점점 버강과 같은 모습을 갖추게 되었다.

제2차 어와 왕조의 물질적 토대는 기본적으로 버강과 제1차 어와 왕조가 누렸던 상부 미얀마의 자원으로 형성되었고, 간헐적으로 하부 미얀마의 교역 수익이 보충되었다. 이 신왕조도 버강과 제1차 어와 왕조의 개념적 체계를 정착시켰고, 이와 함께 전통적 원칙인 후원-수혜 관계의 묘자(myosa, '묘(도시 또는 영지)를 먹는 사람', 역주-왕자나 왕족을 전략적 지방중심지(묘)에 파견하여 중앙 권위의 유지를 맡기지만, 때론 자신의 세력을 키워 왕위 찬탈 등 반역을 일으키는 경우도 많았고, 유럽의 영주 또는 우리의 호족처럼 그 직을 세습하기도 했음) 체계를 유지하는 등 그 법률 및 행정 구조도 그대로 도입하였다. 미얀마의 새로운 왕조들의 성립과 존속이 가능했던 것은 완전히 새로운 제도와 방식을 창출한 것이 아니라 옛날 것을 답습했기 때문이었다. 옛날 문제는 그 결과를 예측 가능한 옛날 방식으로도 해결될 수 있다는 의미가 된다.

제2차 어와 왕조는 1752년 그 속령(vassal) 중의 하나였던 재건한 버고에 의해 멸망하였다. 그 당시 버고는 경제적 활기를 띤 하부 미얀마의 중심이 되었는데, 아시아에 있어서 교역과 상업의 새로운 시대, 즉 두 번째 '상업시대'(Age of Commerce)가 재기한 인도와 중국뿐만 아니라 포르투갈을 대체한 영국과 네덜란드의 도래로 고무시킨 결과였다. 버고는 어와에 봉신을 남기고 어와 왕국의 모든 관리들과 그 기록물을 망라하는 전리품을 취하여 근거지로 복귀하였다.

이전 시대와 마찬가지로 버고는 자신의 힘으로 재통일을 이루지 않았고, 그것을 자신의 운명이나 정치적 비전으로 고려하지 않았다. 그래서 어와 정복은 뭔가 큰 비전을 지닌 지도력의 발휘가 아닌 전쟁의 전리품을 챙겨 떠나는 단순한 '약탈자' 행위에 불과하였다. 게다가 미얀마에서는 권력을 가지지 못한 사람들(같은 왕족에 속한다 할지라도)이 지배 왕조를 파괴하는 것은 자신들이 왕조 계승을 노릴 목적이라기보다 현 왕조의 존속을 막으려는 의도가 더 큰 것 같다. 이러한 태도는 이 나라의 전근대 및 근대의 역사를 통해 반복해서 나타나고 있다.

제8장은 18세기 중엽과 19세기 말까지 지배했던 미얀마 군주국의 마지막 왕조(Konbaung 꽁바웅)에 관한 이야기이다. 꽁바웅 왕조의 발원은 상부 미얀마에 대한 버고의 오만한 태도에서 비롯되었다. 버고는 그곳을 비교적 내버려 두었고, 주요 중심 지역과 그 지도자에게 형식적인 충성 서약만을 요구하였다. 통일이라는 큰 비전을 가진 또 다른 카리스마적인 지도자가 권력의 공백을 이용하여 이 나라를 재통합하는 것은 단지 시간 문제였다. 마지막 왕조였던 꽁바웅 왕조는 애초 그 중심이었던 쉐보(Shwebo)라 불리는 군사 요충지에서 이윽고 왕도를 어와로 옮겼고, 그 다음 바로 북쪽에 있던 어마라뿌라(Amarapura)로 마지막으로 북쪽으로 몇 마일 떨어진 만덜레(Mandalay)로 천도하였다. 현지 역사가들은 이 시대를 미얀마의 '3차 재통합'으로 여긴다.

꽁바웅 왕조는 1885년 말까지 지속되었으나, 1824년, 1852년 및 1885년에 걸친 세 차례의 전쟁을 통하여 차례로 하부 지역의 대부분을 영국에 빼앗기고 마침내 만덜레도 정복되었다. 1885년 11월 29일 정식 항복이 선포된 그날 저녁 6시 30분에 국왕과 그의 첫째 왕비는 인도로 추방되었고, 국왕은 인도에서 1916년 서거하였다. (그의 왕비는 1919년 고국에 평범한 시민으로 돌아왔음) 1886년 1월 1일자로 '버마'는 정식으로 영국령 인도의 한 주가 되었고, 랜돌프 처칠(Randolph Churchill, 역주-당시 영국 내각의 인도 담당 국무장관)은 이 사실을 영국 여왕에게 '새해 선물'로 헌정하였다. 당시의 주변 환경 및 영국의 정복 결과와 미얀마 합병은 제9장의 주제이다.

영국 지배에 대한 맹렬한 군사적 저항은 십 년 이상 지속되었다. 그러나 1900년 무렵에 이르러 최후의 집단이 처참하게 붕괴하자 비로소 미얀마는 적어도 외양적으로 분명한 저항 운동의 측면에서 평정되었다. 하지만, 외국인의 지배에 대한 '전면적인 수동적 저항'의 측면에서 미얀마는 결코 평정되지 않았다.[11] 제거된 군주와 함께 (또한, 그의 종교적 상대였던 상가-불교 '교단'-의 수장도 같은 운명에 처해짐) 사회는 해체되었다. 미얀마의 '우두머리'가 사라지니 그 '몸'은 경련을 일으켰다. 그리고 그 '요동치는 몸'에 전체적으로 외국의 이념, 사회경제, 법

---

11 그 말은 스캇(James C. Scott)의 다음 저서에서 인용하였다. *Weapons of the Weak: Everyday Forms of Peasant Resistance* (New Haven, CT, 1985).

률 및 정치 시스템이 적용되어 최악의 '혼종'(hybrid)이 만들어졌다.

그 나머지 지지 구조(거의 900년 넘도록 농촌 사회를 유지하고 지역의 충성심을 가지고 태어난 세습적 촌주 제도)도 파괴되었다. 그 자리는 영국 정부에 충성하고 외부 지역에서 모집된 급여를 받는 관리로 대체되었다. 비록 그것이 '합리적인' 시스템이고 식민지 '버마'에 전체적인 질서와 평안을 제공했다고 하더라도, 대다수의 사람들에게는 아무런 의미가 없었다. 그래서 우리는 식민지 시대를 묘사할 때 '의미 없는 질서'라는 문구를 사용한다. 이에 대해 이 나라의 전체 역사 속에서 유일하게 진정한 농민 반란이었던 서야상 반란(Saya San Rebellion)을 한 예로들 수 있다. 식민지 '버마'의 이야기는 제10장의 주제이다.

'버마'는 1942년 일본의 침입 때까지 사실상 영국 지배하에 놓여 있었다. 그 시기부터 1962년까지가 제11장의 주제이다. 이것은 통상적인 시대 구분이 아니지만, 영국(Britain)에게 부여된 '매개자'를 미얀마인에게 돌려주고, 어떤 측면에서는 일본인에게도 부여하는 시기이다. 하지만, 이 접근 방법은 단순히 관점의 변화에서 비롯된 것이 아니라 이를 뒷받침할 만한 충분한 증거가 있기 때문이다. 그 증거는 1942년과 1945년간의 전쟁 기간 미얀마의 미래 지도자가 결정되었고, 진정으로 국가를 대표하는 정당(AFPFL, 반파시스트인민자유연맹)과 사실상의 미얀마국군(BNA)이 창립되었다는 사실이다. 또한, 일본 지배가 3년 이상을 넘지 않았지만, 미얀마의 전후(post-war) 역사에 끼친 영향은 특히 일본의 패배 이후 근대 미얀마의 정치적 및 군사적 특징의 형성을 고려할 때 매우 중요한 것이었다.

이전 시기의 '의미 없는 질서'를 대체하는 것으로 이 모든 시기(1942-62년)를 '의미 있는 무질서'로 간주한다. 이 시대는 이 나라의 사람들에게 다시 자신의 운명을 결정할 수 있도록 허용했다는 점에서 의미가 있다. 그러나 이 시기는 극도의 무질서가 드러나, 내전과 무법이 촌락지역을 덮쳤고, 범죄가 도시에 파고들었다. 그 상황은 '어머니는 자기 자식들을 찾을 수가 없었고, 자녀들은 그들의 어머니를 볼 수가 없었다'고 연대기에서 탄식하듯이 18세기 중엽 얼라웅퍼야 왕의 재통일을 이루기 직전 권력 공백기를 연상케 한다.

또한, 이 시기에는 비효율적이며 무능한 민간정부로 인하여 1950년대부터 연방 해체의 우려가 그 다음 10년의 초기에 현실로 변하기까지 상황이 주목을 끌게 한다. 그리하여 이미 10년 전에 반군에 의해 전복될 위기에 놓였던 수도를 구한 적이 있었던 네윈(Ne Win) 장군(전쟁 영웅이자 '근대 버마의 아버지'로 불리는 아웅산의 조력자)이 1962년 3월 2일 마침내 무혈에 가까운 쿠데타를 일으켜 정부를 장악했다.[12] 충성스럽고 잘 훈련된 군대의 지원을 받은 혁명위

12　그 사태에서 한 사람만 사망한 것으로 보도되었다.

원회는 연방의 결속을 유지하고, 정부의 최우선 과제인 국가를 보존하였다. 법과 질서도 혼란하고 분열 직전의 시민사회에 정착시켰다.

역사를 통해 미얀마인들의 가장 중요한 관심사였던 사회 질서와 근대 미얀마의 최우선 과제였던 연방 결속은 다시 제자리로 돌아왔다. 이 두 가지의 최우선 과제는 (간헐적 파열이 있긴 했지만) 대체로 오늘날까지 명백하게 유지되고 있다. 무질서, 무법, 강도, 반란 및 기타 심각한 도시 범죄는 1950년대 이후로 현저하게 줄어들었다. 그 당시 ('의회민주주의' 체제하에서) 국가와 사회의 탈중심주의, 혼란 및 무질서(세계에서 가장 높은 살인율을 기록한 국가라는 이상한 차별을 받았음)는 이제 단지 악몽일 뿐이었다. 그래서 제12장의 일부분인 1962년부터 현재까지의 시대를 '의미 있는 질서'로 묘사한다.

하지만, 확실히 사회 질서는 회복되었지만, 대부분의 도시 지역의 경제는 특히 이 시대의 첫 10년 동안 이른바 버마식 사회주의(Burmese Way of Socialism)라고 하는 1962년 혁명위원회의 주요한 이념에 이끌려 비참하게 실패했다. 어떤 예리한 분석자가 얘기한 것처럼, 그 이념은 마르크스주의적 영감, 레닌주의적 이행 및 불교적 목적을 담고 있었다.[13] 결론적으로 1962년 이후 등장하는 두 정부의 주된 경제 목표는 여전히 통제된 경제 속에서 시장 원칙의 지속적 도입 과정을 통해 동남아에서 가장 발전한 국가들을 '따라잡는 것'(play catch-up)에 경주해왔다.

그러나 이런 역사(제2차 세계대전, 내전 및 재건)에도 불구하고, 오늘날 미얀마에 대한 외부적 시각은 오직 한 사건(1988년의 '위기')에만 기초를 두고 있는데, 이 사건에는 민주주의의 열망이라는 요인을 내포하고 있었기 때문에 미얀마의 지난 50년간의 역사를 순전히 잊게 하였다. 특히 '선과 악'이라는 이분법의 분석 틀은 영어 매체 언론을 지배하게 되면서 도덕적 입장에서 미얀마에 대한 평가를 하게 되었다. 언론들은 미얀마는 이렇다 저렇다고 정의하고, 이래야 되고 저래서는 안 된다는 것을 기술하며, 해야 하는 것과 해서는 안 된다는 것을 결정하였다.

대조적으로 우리의 내부적 관점은 어떤 도덕적 지위가 아닌 역사적 경험의 입장을 취하고 있어서, 반세기에 걸친 내전 이후의 최근 재건의 역사를 고려할 때 1988년의 위기는 단지 하나의 사건으로 간주하고 있다. 따라서 미얀마인들은 '스스로 역사의 중심으로' 복귀시키고

---

13 Jon Wiant, 'Tradition in the Service of Revolution: The Political Symbolism of *Taw-hlan-ye-khit*', in *Military Rule in Burma Since 1962: A Kaleidoscope of Views*, ed. F. K. Lehman (Singapore, 1981), pp. 59-72.

'매개자'를 원주민에게 돌려줌으로써 미얀마는 이렇다 저렇다고 정의하고, 이래야 하고 저래서는 안 된다는 것을 결정하며, 해야 하는 것과 해서는 안 된다는 것을 바로 그들 스스로 결정해야 한다.[14] 그런 일들이 무엇이든지 간에, 비록 그 일들이 불완전하고 논란이 있다고 하더라도, 미얀마인들은 자신의 가치와 감정, 문제와 관심, 우선순위와 편견을 표명한다. 외부 세력이 '보편적'(universal)이라고 주장하는 것은 차치하고, 스스로 표명하는 것이야말로 중요하게 여기고 '특권을 부여해야' 하는 것이다.

이러한 (원주민적인) '비전의 시각'에서 보면, 미얀마의 지난 20년 동안은 민주주의와 권위주의, 자유와 폭정, 대중과 엘리트 간의 (도덕적) 투쟁이 아니라 효율적 및 비효율적 지배, 질서와 무질서, 엘리트와 다른 엘리트 간의 (실제적) 다툼이었다. 요약하자면, 강자의 세력과 약자의 세력 간의 경쟁이었다. 이렇게 단순하게 관점의 변화를 시도하면 미얀마의 최근 이야기를 감정적인 '도덕적 유희'(morality play)에서 벗어나 온전한 역사적 설명이 가능케 한다.

본서는 이제 미얀마의 미래에 대한 몇 가지의 질문을 제기하는 것으로 짧게 결론을 맺는다. 이 나라의 '객관적인' 인구, 지리, 정치, 경제, 종교 및 역사의 맥락을 살펴보면-다른 표현을 빌리자면, 그런 사실에 부과된 도덕적 요소를 제거하면-미얀마는 어떻게 보일까? 무엇이 어떻게 변화하고 무엇이 그대로 남아있을까? 이 과정에서 미얀마는 어떤 동남아 국가를 모범으로 삼을 것인지, 또한 그 이유는 무엇일까? 다시 말해, 현재 우리가 알고 있는 미얀마는 지금으로부터 한 세대가 지난 100년 뒤에도 알아볼 수 있을까? 상당 부분 그럴 것으로 확신한다.

14　Michael Aung-Thwin, 'Parochial Universalism, Democracy *Jihad*, and the Orientalist Image of Burma: The New Evangelism', *Pacific Affairs*, LXXIV/4 (2001/2), pp. 483-505.

인도
방글라데시
중국
베트남
에야워디
친드윙
만덜레
만리웅
네삐도
라오스
시땅
벵골만
에야워디
양공
쌀리윙
못떠마만
태국
N
지형고도 (m)
2000 이상
1000
500
150 이하
0 100 200 300 400 km
캄보디아
타이만

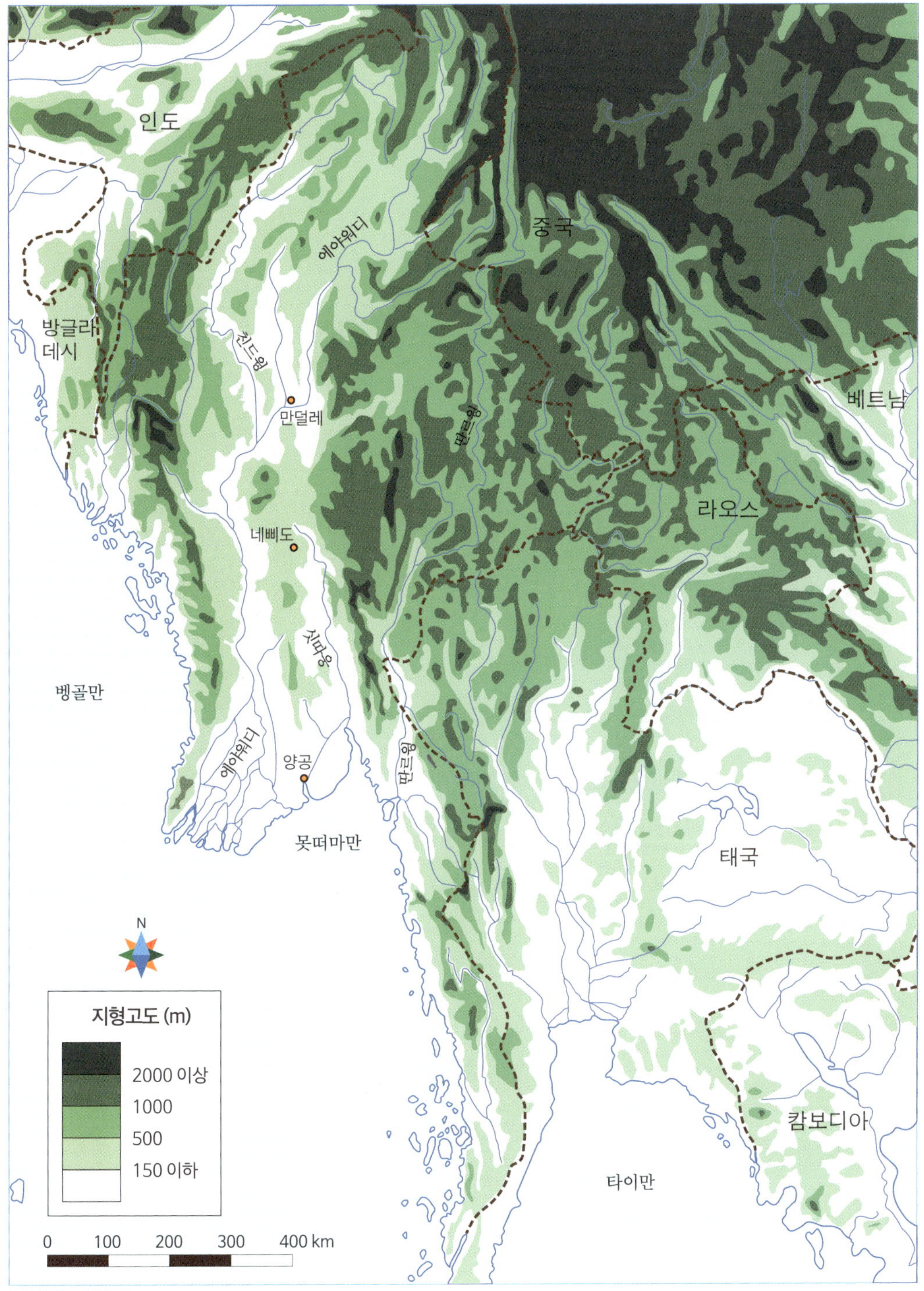

미얀마 지형도

• • • • •

제1장   배경

영토

미국 텍사스 주의 크기와 영국의 거의 세 배에 이르는-식민지 시대 용어로 '버마'로 알려진-
미얀마는 약 261,552 평방마일(역주-676,575㎢로 한반도의 약 3.3배)의 면적을 지니며, 연속된
토지의 규모로 본다면 동남아에서 가장 큰 국가이다(역주-도서로 구성된 인도네시아가 전체 국토
의 면적으로는 가장 큼). 가로보다 세로가 긴 이 나라의 주요 산맥-여카잉, 버고, 친(Chin) 및 샨
요마(Yoma, '중심 뼈'의 의미, 사람의 등뼈처럼 비유로 산맥을 뜻함)-은 북쪽에서 남쪽으로 뻗어있고
동쪽에서 서쪽으로 경사져 있으며, 주요 강-에야워디, 친드윙, 싯따웅 및 딴르윙(Thanlwin,
Salwin)-은 대개 그 산맥과 나란히 그 사이로 흐른다. 그래서 이 나라는 길고 넓은 평원 지역
으로 나뉘며, 남북 간의 이동이 매우 용이하지만 동서 간의 이동은 매우 어려워 이 나라의 역
사와 문화의 형성에 중대한 영향을 미치는 지형 구조를 갖고 있다.

　큰 평원 지역 중 미얀마의 중부 아래로 펼쳐진 에야워디강 유역은 예로부터 (지금까지)
가장 비옥하며 다양한 품종이 산출되는 농업적으로 생산성이 높은 곳이기도 하다. 이 지역은
미얀마에서 가장 인구밀도가 (현재에도) 높으며, 가장 초기이자 장기간에 걸친 선사와 역사
기록을 위한 수단을 제공하였고, 이 나라의 황금기라 할 수 있는 '고전기' 문명의 발상지이기
도 하다. 미얀마에서 가장 초기의 신성하고 많은 수의 사원, 가장 '정통적'인 승원 및 가장 학
식 있는 승려들이 이 지역에 있다. 최고의 예술품과 공예품을 생산하고 공연 예술의 최고 거
장들과 최고 수준의 문학 전통을 지닌 중심 지역이기도 하다. 게다가 가장 오랜 기간 정치적

우세를 지켰던 곳이기도 하다.

그래서 버강, 어와, 짜웃세, 밍부(Minbu), 만덜레, 메잇틸라-여메띵(Meiktila-Yamethin), 뻰머나, 삐, 쉐보 등과 같은 지명(모두 이 나라의 마음과 영혼, 고대와 초기 역사, 전통과 문화, 권력 및 권위, 즉 문명을 대표하는 것)은 여러 세기를 거치면서 현재까지 계속 등장한다. 이런 지명은 일본의 교토와 교토 평원, 인도의 델리와 야무나-갠지스 강 유역, 중국의 베이징, 황하 및 양쯔 강 유역, 이라크의 바그다드와 티그리스-유프라데스 강, 모헨조다로와 인더스 강, 및 카이로와 나일 강이 언급될 때와 같은 종류의 이미지와 정서를 불러일으킨다. 이처럼 상부 미얀마의 에야워디 강 유역은 과거나 현재나 이 나라의 '심장 지대'(heartland)이다.

이 '심장 지대'의 일반적인 중심은 에야워디 강과 친드윙 강이 합류하는 '와이자형'(Y)에 놓여있고, 남쪽으로 에야워디 강의 삐와 싯따웅 강의 따웅우로 확장된다. 이 지역은 '건조지대'로 알려진 매우 큰 영역이며, 연간 강우량은 겨우 45인치(약 114cm)에 불과하다.

하지만, 그 지역에 인접한 북쪽, 서쪽 및 동쪽, 특히 산지는 강우량이 엄청나다. 강우가 극심한 이런 지역에서는 수백 개의 하천으로 물이 빠져나가는데, 건조지대와 주요한 강(친드윙, 에야워디 및 싯따웅)으로 흘러 들어가므로, 비록 건조지대는 이 나라에서 가장 중요한 곡물인 쌀을 재배하는데 적절한 비가 내리지 않지만, 이런 식으로 농업용수가 잘 공급되는 것이다.

건조지대로 흘러 들어가는 강우로 일 년 내내 물이 흐르는 하천으로 활용하기 위해 고대로부터 국가(뿐만 아니라 일반인)가 정교한 관개시설을 마련하고 관리하고 있다. 몬순(monsoon)에는 건조지대의 중간에 있는 저지대의 유역과 평원은 엄청난 지역을 범람시키며, 그때 저수지는 건기(dry season)에 사용할 물을 가두어 둔다. 주요 강들의 자연적인 활동과 관개시설인 인공 수로와 수문은 침적토와 함께 중앙 지역을 계속 비옥하게 만들어, 건조지대를 그 이름이 무색하도록 진정한 오아시스로 탈바꿈시킨다.

사실 무, 짜웃세 및 밍부 강 유역 같은 건조지대의 많은 지역은 이 나라에서 가장 비옥한 땅을 갖고 있고, (천년동안) 주식인 쌀을 비롯하여 가장 많은 종류의 농작물을 생산한다. 연중 생산되는 중요한 곡물이 익어 가는데 필요한 150일 이상의 일조량과 함께 건조지대는 규칙적이고도 예측 가능한 매년 풍요로운 수확을 보장해왔다. 잉여 생산이 나오지 않는 경우가 더 많긴 해도 예측 가능한 식량 공급이 있었기 때문에 미얀마의 역사 속에서 상부 미얀마와 특별히 건조지대는 초기 동남아에 있어서 가장 가치 있는 자산이었던 사람들을 끌어들였다.

그래서 역사 초기에 인간과 그 거주지의 흔적이 이런 강 유역에서 발견되는 것은 그리 놀랄만한 일은 아니다. 인간의 정착지는 적어도 구석기 시대로 거슬러 올라가지만(더 이전은 아닌 듯), 신석기와 그 이후 금속기 시대에 속하는 대부분의 정착지도 주로 이 강들과 그 지류

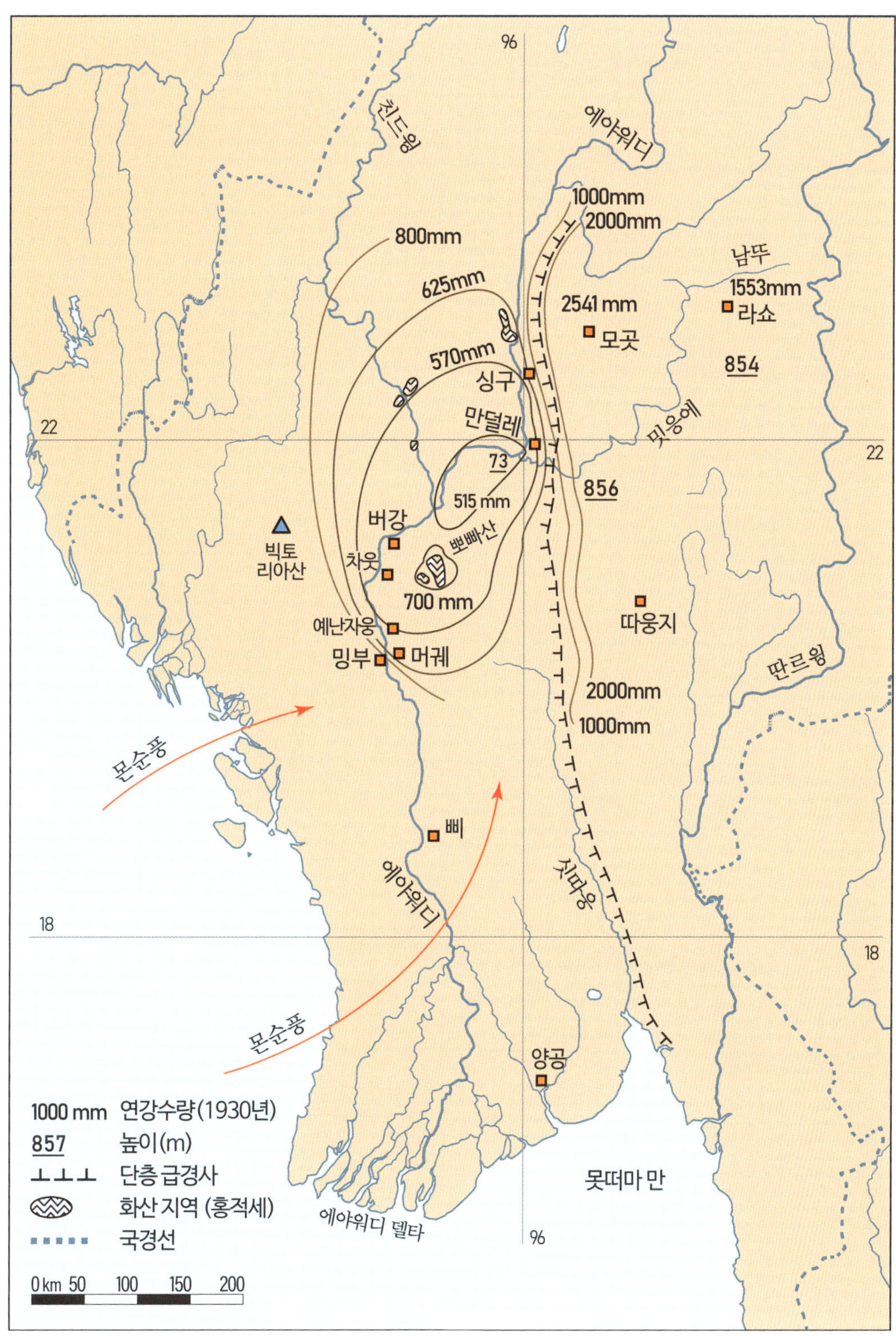

미얀마의 기후 및 지형 지도

를 따라 또는 그 근처에 (또는 접근 가능한 곳에) 자리하고 있다.

놀랄 일도 아니지만, 국가의 기원도 상부 미얀마의 건조지대에서 비롯되었다. 미얀마 왕조 국가의 왕도 여섯 곳 중에서 하나만 제외하고 모두 건조지대에 자리하였다.[15] 그 지역은 영국이 하부 미얀마 델타 지역을 개발하여 새로운 개척 공간과 '곡창 지대'를 만들어 상부 미얀마인들을 유입하기 시작했던 19세기 말과 20세기 초 이전까지 미얀마 역사 전반에 걸쳐 사람들의 관심을 끌었다.[16] 그때 상부에서 하부 미얀마로 인구밀도의 변화가 있었지만, 대체로 에야워디 강 유역은 오늘날에도 여전히 대부분의 인구를 품고 있다. 인구밀도는 노동력이 부족한 동남아에 있어서 국가 형성의 필수 조건이어서, 특히 상부 미얀마의 에야워디 강 유역과 그곳의 인력과 물질 자원을 장악하는 사람이 거의 항상 이 나라의 나머지 부분도 차지하였다.

이런 모든 요소들은 미얀마 역사에 있어서 하나의 역사적 패턴을 만들어냈는데, 그것은 우리가 '건조지대 지상주의'(Dry Zone Paramountcy)라고 부르는 것으로 건조지대의 역사가 대부분의 지역을 장악하고 패권을 이루었다는 사실을 의미한다. 단지 한 번, 16세기 중엽 하부 미얀마의 버고가 (이 나라의) 왕도가 되었을 때, 경제와 정치 무게가 남쪽으로 옮겨간 적이 있었다. 그렇다 해도 그것은 일시적으로 약 60년간 지속되었고, 그 이후 왕도는 다시 건조지대로 복귀하였으며, 영국이 19세기 말 이 나라를 정복하고 식민지 수도를 랭군(Rangoon, 역주- 영국에 의한 식민지 시대의 공식 표기)으로 정하여 하부 미얀마를 국가의 중심으로 정착시키기 전까지, 약 300년 동안 건조지대에 남아있었다. 그러나 독립 국가의 수도로써 양공(하부 미얀마 포함)은 60년이 지나지 않았으며, 2005년 새로운 수도(네삐도)가 '고전' 시대 이후 옛 영주의 지배 영역이었던 삔머나 인근 건조지대에 건설되었다.[17]

---

15 Michael Aung-Thwin, 'Principles and Patterns of the Precolonial Burmese State', in *Tradition and Modernity in Myanmar: Proceedings of an International Conference held in Berlin from May 7th to May 9th, 1993,* ed. Uta Gartner and Jens Lorenz (Berlin, 1994), pp. 15-44; Michael Aung-Thwin, 'Debate', *Bijdragen tot de Taal-, Land- en Volkenkunde,* CLXVII/1 (2001), pp. 86-99.

16 Michael Adas, *The Burma Delta: Economic Development and Social Change on an Asian Rice Frontier, 1852-1941* (Madison, WI, 1974).

17 이 사건은 이미 1993년 초에 (그보다 더 일찍이는 아니지만) 예견된 일이었다. 아웅뜨윈 (Aung-Thwin)의 다음 글('Principles and Patterns',ᆞp. 37)을 참조하시오. 새로운 수도가 삔머나에 인접하다는 사실도 이제 살펴보겠지만, 놀랄 일이 아니다.

　　그래서 이 나라의 개념적, 실질적 중심은 하부가 아닌 상부 미얀마와 거의 변함없이 연계되어 왔다. 이러한 '장소의 불변성'(constancy of place)은 생활방식을 바꾸기보다 보존하였다. 이런 현상은 오랜 기간에 걸쳐 안정된 경제와 정치 환경을 유지하려는 특별한 지리적 영역의 능력이라고 지리학자들은 보고 있다.[18] 그것은 확실한 장점이 있었지만, 그에 못지않은 문제를 만들었다. 그것은 예측과 신뢰 가능한 자원 토대(즉 친숙하고 편안한 사회·심리적 환경)를 제공한 반면, 어떤 한계를 넘어 확장하려는 시스템을 구속하는 경향이 있는데, 안정된 상황에서 미지의 것으로 향해 나아가려는 사회를 낙담시키려는 일종의 '제동 장치'(braking mechanism) 같은 것이다. 즉, 미얀마 역사의 주요한 주제 중의 하나인 근본적(구조적) 변화에 저항하는 보수적인 심리 상태를 만들어 내는 메커니즘이다. 그러나 상부 미얀마가 이 나라의 역사, 정치, 경제, 종교, 사회 및 전반적인 문화에 있어서 행해왔던 역할은 그런 역사적 원리를 우습게 여기는 현재의 정치적 관심에 의해 저평가되거나 축소되었고, 근대, 도시, 서구 및 해안 등 예외적인 요소를 오히려 더 '특별히 취급하였다.'

　　미얀마의 지리는 역사적 측면에서 다른 종류의 영향을 미쳤다. 이런 유역의 강들은 군대, 사람, 상품 및 문화를 손쉽게 전달할 수 있게 만들었고, 여전히 오늘날에도 그렇다. 북남 방향의 조류 흐름과 남북 방향의 바람 이동을 활용하면, 에야워디 강에서는 양쪽 방향으로 비교적 빨리 여행할 수 있다. 군사적 목적으로 건설된 강가의 마을에서 승조원을 바꾸는 전함 릴레이로 건조지대(예로 어와)에서 더공(Dagon, 현대의 양공)까지 대략 5일이면 갈 수 있다. 물론, 상류 여행은 좀 더 걸리지만, 2004년 조류의 반대 방향이지만 바람의 도움을 받아 상류로 거슬러 올라가는 현지의 일반적인 선박은 훨씬 빨라 우리가 탑승했던 디젤 엔진의 여행객 선박을 반시간 만에 따라 잡았다.

　　이러한 강 유역의 서쪽, 동쪽 및 북쪽에는 풍부한 천연자원을 품고 있는 일련의 울창한 삼림과 비교적 높은 산맥이 버티고 있다. 그런 천연자원에는 티크와 엄청난 목재 및 임산물 뿐 아니라 금과 은 및 루비와 옥 같은 진귀한 보석도 있다. 또한, 그런 삼림과 산맥은 경제적 자급자족과 비교적 구속받지 않는 원주민의 문화 발전에 도움이 되기도 하지만, 외부 침입에 대한 지형적 장벽의 역할도 한다. 그리하여 미얀마에서의 산맥은 통합자(unifiers)라기보다 구분자(dividers)가 되었고, 하천은 구분자보다 통합자의 성격이 더 강했다.

　　건조지대의 수백 마일 남쪽에는 하부 미얀마와 에야워디, 싯따웅 및 딴르윙 강의 델타

18　W. Donald MacTaggart, 'Myanmar, or Burma' (unpublished paper), pers. comm., 21 July 1992.

지역이 있다. 이 지역은 비교적 최근에 구성된 지리적 환경으로서 현재와 같은 상태는 16세기에 이르러 이루어진 것이다(현재에도 계속 진행 중). 영국이 에야워디 델타 지역을 개간하고 경작을 시작한 19세기 중엽에서 말기 이전까지 그곳은 맹그로브 군락지였거나 경작에 부적절한 지역이었다. 그 지역은 20세기 이전만 하더라도 인구가 적었던 이유가 있었지만, 20세기에 들어와 국내 거주민의 이주 및 영국령으로 인해 인도와 중국 해안지역 사람들이 이주해옴으로써 오늘날의 수준으로 인구밀도가 급증하였다.

상부와 하부 미얀마간의 자연적인 지리적 차이는 개념적으로 미얀마어인 어냐(anya '상류')와 어쩨(akye, 문자적으로 '강의 아래쪽'을 뜻하나 '하류'를 의미함)로 표현된다. '하류'란 일반적으로 상부와 하부 미얀마의 '관문'이라 할 수 있는 삐와 따웅우의 남쪽 지역을 말한다. 삐는 에야워디 강 유역의 상부 미얀마의 왕국 중에서 가장 중요하고 요새화된 도시였으며, 건조지대의 남쪽 끝에 위치하여 가령 벵골만(Bay of Bengal)의 해안에 위치한 여카잉 주 같은 서쪽으로 가는 전환 지역이기도 하였다. 싯따웅 강 유역의 따웅우는 삐처럼 동쪽의 전환 지역 역할로 샨 주로 접근할 수 있게 한다. 어냐와 어쩨의 어법은 지리적 구분 외에도 문화적 의미를 갖고 있는데, 마치 미국에서 '중서부' 또는 '동부 해안' 같은 용어와 매우 유사하게, 각각은 이국적이지 않은 특별한 생활방식, 태도 및 행동을 나타낸다.

하부 미얀마는 건조지대에 비해 강우량은 많지만, 대개 저지대로 새로 형성된 (지금도 형성되고 있는) 델타이기 때문에 19세기말과 20세기 초까지의 연간 곡물 생산량은 매우 적었다. 20세기 1/4분기 이후부터 에야워디 델타는 확실하게 영국령 버마의 '곡창지대'로 둔갑하였다. 오늘날에도 에야워디 및 싯따웅 델타의 많은 지역은 토지가 이제 겨우 해수면을 넘었을 정도로 아직도 형성되고 있어 정주하기 어려운 곳이며, 물을 빼내고 농지 정리가 된 지역은 오직 한 작물, 쌀 생산에만 적합하다.

이러한 여건들로 인하여 하부 미얀마는 대략 2200년에 걸친 식민지 지배 이전 역사에 있어서 정치적으로 중요하지 않았다. 그곳의 첫 왕국(또는 국가, 정체)은 13세기 말경에 이르러 등장했으며, 그 후 2세기 이상 동안 미얀마의 역사와 문화에 거의 영향력을 미치지 못하였다. 그곳의 역사적 발전은 주도적인 것이 아닌 부수적인 것이었고, 그곳 문화는 독창적인 것이 아닌 파생적인 것이었다. 지역의 관점에서 하부 미얀마는 식민지 지배 이전 오직 한 차례 전국적인 충격을 준 적이 있었지만, 그때에도 그 왕조는 건조지대에서 발흥한 것이었다.

미얀마의 해안을 보강함으로써 국제 및 지역 교역에 연결했던 주요한 두 바다가 있었는데, 못떠마(Muttama, Martaban)만과 벵골만이 그것이다. 이 두 바다는 대외적인 자극과 영향, 즉 교역과 상업 및 문화와 개념 등을 받아들였던 중요한 물길이었다. 그래서 하부 미얀마는 해상 세계와 그 국제 교역과 문화 접촉에 있어서 창구가 되었고, 국내와 외국 출신의 서로 다른 사람들과 문화가 혼합되는 근거지가 되었다.

그리하여, 하부 미얀마의 사람과 문화는 인구학적으로나 아마도 문화적으로 더욱 세계적이고, 외부 지향적으로 보이며, 변화와 유연성을 갖추었고, 언어종족적으로 동질성이 줄어드는 경향을 보였다. 또한, 그들의 생계가 변화하는 능력에 의존함에 따라 어떤 외부 세계의 갑작스런 변화에 잘 대응할 수 있었다. 그러나 그 힘의 원천이 쇠락의 이유가 될 수 있었는데, 이는 그 상업사회가 장기적인 정치·경제적 안정을 허용하지 않는 외부 사건에 취약했기 때문이었다.

이와 대조적으로, 상부 미얀마의 농업은 내부적으로 통제가 가능한 요소들-일 년 내내 강물이 흐르는 하천의 관개시설 유지관리, 경작자 계층의 행정 및 미개척 토지의 개간 능력-에 크게 의존하였다. 게다가 식량 생산도 하부 미얀마의 통제 불가능한 국제 시장 상황보다 더욱 일정하고 예측 가능했으며, 그 결과 인구 증가가 가속되어, 상부 미얀마 사회를 인구학적으로 나아가 정치적으로나 사회적으로 더욱 더 안정되게 만들었다.

또한, 상부 미얀마는 개념적 및 양적 우월성이 있다. 그곳에서 이른 시기부터 문명이 발생되었고(국가의 기원과 궁극적으로 정통성과 관련된 주장), 그곳의 인구는 다수를 점하며(수적 우세), 그리고 그곳은 미얀마의 식량 공급을 주도했다(대부분의 역사를 통하여 정치적 권력 유지). 그래서 상부 미얀마는 이 나라의 대부분의 역동성을 제공해 준 그 두 가지의 서로 다른 생활 방식 간의 상호 작용의 결과라고 할 수 있으며, 이는 4장에서 다루게 될 주제이기도 하다.

오랫동안 근대 미얀마의 형성에 있어서 지리, 특히 내륙 토지의 역할은 역사가에 의해 축소되고 과소평가되었던 반면에, 구체화된 종족성(ethnicity), 화려한 정치적 사건(때로는 단순히 '순간적인 사건') 및 교역과 상업은 '특별한 주목'을 받았다. 본서를 통하여 그런 관점이 변화되길 희망한다.

천연자원

식민지 지배 이전의 사회가 주어진 지리적 토대 위에서 문명을 세웠던 것과 매우 흡사하게, 근대 미얀마는 오늘날까지 대개 손대지 않은 채 남아있는 풍요로운 천연자원 위에 건설되었다. 미얀마는 평방킬로미터당 69.9명 및 0.78%에 불과한 인구성장률을 지녀 아시아에서 여전히 인구밀도가 가장 낮은 나라에 속한다. 또한, 내부적으로 5천9백만 명이라는 비교적 적은 인구에게 공급하고도 남는 식량을 생산한다. 전체 거주지의 약 41%는 아직도 삼림 지대로 덮여있고(동남아의 산림 벌채가 두 번째로 낮은 수준임), 대부분의 천연자원은 온전한 상태로 남아있다. 아프리카는 물론 인도와 중국의 일인당 필요한 양을 훨씬 초과하는 풍부한 식수가 공급된다.

이 나라는 또한 보석(주요한 것으로 세계적인 최고의 품질로 여겨지는 루비 및 사파이어와 옥), 석유와 천연가스(5천만 배럴의 석유 매장량과 10조 입방피트의 천연가스 매장량) 및 주석, 텅스텐, 납, 은, 구리, 아연 등의 광물로도 유명하다. 이곳의 티크와 다른 목재는 세계적인 가장 큰 규모의 벌목되지 않은 자원으로 남아있다.

이 나라의 광범위한 고산지대는 홍토(laterite, 규산이 용해된 붉은 흙으로 산화철과 수산화알루미늄 성분이 포함됨)로, 저지대, 특히 하천 유역은 충적토와 함께 주로 침니(silt)와 진흙으로 덮여있다. 중부 건조지대의 충적토는 검고 칼슘과 마그네슘 함량이 높지만, 진흙 성분이 적어지면 높은 증발로 인하여 염분이 높아 노란색이나 갈색으로 변한다.

긴 해안선은 풍부한 해산물을 공급해준다. 미얀마의 연해에는 생선과 새우로 가득하며, 여전히 엄청난 생산량을 자랑한다. 미얀마 해안의 거의 40%를 점하는 몇몇 곳은 아시아를 왕래하는 주요 교역로 상에 있는 자연항이다. 가령 버고와 버떼잉(Bago와 Pathein, 식민지 시대에서는 각각 Pegu와 Bassein으로 표기함)처럼 하구에 위치한 일부 항구들은 해양에 충분히 근접하여 교역에 중요한 곳이지만 지금은 침니로 막혀버려 예전과 같은 항구의 기능을 상실한 반면, 그 배후지는 벼의 경작지로 그 중요성이 더욱 증가하고 있다.

에야워디 강이 대략 9개의 수로로 나눠져 목따마 만으로 흘러들어가는 미얀마 델타는 매년 10피트 가량 늘어나 지금도 확장되고 있는 지역이다. 배수된 지역은 현재 벼 재배가 이루어지고 있고, 그곳 대부분이 앞에서 살펴본 바와 같이 초기 식민지 지배기에 시작하여 세계 제2차 대전 발발까지 이 나라의 쌀 곡창지대인 중부 미얀마를 능가하였다. 이러한 사실은 내국인 뿐만 아니라 외국인들의 관심을 집중시켰으며, 20세기 중엽 무렵에는 양공과 하부 미얀마는 미얀마에서 가장 많은 인구가 밀집한 지역 중의 하나가 되었다.[19]

---

[19] 아다스(Adas)의 저서(*The Burma Delta*)가 아마도 이 과정을 살피는 데 최고의 참고서로 손색이 없다.

종족/종족집단

미얀마의 사람들과 문화가 정착되고 그들의 역사가 형성된 것은 그러한 물질적 토대-생태·
인구학적 배경-위에서 가능했다. 오늘날 대략 7개의 주요 민족과 그보다 훨씬 많은 소수 언
어종족집단이 미얀마에 분포되어 있고, 거의 모든 종족이 동남아의 주요한 4개의 어족, 즉
티벳-버마어족, 따이-까다이어족(T'ai-Kadai), 오스트로-아시아어족(Austro-Asiatic), 오스트
로네시아어족(Austronesian) 중 3개에 속해 있다.

티벳-버마어족은 거의 85%로 가장 많은 인구수를 점하며, 그중에서 69-70%가 '모
어'(native language)로 미얀마어를 사용한다. 그다음으로 꺼잉어(Karen, 까렌,역주-미얀마어로는
꺼잉(Kayin)으로 부름) 사용자가 6-7%, 미얀마어의 방언으로 알려진 여카잉어(Arakanese) 사
용자가 약 4% 정도이다. 또한, 꺼친족(Kachin), 친족(Chin), 리수족(Lisu), 어카족(Akha), 라후
족(Lahu) 및 나가족(Naga)이 이 어족에 속한다.

두 번째로 큰 어족은 따이-까다이어족으로 오늘날 인구의 약 9%를 차지하고 있는 샨어
(Shan) 사용자가 대표적이다. 오스트로-아시아어족은 가장 적은 인구수를 지니고 있으며 대
표적인 몬어 사용자가 현대 인구의 약 2%를 점하고 있고, 벌라웅어(Palaung)와 와어(Wa) 사
용자는 더욱 적다. 미얀마에서는 오스트로네시아어족에 속하는 인구는 그보다 적으며, 남부
떠닌다이(Tenasserim, 역주-현대 공식 지명표기 Tanintharyi) 주의 서쪽 해안에 펼쳐진 메잇(Mer-
gui, 역주-현대 공식 지명표기 Myeik) 다도해에 거주하는 이른바 '해상 집시'(sea-gypsies)라 불리
는 모껀/솔런족(Moken/Solen) 및 그 주의 남단 지역에 거주하는 사람들은 오스트로네시아어
족에 속하는 언어를 구사하는 대표적인 종족이다.[20]

물론 오늘날 거의 모든 사람이 국어인 미얀마어를 구사하게 됨으로써 소수종족의 언어
인 자신의 '모어'가 가족 내에서 꾸준히 유지되지 않으면 다음 세대는 더 이상 모를 수도 있다.
사실 국가 건설과 국가 통합의 목적으로 국어를 제정하기 이전에는 자신의 '모어'를 잃어버릴
염려는 거의 없었을 것인데, 이는 종족언어집단들이 사회경제적 및 정치적 지위 향상을 위해
지배집단의 언어를 배우는 것 외에 자신의 언어를 유지하지 않을 이유가 없었기 때문이다.

여기에 제공된 지도는 19세기 영국인 학자의 민족지에 나타난 미얀마 언어종족집단의
일반적인 거주 지역을 나타내고 있다. 일부 집단의 이주가 사회경제적 및 정치적 이유로 20

---

[20] Frank M. LeBar, Gerald Cannon Hickey and John K. Musgrave, eds, *Ethnic Groups of
Mainland Southeast Asia* (New Haven, CT, 1964).

인도
방글라
데시
중국
베트남
라오스
태국
타이만
벵골만
안드만해
못떠마만
뿌따오
밋찌나
팔랑
쉐보
만덜레
예난자웅
네삐도
로이꼬
삐
따웅우
버고
양공
몰러먀잉
더웨
싯뜨웨
라쇼
캬잉똥
N
미얀마 언어종족집단
중국-티벳어족
티벳-버마어파
버마-여카잉
소수종족 ①친 ②꺼친
③리수 ④라후
⑤어카 ⑥나가
중국
꺼잉
따이어족
샨
캄띠
타이
오스트로아시아어족
⑦몬 ⑧와 ⑨벌라웅
0 km 50 100 150 200 250 300

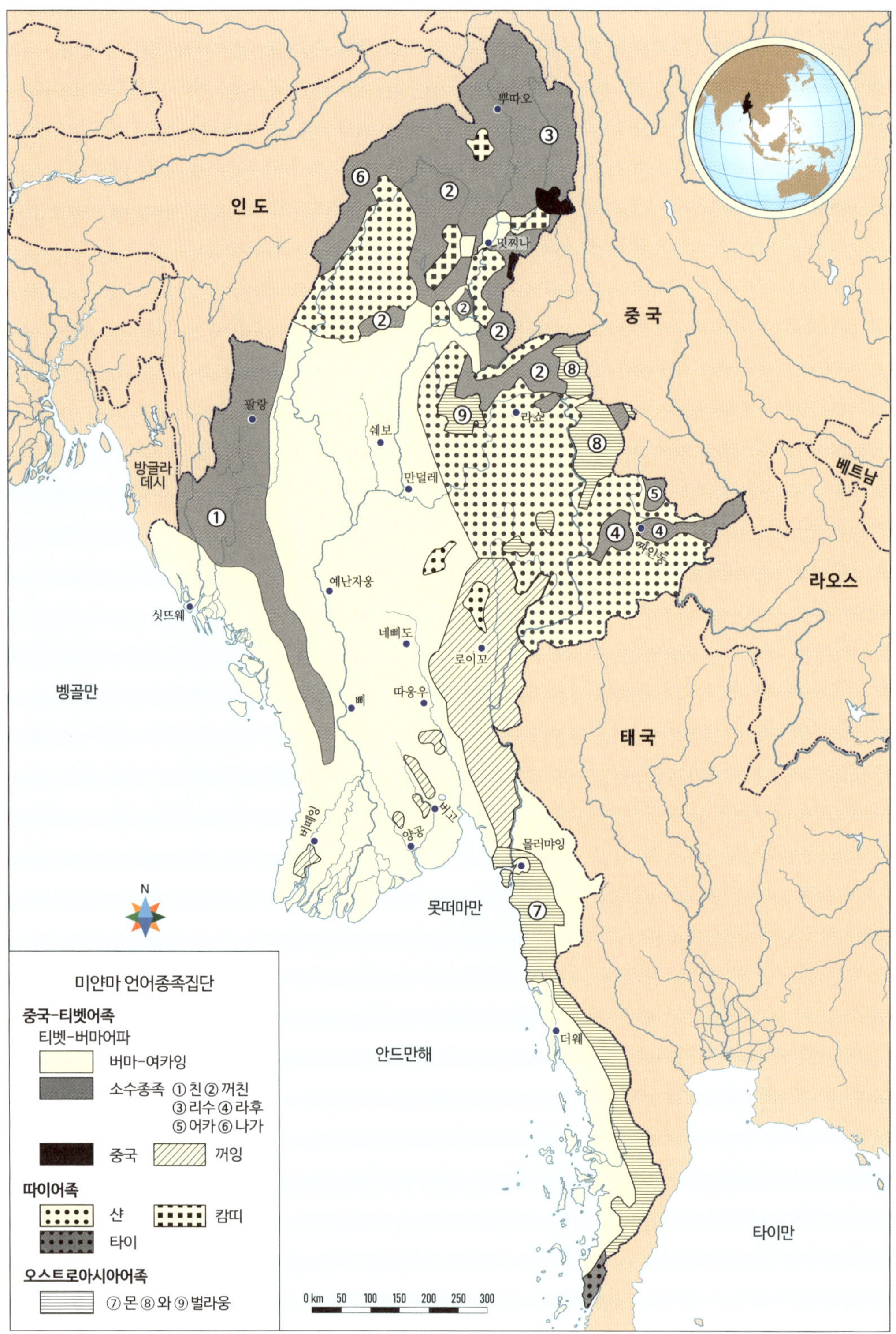

미얀마의 언어종족집단

세기에 발생했음에도 불구하고 이 지도는 가까운 과거에 거주했던 지역과 오늘날 주로 점하고 있는 지역을 비교적 정확하게 묘사하고 있다.

정말 파악하기 어려운 사실은 그들이 실제로 그곳에 언제 나타났는가 하는 것이다. 물론, 많은 초기 기록을 남겼고 정치적으로나 문화적으로 적어도 버강시대(9-14세기) 이후 미얀마를 지배했던 다수종족인 미얀마어 사용자에 대해서는 잘 알려져 있다. 미얀마어 사용자 이전에 정착한 티벳-버마어파에 속하는 '뿌족'의 언어로 쓰인 15개 남짓의 비문을 예외로 하더라도, 고대 미얀마어로 적힌 천 개 이상의 비문이 남아있고, 적어도 10세기까지 거슬러 가봐도 미얀마어는 미얀마에서 기록된 토착어로는 두 번째로 많은 기록을 남기고 있다. 그래서 가장 초기의 기록에 적혀있는 미얀마의 가장 오래된 거주민은 티벳-버마어족이었다. (확실히 구석기와 신석기 시대의 사람들과 그 이후 후손들의 언어종족 배경에 대해서는 알려진 바가 없는데, 이는 그들이 기록을 남기지 않았기 때문이었다.)

미얀마에서 티벳-버마어족 다음으로 가장 오래된 기록을 지닌 어족은 고대 몬어(Old Mon)로 대표되는 오스트로-아시아어족이다. 고대 몬어의 가장 초기의 기록은 하부 미얀마에서는 1090년대에 나타나며 고대 미얀마어 문자가 사용되었다. 하지만, 고대 몬어로 쓰인 초기 기록들은 어떤 한 상부 미얀마의 국왕이 남겼던 왕실 비문이었으며, 그는 어떤 이유로 당시 자신의 왕국에 거주했던 대다수 사람을 대표하지 않은 언어를 비문에 사용했다. 달리 표현하자면, 미얀마에서 가장 초기에 기록된 고대 몬어는 오로지 (또는 거의 대부분이) 엘리트 계층에 나타났고, 그 영향력은 대개 왕궁 내에 미쳤던 반면, 일반인에 의해 쓰인 몬어의 흔적은 하부 미얀마에서 몇백 년이 지나서야 비로소 나타난다. 아무튼 몬어 사용자들의 '원래' 고향은 지금의 태국 어딘가에 있다고 하니, 그들은 11세기 말경 미얀마로 이주해 온 것임이 틀림없다.

다음으로 미얀마에서 기록이 나타나는 어족은 따이-까다이어족으로 따이어(T'ai 또는 샨어) 사용자들의 언어이다. 따이-까다이어를 사용하는 종족에 대한 초기 기록은 12세기경의 고대 미얀마어 사료에서 언급되지만, 미얀마에서 가장 많은 인구수를 지닌 이 소수종족은 18세기 이전 상부 미얀마에서 자신의 언어로 기록된 단 하나의 비석도 남기지 않았다. 연대가 미상인 두 개의 비석이 이 나라의 최남단에 자리한 메잇에서 발견되었는데, 그곳은 태국과의 경계에 맞닿아 있고 13세기 또는 14세기 이후 태국의 지배 아래에 있었다고 생각한다. 미얀마의 샨족은 그들의 첫 역사기록이 등장했던 18세기 또는 19세기 무렵까지 문자가 없었을 것이다.[21] 오스트로네시아어족의 언어로 기록된 흔적은 식민지 시대 이전까지 미얀마에서

---

21 이것은 더 많은 연구가 필요한 영역이다. 그러나 현재 유용한 증거로 살펴볼 때, 아유타야 타

발견되지 않았다.

그러한 기록 자료는 이 나라의 주요한 종족-언어집단의 등장에 대한 일반적인 시간 프레임을 암시해주고, 또한 그들이 정착하였던 지역에 대한 증거를 제공하고 있다. 자신들의 등장을 기록할 만한 문자 체계를 갖추지 못했던 많은 소수종족도 이미 미얀마에는 있었는데, 이는 12세기와 13세기 버강 및 14세기와 15세기 어와의 다수종족어(고대 미얀마어)의 기록을 통해 확인 가능하다. 이는 여러 소수종족은 그 당시 미얀마어 사용자와 함께 중앙 평원에 함께 살고 있었다는 의미이다.

언어의 기록이 암시하는 바는 버강 시대에 이르러 티벳-버마어 사용자들이 국가 전역에 거주하고 있었고, 그들 속에 다른 소수 종족-언어집단들이 공존했다는 것이다. 에야워디 강, 친드윈강 하류 및 싯따웅강 유역이 있는 상부 미얀마에서는 미얀마어 사용자들 대부분이 거주하였고, 그 속에 친족, 꺼친족, 꺼잉족, 몬족, 샨족, 여카잉족(Arakanese), 와족(Wa), 라와족(Lawa) 및 기타 소수종족도 발견된다. 티벳-버마어 사용자들은 일찍이 미얀마의 서쪽 해안(여카잉)에서도 나타나는데, 아마도 11세기경 이후부터 껄라당(Kaladan) 강 유역을 지배하였다. 여카잉 산맥(Arakan/Rakhine Yoma)의 세 곳의 산길을 통해서만 건조지대에서 그곳으로 넘어갈 수 있었다.

15세기와 16세기 이후 줄곧 여카잉족의 경제·사회적 유대 관계가 무슬림 인도와 벵골만으로 향하였지만, 일시적이었다. 그곳은 무슬림 지역으로 널리 알려졌지만, 여카잉족의 거의 88%가 불교도이며, 15세기와 16세기의 간극 전후로 대부분의 그들 역사적, 종교적, 정치적 유대는 내륙 미얀마 문화와 연결되었다. 되풀이하지만 라오어(Lao)가 따이어에 친근한 만큼 그들의 언어는 본질적으로 미얀마어이다. 여카잉어는 오늘날 고대 미얀마어에서 발견되는 몇몇 고어적 발음을 지닌 유일한 언어(아마도 더웨(Tavoy/Dawei)와 그 이남 지역에서 사용되는 미얀마어의 몇몇 단어를 포함하여)일 것이다. 여카잉족의 북쪽에는 다른 티벳-버마어 사용자, 즉 친족이 거주하고, 그 북쪽과 북동쪽에는 꺼친어 사용자가 있다.

하부 미얀마에도 미얀마어가 동부 미얀마 싯따웅 강 유역의 꺼잉족에게서 발견되지만, 꺼잉어에 대한 자료는 없다. 왜냐하면 꺼잉족은 19세기 초 미국 침례교 선교사가 도래하기 이전까지 문자가 없었기 때문이다. 미얀마어 사용자들은 더욱 남쪽으로 이주하여 하부 미얀마 해안과 떠닌다이 반도의 더웨와 메익에 대략 11세기 후반 무렵 정착하였다. 이러한 사실

이족의 비문으로 여겨지는 두 개를 제외하면 샨어로 새겨진 비문은 미얀마에서 지금까지 하나도 발견되지 않았다.

은 몬족이 11세기 말경 하부 미얀마로 이주해오기 전에 일어났고, 몬족이 유입되어 땅르윙 강의 델타 지역 근처 미얀마어 사용자들을 남북으로 갈라놓은 언어적 '쐐기'(wedge)로 나타난다. 부분적으로 그러한 사실은 18세기 더웨 미얀마어의 '고어적'(archaic) 성격을 잘 설명해 주고 있다. 더웨 미얀마어는 몬어의 언어적 쐐기로 인하여 북부(주요한) 미얀마어 사용자와 단절됨으로써 북부 미얀마어가 계속 변화하는 동안 그 이전에 존재했던 고어형을 보존할 수 있었다.[22]

미얀마의 샨족으로 대표되는 따이-까다이어 사용자는 12세기와 13세기 중엽과 말경에 미얀마에 이미 정착하였다. 그들은 저지대의 미얀마인 사회에 합류한 사람들을 제외하고 건조지대의 북부와 북동부 지역, 주로 고원 지대에 정착하였다. 앞에서 살펴보았듯이, 샨족은 당시 비석을 남기지 않았지만, 오늘날 그들의 전반적인 거주 지역이 원래 그들의 터전이라는 사실에 대한 충분한 증거가 중국어와 미얀마어로 된 후대의 역사서(연대기)에 있다.

꺼친족(고대 미얀마어 비문에 언급됨), 나가족, 라후족(라오스와 북부 태국에도 나타남), 리수족(중국 윈난 지역에도 나타남) 및 아카족(Akha, 북동부 미얀마와 북서부 라오스에서도 거주함) 등 이 나라의 다른 소수종족은 일반적으로 그들이 정착하고 있는 지역에 그대로 남아있었던 것으로 보인다.

미얀마의 주요한 소수 언어종족집단의 역할은 다양하였다. 북쪽과 동쪽의 샨어 사용자, 서쪽의 여카잉족 그리고 남쪽의 몬족은 주기적으로 서로 다른 정도로 미얀마의 역사를 형성하는 데에 그들 나름 영향력을 미쳤다. 하지만, 이러한 영향력 중 특히 정치적인 영향력은 일시적이지만, 문화적인 영향력은 지배적인 문화와 집단에 의해 흡수되거나 동화되기 때문에 언어라는 성분을 제외하고는 문화의 다른 성분을 구분하기가 대체로 쉽지 않다.

가령 샨족, 여카잉족 그리고 몬족 같은 집단은 미얀마에서 중요한 위치를 점하고 있지만, 다른 집단은 사회의 하층에 머물러 있어서, '국가적' 수준에서 미얀마의 문화뿐만 아니라 사회적, 정치적 역사에 대한 그들의 공헌 또한 다양하게 나타났다. 미얀마어 사료에서 언급되는 꺼잉족과 와족 같은 집단은 처음부터 '국가적' 문화에 이바지하지 않은 것으로 여긴다. 하지만, 대부분의 집단은 미얀마의 역사에 있어서 주역이었든 아니든 간에 역사적 장면의 한 부분이었다.

22　이 주장에 대한 구체적인 분석을 보려면 아웅뜨윙(Michael Aung-Thwin)의 저서(*The Mists of Ramanna: the Legend that was Lower Burma* (Honolulu, HI, 2005), ch. 5, pp. 112-13)를 참조할 것.

사회경제적 생활

언어종족의 배경과 관계없이 미얀마의 거의 모든 사람의 사회경제적 생활은 다수가 종사하는 논농사(swah, wet-rice, 역주-재배에 물이 필요하지 않은 육도(陸稻, dry-rice)와 구분하여 물이 필요한 수도水稻 경작을 의미함)와 화전경작(swidden, 'slash and burn')으로 구성되는 농업을 통해 이루어지고 있다(지금도 여전히 그렇다). 하지만, 극소수가 생업으로 교역과 상업에 종사하기도 했다(지금도 답습하고 있다).

이민 집단인 인도인과 중국인은 영국 식민지주의의 한 부분으로 주로 19세기 말에서 20세기 초까지 이 나라에 대거 들어왔다. 많은 이가 영국 식민지 노동자로 이주해와서 양공과 같은 식민지 도시에 살았다. 그들은 식민지 행정과 경제 관련 기관을 운영하는 데 필요한 사무원 및 육체노동자 등 영국이 필요로 하는 곳에서 일하였다.

하지만, 비문과 다른 미술사학적 기록에서는 훨씬 오래전에 인도인과 중국인(그 수는 인도인보다 적었음)의 문화가 확인되고 있어, 그들은 미얀마 초기에 이미 정착하고 있었다는 것을 보여주고 있다. 그리하여 대개 식민지주의에서 비롯되었다고 여기는 동남아의 그 유명한 '복합사회'(plural society)는 보통 생각하는 것만큼 전적으로 후대의 현상이 아니다.

주지하듯이 현대 미얀마의 인구는 5천9백만 명으로 추산되며, 아시아 국가 중에서 남녀의 비율이 거의 동등하며 인구밀도가 가장 낮은 나라에 속한다. 평균 수명은 63.4세이며, 여성은 65.7세, 남성은 61.2세이다. 인구 분포로 보면, 양공(수도였던 2005/2006년까지)의 인구가 3백만에서 4백만 명 사이였으며, 만덜레가 1백만 명가량 그리고 몰러먀잉이 2십만 명 이상이었다. (수도 네삐도의 현재 인구는 삔머나 지역을 합쳐서 약 926,250명이라고 한다.)

앞의 통계가 의미하는 것은 미얀마 인구의 대다수 즉 약 70%가 도시가 아닌 농촌 지역에 거주한다는 사실이며, 여전히 현대 미얀마는 대체로 농업 국가에 속한다. 또한, 전체 노동력의 57%가 농업 부문(임업과 어업 포함)에 종사하고, 농업은 GDP의 절반 이상을 차지한다. 그 반면 산업 부문은 10%에 못 미치며, 지금 성장 중인 서비스 부문은 약 33%에 이른다. 서비스 부문에서 약 6%가 정부 분야이고, '기타' 직업군이 3~4%를 차지한다.

농촌 집중 현상에도 불구하고 일반적인 문맹률은 비교적 낮으며(13.8%), 남성이 10.4%, 여성이 17.2%로 추정된다. 미얀마에서 이렇게 문맹률이 낮은 이유 중 일부는 승원 교육을 꼽고 있으며, 이를 통해 수 세기 동안 아이들에게 읽기와 쓰기를 가르쳐 온 결과이며, 이로써 독립 미얀마가 성립할 수 있었던 확고한 사회 생산적 기반 및 개념의 토대를 구축하게 되었다.

인구의 다수는 상좌불교도(약 89%)이며, 기독교도와 무슬림은 각각 3%와 4%, 힌두교도가 1% 이하, '정령숭배자'(animists)와 '기타 종교인'을 합쳐 약 2.2%가 된다. 하지만, 맨 나중 통계 수치는 약간 잘못된 것일 수도 있는데, 왜냐하면 자신이 고백하는 종교가 무엇이든지 간에 기독교도를 포함한 대부분의 원주민은 '정령숭배'(animism)의 영적 존재, 즉 '낫'(nats)을 믿기 때문이다.[23]

미얀마는 실제와 원칙의 양면에 있어서 종교의 자유라는 관점을 보자면 세계에서 가장 관용적인 국가 중의 하나이며, 여러 종교 중에서 불교는 다른 신앙을 가진 신도들에게도 폭 넓게 열려있는 종교 중의 하나이자, 전 세계의 '구원'을 결정하게 될 선민(a chosen group of people)에게만 속하는 배타적인 '신'을 주장하지 않는다. 오히려 불교는 보편적 법칙인 카르 마(karma, 업, 원인과 결과에 대한 윤리적 법칙)를 내세우고, 그것에 의해 모든 사람은 자신이 뿌 린 대로 거두어들인다.

행정

근대 미얀마는 14개의 최고 행정단위, 즉 동등한 법적 지위 및 촌락(ward)과 마을(tract) 로 이루어진 500개가 넘는 구(township, 역주-현재에는 330개의 구가 있음)가 속한 7개의 '종족 주'(state)와 7개의 '광역주'(region, 이전에는 '관구'(division)로 칭함)로 구성되어 있다. (몇몇 작은 규모의 '자치행정구역'(self-adminstered areas)이 2008년 헌법에 포함되었는데, 이는 가장 먼 거리에 있으 면서 이 나라의 진정한 '외연'(periphery)에 위치하고 주로 반군 활동이 중단된 지역을 분류하기 위한 것이 다.)[24]

7개의 '광역주'(*taing desa* 다잉데따, 역주-원주민의 땅이라는 의미), 즉 머궤(Magwe), 저가잉 (Sagaing), 에야워디, 양공, 만덜레, 버고 및 떠닌다이는 역사적으로나 현재에도 전체 인구 대 다수의 터전이다. 거의 모든 광역주는 원래부터 미얀마어 사용자로 구성되어 있지만, 그곳으

---

23 이 장에 인용된 모든 수치는 세계적인 공공 기관(United States Census Bureau, International Programs Center, International Data Base (IDB), WHO, UNESCO 및 UNHCR)에서 찾 을 수 있으며, CIA의 *World Factbook*이나 *Europa World Yearbook* 및 IMF(International Monetary Fund)의 출판물에서도 볼 수 있다.

24 Union of Myanmar, *Fundamental Principles and Detailed Basic Principles Adopted by the National Convention in Drafting the State Constitution* (Yangon, 2007).

로 다양한 언어종족적 배경을 지닌 사람들이 꾸준히 이주해온 최고의 지역이다. 그렇다고 해도, 광역주는 종족·언어집단의 터전이라기보다 미얀마라는 국가의 핵심 지역이라는 사실을 나타내고, 7개의 주 중에서 5개는 이 나라에서 가장 오래된 정착지이기도 하다. 그 반면에 2개의 주, 즉 버고와 더닝다이는 비교적 늦은 시기인 12세기 말경이 되고서야 비로소 정착되기 시작했다.

이와 대조적으로, 7개의 '종족주'(*pyi nay*, 삐네)는 7개의 주요 종족집단(꺼잉, 몬, 샨, 여카잉, 친, 꺼친, 꺼야)의 명칭을 사용함으로써, 대체적으로 그들이 지금 거주하고 있는 (역사적으로도 거주했을 것으로 여겨지는) 영역을 반영하고 있다. 종족 명칭이 없는 종족주는 광역주의 바깥쪽인 그냥 '지방'(countryside)이라는 의미이며, 과거에는 단순히 왕도에서 멀리 떨어져 있는 지역이었다. 이들 지역은 정복되고 나면 속국(고대 미얀마어로 nuinnam 나잉낭 '점령지'이며, 현대 미얀마어로는 naingam 나잉앙 '국가')이 되었다. 종족주는 정복되지 않으면, 그들 문화와 권력을 행사하는 자치 지역으로 남았다.

영국이 지금은 민족주로 대표되는 지역을 자신의 영토로 선언했을 때 비로소 민족주는 근대 미얀마 국가의 진정한 영구적인 영토가 되었다. 그래서 어떤 의미로는 적어도 천 년 동안 진행되어왔던 근대 미얀마국(Myanmar Pyay)의 '건국'을 식민지 시대의 마지막 시기에 영국이 도왔다고도 할 수 있다.

영국의 철수와 1948년 미얀마의 독립과 함께, 두 범주의 영토는 새로운 버마연방(Union of Burma)으로 편입되었다. 그리하여 버마 정부는 실제와 원칙에 있어서 식민지 시대의 영토와 함께 구체화된 종족성을 취급하는 식민지적 관점과 정책을 버리기보다는 재구성하였다. 추상적 개념인 종족정체성(ethnic identity)은 다시 한 번 (영국 통치기와 마찬가지로) 구체화되었다. 독립 미얀마에서 종족성은 구체적인 실체로 간주하면서, 그것을 근원적 속성(*ascribed* attribute)으로 보았던 식민지적 관점은 유지되었고, 반면에 상대적 속성(*relational* attribute)으로 보았던 전통적이며 토착적인 관점은 상실되었다.

전자의 (식민지적) 관점은 서로 다른 종족집단 사이에 본능적이며 근원적인 대립 관계를 암시하고 있는 것으로 국민 통합과 국가의 관점과는 바로 상충한다. 그것이 '분리와 지배'(divide and rule)의 식민지 시대에서는 유용한 전략 및 이념이었다고 하더라도, 합의된 정치적 통합이 초관심사였던 시기까지는 지속되지 못하였다. 다시 말하자면, 개념화된 종족성의 관념과 '자치' 종족 국가의 설립과 연계된 근대의 정쟁 및 독립 이후의 60년에 걸친 내전은 아이러니하게도 영국령 버마 시대의 개념화와 정책을 거부하기보다 오히려 다시 적용한 결과였다.

그리하여, 비교적 최근에 정부와 한때 이런저런 자치 형태를 요구했던 거의 모든 주요 종족집단 간에 맺어진 평화협정은 미얀마의 근대사에서 획기적인 사건이었고, 근대 국민국가가 성공적으로 (마침내) 완성될 것으로 보였다.

남아있는 저항 세력은 소수의 선별된 정치화된 공동체에 불과하다. 그들의 아젠다는 다양한 국내의 역사적, 정치적 및 경제적 요소에 의해 형성되었고, 대부분이 오래된 반목질시와 낡은 이념에 기초를 둔 것이었으며, 또한 여러 개인적, 정치적, 경제적, 이념적 이유에서 외부 집단과 정부의 지지와 지원을 받았는데, 이것은 이후의 장에서 논하게 될 주제이기도 하다.

미얀마의 근대 초기와 근대 역사가 어떻게 해석되든지 간에 분명한 것은 미얀마의 지리, 인구 및 언어종족적 토대(미얀마의 기본적인 물질적, 인간적 기초)가 그 역사를 형성해왔다는 사실이다.

제2장 선사시대

역사가들은 보통 '역사시대'(history)와 구분하기 위하여 '선사시대'(prehistory)를 기록의 출현 이전 시기로 정의하지만, 기원전 마지막 500년 동안 불교의 색채가 농후한 인도 문화와 함께 글(writing)이 미얀마에 등장하기 전에 사람과 장소 및 과거가 없었던 것은 아니다. 그래서 역사시대와 선사시대의 경계선은 (임의적이지 않겠지만) 다소 가늘고 희미해서, 그 경계에 걸쳐져 서로 구분할 수 없는 것들이 있다. 실제로 변화를 찾는 (서구에서 교육을 받은 거의 모든 사회과학 분야의 학자가 습관처럼 하듯이) 학자에게 있어서 그런 분석적 구분은 도움이 될 수도 있겠지만, '현장에서'의 실제 상황으로 보면 절대 모호하지 않다.

아마도 역사학은 그 경계선을 글의 첫 출현보다 훨씬 이전인 인류와 그들의 정착지 및 물질문화의 등장 시기-지금은 신기술을 이용하여 잘 분석할 수 있음-로 공연히 옮기게 할 지도 모른다. 어쨌든 어떤 사회는 여전히 글이 없지만, (또는 비교적 최근에 습득했을 수도 있지만) 그 역사를 완전히 재구성할 수 없는 것은 아니다. 물론 그러한 이유는 글의 등장을 찾기보다 다른 학문의 방법을 사용할 수 있기 때문이다. 동시에 우리는 가끔 학문 간에 그어진 그러한 인위적 선이 과거의 '저 밖에'(out there) 존재하지 않지만, 강의실 또는 연구실에 존재하는 발견적 장치라는 사실을 깨닫지 못한다. 이런저런 이유로 인하여, 미얀마의 '선사시대'를 구성하는 데에 있어서 항상 관례를 따르지 못하고, 선사시대의 시기 및 글의 유무와 상관없이 사료에 기초한 그 시대의 적절한 정보를 제공한다.

미얀마의 선사시대

마지막 두 번-첫 번째는 약 4만 년 전, 두 번째는 약 1만8천 년 전-의 빙하기 동안 몇 가지 중요한 일들이 발생하였다. 현 도서부 동남아 지역의 수면이 급격히 내려가 대부분의 다도해가 육교를 통하여 대륙부에 연결되었다. 양 반구의 대부분이 얼음으로 덮이자 낮은 해수면은 대략 131m에서 50m 사이로 다양했고, 바다로부터 많은 양의 물을 끌어들이게 되었다. 호모 사피엔스(Homo sapiens, 현대 인류)와 함께 동식물이 그 이전에 그들이 했던 것보다 더 멀리 이동해 왔으며, 그들의 문화, 기술, 식물과 동물도 동반하였다.[25]

호모 사피엔스를 둘러싼 문제는 미얀마 연구에 있어서 그리 큰 문제가 되지 않는다. 이른바 '잃어버린 연결고리'인 유인원(anthropoids)과 함께 격렬한 논쟁의 주제는 호모 에렉투스(Homo erectus)이다. 고생물학자나 선사학자가 아닌 이상 이런 문제를 논할 때는 주의가 필요하다. 하지만, 미얀마와 관련된 그런 주제에 대해서 어떠한 논쟁과 문제가 있는지 독자들을 위하여 간략히 정리하고자 한다.

한때 호모 사피엔스의 분명한 조상으로 생각했던 호모 에렉투스는 이제 호모 사피엔스의 진화 초기 단계에서 동시대에 존재한 것으로 여겨지고 있다. 호모 에렉투스는 호모 사피엔스가 배회할 때인 앞서 언급한 마지막 두 빙하기보다 훨씬 이전인 150만~50만 년 전에 아시아에 존재했다고 알려져 있다. 호모 에렉투스의 대표적인 표본은 자바 원인과 북경 원인이며, 베트남에도 또 다른 표본이 있다. 그러나 현재까지 자료와 분석이 이루어지고 있다 할지라도 '그'는 1981년까지 결코 미얀마에서는 발견되지 않았다.

그해에 호모 에렉투스로 발굴자들이 확신할 만큼 온전한 상태의 큰어금니와 작은어금니와 함께 오른쪽 턱의 화석 파편이 상부 미얀마에서 발견되었다. 발견된 곳은 건조지대를 관통하여 흐르는 친드윈 강 유역에 자리한 부더링(Budalin) 지구의 느웨그웨(Nwe Gwe) 마을 근처였으며, 그곳에서는 최근 청동기 유적이 발견되기도 하였다. 이 지역은 후기 홍적세(Late Pleistocene)에 속하는 자갈과 황토 지대에 놓여있다. 이런 사실은 치아 분석에서 나온 턱의 연대(현장의 학자들은 대부분이 후기 홍적세에 호모 에렉투스보다 호모 사피엔스가 등장한 것으로 여기는 경향이 있음)에 관하여 의문을 제기하게 만들지만, 미얀마 학자들은 자신 있게 그 표본은 호모

---

25 Peter Bellwood, 'Southeast Asia before History', in *The Cambridge History of Southeast Asia. Volume One: From Early Times to c. 1800,* ed. Nicholas Tafling (Cambridge, 1992), pp. 55-136.

에렉투스라고 확신하고 있다.[26] 만약 사실이라면, 그것이 미얀마에서 발견된 첫 표본이 되며 대륙부 동남아의 호모 에렉투스 퍼즐에 또 하나의 조각을 추가한다는 점에서 중요하다.

원인(hominids)의 지속 또는 대체는 고생물학자와 선사학자가 논쟁을 벌이고 있는 또 다른 중요한 문제이다. 간단히 말하자면, 동남아의 호모 사피엔스는 동남아에서 발견되는 호모 에렉투스 종에서 직접적으로 진화된 것일까? 아니면, 동남아의 호모 에렉투스는 '아프리카 출신에서'(out of Africa) 최종적으로 진화한 호모 사피엔스에 의해 대체된 것일까? 다른 말로 하자면, 동남아의 호모 에렉투스에게 무슨 일이 일어났을까? 그/그녀는 진화로 자연스럽게 호모 사피엔스가 '되었을까?' 아니면 그/그녀는 외부지역에서 온 호모 사피엔스로 대체되었을까? (물론, 호모 에렉투스가 '종점'(dead-end)이라기 보다 호모 사피엔스의 직계 조상(direct precursor)인가 하는 문제도 있다.)

전반적으로 인간이 남긴 문화에 관한 논쟁도 있다. 구석기 시대(Palaeolithic), 신석기 시대(Neolithic), 청동기 시대(Chalcolithic) 및 철기 시대-서구 선사시대의 구성에 따라 대강 구분한 시기-는 동남아뿐만 아니라 미얀마에도 똑같이 존재한 것으로 여겨진다. 그러나 미얀마와 동남아에서는 각 시대가 명확하게 구분되어 연속되지 않는데, 이는 시대가 불분명하게 서로 겹치는 부분이 있기 때문이다. 그것은 지금까지 연구의 부족으로 인한 결론일 수도 있지만, 그런데도 동남아 학자들은 동남아의 역사적 시기로서 예를 들어 '르네상스' 및/또는 '계몽운동' 같은 것을 동남아 문화에 대해 유럽 및 기타 지역의 문화를 위한 분석 범주로 사용하는 것이 과연 정당한지 의문을 제기한다.

또한, 신석기 시대(및 그 이후)의 문화는 분명히 호모 사피엔스가 남긴 것이라고 대체로 인정할지라도, 호모 에렉투스는 구석기 시대의 일부를 만드는 데에 일조했다고 여겨진다. 그래서 본질적으로 원인(原人)의 진화에 관한 논쟁과 문제를 인류가 남긴 문화적 유산을 둘러싼 것들과 뒤섞지 않도록 주의해야 한다. 이 장에서 중요한 것은 동남아의 호모 에렉투스와 호모 사피엔스의 기원과 처리를 둘러싼 논쟁이 아니라, 이제 미얀마로 규정되는 지역에서 인류가 남긴 문화이다.

---

26 Ba Maw, 'Research on the Early Man in Myanmar', *Myanmar Historical Research Journal*, I (1995), pp. 213-20.

미얀마의 발굴 현장

미얀마의 고고학적 발굴이나 고생물학적 조사는 턱없이 부족하여, 가령 비교적 관점으로 메조아메리카와 중동 지역의 장기간에 걸친 유적지 연구로부터 생성된 정보 같은 것을 본서의 독자들에게 제공하기는 어렵다. 아시아에 있어서 동남아 고고학은 중국과 일본보다 훨씬 뒤처져 있다. 또한, 동남아 자체로도 미얀마의 고고학은 태국, 베트남 및 필리핀보다 훨씬 뒤떨어져 있다.

이러한 사실에 대한 주요한 이유에는 국내외 기금의 부족외에도 다른 국가들보다 유독 개발도상국에서 두드러지게 나타나는 안정성, 보안 문제 및 기반 시설 등에 적용되는 우선순위의 문제도 있다. 또한, 미얀마의 훈련된 고고학자들의 상당수가 사망하거나 은퇴하는 동안 유학의 기회를 잡은 학생들 대부분이 이른 시간 안에 큰 경제적 보상이 기대되는 과학·기술적 분야를 선호하기 때문에 고고학 분야의 교육과 전문적 기술도 부족한 형편이다. 미얀마의 선사시대에 관심을 지닌 해외 고고학자들이 있고 또 크게 공헌해왔으나, 다른 문제로 인하여 현장에서 장기간 요구되는 발굴 작업이 지장을 받고 있다. 일부 학자는 선사시대의 재구성을 위해 진지하게 조사를 시도해 오고 있지만, 학자들의 대부분은 예를 들어 선사시대 직후의 도시국가 시대에 중점을 두고 있다.

또한, 전문가와 물자가 이미 부족한 상태에서 장기간에 걸쳐 노동력이 투입되고 비용이 많이 드는 발굴 작업보다 정밀한 진단(및 보수)이 필요한 많은 고대 유적이 지상에 있고 시급히 처리되어야 해서(특성상 거의 불교 부문에 속하는 관계로) 관심을 끌기가 훨씬 쉽다. 그래서 해외에서 교육을 받은 현지 고고학자들과 몇몇 외국 주도의 프로젝트에 속하는 소량의 성과와 함께 지난 세기 동안 인도 고고학국과 그 후속 기관인 미얀마 고고학국에서 만들어진 자료가 발굴 현장의 주요한 결과물이 되었다.

이러한 불리한 조건에도 불구하고 미얀마에서는 고고학에 대한 관심과 열정이 결핍된 것은 아니며, 적은 것으로도 할 수 있는 일을 한다. 고고학국의 연간 총예산이 본서의 저자가 미시간대학에서 받았던 대학원생의 연간 장학금보다 적었다는 사실을 고려하면, 그동안 달성했던 성과는 실로 놀랄만하다. 그래서 이 장에서는 위에서 언급했던 실제 맥락에서뿐만 아니라, 영어와 미얀마어로 작성된 출판 및 미출판 자료에서 수집한 지난 세기 동안의 성과물에 기초하여 미얀마 선사시대의 전체적인 모습을 제공한다.[27]

27　Michael Aung-Thwin, 'Origins and Development of the Field of Prehistory in Burma',

어냐띠안(철기 시대 문화)

구석기이든 신석기이든 간에 미얀마의 '철기 시대' 문화에 관한 발굴 성과는 거의 없다. 구석기에 관한 유일한 과학적 연구(및 신석기의 양상)는 1930년대와 40년대에 걸쳐 두 명의 서구 전문가들이 수행하였다.[28] 그들의 조사연구에서는 건조지대 일대의 에야워디 강 유역에 수제 석기를 사용했던 인간이 거주했고, 수렵과 야생 과일, 채소 및 다른 뿌리채소 작물을 채집하며 살았다고 한다. 이러한 양상은 이와 유사한 유적의 증거가 발견되는 대륙부와 도서부 동남아에서 볼 수 있는 보편적인 문화의 한 부분이기도 하다.

구석기 시대는 신석기 시대와는 다른 어떤 것보다 보통 농업의 시작과 동물의 사육으로 구별된다. 그 결과 중의 하나가 공동체 속에 사람들의 정착과 정착 생활에 적합한 직업의 탄생이었다. 동남아에서 신석기 시대 초기는 베트남 호아빈(Hoabinh) 유적지의 이름을 빌려 호아빈 시기(Hoabinhian)라고 부르는데, 그곳의 문화는 동남아의 다른 지역의 신석기 시대와 유사하여 아마도 대륙부 동남아와 일부 도서부 동남아로 퍼져나간 것으로 보인다.[29]

미얀마의 '철기 시대' 문화는 미얀마어 어냐따(anyatha) 즉 '상부지역의 자손'(즉 상부 미얀마)에서 파생된 어냐띠안(Anyathian)이라고 하며, 다시 '초기, 중기, 말기' 등의 단계로 나눠진다.[30] 동시에 상부 미얀마에 산재한 어냐띠안으로 여겨지는 약 14개의 지역이 있다. 모두가 역사시대에 등장하는 가장 중요한 왕도가 자리한 건조지대에 위치한다. 어냐띠안 문화에서는 여러 다른 석기, 즉 면과 어깨가 있고 바깥쪽으로 벌어진 도끼, 쐐기(wedge), 끌(chisel) 및 까뀌(adze)를 사용하였다. 발견된 도구의 약 80%는 까뀌였다. 이들 도구는 깎기, 가장자리 갈기 및 전체 갈기 공법으로 만들어진다.

Asian Perspectives Special Issue: *The Archaeology of Myanma Pyay* (*Burma*), ed. Miriam T. Stark and Michael Aung-Thwin, XL (2002), pp. 6-34.

28　Helmut de Terra ,and H. L. Movius, Jr, 'Research on Early Man in Burma. I - The Pleistocene of Burma by H. de Terra. II - The Stone Age of Burma by H. L. Movius, Jr', *Transactions of the American Philosophical Society*, XXXII (1943), pp. 271-393.

29　Wilhelm G. Solheim II, 'New Light on a Forgotten Past', *National Geographic*, CXXXIX/3 (1971), pp. 330-39.

30　Aung Thaw, 'The "Neolithic" culture of the Padah-lin Caves', *Asian Perspectives*, XIV (1973), pp. 123-33.

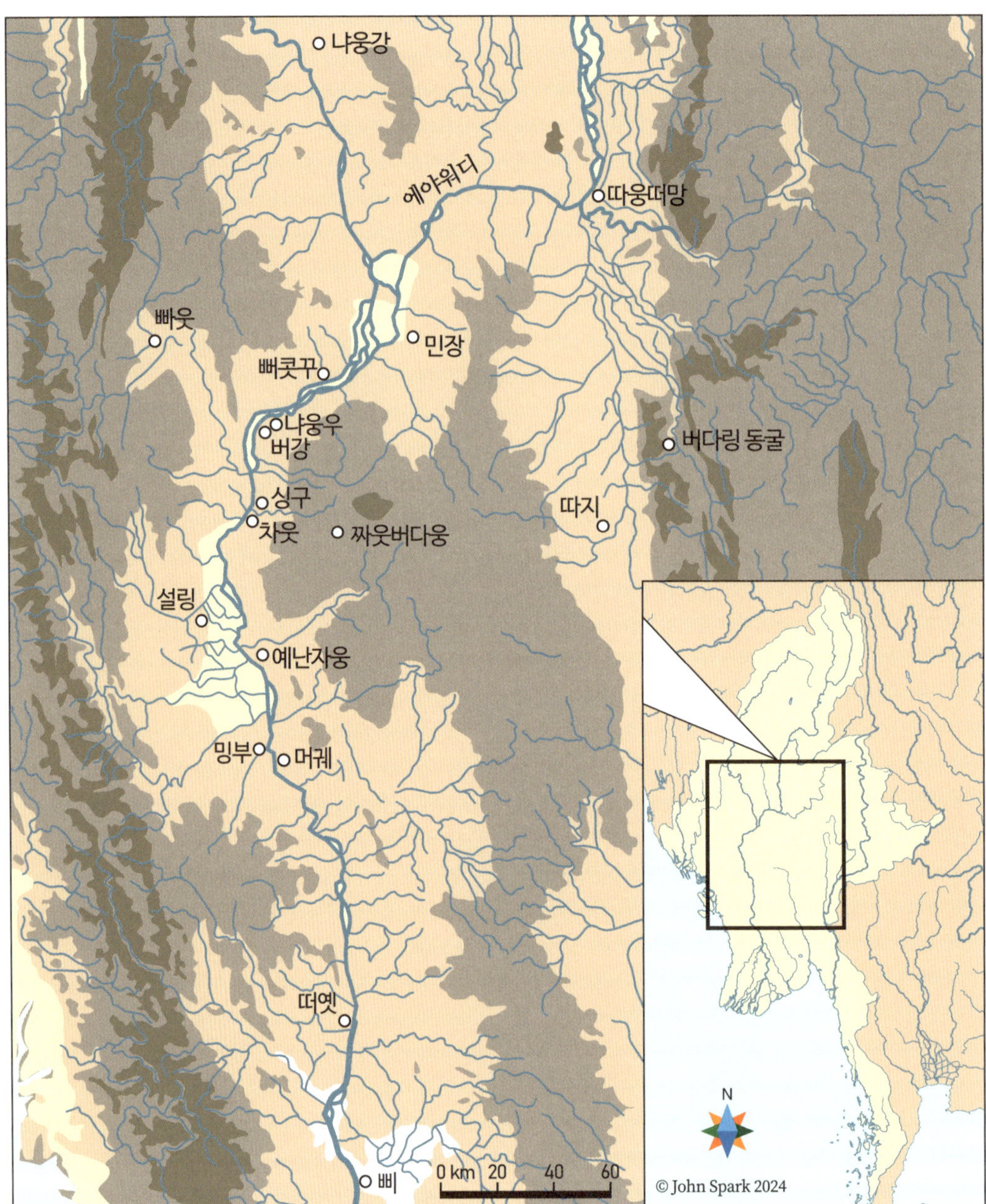

기원전 **4만–3천년 경의 미얀마 석기 시대 유적지**

미얀마에서 현존하는 '신석기 시대'의 초기 흔적은 샨 고원의 따웅지(Taunggyi) 근처 띤에잉(Tin Ein), 마웅빠(Maung Pa), 가장 유명한 빠더링(Padhalin) 등 세 동굴에서 나타난다. 이들 유적지는 시기적으로 기원전 1만/6천년–4천년에 속한다.[31] 이 문화에 속하는 석기는 약

---

31 Aung Thaw, 'The "Neolithic" culture'.

기원전 3000–1500년 경의 미얀마 '신석기 시대'의 돌도끼와 끌

11,000 BP(BP 현재(측정 연도인 1958년)보다 이전의 의미)의 것으로 보이는 숯과 뼈 콜라겐과 함께 다량으로 출토되었다. 게다가 프랑스 라스코(Lascaux) 동굴과 스페인 알타미라(Altami-ra) 동굴처럼 정교하고도 심미적이지 않지만 동굴 중 한 곳의 벽면에 붉은 황토로 칠한 미적 감각의 그림은 미얀마 유적지를 국제적인 '신석기 시대' 맥락에 속하게 하였다.

또한, 동남아의 신석기 시대에서 농업의 시작으로 농작물이 생산되었고, 특히 태국-

미얀마 국경지역 근처 스피릿(Spirit) 동굴에서 발굴된 화석 및 역시 태국의 논녹타(Non Nok Tha)와 반찌앙(Ban Chiang)의 유물도 만들어졌다. 강낭콩, 완두콩, 마름(water chestnut), 조롱박, 호두(butternut), 아몬드 및 다른 채소 화석도 기원전 약 1만 년의 것으로 추정되는 스피릿 동굴에서 발견되었다고 한다.

그러나 궁극적으로 '이 국가'의 발전이라는 측면에서 개별 공동체뿐만 아니라 그 지역 일대에서 가장 중요한 것은 화전(swidden, 'slash and burn')에서 수도(sawah, wet-rice) 경작으로 변화함에 따라 마을과 도시와 국가의 발전을 충분히 도모하여 농업 인구에 영향을 미쳤을 수도 있었던 가장 중요한 연중 생산 곡물인 재배된 쌀의 발견이다. 동남아에서 재배된 쌀의 낟알로 여겨지는 것(논녹타에서 발견됨)은 기원전 약 4천 년으로 측정되며, 그래서 인도와 중국에서 출토된 표본을 앞서는 것으로 알려져 있다.

이 문제에 대하여 격렬하고 진지한 논쟁이 있었다. 쌀의 기원과 측정 방법 또는 쌀 표본의 연대와 관련된 것이 아니라 쌀이 재배된 것인지 야생 상태인지에 관한 것이었다. 어떤 학자들은 노골적으로 그 쌀의 재배 상태를 부정한다. 어떤 학자들은 그 쌀의 표본을 '과도기적' 유형으로 분류하기도 하나, 여전히 분명히 재배된 것이라고 주장하는 학자도 있다. 이러한 (본질적으로) 과학적인 문제는 논쟁에 관여하는 학자들의 국가적, 문화적 및 학술적 배경에 따라 한층 더 복잡해진다.

동남아의 쌀 재배를 둘러싼 가장 최근의 연대 측정에서 초기로는 기원전 4천 년에서 아주 늦게는 기원전 약 1500년까지 나왔다. 이것은 동남아의 쌀 재배가 인도와 중국 양 지역보다 이르지 않고 늦었다는 사실을 나타낸다.[32] 이것은 동남아 발전과 관련하여 초기의 중국-인도 중심의 주장에 대응했던 동남아 중심의 시각을 약화하긴 했지만, 그렇다고 이 논쟁이 완전히 해결된 것은 아니다. 미얀마에서도 철기 시대와 마지막 기원전 천년 경의 중반에서 말기에 이르러 쌀의 재배가 이루어진 것으로 나타난다. 하지만, 현재까지 이러한 특별한 문제에 관한 과학적인 연구조사가 이루어진 바 없다.[33]

---

32 Bellwood, 'Southeast Asia before History'.

33 Pamela Gutman and Bob Hudson, 'The Archaeology of Burma, from the Neolithic to Pagan', in *Southeast Asia: from Prehistory to History,* ed. Ian Glover and Peter Bellwood (Abingdon & New York, 2004), pp. 149-76.

미얀마의 금속 문화

동남아에서는 '청동기 시대'와 확연히 구별되는 동석기(Chalcolithic) 시대가 존재했다고 여기지 않는다. 미얀마에서는 최근 발굴 작업과 국제 워크숍을 통하여 미얀마의 부덜링(Budalin) 지구와 기타 지역에 청동기 문화가 존재했다는 사실이 나왔지만, 과학적 실험에 근거한 분명한 연대가 아직 유적지에서 나오지 않았다. 양식적으로 이 문화는 석기 문화의 유물 속에서 형성되었고 더불어 지속되었던 것처럼 보이는데, 왜냐하면 청동기가 연대와 상관없이 석기와 매우 유사하기 때문이다.

청동기 유적지에 거주했던 사람들은 같은 장소에 단순히 남아있으면서 이전 거주자들의 일반적인 경제 문화를 답습했던 것으로 그 흔적을 엿볼 수 있다.[34] 이러한 금속 문화는 광범위하게 퍼져 있으며, 이 나라의 도처에서 발견되지만, 그 유물의 거의 90%는 건조지대에 집중된 상부 미얀마의 것이다. 물질문화적 유물이 발굴되었던 정착지도 크든지 작든지 주로 상부 지역의 주요 하천 유역 주위에 모여 있으나, 하부 미얀마에도 몇몇 정착지가 있기도 하다. 주요 하천으로는 에야워디, 친드윈, 밋응에, 사몽 및 무 강이 있고 싯따웅 및 에야워디 강의 남쪽 유역도 여기에 포함된다.[35] 또한, 상부 지역의 하천 유역은 구석기와 신석기 시대의 유물이 상당수 발견되었던 지역이기도 하다.

학자들이 사몽 강 유역 문화(Samon Valley Culture, 건조지대의 사몽 강 유역이 이 문화의 중심지라는 사실에서 그 명칭을 붙임)라고 부르는 이 문화의 가장 초기의 심오한 예술적 연결고리는 서부 중국 윈난(Yunnan)의 디안 문화(Dian Culture of Yunnan)와 닿아있다. 또한, 사몽 문화는 다른 동남아 지역과도 몇몇 예술적 양식을 공유하는데, 특히 구슬 목걸이와 준보석을 이용한 예술품이 그것이다. 과학적인 연대 측정으로 기원전 8세기 무렵의 것으로 나타나는 이러한 문화적 공예품들은 인도의 불교 또는 다른 유형의 인도적인 영향과는 관련이 없다. 이것은

---

34 Michael Aung-Thwin, 'Burma before Pagan: The Status of Archaeology Today', *Asian Perspectives*, XXV (1982-3), pp. 1-21.

35 Bob Hudson, 'Iron in Myanmar', *Enchanting Myanmar,* v (2006), pp. 6-g; also, Elizabeth Moore and Pauk Pauk; 'Nyaung-gan: A Preliminary Note on a Bronze Age Cemetery Near Mandalay, Myanmar (Burma)', *Asian Perspectives Special Issue: The Archaeology of Myanma Pyay (Burma)*, ed. Miriam T. Stark and Michael Aung-Thwin, XL (2002), pp. 35-47.

기원전 천년간의 후반기 어떤 시점에 처음으로 등장하였다.[36]

사몽 문화가 전(前)불교 또는 비(非)불교의 성격을 띠고 있지만, 청동기가 발견되었던 원난의 디안 문화와 다른 동남아 지역과 문화적으로 연계되어 있다는 사실은 동남아 역사가들에게 물론 광범위한 증거, 분석 및 논쟁이 필요하겠지만 '지역화'(localization)-원주민의 외부 영향 적응-라고 불리는 현상을 제공하고 있다. 특히, 지역화의 개념은 '인도화'(Indianization) 및 '중국화'(Sinification)의 용어를 품고 있는 국민국가에 있어서 논쟁의 근원을 제거하고, 그 대신에 상품과 서비스가 아니라면 특정한 기술적, 예술적 감정이나 생각을 공유하는 국제적 경계가 존재하지 않다는 점을 그 지역 공동체에 강조한다.

지금까지 인도의 영향은 초기 동남아 역사시대와 선사시대에 있어서 상당한 수준의 '매개자'(agency)로 여겼다. 그러나 감사하게도 몇몇 학자들의 이 시대에 관한 연구 결과로 그 영향에 대한 우리의 시각과 이해가 바뀌게 되어, 이제 인도 영향 이전(pre-Indic)의 것이라고 차분하게 말할 수 있게 되었다. 그것의 물질적, 사회적 및 개념적 기초는 원주민과 북동 지역민(대륙부 동남아의 중앙과 북부 거주인)의 혼합적 영향에서 비롯된 것으로 보인다.

하지만, 동시에 하천유역문화(River Valley Cultures)는 익히 알려진 다양성으로 인하여 이질성을 초래하고, 하나 이상의 지배 문화가 존재한다는 최근의 몇몇 연구 결과에 관심이 쏠린다. 확실하지 않더라도 적어도 하나의 공통어와 종족언어집단의 존재를 암시하는 기록의 증거 없이 예술을 창출하는 사회가 동질적인지 이질적인지에 대한 문제는 그들의 예술 속에서 주로 발견되는 차이점으로 입증할 수 없다. 차별성, 다양성, 이질성, 개별성을 선호하는 서구 학계의 맹목적인 경향은 부분적으로 이러한 종류의 고대 사회 해석에 책임이 있다. 그러나 그것이 미얀마의 2천 년 전의 국가와 사회를 판단하기 위한 분석의 틀이 되어서는 안 된다.

어떤 경우라도 미얀마 역사에 있어서 중요한 사실은 청동기(및 다른 금속) 문화가 발견되는 지역은 실제로 역사시대의 지역과 같다는 것이다. 그 사람들이 같은 인종 또는 언어집단에 속한다고 말할 수 없는데, 그것을 밝혀줄 DNA 증거나 기록이 없기 때문이다. 하지만, 상부 미얀마의 지리는 역사시대와 마찬가지로 선사시대에서도 중요하였다고 말할 수 있다. 바꾸어 말하자면, 여러 세기에 걸쳐 선사시대의 사람들과 문화가 잘 유지되었던 바로 그 같은 지역에 역사시대의 사람들이 정착했다는 충분한 이유가 있다.

---

36 Elizabeth Moore, 'Bronze and Iron Age Sites in Myanmar: Chindwin, Samon, and Pyu', *SOAS Bulletin of Burma Research*, I (2003), pp. 24-39.

기원전 1500–500년경 미얀마 청동기 시대의 무기

가장 초기의, 가장 큰, 가장 복잡한 선사시대 정착지의 대부분은 상부 미얀마에서 발견된다는 사실이 중요하다. 하부 미얀마에 없는 것은 아니지만, 상부 미얀마에 비하여 그 수가 훨씬 적다(또한, 고고학적 중요성도 떨어지는 것으로 나타난다). 양적인 차이는 유물(특히 석기의 경우)을 파괴하는 습한 기후에서 비롯된다는 점을 간과할 수 없다. 오히려 상부 미얀마의 기후와 토양의 조건이 복합 농업에 더 적합할 수도 있다. 이러한 유적지들은 열대가 아닌, 주요한 하천의 침적토(silt)에 의해 매년 보충되는 충적토를 지니며 매년 곡물이 적절하게 익기에 충분한 일조량을 제공하는 온대 지역에 자리하고 있다. 그런 요소들은 그곳을 인간의 첫 거주지로 정착하도록 만들었고, 그 결과 일반적이며 기술적인 어법('civitas' 즉 '도시'로부터)의 '문명'이 관습적으로 사용하던 우회의 경로(교역 중심의 관점)보다 상부에서 하부 미얀마로 이동하게 되었다. 환경과 인간의 합작이야말로 장차 미얀마의 국가 형성에 엄청난 영향을 미치게 되었던 다가오는 도시시대(the era of city)를 등장하게 했다.

기원전 200년경에 이르러, 철이 일상적인 목적으로 이미 사용되었으며, 벽돌로 축조된 성곽 도시가 등장하였고, 곧이어 건조지대의 전역으로 퍼져나갔다. 해안가에 이르자, 외부에

서 '뺘'라고 불리는 사람들의 특징인 도시문화시대에 접어들었고, 이는 다음 장의 주제이기
도 하다.

서 '뺘'라고 불리는 사람들의 특징인 도시문화시대에 접어들었고, 이는 다음 장의 주제이기
도 하다.

제3장 　도시시대

도시화와 '쀼족'의 문제

미얀마 역사에 있어서 선사시대는 마침내 익히 알려진 '쀼'(Pyu) 시대로 '대체'되었으며, 대략 그 시대는 기원전 200년에서 서기 9세기까지이다. 그 시간 프레임 자체는 특히 이 시대의 시작(조금 이를 수도 있어서 유동적임)과 관련해서 학자 간에 심각한 논쟁은 없지만, 천년의 세월에 대한 특징을 나타내기 위해 추론에 불과한 종족언어집단의 이름을 사용하는 것은 문제가 있다. 몇 가지 문제가 있는데, 특히 그 시대를 이전 당연하게 해석하는 방식에 있어서 그렇다. 문제의 근본에는 중국어 '빠오'(P'iao)와 미얀마어 '쀼'는 같은 용어이지만, 그 증거와 분석에 따라 다를 수도 있다는 추측도 가능하다.

　　먼저, '빠오'란 말은 수백 년에 걸쳐 출처와 연도가 다른 대략 세 종류의 중국어 사료에 등장하나, 이 용어에 사용되는 문자는 적어도 두 종류의 텍스트에서는 완전히 다른 의미를 지니고 있다는 점에서 다르고, 게다가 두 개가 모두 본질적으로 종족성과 연관되지 않는다. 동시에, 고대 미얀마어인 '쀼'는 훨씬 늦게(서기 13세기와 14세기) 고대 미얀마어 비문에 등장할 뿐만 아니라, '언어종족성'(ethno-linguisticity), 직업, 성별 및 거주지역에 따라 구별되는 개인에게도 나타난다. 다른 표현을 빌리자면, 초기의 중국어 텍스트 또는 후기의 미얀마어 자료 속에 두 용어 간의 역사적 또는 어원적 관련성을 암시하는 것은 하나도 없다는 의미이다.

　　그 용어들이 관련성이 있다면, 현대인들의 귀에 서로 유사하게 들린다는 것이다. 즉, '빠오' 문자의 20세기 광동어 발음의 로마자 표기에 대한 20세기 영어 발음과 고대 미얀마어

‘쀼’의 현대 미얀마어 발음에 대한 로마자 표기의 영어 발음을 말한다. 이런 사실은 두 용어가 어원적으로 서로 연계되어 있다는 결정적인 증거가 될 수 없다.

둘째로, 그런데도 대부분의 미얀마 학자들은 ‘쀼오’와 ‘쀼’는 다른 분류의 범주라기보다 언어종족집단을 지칭하는 것으로 생각해왔다. 실제로 중국인들은 특별한 지역에 자리하며 ‘쀼오’ 사람들이 거주하는 특별한 왕국을 지칭할 때 ‘쀼오’라는 단어를 사용했다. 그러나 그 단어에 사용된 한자에는–‘악당’ 또는 ‘기병대’를 의미함–하나의 종족집단임을 나타내는 암시가 전혀 없다. ‘쀼오’족이 지배하는 ‘쀼오 왕국’에 거주했던 여러 다른 종족집단을 나타낼 수도 있는데, 중국인들이 관습적으로 붙이던 방식의 명칭이기도 하다. 예를 들어, 중국인들은 다양한 종족언어적 배경을 지닌 동남아의 거의 모든 해안 거주민들을 같은 방식으로 꾼룽(kun-lun)이라는 용어를 사용했고, 이것은 마치 ‘아메리칸’이 다양한 종족언어집단을 포괄하는 용어인 것과 같은 맥락이다.

셋째로, ‘쀼오’라는 용어는 해당 종족 스스로가 사용했던 종족 명칭이 아니라 외부인이 그 민족에게 붙였던 것이다. 그래서 ‘쀼오’라는 말은 외부인이 미얀마에 거주하는 사람들을 일컬었던 ‘Burmese’라는 용어와 유사한 점이 많은데, 이 용어도 그들 자신의 언어 표현(미얀마루묘 Myanma Lu Myo, 역주–미얀마어로 미얀마인을 일컫는 말)이 아니다. 또한, 중국어 문헌에 따르면, 그 ‘쀼오’ 사람들은 자신들을 이미 ‘뚜로추’(T'u-lo-chu)라고 불렀다고 한다. 이 용어는 고대 몬어로 적힌 12세기 초 버강의 비문에서 발견되는 ‘띠춧’(Tircul, 역주–현대어의 발음으로 표기한 것임)과 관련된 것으로 보인다. 그러나 ‘뚜로추’와 ‘띠춧’도 역시 두 고어(중국어와 고대 몬어)의 로마자 전사의 20세기 영어 발음에서 비롯된 것이다.

넷째로, 사실 ‘쀼오’나 ‘쀼’가 같은 집단(종족-언어적으로 또는 다른 근거로)인지 아닌지 하는 문제에 있어서, 그 두 집단이 미얀마의 도시 문화 시대에 거주하였고 그것을 지배했던 같은 민족이었다는 사실은 특히 ‘쀼’라는 말이 발견되는 고대 미얀마어 비문이 등장한 이후로 아직 분명하지 않다. 물론, 다른 견해도 있다. 미얀마의 도시시대를 지배했던 종족은 중국어 사료에 등장하는 ‘쀼오’가 확실하다 해도, 13세기와 14세기의 미얀마어 사료에 나타나는 ‘쀼’와는 관련이 있을 수도 있고 없을 수도 있다는 점이다.

마지막으로, 그 사람들이 과연 누구였든지, 타인이 어떻게 불렀든지 간에 (‘쀼오’, ‘쀼’, ‘뚜로추’ 또는 ‘띠춧’ 등) 역사시대 전체를 언어종족적 용어로 표시하는 것은 불필요한 ‘매개자’(agency)를 언어종족 범주나 모호하게 연결된 종족집단에 포함하게 만든다. 정당한 이유가 있어서 언어종족집단의 명칭을 빌어 역사의 한 시기를 명명하는 것(가령, 앵글로색슨 영국, 크메르 앙코르 또는 버마 버강)이 가치가 없다는 의미는 아니다.

구체적인 증거가 있는 훨씬 중요한 역사적 요소(가령 도시화)를 제쳐두고 특정한 종족성에 특권을 부여할 만큼 명백한 이유가 없고, 거의 2천 년이나 지난 시점에서 당시 많은 관념의 영향을 받은 19세기와 20세기 초의 식민지 학자들에 의해 그런 종족적 속성이 강조되었다는 점을 고려할 때, 미얀마 역사 속에서 이 시기를 명명하는 용어를 재고하기에 충분한 이유가 있다고 판단하여 여기에서는 그 대체적인 것으로 '도시시대'(Urban Period)를 사용하였다.

불행히도 비평하기보다 전통을 따르는 경향이 더 강하고, 남을 설득하기보다 편한 것이 덜 부담스럽다는 점에서 특정한 시대의 명칭(identifier)으로 다른 것이 없으니 이 시기는 학술적으로나 일반적으로나 계속해서 '쀼' 시대로 불린다. 그러나 우리는 (더 편할 수도 있는) 이 시대구분을 그만 사용하고 싶고, 이 책의 저자 중 한 명이 1982-3년부터 쓰기 시작한 미얀마 역사의 '도시 시대'라는 구분을 계속 사용하여, (근거 없이) 추론된 종족성이 아닌 입증된 역사적 현상에 '주체성'을 부여하고자 한다.

도시화 현상

이 시기를 정의하고 특정할 수 있는 역사적 현상이란 도시 사회의 등장과 발전을 뜻하며(그것이 내포하는 모든 것과 함께), 이것은 그 이전의 선사시대와 '하천유역문화' 시대와 구별될 뿐만 아니라 이후의 시대와도 다른 것으로, 이 나라의 긴 역사에 있어서 특별한 의미를 지니고 있다. 초기의 도시 등장 이전 신석기와 금속기 시대가 하지 못했던 것을 도시시대가 잘 해냈다. 이 말은 이전 시대의 중요성을 하찮게 여기거나 최소화하려는 것이 아니다. 이전 시대가 없었다면 도시시대는 그 특별한 일들을 해내지 못했을 것이다. 오히려 이 나라의 역사 속에서 '최초'로 도시시대가 해낸 것으로 여길 수 있는 어떤 패턴과 성취한 결과를 찾아보려는 것이다. 그 최초의 것은 그 이후 미얀마 국가와 사회를 형성했던 많은 발전의 토대가 되었다.

그리하여 도시화라는 용어가 암시하듯이 불교-힌두교적 세계를 그 건축학적 특징을 이용하여 상징적으로 표현한 성벽 도시가 곳곳에 등장함으로써 그 표준화가 이루어진 도시시대가 미얀마 역사상 처음으로 등장하였다.[37] 또한, 도시시대는 '건조지대 우월성'의 시작이

---

37 Michael Aung-Thwin, 'Principles and Patterns of the Precolonial Burmese State', in *Tradition and Modernity in Myanmar: Proceedings of an International Conference held in Berlin from May 7th to May 9th, 1993*, ed. Uta Gartner and Jens Lorenz (Berlin, 1994), pp.

었다. 이는 하부 미얀마에 대한 상부 미얀마의 패권이라는 전반적으로 지속적이었던 역사적 패턴이며, 최근 국가의 수도가 다시 건조지대 '중심지'로 이동함에 따라 오늘날에도 적용되고 있다. 게다가 도시시대에서는 미얀마 최초의 문자가 탄생했고, 그 기본이 되었던 산스크리트 문자는 오늘날 미얀마 문자의 토대가 되었다. 더욱이, 단순한 마을 사회보다 더 크고 복잡한 사회·정치적 체제에 사용될 수 있는 대규모 관개 시스템의 출현도 도시시대로 거슬러 올라간다. 또한, 이 기간에 미얀마에서 최초로 불교 탑(중앙의 원통형 탑을 지닌 사원)이 건립되었으며, 후대 특히 '고전기'의 원형이 된 동굴형 사원(역주-미얀마에서는 이를 '구퍼야 Gupaya'(동굴+사원)라고 부름)과 원통형 사원(불탑과 사원의 복합형)이 등장하였다. 금과 은 장신구, 은화, 준보석과 보석 공예품, 도자기 등을 망라하는 예술과 공예의 특정 분야에서도 이 시대는 또 다른 '최초'였다. 마지막으로 가장 중요하다고 생각하는 것은 불교의 '상좌부'와 다른 종파 및 그와 연관되는 이념을 포함하는 인도적인 '개념 체계'가 처음으로 이 시기에 나타난다.

우리가 주장하듯이 도시화가 이 시대의 중요한 특징이라면 그것을 어떻게 정의할 수 있을까? 그 이전에는 상당한 규모의 인간 정착지가 없었을까? 저명한 학자인 (고) 폴 휘틀리(Paul Wheatley)에 따르면, 도시화는 '외부'의 것과 관련하기보다 그 이전 시대의 것과 관계하는 사회·문화적 통합의 규모라고 정의할 수 있다. 도시화된 사회는 주변의 농촌 지역과 대조하는 것이 아니라 도시화 이전 또는 도시화 되지 않은 사회와 대조해야 한다. 그것은 시간적 현상이지 공간적 현상이 아니다. 따라서 도시화는 관련된 물리적 공간의 범위에 대한 양적 현상을 초월하며, 대단히 질적인 현상이기도 하다.

도시 생활은 그 이전 시대의 것과 매우 다른 독특한 생활 양식이다. 이것은 점차 이미 구축된 형태로 표현되어 도시 자체가 그 생활 방식을 실행하는 무대로 간주한다. 하지만, 도시 영역에 살지 않는 사람도 도시 제도의 영향과 통제 속에 놓이기 때문에 도시의 정의에는 농촌의 요소도 포함해야 한다. 휘틀리가 잘 지적했듯이, 사람들은 도시에 살지 않을 수도 있지만, 도시의 관점에서 살아야 한다. 도시 영역은 사회 제도가 존재하는 중요한 집합체이기 때문에 도시 자체의 구조는 사회 전체의 패턴을 축약적으로 나타낸다. 그래서 도시화는 사회·문화적 통합이라는 명확한 수준에서 더 높은 수준의 복잡성으로 이행되는 체계적 변형을 드러내는 행동적, 구조적, 진행적 현상이다.[38]

15-44.

[38]   Paul Wheatley, *Nagara and Commandery: Origins of the Southeast Asian Urban Traditions* (Chicago, IL, 1983), ch. 1.

미얀마 역사 속의 도시시대

기원전 2세기부터 서기 첫 1000년 사이의 시간에 걸쳐 10개 이상의 도시 정착지가 미얀마에서 발견되었다. 이미 언급한 바와 같이, 대부분은 아니지만 그중 많은 정착지가 이 나라의 구석기, 신석기 및 금속기 시대의 유적지 근처나 위에 자리하여 선사시대와 기본적으로 문화적 연속성은 없다고 해도 지리적, 기술적 연속성은 있을 수 있다. 물론 이런 사실이 도시시대의 사람들과 그 이전의 '하천유역문화'의 사람들 간의 종족·언어적 연속성을 암시하려는 의도는 특히 두 종족집단의 배경이 불확실한 상황 속에서 결코 있을 수 없다.

대부분의 성곽은 에야워디 강과 그 지류에 의해 만들어진 대평원에 있다. 일부는 상부 지역의 최북단까지, 일부는 최남단으로 떠닌다이 해안의 북쪽까지 이른다. 이 도시 문화는 상부 미얀마의 건조지대에 있는 성곽 도시 헐링(Hanlin, 제2장에서 언급된 적이 있는 호모 에렉투스 하악골이 발견된 장소와 가까움)에서 목떠마 만에 접한 해안의 최남단에 자리한 또 다른 도시인 윙까(Winka)에 이르기까지 확산되었다. 윙까에는 과학적으로 확인된 연대는 없지만 도시시대의 문화와 유사한 문화 유산을 지니고 있다.[39]

하지만, 이러한 도시 현상은 미얀마에만 국한된 것은 아니다. 그것은 또한 대략 같은 1000년 동안 특히 후난과 참파(Funan and Champa, 현재 각각 캄보디아와 베트남), 드와라와띠(Dvaravati, 현대 태국), 땀브라링가와 따꾸빠(Tambralinga and Takupa, 끄라(Kra) 지협 근처) 및 스리비자야(Sri Vijaya, 동남부 수마뜨라(Sumatra)의 빨렘방(Palembang)이 그 중심이었음) 등의 사회·정치적 체제에서 발생했던 대규모의 변형 과정의 한 부분이었다. 도시화는 중부와 동부 자바에서도 볼 수 있는데, 그 예가 미얀마의 것과 동시대이거나 동시대에 가까운 것이었다. 후자의 경우처럼 그 시대 동안 전역에 걸쳐, 동남아 역사에 있어서 '황금기'라 여길 수 있는 위대한 '고전기' 국가들(가령, 버강과 앙코르)을 발흥시킨 토대가 마련되었다. 다시 말하자면, 도시화는 동남아 국가 형성의 전조이자 필수 과정이었다.[40]

39　Aung Thaw, *Excavations at Beikthano* (Rangoon, 19p8). 또한, 다음 스타가르트(Janice Stargardt)의 저서(*The Ancient Pyu of Burma* (Cambridge, 1990)) 및 무어(Elizabeth Moore)의 책(*Early Landscapes of Myanmar* (Bangkok, 2007))도 참조하시오.

40　Michael Aung-Thwin, 'A New/Old Look at "Classical" and "Post-Classical" Southeast Asia/Burma', in *New Perspectives on the History and Historiography of Southeast Asia: Continuing Explorations*, ed. Michael Aung-Thwin and Kenneth R. Hall (London, 2011), pp.

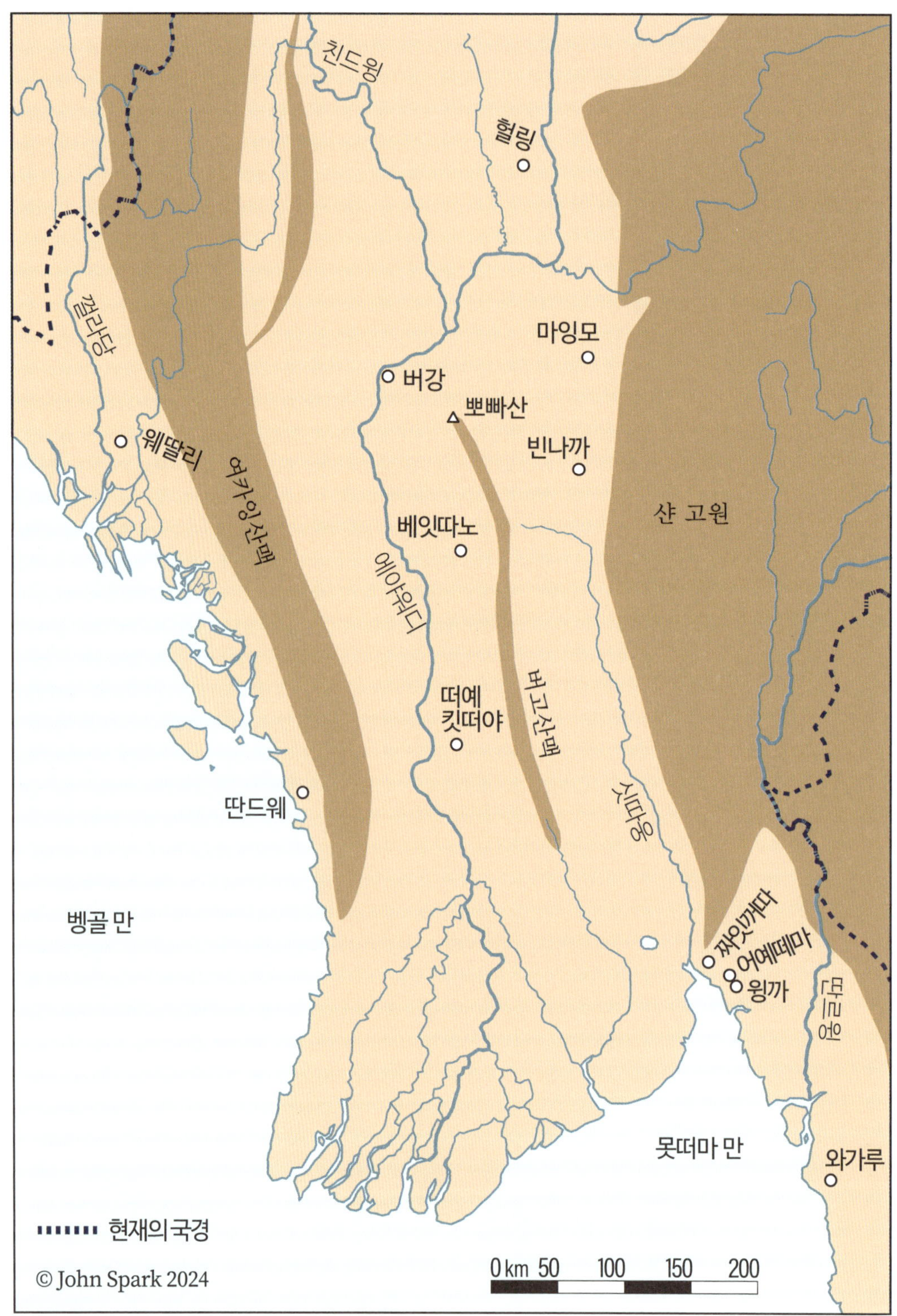

기원전 200년에서 서기 900년까지 미얀마의 주요 도시 지역

미얀마의 도시시대에 있어서 가장 큰 도시는 빈나까(Binnaka), 마잉모(Mong Mao, Maing Mo), 베잇따노(Beikthano), 헐링 및 떼예킷떠야(Sri Ksetra, 역주-미얀마어로는 떼예킷떠야Thayeh-kitthaya로 발음함)이며 모두 건조지대에 위치한다. 확실치는 않지만, 마지막 두 도시는 순차적으로 또는 동시에 정치 중심지 역할을 했던 것 같다. 미술사학과 비문학의 연구 및 방사성 탄소 측정에서 도출된 두 도시의 성립 시기로 보아 서력 초기부터 약 9세기까지 두 도시는 서로 중첩되거나 공존했던 것으로 여겨진다.

벽돌을 사용한 이 성벽 도시들은 일반적으로 원형이거나 마름모꼴 또는 직사각형이며, 후대 도시에 비해 다소 큰 규모이다.[41] 해자와 성벽으로 (때로는 이중적인 형태로) 요새화되어 있다. 가장 중요한 특징으로 여겨지는 이 해자와 성벽에는 표준적으로 상징성을 지닌 12개의 성문이 있는데, 4개의 기본 방위 지점에 각각 하나씩, 그 양쪽에 2개의 작은 문이 있다. 이

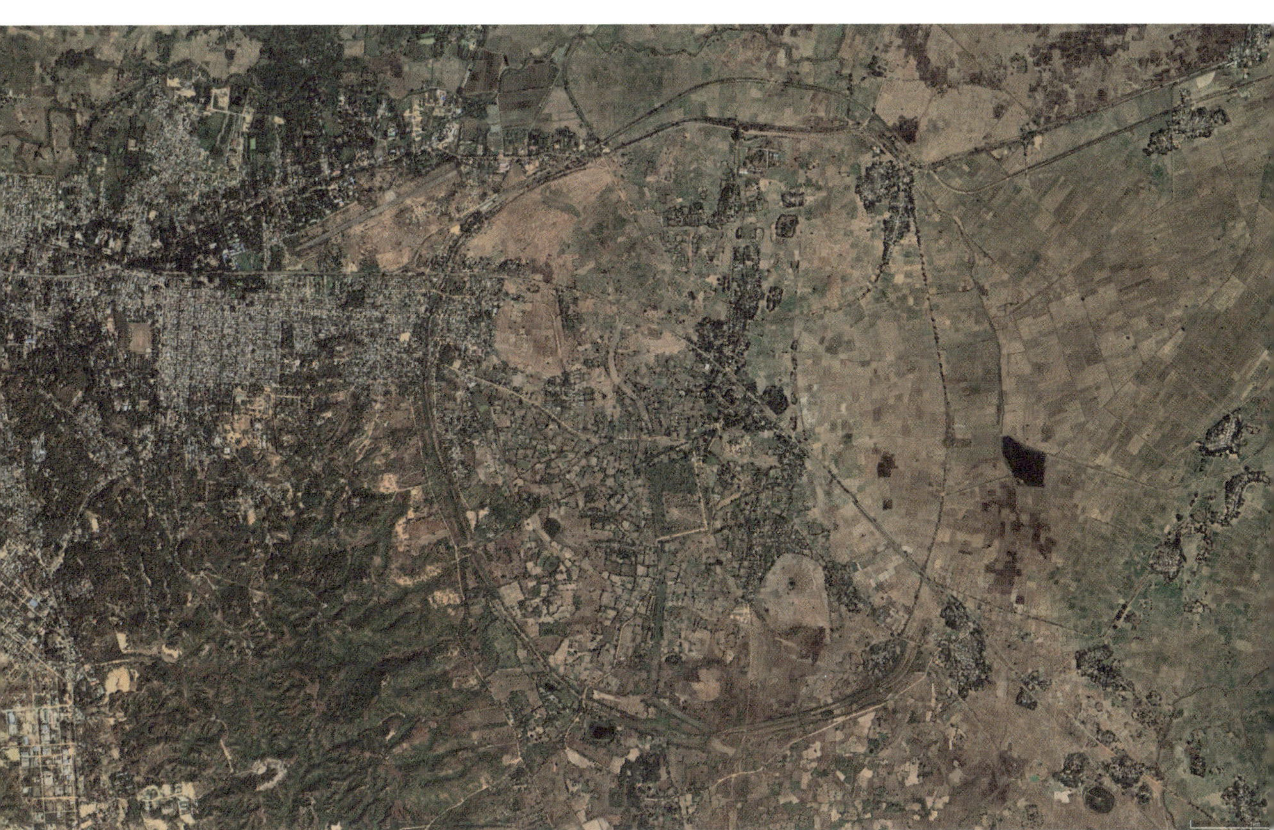

5-9세기의 떼예킷떠야와 그 도시를 둘러싸고 있는 원형 성벽의 위성 사진

25-55.

41   Bob Hudson, 'The Origins of Bagan' (PhD, University of Sydney, 2004).

러한 구도는 19세기 만덜레에 계승된 개념이자 디자인인 황도 12궁에 기초한 불교의 시공 개념을 표현하기 위한 것이었다.[42] 이들 각각의 내부와 주변에는 궁전, 사원, 저장 시설, 매장지 및 관개 시스템이 자리 잡고 있으며, 앞선 시기의 족장과 정착지와는 양적이나 질적으로 다른 공동체의 존재를 보여주고 있다.[43] 도시 문화에서는 잘 구워지고 대부분이 규격화된 큰 벽돌을 사용했고, (중국인 기록에 의하면) 헐링이나 스리끄쉐뜨라의 성벽에서 녹색 유약으로 구운 벽돌을 볼 수 있었다고 한다.

특히 상부 미얀마에 있어서 도시문화 시대의 공예품은 기원전 1세기에서 서기 1세기 사이의 것으로 생각되며, 로마 또는 인도 북서부 혹은 인도 남부에서 제작된 제품과 유사하다. 서기 2세기 인도의 하스띠나뿌라(Hastinapura) 및 브라흐마뿌리(Brahmapuri)의 것과 유사한 홍옥수(carnelian) 및 얼룩마노(onyx) 구슬도 발굴되고, 로마 또는 남인도의 아리까메두(Arika-medu) 공방에서 제작된 로마 스타일의 물병도 발굴되었다. 또한 서부 자바와 다른 동남아 지역에서 발견되는 일종의 룰렛 모양의 흑색 자기가 미얀마 내륙 지역에 자리한 베잇따노에서도 발견되었다.[44]

서로 아주 유사하거나 심지어 거의 동일한 문화적 공예품을 지닌 4개의 도시 유적지가 딴르윙 강이 바다로 흘러 들어가는 곳의 북쪽인 못떠마 만의 동쪽 해안 근처에서 발견되었다. 그곳은 윙까(Winka), 씬닷(Hsindat), 와가루(Wagaru) 및 어예떠마(Ayethama)이다.[45] 그들 도시의 위치는 남인도, 아누라다푸라(Anuradjapura), 드바라바티, 동남아 도서부, 푸난 및 그보다 먼 동쪽 지역과의 교역에 직접 관여했음을 암시한다. 열 발광 연대 측정법(thermolumi-nescence) 또는 방사성 탄소 연대 측정법으로 그 도시들이 상부 미얀마와 동시대에 속한다는

42　Michael Aung-Thwin, 'Heaven, Earth and the Supernatural World: Dimensions of the Exemplary Center in Burmese History', in *The City As a Sacred Center: Essays on Six Asian Contexts,* ed. Holy Baker Reynolds and Bardwell Smith (Leiden; 1987), pp. 88-102.

43　Myint Aung, 'The Excavations at *Halin*', *Journal of the Burma Research Society,* LIII (1970), pp. 55-64.

44　Michael Aung-Thwin, 'Burma before Pagan, the Status of Archaeology Today', *Asian Perspectives,* xxv (1982-3), pp. 1-21.

45　Myint Aung, 'The Development of Myanmar Archaeology', *Myanmar Historical Re-search Journal,* 9 (2002), pp. 11-29, and 'The Excavations of Ayethama and Winka (?Suvan-nabhumi)', in *Essays Given to Than Tun on His 75th Birthday: Studies in Myanma History* (Yangon, 1999), pp. 17-64.

사실을 아직 보여주지는 못하고 있지만, 미얀마 역사 중에서 이 시대를 연구하는 학자 대부분은 그 도시들이 내륙 도시 문화의 해상 교역의 전초기지이었다는 데 동의하고 있다. 이 해안 도시들이 일반적인 도시시대 초기에 걸쳐 실제로 존재했다면, 당시 동남아가 귀중한 교차로와 중계교역지가 되었던 로마-인도-중국 교역에서 분명히 이득을 보았을 것이다.

해안 도시의 상업이 해양 진출에 초점을 둔 것과는 대조적으로, 내륙 도시는 경제적 재원으로 쌀에 의존하였고, 아마도 부수적으로 인도와 중국과의 육로 교역에도 나섰을 것이다. 이 내륙 도시의 거의 모든 곳에서 둑과 수로를 통한 관개 시설이 없다면 집수지(저수지)의 흔적이 나타난다. 그러나 후자의 관개 시설 유형의 연대에 관한 자료는 확실하지 않다. 둑을 사용한 관개는 미얀마에서는 구조적으로 수로 관개와 밀접하게 연계되어 있다는 점에서, 후대의 것으로 생각할 수도 있는데, 이는 둑과 수로가 따로 존재할 수 없기 때문이다.

또한, 이 도시들은 상업적 목적으로 사용했을 가능성이 높은 인도 양식에 기반을 둔 현지 주화를 개발하였으며, 그것은 오늘날 사이공(역주-현 호치민시)만큼 먼 곳에서도 발견되고 있다. 동시대의 중국 역사서인 신당서(Xin Tang Shu)에는 '금과 은을 사용하여 동전을 만든다. 그것은 모양이 반달 같고, 등치투오(dengchietuo/dinga)와 주단투오(zudantuo)라고 불렀다.'[46] 그 도시시대의 사람들은 중국과 문화적 접촉을 계속하여 서기 800년과 801~2년에 약 34명의 음악가로 구성된 악단을 당나라의 왕도로 보냈고 그곳에서는 이들의 악기와 노래가 아주 자세하게 기록되었다.[47]

9세기 청동으로 제작된 공연예술가들의 모습

46 Robert S. Wicks, 'The Ancient Coinage of Mainland Southeast Asia', *Journal of Southeast Asian Studies*, XVI (1985), pp. 195-225.

47 G. H. Luce, *Phases of Pre-Pagán Burma: Languages and History*, 2 vols (Oxford and

상부 미얀마의 내륙 도시 중의 하나가 다른 도시들을 통합하여 지배할 정도의 충분한
세력을 가지게 되면, 일종의 왕국이나 도시 국가를 형성하게 된다. 왕과 여왕 및 그들의 왕조
에 대한 당대의 기록을 살펴보면, 그 정치 체제는 인도식 칭호를 지닌 왕가에 기초한 군주제
가 중심이 되었던 것 같다.[48] 이들 정착지 중에서 가장 크고 정치적으로나 군사적으로 가장
중요한 곳은 연속적이든 한 시대이든 간에 그 문화의 전형적인 중심이었을 것이고, 그곳의
지배자들은 한번은 중앙 평원과 해안지대 사이의 영토를 통합했을 것이다.

서기 7세기에서 9세기까지의 유물에서는 예술 스타일, 정치·종교적 신념, 의례, 언어,
문자 체계 및 일상적 생활 방식에서 명백히 드러나는 문화와 기술의 동질성이 나타난다. 그
들의 동전, 매장용 항아리, 토기, 구슬, 금은보석, 사원 및 특히 문자는 같거나 유사한 문화에
속하는 듯 보인다. 이러한 문화적 연결고리 중 일부는 인도의 나가르주나꼰다(Nagarjunakon-
da, 인도 중남부에 자리함) 및 스리랑카의 아누라다뿌라(Anuradhapura)와 관련이 있으며, 그곳
AD 1-2세기의 고고학적 특징이 베잇따노의 불탑(원통형 사원)과 '월석'(moon-stones)(반원형
으로 조각된 돌 문지방)에서 발견된다.[49]

이 도시문화에 속하는 사람들은 인도 남부에 있는 바나바시(Vanavasi) 지역의 까담바
(Kadamba) 및/또는 안드라(Andhra) 지역의 빨라바(Pallava)에서 이전에 채택한 산스크리트어
에 기반한 공용 문자(미얀마에서 발견되는 가장 초기의 문자)로 기록된 티벳-버마어족에 속하는
언어를 사용했다고 알려져 있다. 고문서학적으로 서기 5세기 것으로 여겨지는 두 개의 금판
과 한 개의 금박 필사본이 발견되었는데, 상좌부에 속하는 불교 경전인 삼장(三藏) 중에서 논
장(Abhidhamma)과 율장(Vinaya)의 내용 일부가 담겨 있다. 경장 중의 세 개의 빨리어 경문
(Mangala Sutta, Ratna Sutta, Mora Sutta)이 담긴 최근에 발견된 석판은 6세기 또는 7세기의 것이
며, 이 또한 상좌불교에 속하는 것이다.

경문이 새겨진 불상이 담긴 점토판도 출토되었다. 산스크리트어 비문과 그 행간에 '쀼
어'의 단어가 새겨져 있고 석조 불상을 지탱하는 정사각형 기단이 발견되었다. 산스크리트어
로 사르와스띠와다(Sarvastivada, 역주-설일체유부)라 부르는 소승(상좌부)불교의 종파는 비교적
이른 시기에 스리꼬세뜨라(Sri Ksetra)에 존재했던 것으로 보인다.

New York, 1983).

48　Tha Mya, *Pyu Reader* (Rangoon, 1963).

49　Michael Aung-Thwin, *The Mists of Ramanna: the Legend that was Lower Burma* (Ho-
nolulu, HI, 2005), ch. 2.

하지만, 종파 간의 차이를 너무 과도하게 분석해서는 안 된다고 생각하는 것은 지금 논쟁 중인 문제가 당대의 다양한 종파에서 발견되는 차이라기보다 그보다 훨씬 이후인 19세기와 20세기의 식민지적 관점을 지닌 학문에서 제기했던 문제이기 때문이다. 그런데도, 그런 역사적 증거물은 상좌불교의 전통이 시작되었다고 여겨지는 11세기 버강보다 수 세기 더 이른 시기에 그 불교가 이 나라에 실제로 잘 안착하였음을 보여준다는 점에서 중요하다.

이 도시문화의 몇몇 사회적 관습은 중국 기록에 나타나듯이 동시대의 다른 동남아 지역의 관습과 유사하다. 푸난(Funan)과 참파(Champa)의 사람들은 죽은 자를 화장하고 그 재를 토기나 금은 항아리에 담아 강에 던졌다고 한다. 미얀마 도시시대의 사람들도 제2차 매장 이후 돌 항아리에 시체를 넣어 무덤에 안치하였다. 그 항아리는 흔히 흰색 자갈층에 묻혀있었다. 귀중품은 망자와 함께 매장된 것으로 금으로 만든 반지 또는 별 모양의 꽃, 글씨가 새겨진 금판과 은판, 은화, 경옥, 다양한 재료의 팔찌를 비롯하여 쇠못, 핀, 갈고리, 칼날 그리고 한쪽 끝을 뾰쪽하게 갈아 현대의 창 총에 사용되는 창의 끝과 유사한 막대 등이다. 7~11인

5~7세기의 것으로 떠예킷떠야(스리끄쉐뜨라)에서 발견된 현재의 깔빠(kalpa, 시대, 역주–현재의 깔빠는 현겁賢劫에 해당함)의 네 붓다를 새긴 은제 사리장엄구

치 길이의 못이 43개나 박힌 6면의 큰 철판과 그 판 중앙에 큰 돌기 핀이 있는 두 개의 마름 쇠(caltrop)가 발견되었다. 이것은 무기로써 맨발의 적이나 말 또는 코끼리에게 쫓기면 땅에 던져 사용했던 것으로 여겨진다.

종교 건축물에 있어서 미얀마의 도시문화 사람들은 나중에 버강을 유명하게 만든 독특한 천장의 아치 모양과 쐐기돌 아치 기술을 처음 사용했을 가능성이 크다. 하지만, 그들의 지역에 남아 있는 아치는 분명히 자신들의 시대의 것이 아니어서 연대가 확실하고 그 예도 풍부하게 존재하는 버강에 속할 수도 있다.[50] 동부 인도에 이러한 특별한 종류의 천장 아치가 남아있다고 하는데, 그 연대가 훨씬 이후이거나 알 수 없는 예도 있고, 그 예가 극히 적어 결정적인 원류로 보기 어렵게 만든다. 중국인도 쐐기돌 아치 기술을 보유하고 있었다고 한다.

아무튼 이 도시문화에 남아 있는 기념물 대부분은 사리탑으로 일반적으로 아치형 천장이 요구되는 내부 공간이 비어있는 견고한 벽돌 구조물이다. 이 건축물이 지니는 중대한 의미는 도시시대와 함께 시작한 디자인이 미얀마 고대 국가인 버강 왕국의 기본양식이 되었고 오늘날까지 계승되었다는 점이다. 그 양식은 전형적인 사리탑인 쉐더공(최근에는 새로운 수도인 네삐도에 자리한 웃빠따딴띠 사원)에서 표현되고 있다. 도시시대 예술의 대부분은 서기 7세기경 인도의 굽타(Gupta) 시대 말기의 경향을 나타낸다.

5,000년이 지나면 세상에 강림할 구세주인 미래의 붓다 미륵불(Maitreya)의 교리도 이 도시시대의 주요 이념이었다. 그것은 나중에 버강에서 국가와 사회의 근간이 되는 가장 중요한 개념 중 하나가 되었고, 오늘날에도 여전히 남아 있다. 현겁(현재의 깔빠/우주시대/겁)에 속하는 네 분의 소승불교 붓다의 교리도 궁전 배치와 왕권 사상에 반영되어 도시문화의 사원 건축에 있어서 중요한 원칙이 되었다. 관세음보살(Avalokiteshvara, 중국에서는 관잉 Kwanyin, 일본에서는 간옹 Canon)과 같은 대승불교의 중요한 신들이 브라만 신인 인드라와 비슈누와 함께 이 시대에 등장하였다.

그리하여 국가와 왕, 권위와 정당성, 권력과 복종의 개념을 심어준 미얀마 도시문화의 종교적 신념은 다양한 원천-브라만교, 사르와스띠와다의 소승불교, 상좌불교와 대승불교(밀교 포함) 및 후기 힌두교-에서 파생되었고, 이른 시기에 나타나 미얀마의 '고전기' 국가인 버

50　Pierre Pichard, 'A Distinctive Technical Achievement: The Vaults and Arches of Pagan', in *The Art of Burma: New Studies,* ed. Donald M. Stadmer (Mumbai, 1999). 또한, 루스(G. H. Luce)의 다음 저서도 참조하시오. *Old Burma - Early Pagan,* 3 vols (New York, 1969-70).

강 왕국의 개념 체계 형성에 결정적인 역할을 하였다.[51]

도시시대의 역사적 중요성

우리는 도시시대를 '미얀마 형성 시대'라고 부르는데, 이 땅에서 최초로 통합된 정체이자 현대 미얀마의 토대가 담겨 있는 '고전기' 미얀마 국가인 버강 왕국의 형성과정이 이 시기에 시작되었기 때문이다. 그 도시시대의 기초는 사실 개념적, 물질적, 정치적, 기술적 및 인구 통계학적이었고, 버강 왕국은 그것들을 취하여 자체적으로 재구성하였고, 그런 원칙은 이후 국가와 사회의 바탕이 되었다. 참으로 도시시대는 '고전기' 국가의 기초가 되었고, '고전기' 국가는 미얀마 국가의 기원이 되었기 때문에, 도시시대가 미얀마 형성에 결정적인 역할을 했다고 말할 수 있다.

도시 시대가 미래를 위한 토대를 마련함과 동시에 바로 직전의 과거였던 하천유역문화와도 스스로 결별하였다. 그 시대는 아마도 마을(또는 그와 유사한 정착지)에 기반을 둔 족장 중심으로 조직되어 있던 전(前)인도사회 및 전(前)도시사회를 벗어나 곧 다가올 것을 준비하는 활발한 이행 과정인 진정한 도시사회를 이루었다. 이 과정에서 특정한 지정학적, 기술적, 구조적 및 아마도 개념적 연속성이 도시시대 이전과 도시시대 사이에 남아 있다. 물론 그것이 미얀마의 '하천유역문화'에 속한 석기, 청동과 철 무기, 동기(銅器) 또는 금은 수공예품이 사라진 것과 같이 초기 마을 공동체가 더는 존재하지 않는다는 사실을 의미하지 않는다.

하지만, 정치·경제·사회적으로 가장 지배적이며, 그 원리가 사회에서 엄청나게 중요했던 형태가 도시주의라는 점에서 도시의 발전은 이전 시대로부터 가장 중요한 질적 및 양적 출발로 고려되어야 한다는 사실을 의미한다. 다시 말해서 도시시대는 옛것과 새것 모두를 아울러서 최초의 기록을 남기는 사례를 제공한다.

미얀마의 역사에서 중요한 이 도시시대의 또 다른 특징은 도시화 과정이 발생했던 지리적 방향인데, 전통적인 양상과 반대인 '상류'에서 '하류'로 이동하였다. 가장 초기 시점에 가장 복잡하고 가장 많은 도시 사회는 해안이 아니라 선사 시대 유적지의 패턴이기도 한 내륙에서 출현하였다. 그렇다면 미얀마의 '문명'은 내륙, 특히 건조 지대에서 시작되어 해안가로 즉, 하천 유역에서 델타로, 배후지에서 바다로, 건조 지대에서 습윤 지대로, 온대에서 열대로

51　Michael Aung-Thwin, *Pagan: the Origins of Modern Burma* (Honolulu, HI, 1985).

이동했다고 말할 수 있다. 그러나 그것은 '문명'의 방향적, 공간적 이동 그 이상이었으며, 정치적, 사회경제적, 개념적, 문화적 및 인구학적 측면의 질적 발전과 성장이기도 하였다. 궁극적으로 그것은 두 지역의 통합을 이루었다.

전성기의 도시문화는 단순히 고립되고 편협한 내륙 문화가 아니었고, 상당히 광범위하여 많은 인구가 살았고 대개 아직도 거주하고 있는 거의 모든 주요한 하천 유역에 나타났다. 남북축으로는 현재의 미얀마 북부 국경에서 거의 최남단 지역까지, 동서축으로는 서쪽 끝의 여카잉과 벵골만에서 샨고원 기슭까지 이른다. (물론 모든 곳에서 같지 않겠지만, 이러한 광범위한 분포는 지금까지 이 나라에서 확인된 도시시대 이전의 정착지와도 일치함) 말하자면, 현 국토의 대부분은 고대로부터 점유되어왔다는 것이다.

도시시대에 대한 이해는 특히 그 연대기적 측면에서 '인도화'라는 오래된 학술적 이슈에 크게 도움이 된다. 도시시대 이전과 도시시대에 대한 최근 연구에 따르면, 기원전 천년의 마지막 몇 세기경에 이르러 현 미얀마에 속하는 사회가 더 이상 '중국'의 북동쪽으로 향하지 않고(적어도 이전에 했던 만큼은 아니고), 좀 더 의도적으로 '인도'의 서쪽으로 진출했다고 한다. 미얀마에서 '인도화'의 첫 흔적이 나타난 것은 오로지 도시시대이며, 이는 도시사회의 발생과 발전뿐만 아니라 그 연구의 주장을 확대하면 인도 양식의 국가와 군주제에도 중요한 요소가 되었다는 사실을 암시하고 있다. 그리고 이러한 국가의 발전에 있어서 '인도화'에 대한 증거는 오히려 내륙보다 해안에 중점을 두고 해안의 교역과 상업에 '행위자'의 지위를 부여했던 오랜 학계의 주장을 반박하듯이 해안보다 내륙에서 훨씬 더 일찍(1000년 정도) 나타난다.

모든 학자가 동의하는 이 도시문화의 가장 중요하고 흥미로운 특징 중 하나는 장수를 누렸다는 데에 있다. 그 시대에 현재 부여한 시간의 범위는 강조하고자 하는 기준에 따라 늘어날 수도 줄어들 수도 있지만(그리 많지 않겠지만), 도시문화는 (가장 늦게 잡아도) 기원전 2세기에서 서기 9세기의 3/4분기까지 천년이 좀 넘도록 생존하였다. 이는 거의 연속적으로 12세기 동안 이 나라에 등장하여 지배하고 있는 미얀마어 사용자들을 제외하고 미얀마 역사 속에서 그 어떤 단일 존재(정체, 왕국 또는 왕조)도 감히 달성하지 못한 위업이었다.

문화의 장수는 지리학자들이 '장소의 불변성'(constancy)이라고 부르는 것과 결합할 때 공동체에 확실한 이익을 가져다주는 상태를 만든다. '장소의 불변성'이란 특정한 지리적 영역이 장기간에 걸쳐 안정적인 경제적, 정치적 환경을 유지하는 능력을 의미한다. 그것이 예측하고 신뢰할 수 있는 자원 기반, 즉 친숙하고 편안한 사회·심리적 환경과 같은 확실한 이점을 제공하기도 하지만, 시스템이 어떤 한계를 넘어 확장을 시도하려는 것을 저지하기도 한다. 아날학파 역사가들의 말을 인용하자면 그것은 일종의 '제동 메커니즘'(braking mechanism)이다. 이것은 사회가 농업 중심지에서 영구적으로 또는 실질적으로 떠날 수 있을 때까지 그리고 떠날 수 없다면 그 토지에 대한 감정적, 육체적, 구조적 애착을 바꿀 때까지 그 사회와 환경과의 관계는 계속해서 재생산될 것이어서 결국 같거나 비슷한 문제는 역시 같거나 비슷한 방안으로 해결된다는 것을 의미한다. 그 시스템은 영속적이며 자기 통제적이었다.

그러한 장소의 불변성과 문화의 장수는 미얀마에서 축적된 전통의 발전, 즉 도시주의와 그 이전 시대뿐만 아니라 그 후속 시대 간의 강한 연속성을 끌어냈다. 이 연속성은 특히 연속보다는 변화, 유사보다는 차이, 집단보다는 개인, 규범보다는 예외를 늘 찾고 '매개자'로 여기는 서구 학계에서 교육받은 사람들이 흔히 놓치거나 무시해 온 것이다. 변화에 가치를 두고 그것을 찾는 데에 몰두하면, 장수와 '장소의 불변성' 및 축적된 전통 등과 같은 현상은 거의 보이지 않는다.

물론, 축적된 전통이 나타난다고 해서 2,000년의 미얀마 역사에서 중요하고 근본적인 변화가 일어나지 않았다는 사실을 의미하는 것은 결코 아니다. 실제로, 이 장의 전체에서는 도시시대 이전의 형태에서 도시시대의 것으로 바뀌는 구조적 변화의 중요성과 국가와 왕국의 발전에 있어서 도시시대의 결과를 강조하고 있다. 그래서 여기서 짚고 넘어가야 할 점은 그러한 변화에도 불구하고 도시시대는 오랫동안 거의 동일한 지역에서 지속되었기 때문에 지역의 변화가 있었으면 실현될 수 없었던 축적된 전통을 발전시킬 수 있었다는 것이다.

이러한 변화와 지속의 결합은 '단속평형'(punctuated equilibrium)(고생물학에서 한 구절을 빌리자면)이란 말로 가장 잘 묘사할 수 있을 것 같은데, 여기에서 변화는 지속의 장기화와 안정적 과정 속에서 흔히 발생하지 않는 변형적인 특징으로 간주한다. 이 개념은 도시시대 이전과 도시시대 뿐만 아니라 미얀마의 긴 역사 속 모든 것에 적용할 수 있다.

• • • •

제4장　버강: 미얀마의 황금기

현대 미얀마의 뿌리는 '고대 국가'이며 이 나라의 '황금시대'를 구가했던 위대한 버강 왕국으로 거슬러 올라간다. 이 왕국은 9세기 중반에 나타나 4세기 반 동안 지속하였다.[52] 왕국의 성립 즈음에 미얀마어 사용자들은 이미 버강 왕조의 군주를 중심으로 구성된 지배 계층이었다. 그 왕조와 왕국의 흥망성쇠에 관여했던 요인을 중심으로 간략히 국가와 사회의 본질을 함께 살펴보는 것이 이 장의 초점이다.

미얀마어 화자의 등장 및 버강의 성장: 서기 9세기 중엽에서 11세기 중엽까지

현 서부 중국의 대략 윈난성 지역에서 7세기에서 13세기 중반 사이에 발흥했던 난차오(Nanchao, 南詔) 왕국이 서기 832년 상부 미얀마에 터전을 잡았던 '뺘'(P'iao, 驃) 왕국을 공격하여 그곳 사람 3,000명을 취하였다고 한다. 초기 미얀마 학자들은 이 전쟁으로 인하여 미얀마어 사용자가 처음으로 에야워디 평원에 진입한 사건이라고 결론 내렸다. 왜냐하면, 난차오 원정군에는 미얀마어 화자들이 나중에 차지한 거의 같은 지역에 거주하고 있는 사람들을 일컫는 중국인의 용어로 '미엔'(Mien, 緬)(또는 미언 Mian)이라는 사람들이 있었기 때문이다. 이 '미엔' 사람들은 겉으로 난차오 왕국의 패권 아래 있는 '종족집단'(ethnic tribe)이었고, 당시 원정에

52　Michael Aung-Thwin, *Pagan: the Origins of Modern Burma* (Honolulu, HI, 1985).

포함되었다고 한다. 그러나 에야워디강 유역에 발을 내디뎌 '독립'과 '자유'를 맛본 미얀마어 사용자들은 난차오 왕국을 떠나 '미얀마'에 남기로 하고 마침내 그곳에 자신들의 왕국을 세웠다.[53]

이와는 대조적으로, 미얀마어 사용자들은 중국인이 '뺘'라고 부르는 사람들 속에 섞여 에야워디강 유역을 따라 펼쳐지는 평원에 거주했다는 것이 우리의 생각이다. 미얀마어 사용자들은 그들의 전통에 따르면 아마도 버강의 동쪽에 세워진 전설적인 '19개 마을'에 살았다고 하니, 거기서 버강 왕조의 창시자들이 나왔을 것이다. 만약 이 사실이 맞다면, 미얀마에서 미얀마어 사용자의 기원은 서기 832년의 난차오 원정보다 훨씬 이전일 수 있고 그것과 아무 관련이 없을 수도 있다.

난차오에 의해 '뺘 왕국'이 정복되었고, 그로 인해 상당한 수의 사람들이 없어졌다는 것이 사실이라면-미얀마어 사용자가 난차오 원정군의 일부였거나 또는 이미 '뺘족' 사회의 일원이 되었든지 간에-아무튼 권력 공백은 생겼을 것이고 그 속으로 미얀마어 사용자들이 들어왔을 것이다. 난차오의 원정 이후 불과 17년 후인 849년경에 그들은 후일 버강이라고 불리는 곳에 성을 쌓았고, 그곳은 동남아의 위대한 왕국 중 하나가 되었다.

에야워디 강 '굽이'의 동쪽 제방에 자리한 요새화된 도시 버강은 기존(아마도 '뺘') 정착지에 건설되었다. 그곳은 취수뿐만 아니라 식민지 시대 이전 상부 미얀마에서 가장 생산적이고 비옥한 세 지역인 짜웃세, 밍부, 무 강 유역과의 육로 접근도 쉬웠다.

벽돌로 건축된 두껍고 높은 난간을 지닌 버강의 성채는 이전 도시시대의 거대한 성벽 도시에 비하면 아주 작은 355에이커에 불과했다. 떠예킷떠야는 14배 더 컸고, 헐링, 마잉모 및 베잇따노는 각각 7배나 컸다. 버강의 작은 규모는 오직 왕족, 궁내의 대신 및 궁궐 수비를 맡은 근위대만이 성내에 살았음을 암시한다.

하지만, 그 중심의 크기가 왕국의 규모를 나타내는 것으로 볼 수는 없다. 사실 도시시대는 정반대였다. 도시시대에서 훨씬 큰 중심지가 있다고 해서 반드시 더 큰 왕국이 존재한 것은 아니었다. 물론, 통합을 이루었다면 큰 규모의 왕국이 되었을 것이다. 대부분의 인구, 경작지, 관개 시설, 궁전, 사원, 수도원, 왕릉, 가옥 및 동물은 큰 규모의 성벽으로 둘러싸인 도시 내부에서 발견되는 반면, 버강에서는 이 모든 것이 도심 밖에 위치하였다. 이것은 일반적으로 도시시대의 외곽은 인구 밀도가 낮고 안전하지 않았던 것에 비해 버강 시대의 외곽은 인구 밀도가 더 높았고 성벽을 지닌 왕도 밖의 '귀중품'과 함께 보호되었음을 시사한다. (사실, 성채 외

---

[53] 미얀마인들이 영국으로부터 독립 운동을 벌였던 시기에 이 이론은 더욱 고무되었다.

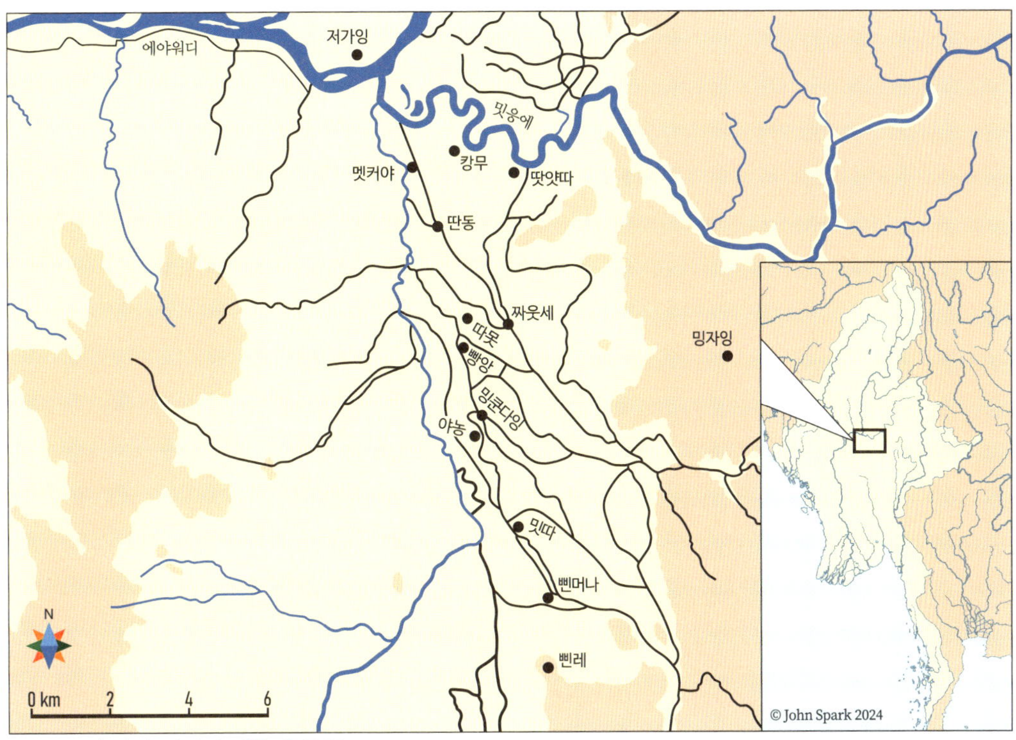

9–13세기 버강 시대의 짜웃세 유역

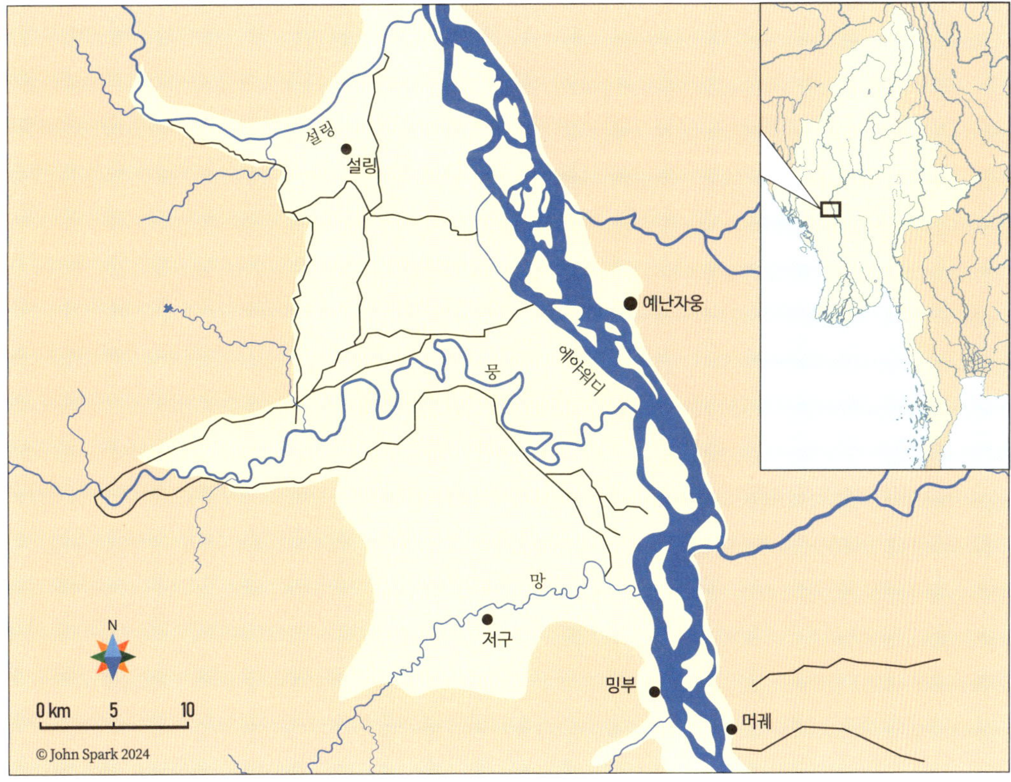

11–13세기 버강 시대의 밍부 유역

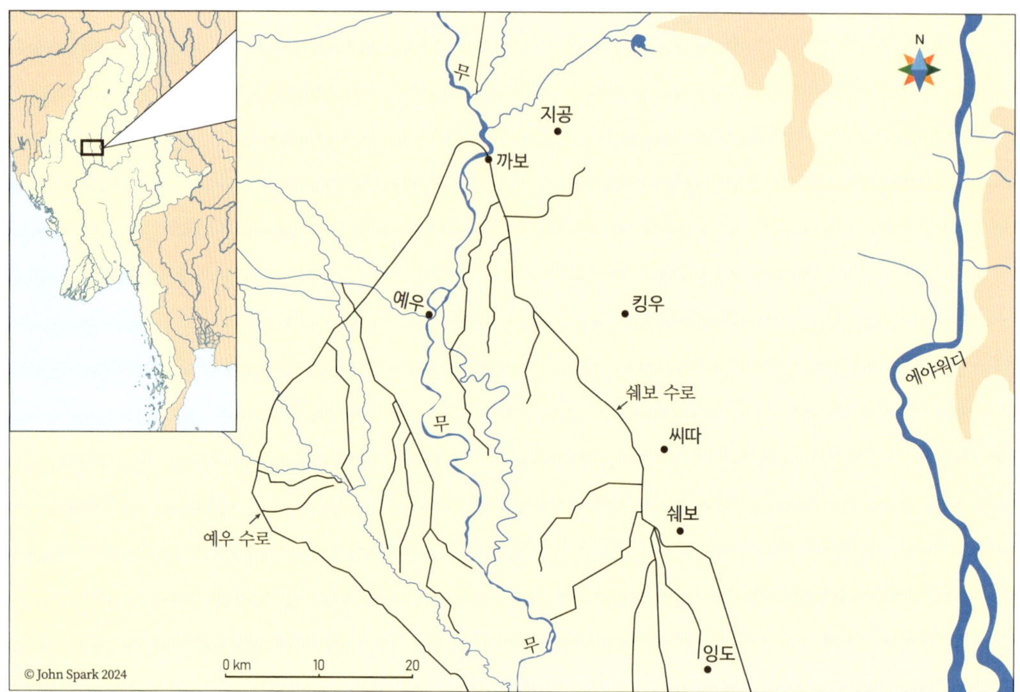

12–13세기 버강 시대의 무강 유역

부에 왕국의 부를 소유한 것은 이제 살펴보겠지만 버강이 장수한 주요한 이유 중 하나일 수도 있음) 전반적 구성은 확실히 더 크고 안전하며, 더 잘 관리되고 통합된 체제를 갖춘 것으로 보인다.

실제로 통합되지 못한 도시시대와 통합된 버강 시대 간의 구성의 차이는 국가 형성의 두 단계, 즉 시초(inception)와 절정(zenith)을 생각게 한다. 도시국가의 비통합적 복합체에서 통합된 왕국으로 또한, 도시시대의 큰 자치 도시국가들의 정치적인 느슨한 연합에서 버강 왕조 아래 훨씬 더 통합되고 중앙집권화 된 듯한 왕국으로 이행된 변형이 분명하게 일어났다. 버강 왕국은 중앙 권위를 대표하며 전략적으로 배치된 45개 이상의 지방 거점을 통하여 안전을 도모하였다. 따라서 이러한 변형은 단순한 양적 변화(크기와 범위에 있어서)의 문제를 벗어나, 질적 변화(구조와 성격에 있어서)의 문제이기도 하였다.

버강은 10세기 중반까지 군주제가 이미 자리를 잡았고, 그 도시의 성벽과 궁전 유적의 일부가 탄소 연대 측정으로 그 세기와 그 이후의 것으로 입증되었다.[54] 비문과 왕통사(역주- 빨리어인 Rajavamsa에서 미얀마어로 옮겨 야저윙(Yazawin, 왕의 계통사)이라고 하며, 조선시대와 비교하

54　Peter Grave and Mike Barbetti, 'Dating the City Wall, Fortifications, and the Palace Site at Pagan', *Asian Perspectives Special Issue*: *The Archaeology of Myanma Pyay* (*Burma*), ed. Miriam T. Stark and Michael Aung-Thwin, XL (2002), pp. 75-87.

자면 실록에 해당함)를 통하여 지금까지 전설로만 알고 있던 당시 두 왕의 이름과 연도(소여항 Saw Rahan(재위 956-1001)과 짜웅퓨밍(Kyaung Phyu Min, 재위 1001-21))도 알려져 있다.

1004년 짜웅퓨밍 왕의 시기에는 '뺘 왕국'의 특사가 동남아 초기에 새롭게 등장한 정체들의 표준적인 교신 방법의 일환으로 주변 지역 강대국의 승인을 받기 위해 송나라의 왕도를 방문했다는 기록이 중국 문헌에 등장한다. 이 새로운 왕도와 왕조의 발전과 함께 건조 지대의 평원을 중심으로 인구적, 경제적, 문화적 및 정치적 성장의 또 다른 500년이 시작되었다.

하지만, 영어로 저술된 미얀마 역사서에서는 앞에서 언급했던 두 왕의 아들이자 손자인 어노여타(아니룻다, 재위 1044-77년)이며 본서에서는 미얀마어의 발음을 사용함) 왕을 최초의 역사적 군주로 간주했던 까닭에 버강 시대의 시작을 그의 재위와 일치하도록 거의 195년이나 늦은 1044년으로 거슬러 산정함으로써 버강의 초기 기원과 성장에 관한 해석에 영향을 미쳤다. 그런데도 믿을 만한 제1차 사료에서는 주로 어노여타의 재위 기간에 중요한 확장과 통합이 이루어졌다는 사실을 담고 있다.

왕위에 오른 직후 어노여타는 분명한 세 가지 방식, 즉 군사적, 경제적, 이데올로기적으로 건조 지대의 인적 및 물적 자원을 통합하였다. 그의 조부와 부친은 특히 이념적 통합 과정을 시작했던 것으로 보이며, 조부가 상가(Sangha, 불교 교단)를 정화하고 부친이 왕도를 불교 우주관과 상징적으로 연결하였다. 도시시대에서 초기부터 등장했던 전통을 따라 버강의 성벽에도 황도 12궁과 불교의 우주 시간과 공간을 나타내는 12개(네 방위에 각각 정문이 있고 그 양쪽에 두 개의 작은 문을 배치함)의 문을 만들었다.[55]

하지만, 어노여타에게는 군사적 관심이 우선순위였다. 그는 에야워디 강을 따라 북쪽으로 43개의 요새를 건설(또는 복원)하여 북쪽 변경(frontier), 즉 전통적인 침략의 방향과 미얀마의 '정문'을 일찍이 확보하였다. 그들의 정착 패턴은 북쪽의 침략으로부터 짜웃세 지역의 비옥한 평원을 보호하려는 의도가 엿보이며, 현재 중국 국경과 가깝고 전략적 위치에 자리한 도시 버모(Bhamo)에 이르는 모든 길에 방어선을 구축하는 것이었다. 다음으로 그는 짜웃세 유역에 12개 이상의 마을을 요새화하여 잘 배치하였는데, 모든 것이 이 중요한 농업 지역의 보호와 안전을 보장하기 위한 것이었다. 그런 다음 높고 습한 주변 산에서 유입되는 짜웃세 유역의 많은 강을 이용하는 새로운(또는 보수한) 관개 시설을 건설하였다. 건조 지대의 토

---

55 Michael Aung-Thwin, 'Heaven, Earth and the Supernatural World: Dimensions of the Exemplary Center in Burmese History', in *The City As a Sacred Center: Essays on Six Asian Contexts,*" ed. Holy Baker Reynolds and Bardwell Smith (Leiden, 1987), pp. 88-102.

양은 수천 년 동안 그곳에서 매년 퇴적되는 강의 토사에서 나오기 때문에 매우 비옥하여 작물에 영양을 공급하는 화학적 반응을 일으키는데 물만 있으면 된다. 이 지역은 더 이른 시기부터 경작을 해왔기 때문에 그의 초점은 수량이 많은 강을 보다 효과적으로 활용하여 그 지역의 농업 향상을 위한 기술을 개선하는 데 있었다.

그 노력의 성공으로 버강은 1년에 적어도 수도(水稻)의 2기작이 가능하였고, 그 후 몇 세기 동안 왕국의 경제적 주력으로 계속 남아 있었다. 그러나 어노여타 재위 동안 짜웃세는 그의 최종 목표인 국가 전체의 통합에 충분한 부를 생산하지 못하였다. 그는 이미 상부 미얀마에 산재해 있던 인구의 대부분을 통합함에 따라, 이제 하부 미얀마의 정복과 그곳에서 똑같은 일을 수행하는 것에 눈을 돌렸다. 대규모의 부대를 에야워디 강을 따라 이동시키는 가장 쉬운 방법을 사용하였다. 1044년 그의 즉위와 전통적 기록에 따른 1057년경의 해안지역 정복 사이에 상부 미얀마를 통합하는 데 약 13년이 걸렸다. 그는 하류로 이동하면서 옛 도시 시대에 속했던 인구가 많은 전략적 도시들을 공략했는데, 특히 상·하부 미얀마에 이르는데 중요한 '관문'이자 당시 중요한 중심지인 삐를 차지하였다.

동남아 역사에서 내륙의 농업 국가 대부분은 해안과 해상 지역을 파괴하거나 제거하지 않는 경향이 있었다. 오히려 그들은 해상 지역이 교역의 수익, 사치품, 인력, 대륙부 제품의 시장 및 외부 세계의 새로운 지식 등을 제공했기 때문에 주도권과 통제력을 행사하고자 하였다. 그에 대해 내륙의 농경사회는 가장 중요한 식량, 특히 쌀, 티크와 같은 임산물, 내륙의 보석(옥, 루비) 및 건조지대 작물(콩, 야자 설탕, 참깨 등)을 공급하였다. 따라서 속담에 나오는 '황금 거위'를 '죽이는' 것은 상호 이익이 되지 않아 내륙 농업사회와 해상 상업사회 간의 공생 관계로 발전하였다. 이 '상류-하류' 패러다임은 미얀마뿐만 아니라 동남아 역사에서도 자주 반복되었고, 이는 5장에서 살펴보겠지만 버강 시대 이후에 가장 분명하게 드러난 패턴이 되었다.

11세기 중반 어노여타의 확장 시기에 당시 하부 미얀마는 아직 뚜렷한 정치 체제가 없었던 왕국의 '변경'이었다. 따라서 그곳의 사람과 자원, 특히 흩어져 있는 항구 도시의 통합을 통해 그들의 상업적 잠재력을 계속 키워내 버강의 재정을 늘렸다. 그리고 그 해상 중심지가 버강의 통제하에 있는 한(향후 250년 동안 그리하였다) 왕국은 노동이나 자금의 초기 비용 없이 교역의 수익으로 흑자를 계속 누렸다. 해당 지역에 대한 중앙 통제 유지를 위해 파견된 지방 수령이 수비대와 함께 주둔하였고, 그곳 자체 재정만으로 충분히 유지되었다.

어노여타는 하부 미얀마 원정에서 획득한 인적·물적 자원을 가지고 온 것으로 알려져 있다. 그것이 사실이라면, 그것은 장·단기적으로 국가를 위하여 중요한 정치·경제적 결과를 제공한 것이었다. 새로운 노동력은 특히 군사와 지방 행정에 있어서 즉각적인 활용이 가능한 쭌도(kyun-taw, 관비/왕실노예)의 수를 증가시켰을 것이며, 경작 가능한(또는 경작된) 토지에 재정착함으로써 그 이후 농업 생산이 증가하고, 관비는 세습적이어서 그 후속 세대가 버강의 '국내총생산' 성장에 이바지했을 것이다.

짜웃세 및 기타 유사한 구역과 같은 관개 지역은 에야워디 강 및 친드윙 강 등의 하천에 의해 용수가 계속 공급되어서, 가뭄조차도 왕실 토지의 쌀 생산에 거의 영향을 미치지 못하였다. 또한, 쌀은 잘 저장되었고, 연간 수확량의 잉여 부분은 상쇄할 특별한 상황이 발생하지 않는 한 줄어들지 않고 축적되었다. 그리고 쌀은 그 가치에 있어서 표준화된 화폐 수단인 은화 짯(silver kyat)과 연동되어 '돈'은 항상 가까이에 있었다. 물론 유동 자산으로 얻은 부는 어떤 용도로도 사용되었겠지만, 종교 후원에 많이 들어갔다. 이것은 아래에서 살펴보겠지만 처음에는 국가와 사회 모두에 엄청난 수익을 가져다주는 경제적(및 정치적) 투자였다.

하지만, 근본적으로 정치·경제적 이유로 감행하였던 어노여타의 하부 미얀마 확장은 18세기와 19세기의 후기 미얀마 왕통사에서는 종교 활동, 즉 마치 13세기 유럽의 십자군 전쟁과 같이 '정의로운 승리'를 위하여 전통의 '정의로운 정복'을 수행하는 최고의 불교도 국왕으로 묘사하고 있다. 후기 왕통사에는 어노여타가 1056~57년 하류로 원정하여 왕도가 떠통(Thaton)인 라머냐데따라고 불리는 몬 왕국의 왕, 마누하(Manuha)가 소유했던 상좌불교 경전의 '진'(pure) 본을 확보했다고 기록하고 있다. 그리고 그 경전과 함께 문자 체계, 정통 종교, 국가와 왕의 개념, 예술과 공예 기술, 문학 및 다수의 기타 문화현상 등 버강의 미얀마 국가와 사회를 '문명화'시키기 시작했다고 여겨지는 몬족의 최상위급 (추정되는) 문화가 도래하였다.

그러나 그것은 모두 신화에 불과하다. 위의 주장, 다시 말하면 사건 자체, 라머냐데따 왕국, 몬 왕 라마나, '그의' 도시 떠통 및 버강 사회의 문명화 등 어떤 것도 면밀한 조사를 버티거나 동시대의 증거에 의해 입증될 수 없다. 실제로 기원전 1,000년과 서기 초기 몇 세기 동안 그 어떤 시기에서도 하부 미얀마에서는 그 어떤 정치적 체제의 흔적이 없으며, 하물며 왕도와 왕은 더 말할 것도 없다. 현지 사료에 나타나는 하부 미얀마의 가장 초기 정치 체제는 버강이 전성기에 도달하고 쇠퇴하기 시작한 13세기 후반으로 거슬러 올라간다. 따라서 라머냐데따가 버강을 문명화했다는 전통적 관점은 부적절할 뿐만 아니라 시대착오적이다.[56] 사실상 앞 장에서 언급한 바와 같이 국가 발전의 전반적인 '문명화' 과정과 그 부수적인 인프라는 정확히 반대 방향인 '상부 미얀마'에서 '하부 미얀마'로 '이동'했으며, 하부 미얀마에서 발

---

56 이 문제에 대한 자세한 연구는 다음 책을 참조할 것. Michael Aung-Thwin, *The Mists of Ramanna: the Legend that was Lower Burma* (Honolulu, HI, 2005).

견되기에 앞서 천년 이상 전에 상부 미얀마에서 처음 발견되었다. 모든 전통을 통틀어 역사적으로 유일하게 입증 가능한 사건은 11세기 중반경 버강이 하부 미얀마로 진출한 것이다.

그러나 '몬 패러다임'(지금도 이렇게 불리고 있음)은 현재 약 1세기 동안 버강(따라서 미얀마도)의 성장과 발전을 해석하는 기초가 되었으며, 불행하게도 초기 동남아(특히 대륙부) 역사와 문화의 많은 부분을 그렇게 이해(실제는 오해)하고 있다. 이것은 몬족의 독립과 관련된 이 지역의 현 정치적 문제와 이슈에 있어서 중요한 결과를 빚어내고 있다.

어쨌든 어노여타가 버강 왕국을 통합하기 위해 사용했던 세 번째 전략은 이념적인 것으로, 종교와 국가를 연결하는 것이었다. 더 구체적으로 살펴보면, 그는 상가의 정통성과 보존에 나타난 국가와 사회의 정당성을 상좌불교의 안녕에 연결하였다. 이 과정을 보장하는 메커니즘은 국가와 사원을 경제적으로도 연결하는 온갖 종류의 종교적 기부였다. 종교적 기부의 이면에 깔린 신앙은 돈도 여가도 정신력도 부족한 평범한 사람들이 단지 '선행'만 하면 공덕을 얻게 하는 '구원을 향한 공덕 쌓기' 즉 공덕 불교(kammatic Buddhism)라 불린다.[57] 이것은 승려에게 음식을 제공하고, 가사를 드리고, 수도원과 사원에 기름 램프를 제공하는 정도의 검소한 수준일 수도 있고, 상가를 위하여 사원, 수도원, 휴게소 및 도서관을 건축할 정도로 사치스러울 수도 있다. 결국 공덕의 획득은 열반에 도달할 정신적 능력을 지닌 승려로 최종적으로 다시 태어날 때까지 자신의 윤회를 제고하는 것이었다.

실제로 버강의 열반을 위한 열정과 헌신을 대표하는, 거의 버강 역사의 4세기 동안 수천 짯 가치의 금은, 수십만 에이커의 농경지 및 수만 명의 사람이 상가에게 기부되는 공덕 쌓기로 이어졌다. 일부 신도들은 자신을 종교에 바치기까지 하였다. 궁전의 한 고위 관리는 자신과 가족 전체를 사원에 영구히 기부하였다. (종교를 섬기기 위해 자신을 기부하는 행위는 시간이든 노동이든 오늘날에도 계속되고 있다) '구원을 향한 공덕 쌓기'는 미얀마의 상좌불교 실천에 있어서 중심 이념은 아니지만 가능한 것이었다.

공덕 불교는 대중적인 이념을 넘어 특히 국왕들이 참여하여 그 활동의 진흥을 주도하는 최고위 수준에서 확립된 국가 이념의 한 부분이 되었다. 그리고 그들은 돈과 자원으로 상가에 최고로 기부했기 때문에 가장 많은 공덕을 축적하였다. 그러나 그들은 정의로운 지도자(dhammaraja, 담마라자)로서 그렇게 쌓은 공덕의 은혜를 단순히 그들 자신의 것으로 여길 수 없었고(그리하지도 않았음), 비문에 나와 있듯이 '모든 생명체'와 공유하여 열반의 길로 나아가

57　Melford E. Spiro, *Buddhism and Society: A Great Tradition and Its Burmese Vicissitudes* (New York, 1970).

려는 모든 이들을 도왔다. 사실상 이런 일로 인하여 그들은 인류를 '구원'하기 위해 일시적으로 열반에 들기를 미룬 보살(붓다의 초기 상태), 즉 구세주가 되었다.

그리하여 보살 사상에 내재된 메시아의 개념은 미얀마의 불교 왕권 개념에 녹아들었다. 그것은 '배아'(embryo) 또는 '내재하는(immanent) 붓다'를 의미하는 퍼야라웅(hpayalaung, 붓다가 될 자, 역주-'얼라웅'은 사전적 의미로 '운명적으로 그리될 자/것')이라는 미얀마어에서 찾을 수 있다. 미얀마 왕들은 자신들의 칭호에 가령 '얼라웅퍼야'(Alaungpaya) 또는 '얼라웅씨뚜'(Alaungsithu) 등 얼라웅을 넣어 사후 미래 붓다의 화신(avatar)임을 암시하였다.

상좌불교도들도 이 우주의 다섯 붓다 중 네 붓다가 이미 나타났다고 믿고 있으며 이제 유일하게 미륵(Maitreya)만 남았다. 그리고 현재의 국왕이 보살(미래불)이라면 그도 '당연히' 미륵이어야 한다. 불교의 교리에서는 미륵은 세계가 번성하고, 왕국이 강력해지며, 상가가 온전하고, 사람들이 도덕적이고 의로워질 그때 '오천 년'이 되면 나타난다고 한다. 게다가 미륵은 붓다가 탄생하고 짜끄라와르띤(cakravartin, '세계 정복자')이 통치하는 곳으로 불교 우주론에서 '남쪽 섬'인 잠부디빠(Jambudipa), 즉 이 세상으로 내려온다. 그래서 버강의 국왕들은 재위 동안 미얀마가 잠부디빠이며 동시에 그들이 짜끄라와르띤과 미래 붓다임을 주장할 수 있는 조건을 충족시키려고 노력하였다.

새로운 영토의 정복과 '평정'은 짜끄라와르띤의 지위를 공고화하고 잠부디빠의 이상적 조건을 충족하는 물질적 자원을 제공하였다. 그러한 행위는 거의 변함없이 짜끄라와르띤의 영역인 다르마위자야(dharmavijaya, '정의로운 승리')의 개념과 자연스레 연결되어 정당화되었다. 미래 붓다에 대한 인식이 아마도 대부분의 사람에게 정치적이기보다 종교적이라고 할지라도, 그것은 현재의 군주 또는 (그를 받아들일 수 없다면) 그를 대체할 만한 미래의 군주와 연결되었다.

어노여타와 그의 직계 후계자들의 통치 시대에는 미얀마는 잠부디빠였고, 그 왕은 짜끄라와르띤(및 보살)이었다는 관념이 잘 정립되어, 전근대사를 통해 그 나라 이미지의 일부가 되었다. 요컨대, 사회의 영적, 시간적 구원은 국가와 왕의 정치적 위상 및 종교의 사회·종교적 조건과 확고하게 연결되어 있었다.

상좌불교와 국가 간의 이러한 관계에서 주된 수혜자는 경제적, 사회적, 정치적인 면에서 상가였다. 공덕 불교는 사원에 부의 지속적인 공급이 이루어지게 하였고, 초기에 왕국의 경제 발전을 자극하고 상가를 부유하게 만들어 이윽고 국가의 정당성을 부여하면서 사회적, 정치적 영향력을 높였다. 그러나 과세 대상 자산이 면세로 이행된 수백 년 동안 버강뿐만 아니라 이후 미얀마 역사 속에서 성립했던 왕국에 문제가 될 만한 상황으로 나타났으며, 그것은 이제 살펴볼 주제이기도 하다.

버강 시대 초기에 정치화되었던 상좌불교의 또 다른 주요 종교 사상은 카르마라는 관념이었다. 왕족의 일원이 왕실의 다른 합법적인 구성원을 제압하여 성공적으로 왕위에 오르게 되면(어노여타가 그렇게 한 것으로 알려짐) 왕실의 세습 개념 및 세습과 무관한 성공한 행위(왕위찬탈) 둘 다 정당한 것으로 인정된다. 그러나 이것은 양날의 검이 되었는데, 이때부터는 모반자, 반역자, 사칭자가 왕위찬탈에 성공하는 한 왕위에 오를 수 있었고, 그 행위는 소급해서 정당화되었다. 그것은 동남아 연구 분야에서는 (일부 농담조로) '소급(retroactive) 업보'라고 부른다. 사실상, 세습적 왕위 계승의 이념은 그 자체의 상쇄 원칙, 즉 정당한 세습에 의하지 않은 왕위 계승도 합법적이라는 사실을 만들었다.

상좌불교의 원리를 국가와 왕과 함께 정치화함과 동시에 어노여타와 그의 계승자들은 그것에 더하여 토착적인 정령(nat, 낫)숭배, 즉 37낫신앙을 창출하였다. 그 낫들은 역사적이고 전설적인 조상 신들이며, 그들 대부분은 과거 왕족이거나 그들과 관련된 사람 또는 민중의 영웅이었고, 모두(또는 대부분)가 대개 왕실의 부당한 직접 개입 또는 교사(敎唆)에 의해 잔인하게 살해당했다. 사람들이 예상치 못한 억울한 죽임을 당하면, 그 죽음이 아직 때가 되지 않은 상태여서 낫세잉('녹색 영혼')이 된다. 그들은 대체로 악하며 그들의 영역이 되어버린 사건 주변을 떠돌아다닌다. 그들의 영역을 침범할 때마다 그들을 위로하고 진혼해야 한다.

그 낫들이 보통 사람들의 정령이라면 각자의 지역에서 작은 낫당, 음식, 등촉 및 꽃으로 달래게 된다. 그러나 무참히 살해된 사람들이 '국가' 또는 큰 지역 차원의 지위(가령 왕 또는 수령)를 가졌다면, 그 정령들은 국가 또는 지역 차원에서 진혼해야 한다. 즉. 그러한 정령들에게 자신들의 지배 영역 위에 군림하는 초자연적 세계를 다스리는 왕이 '봉토'(fief)를 하사한다. 그러면 그곳의 조상 정령은 초자연세계 왕의 '봉신'(vassal)이 되었는데, 이는 마치 촌락의 수장이 자기 영역의 중앙에서 임명한 수령의 권력에 복종하는 것과 같다.

37 낫 중에서 최고위 신은 더자밍(Thagya Min)인데, 이는 왕권을 축약적으로 가장 잘 나타내는 베다 신인 인드라(Indra)의 미얀마어식 표현이다. 그 아래에는 전설적인 첫 미얀마 왕조의 왕이 직접 잔인하게 살해한 것으로 알려진 마하기리(Mahagiri, '산의 지배자')와 그의 여동생 쉐미엣흐나(Shwemyethna, '황금 얼굴')가 있다. 그들은 왕과 왕비(이상적으로는 왕의 이복 누이)의 초자연적 상대로, 인간의 왕과 여왕이 세속적 영역을 지키는 것과 마찬가지로 초자연적 영역을 보호한다. 그들의 신전은 왕도인 버강의 정문(동쪽) 측면에 있으며, 나아가 왕국 자체의 수호자가 된다. (실제로 37 낫의 형상은 미얀마 왕의 사자 왕좌의 틀에 새겨져 있는데, 이는 군주제의 수호자라는 그들의 역할을 분명히 나타내는 것이다) 또한, 마하기리와 쉐미엣흐나는 왕국 내의 각

가정의 수호신이기도 해서 국가 이념과 민중 신앙이 잘 통합되어있음을 암시한다.

'녹색 정령'의 분노를 둘러싼 두려움은 왕실의 직접 개입 또는 사주로 부당하게 죽임을 당한 사람들이 신의 반열에 올라 최소한의 보상을 받았다는 확신을 갖게 하였다. 그것은 희생자의 추종자들을 달래기 위한 시도였을 수도 있지만, 더 나아가 아무런 구속 없이 권력 행사를 합리화했던 이념을 통제하기 위한 것이기도 하다. 그러한 합리화가 필요하다는 것은 업보에 따른 재생의 끝없는 순환을 기다릴 필요 없이 이생에서 정의가 구현되어야 한다는 생각을 인정한 것이었다. 또한, 국왕은 특히 웅장한 사원을 건축하는 등 많은 '선행'을 베풀었는데, 이는 왕위찬탈 성공을 소급해서 정당화되는 체제에서 군주로서 할 수밖에 없었던 '악행'을 일부 속죄하기 위한 것이었다.

궁극적으로 버강의 지배자는 왕국을 이념적으로 통합하기 위해 37 낫 신앙을 창안하였다. 민중의 정령과 신앙을 국가적인 것과 함께, 사회의 다양하고 분열된 요소를 중앙의 것과 함께, 소수 종족과 정치 집단과 그들의 신앙을 다수집단의 것과 함께, 과거 지도자를 현재 지도자와 함께, 지역 충성심을 '국가적' 충성심과 함께, 왕족 중 왕위 계승 실패자를 성공한 자와 함께, 반역자를 합법적인 왕자들과 함께, 지배자들을 피지배자들과 함께 각각 화합하고 통합하는 것이었으며, 만약 그렇게 하지 않았다면 문화, 장소, 시간 및 구조의 측면에서 서로 단절되었을 것이다.

요컨대, 어노여타는 왕국의 군사적, 경제적 자원을 구체적으로 공고화하고 통합했을 뿐만 아니라, 추상적인 영적, 개념적 요소를 활용하기도 하였다. 인간의 왕이자 잠재적 조상의 정령이며 미래 붓다로서 그는 지상, 천상, 초자연의 영역을 통합하면서 현재, 과거, 미래를 연결하였다.

버강의 발전과 번영: 11세기 중반에서 13세기 3/4분기까지

어노여타가 마련했던 중요한 토대는 그의 유능한 후계자, 특히 짠짓따(Kyanzittha, 재위 1084-1111년), 얼라웅씨뚜(Alaungsithu, 재위 1111-67년) 및 너야버디씨뚜(Narapatisithu, 1173-1210년)에 의해 한층 제도화되고 발전되었다. 이 세 국왕은 특히 왕국을 양적 및 질적인 측면, 즉 크기와 규모, 권력과 부, 위상과 영향력 등에서 더 높은 수준으로 끌어올렸다.

보다 구체적으로 말하면, 어노여타의 미얀마 하부 지역에 대한 초기 중앙 권위의 행사로 버강은 여카잉(및 인도와 벵골만과의 교역 연계)과 접근 가능한 삐(Pyay)와 같은 전략적 도시에 접근할 수 있었다. 그의 아들이자 후계자인 짠짓따는 그 정책을 고수했고, 하부 미얀마에 '(지역을)먹는 자'(묘자), 즉 영주를 파견하였다. 후자의 손자인 얼라웅씨뚜는 국가의 도량형 표준화로 유명하였다. 또한, 그의 통치 기간에는 세금 징수원, 토지 측량사, 묘자 및 왕실에 예속된 수장(시장 myothugyi와 촌주 ywathugyi)으로 구성된 반관료제 구조가 등장하였다. 너야버디씨뚜는 군대 조직을 개선하였고, 12세기 말경 나라 대부분을 평정하였는데, 이는 버강의 정치적 역량을 보여주는 것이었다. 버강의 역사상 처음으로 왕국의 모든 남북축과 대부분의 동서축은 건조지대 중심의 버강 군주국에 예속된 도시와 주의 수령에 의해(또는 그들의 패권 하에) 관리되었다. 그러나 평정은 단순한 군사적 패권을 넘어, 어느 정도의 사회·문화적, 정치적 통합을 의미하였다.

그러나 그것은 절대적인 동질성을 의미하는 것은 아니었다. 버강 왕국을 언어집단 측면에서 버마족이었다고 말하는 것은 단지 지배자와 다수 인구만을 얘기하는 것이다. 그렇다고 버강 왕국을 버마족 대신 몬족이라고 말한다면, 나타난 증거에 비해 그들의 규모와 역할을 과장하는 셈이다. 버마족 대신 '쀼족'이라고 한다면 실제적인 변화의 정도를 축소하는 것이다. 버마족 대신 상좌불교도라고 언급한다면 종교적 환경을 너무 단순하게 생각한 것이다. 전성기의 버강 왕국에서는 이 모든 것이 다양한 비율로 존재하였다.

성장, 발전 및 개화(efflorescence)의 전체 과정은 수백 년이 걸렸다. 이러한 변화의 기저에는 언제나 다른 형태의 발전을 위한 자극제가 되었던 인구 성장이 있었다. 실제로-그리고 정확한 인구 조사 자료가 없음에도 불구하고 현대 역사인구통계학자들이 예상했듯이-버강의 경우, 많은 증거가 있는 거주지의 명백한 실질적인 확장 및 사회·경제적, 정치적, 문화적, 종교적 성장 등을 설명하기 위해서는 몇 세기에 걸쳐 상당한 인구가 증가했다는 사실을 추정해야 한다. 그리고 노동력이 부족한 동남아에서 인구가 증가하면 버강은 즉시 경제적, 군사적, 정치적 우위를 갖게 되었을 것이다.

버강의 인구 성장에는 단순한 자연 증가를 비롯하여, 비자발적 노동력의 획득, 기존에 산재한 공동체의 더욱 효과적인 통합과 가장 중요한 것으로 여기는 초기 동남아의 학자들이 보통 인식하지 못했던 패턴인 자발적 이주 등이 있다. 하지만, 버강과 같은 중심지가 더욱 성장함에 따라 주변 지역의 사람들이 도피하기보다 '문명'과 그 '밝은 빛'으로 이주해오는 경향이 있었음이 분명하다. 이곳에서 교육은 무료였고, 문맹률은 지극히 낮았으며, 문화는 세련되었고, 종교는 찬란하였다. 가장 뛰어난 문학가, 최고의 미술가, 가장 신성한 사원, 가장 존경받는 승려와 신성한 유물이 모두 여기에 있었다. 화려한 문화 공연과 함께 웅장한 종교 축제는 외연이 아닌 이곳에서만 볼 수 있었다. 버강의 왕도는 한때 상좌불교의 보루였던 스리

12세기 너야버디씨뚜 왕이 건축한 버강 소재 담마야지까(Dhammayazika) 사원

랑카도 인정한 상좌불교도를 위한 최고의 순례지가 되었다.

이러한 '흡인' 요인에는 버강의 노동 시장이 포함되어 있는데, 당시 대륙부 동남아에서 가장 높은 임금을 지급했을 것으로 여겨진다. 전통적 관습과 현재의 생각과는 달리 버강은 13세기 말까지 시들지 않고 호황을 누렸던 사원 건설 산업에서 특히 숙련된 예술가와 장인들에게 노예 노동이 아닌 임금을 지급하였다. 정상적인 조건에서 사람들은 저지대 하천 유역의 중심지를 피하기보다 (최근 어떤 인기 있는 학문적 패러다임이 제시한 바와 같이) 오히려 그곳으로 몰리는 상황이었다. 초기 동남아의 중심지는 사람들이 배척하기보다 몰려드는 매력이 있었다.[58]

버강 내에서 어노여타의 재위 기간과 13세기 말 사이 3세기 동안 약 3,000개의 사원이

---

[58] 미얀마 역사 속의 1차 사료는 스캇(James C. Scott)의 다음 저서의 논점을 지지하지 않는다. *The Art of Not Being Governed: An Anarchist History of Upland Southeast Asia* (New Haven, CT, 2009)

붓다의 생애를 그린 '팔상도'의 백운석 조각, 13세기 작품

건축되었으니, 예술가와 장인의 인구는 증가했을 것이다. 이 건축 프로그램은 방사성 탄소 연대 측정 및 기타 방법으로 추적해왔다. 석공, 목수, 조각가, 선반공(선반 작업자), 금은 세공인, 현금(금과 은) 또는 현물(쌀, 농산물 권리, 동물) 지급 등과 관련된 언급은 비문 곳곳에 있을 뿐만 아니라, 시간이 지날수록 그 빈도도 증가하였다. 장작 운반인과 사원 벽 미장공도 급여를 받았지만, 일반인들은 상당한 금액을 종교에 기부하거나 자신의 노예(쭌)를 이용하는 방법도 있었다.

예술가와 장인의 수가 증가했다는 사실은 예술과 공예와 관련된 다른 직업군들의 성장을 자극했을 것이다. 석공은 벽돌 제작자가 필요했고, 벽돌 제작자는 버강의 사원을 짓는 데 요구되는 가마에서 굽는 수백만 개의 벽돌 제작을 위해 진흙 공급자와 장작 판매자를 구해야 했다. (버강 사원의 연구와 복구에 참여했던 유네스코의 현대 공학자들의 추정에 따르면, 12세기 말경 너야버디씨뚜 왕이 지은 많은 사원 중 하나인 담마야지까(Dhammayazika)에서만 600만 개의 벽돌이 사용되었다고 함) 대략 3,000기의 벽돌 사원이 버강 시대에 건축되었다는 사실을 고려하면, 벽돌 제조업은 주요 산업이 되어야 했다. 담마야지까 사원의 건축을 기념하는 비문이 남아 있는데, 거기에는 은, 토지 및 임금 등 사원 건축 비용도 기록되어 있다.

다른 비문에 따르면, 구퍼야(내부 공간을 지닌 사원)의 벽에 칠한 회반죽은 모래, 석회, 우유 및 꿀로 만들어졌다고 한다. 과장이 아니라면, 우유와 꿀이라는 두 가지 재료는 엄청난 규모의 축산업과 양봉업의 존재를 암시하는데, 특히 3세기 동안 건축된 3,000기의 사원 중 약 3분의 1이 사원의 내부와 외부 모두 회반죽이 광범위하게 사용된 구퍼야이기 때문이다. '우유와 꿀'이 과장되었다고 해도, 모르타르(미얀마어로는 다른 수식어 없이 '회반죽'과 같은 말)는 3,000개의 사원에서 수백만 개의 벽돌을 쌓는 데에 필수적이어서 그것에 들어가는 물질이 엄청난 규모의 산업을 창출하였다.

또한, 사원과 수도원에 안치하거나 순례자들에게 판매할 용도로 조각 장인들에 의해 제작되는 수천 기의 불상에 사용할 대리석과 백운석을 채석하여 운반할 사람들이 필요하였다. 상부 미얀마에서 잘 알려진 대리석 채석장은 버강에서 100마일 이상 떨어져 있어서, 버강으로 원자재나 완제품을 보낼 운송업이 필요하였다. 원자재만 운송한다고 할지라도, 대리석과 백운석을 채석하여 조각했던 마을의 경제는 멀리 떨어진 버강의 사원 건축으로 혜택을 받았을 것이다. 다시 말하자면, 버강의 사원 건축업은 단지 왕도에만 국한되었던 것이 아니라 왕국 전역에 경제적 영향을 미쳤다.

주변 산지에서 자라고 있는 티크와 견목(hardwood)에 대한 엄청난 수요가 있었는데, 이것은 수백 채의 수도원(11세기 말에는 2,004채로 기록됨)을 포함하여 대신들의 저택, 왕실의 공용 건물, 수십 개의 요새화된 전초 기지 및 건축 재료로 모두 티크를 사용했던 왕궁 등을 건축하기 위함이었다. 비문에는 그런 건물을 짓고, 수많은 문과 창문을 만들고, 개인과 기관에서 사용할 수천 기의 불상을 조각했던 목수와 목조각장에 대한 기록이 등장한다.

티크를 이렇듯 흔하게 사용했다는 사실은 수도원과 왕궁의 기본 기둥으로 사용하기 위해 목수가 다듬은 많은 티크 통나무와 함께 마루, 문, 창문 제작을 위한 목재 가공용으로 수천 개의 통나무를 추출했던 엄청난 규모의 목재업을 암시한다. 목재업의 등장은 그다음 단계인 '중장비'업도 존재했음을 의미한다. 즉, 그 직종에서 사용하는 코끼리를 포획해서 길들이고 훈련하는 것이다. (코끼리는 오늘날에도 목재업에서 사용되고 있음)

가마에서 구운 기와는 이러한 티크 건물의 지붕에 사용되었기 때문에-청동제 기와는 왕궁에 사용되었음-그 제품의 생산과 장인의 수요가 있었고, 이것은 인구 증가에 한몫했던 또 다른 업종으로 특히 도시의 성장을 도모하였다. 또한, 버강의 왕도는 9~10세기 어노여타의 부친과 조부의 통치하에 에야워디 강가에 자리한 작은 성채에서 13세기 초 무렵 40제곱마일(역주-약 104km²)이 넘는 도시 지역으로 확장하였다는 사실을 우리는 알고 있다. 어떤 건축사학가의 견해에 따르면, 버강에는 도시 성장으로 인하여 인구 압박의 조짐으로 해석할 수 있는 의도적인 도시 계획의 흔적이 있다고 한다.[59]

---

59 Sergey S. Oshegov (U Kan Hla), 'Pagan: Development and Town Planning', *Journal of the Society of Architectural Historians*, XXXVI/1 (1977), pp. 15-29.

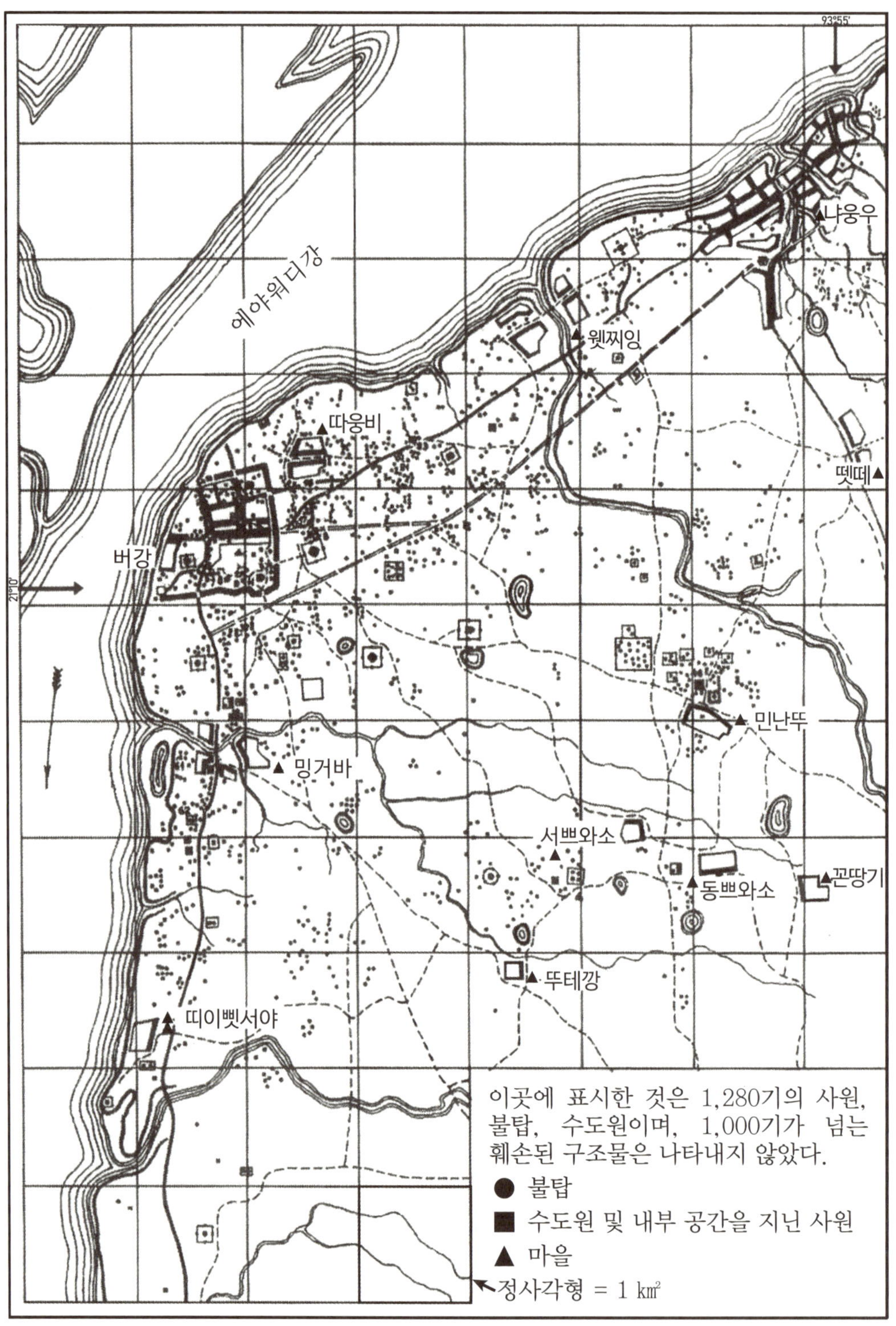

9–13세기의 버강 중심과 외곽지역

왕도와 함께 왕국도 11세기 주로 상부 미얀마에서 에야워디 강 계곡을 따라 북쪽으로 향했던 비교적 작은 건조지대의 중심에서, 12세기 말경 거의 오늘날 미얀마 크기, 즉 떠닌다 이 반도에서 아래로 메잇까지 현재의 남북축을 대부분 포함하는 지역으로 확장되었다. 이러한 발전은 그에 상응하는 왕국 총인구의 증가 없이는 이루어지지 않았을 것이다.

전체 인구의 증가는 신도를 돌봐야 하는 데에 필요한 성직자 존재에 비례적인 영향을 미치게 된다. 짠짓따 왕의 재위 기간인 11세기의 비문에는 왕도에 승려 4,108명이 있었다는 기록이 있지만, 앞에서 언급한 바와 같이 같은 세기의 다른 비문에는 왕도와 그 주변에 좀 더 정확하게 수도원 2,004채가 있다고 적혀있다. 승려 대 수도원의 비율이 20분의 1(수 세기 동안의 무난한 평균값)이라면, 12세기경 왕국의 중심에는 거의 40,000명의 승려가 있었을 것이다. 버강 시대에 승려 대 '민간인'의 비율이 오늘날과 비슷했다면(인구의 약 1%) 이 왕국의 상부 미얀마 핵심지역에는 400,000명 이상의 사람들이 있었을 것이다.

정확한 숫자는 알 수 없겠지만 상가의 구성원은 왕도에서 아무리 멀리 떨어져 있어도 모든 새로운 정착지의 필수적인 구성 요소였다. 성직자들은 이 새로운 지역에 있는 사람들에게 문해력, 도덕, 윤리 및 '구원'의 가능성을 전파하였다. 이런 과정은 (중세 유럽에서는) '대중의 평정'(pacification of the masses)이라고 했던 것인데, 그렇게 함으로써 사원은 국가의 사회문화적 팔의 기능을 담당하였다. 또한, 상가는 종교를 자신의 소명으로 여기는 많은 젊은 남성(및 여성)에게 영적, 사회경제적 유동성을 위한 통로였다. 그것은 세속적 매력의 세계를 떠난 금욕적 삶이었지만, 스트레스, 궁핍, 전쟁, 부역, 세금 및 정치에서 벗어난 피난처이기도 하였다.

수도원과 성직자의 유지를 위해 국가와 사회는 다양한 전문가 및 비전문가를 기부했으며, 그 일부는 영구적인 기부에 속한 것이었다. 비문에는 수도원의 도서관에 사용할 경전과 다른 종교 문헌을 필사하고, 기부된 토지에서 나오는 수입 및 상가를 위해 일하는 요리사, 청소부, 경작자, 목수, 석공에게 줄 농작물의 배당량 등 상가의 재산에 관한 세속적인 기록을 담당했던 서기들을 언급하고 있다. 축제에서 공연했던 가수와 무용수들도 그 봉사에 대한 대가로 기부자로부터 현금이나 현물을 받았다.

특히 군대에서 쭝도로 알려진 왕실 예속 사람들에 대한 지속적인 수요가 있었다. 그들에게는 최상의 관개지, 높은 사회적 지위 및 정치적 고위직 진출 등 많은 '특전'이 제공되었다. 쭝도의 임용과 유지는 상대적으로 쉬웠을 것인데, 그들은 모두 서비스에 대한 대가로 '편안히 먹고, 일하고, 살기' 위한 최고의 관개 시설을 갖춘 논을 받았고, 해상 지역의 항구 도시와 마을에서는 교역의 관세에서 임금을 받은 것 같다.

13세기 말 전성기의 버강 왕국

 2세기에 걸쳐 버강 왕국은 그 크기가 거의 6배나 성장했으니 군대도 증가했을 것이다. 11세기 어노여타의 즉위와 함께 원정군은 왕국의 북쪽으로 에야워디 강을 따라 건설한 수십 개의 요새에 주둔하였다. 실제로 12세기 후반 그 요새 중 하나인 응아사웅장(Ngahsaungyan) 은 현 중국 국경 안에 있었다. 12세기 중반 무렵, 요새화된 도시가 왕국의 경제적 중심지가 된 두 개의 하천 유역(무강 유역과 밍부)과 그 주변에 건설되었다. 전략적 도시에는 '해병'이 주 둔하였고, 전함을 이용하여 에야워디 강을 따라 남쪽으로 진격하였다. 짠짓따 왕의 재위기였 던 11세기 후반 오늘날 미얀마의 남단에 위치한 더웨는 국왕이 파견한 수령이 다스렸다. 너 야버디씨뚜의 치세기였던 12세기 후반경 못떠마와 오늘날 남쪽 국경 끝자락에 있는 메잇이 종주권을 주장하지 않았다 해도 버강의 패권 아래 있었다. 12세기 말과 13세기 초에 이르러 버강 왕국은 현대 미얀마와 거의 같은 크기가 되었다.

너야버디씨뚜 왕의 재위 기간에는 특별히 군대의 발전으로 유명하다. 그의 비문에는 그 당시에는 많은 수로 여겨졌던 기병 30,000명 및 정확히 17,645명의 병사('용사'라고 부름)에 대한 기록이 있다. 그들은 아마도 왕도의 수비대였을 뿐, 군역으로 소집되어 그 땅에 살았던 전체 군대는 분명히 아니었을 것이다. 그의 통치 기간과 그 이후에 새겨진 비문에는 보병을 비롯하여 코끼리병, '해병대'에 이르기까지 군사 수의 증가와 다양한 병과에 대한 기록도 있 다. 또한, 군대는 왕국 전역에서 법과 질서를 유지하며 그들이 거주하는 곳마다 경찰 임무도 수행하였다.

아마도 가장 중요한 것은 왕실 소속 및 개인 경작자의 수가 증가한 부분인데, 그렇지 않 고서야 급증하는 인구를 어떻게 먹여 살렸겠는가? 이것에 대한 궁극적인 증거는 11세기와 13세기 사이에 버강 왕국 내에서 버강의 경작지 면적이 약 3배가 증가했다는 사실에서 확인 할 수 있다. 어노여타와 짠짓따의 재위 동안, 짜웃세 유역은 왕국의 근간이 되었다. 버강 시 대의 전성기인 12세기와 13세기에 이르러 짜웃세는 총 183마일에 이르는 14개의 주요 운 하, 16개의 주요 둑(댐) 및 4개의 주요 못(저수지)로 구성된 관개 시설에서 약 119,500에이커 (역주-약 484㎢)에 이르는 쌀 생산이 가능했던 것 같다. 그곳에서 가장 좋은 관개 농경지는 추 수 때마다 에이커당 약 1.4톤을 산출하였다. 둘째(때론 셋째) 벼 수확을 산입하지 않고서도 (역주-2기작 또는 3기작을 실제로 하지만, 그 둘째, 셋째 생산량을 고려하지 않음) 평균적으로 연간 약 167,300톤의 벼가 생산되었다.

버강 북쪽의 무 강 유역은 너야버디씨뚜 왕의 재위 시기인 대략 12세기 후반에 걸쳐 정 착과 개발이 이루어졌을 것이다. 그는 수천 명의 농민, 군인, 승려 및 퍼야쭝(hpaya-kyun, 상 가, 붓다 및 사원의 노비/종)을 그곳에 살며 일하도록 했고, 퍼야쭝은 그가 세운 거대한 사원인 담마야지까(앞에서 살펴보았듯이 6백만 개의 벽돌로 건축함)를 유지·관리하게 하였다. 무 강 유역 에는 총 약 90마일에 달하는 3개의 주요 운하, 86개의 보조 운하, 40개의 둑(댐), 31개의 못 (저수지) 및 73개의 수문이 있었고, 전면 가동되면 거의 230,000에이커(역주-약 931㎢)에 영향 을 미치는 약 232개의 관개 작업이 포함된다.

버강 남쪽의 밍부 유역도 12세기와 13세기 초에 걸쳐 개발되었을 것이다. 밍부는 규모가 다른 곳에 비해 작았지만, 총 길이가 거의 67마일에 달하는 서너 개의 주요 운하와 34개의 부속 운하를 활용하여 70,250에이커(역주-약 284㎢)의 경작지를 사용하였다. 따라서 13세기 초에서 중반까지 버강 왕국은 버강의 왕실, 개인 및 상가 경작자들의 농경에 의존하였고, 그들은 대부분이 쌀을 재배하는 거의 400,000~500,000에이커(역주-약 1619~2023㎢)에 달하는 논을 경작하였다.[60]

일반적인 수확량은 다양했을 것이지만, 위 세 곳의 귀중한 지역에서 관개 시설이 가장 잘 된 경작지는 보통 추수별 헥타르(1만㎡)당 1.2~2톤을 생산하였다. 또한, 연간 대개 2기작 때론 3기작도 가능하지만, 두 번째와 세 번째 수확량은 첫 번째보다 낮다. 식민지 시대 이전 아시아의 쌀 소비량 수치를 사용하면(제2차 세계대전 이전에 대략 6~7명이 연간 1톤을 먹었음), 위의 생산량은 연간 백만 명이 넘는 사람들을 쉽게 먹일 수 있었다. 버강 시대의 전성기에 상부 미얀마의 추정 인구는 약 400,000명이어서 분명히 매년 생산물이 많이 남았다. 실제로 4세기에 걸친 대규모 사원 건축 사업의 원활한 자금 조달과 유지를 설명하려면 큰 잉여 생산을 생각해야 한다. 드러난 증거자료에 따르면 인구 대다수는 기본적인 생활필수품의 부족을 겪지 않았고, 버강의 생활 수준은 동남아에서 가장 높았음이 틀림없다.

기대 수명과 유아 사망률에 관한 자료는 없지만, 왕, 왕비, 승려가 노년까지 살았다는 징후가 있으며, 버강 왕국의 450년 동안 기근이나 다른 빈곤한 생활 조건과 불충분한 식량 공급이 있었다는 증거자료는 아직 발견된 적이 없다. 상가가 국가의 '사회 서비스' 역할을 담당했기에 고아, 과부, 노인과 빈민조차도 보살핌을 받았을 것이며, 이것은 오늘날에도 미얀마에서 지속되고 있다.

사람들을 먹이고 종교를 진흥시키고 난 후 잉여물은 분명히 왕국의 유지, 즉 왕궁과 관청의 건설 및 유지, 대신의 저택 및 외국의 사치품 구매 등에 사용되었다. 많은 잉여 생산물은 군대로도 들어갔다. 여기에는 '임금'(wage)을 비롯하여, 왕국 전역의 요새 건설, 하천 함대의 보수와 관리, 기병을 위한 말과 코끼리병을 위한 코끼리 공급, 무기, 제복, 주거시설 등이 포함되었다. 지방의 행정도 거의 비슷하게 버강의 잉여물에 의존하였는데, 수령의 급여, 그들의 주택, 군사 지원 및 보조원들의 비용, 법과 질서의 유지, 지방 중심도시의 요새화 및 기타 무수한 비용 등이 필요하였다.

60　Michael Aung-Thwin, *Irrigation in the Heartland of Burma: Foundations of the Pre-Colonial Burmese State* (DeKalb, IL, 1990).

인구 성장과 경제 발전은 항상 사회적, 문화적 결과를 가져왔다. 특히 핵심 지역의 외부에서 발생한 인구 증가는 다른 문화의 유입을 의미한다. 비문에는 인도인, 스리랑카인, 중국인, 크메르족, 타이(샨)족, 꺼잉(카렌)족, 라와족, 친족, 몬족 및 버강 왕국에 거주하고 일했던 수많은 다른 어족('백색 인도인' 포함)이 언급되어 있다. 또한, 비문은 음악가, 무용수, 가수, 심지어 은행가(반다)에 대하여 기록하고 있는데, 이들 말의 어원에서 인도 남부와의 관련성을 암시한다. 개념 체계(및 그 우주론)의 주류는 물론 인도 것이지만, 앞에서 살펴보았듯이 토착의 초자연주의와 통합되었다. 고대 미얀마어 문자 체계는 남부 인도에서 들어온 것이지만 산스끄리뜨어(인도-유럽어족) 문자에서 파생된 것이고, 미얀마어 자체는 성조를 지닌 티벳-버마 어족에 속한다. 문자 체계는 12세기 중반 분명히 특정한 엘리트 집단에서 '표준화'한 것으로 보이며, 당연히 현대 문자로 오늘날 미얀마에서 계속 사용되고 있다.

버강 왕조는 수 세기 동안 상좌불교 경전에 사용되었던 고전어인 빨리어(Pali) 문학에서도 여러 성과를 이룩했는데, 그것은 당시 빨리어의 종주국이었던 스리랑카에서도 우수한 것으로 인정하였다.[61] 문화 축제와 활동은 내용과 형식 면에서 불교적이었지만, 농경 사회의 계절 활동을 기념하는 토착적 의례와 함께 무대를 공유하였다. 음악가와 악기의 이름, 무용수의 이름 및 무용 기술은 주로 남인도 것이었고, 나중에는 상당 부분이 '현지화'되었다. 의복과 음식은 인도, 중국 및 현지 문화의 영향을 받았다.

종교 건물의 예술과 건축에 대한 상당한 부분의 영감은 인도 문화에서 왔지만, '현지화'가 이루어져서 많은 부분이 그 원천을 알 수 없게 되었다. 예를 들어, 버강의 구퍼야와 웅장한 아치형 천장과 동등한 것이 인도에는 없다. 그것이 바로 현지 적응(local adaptation)이며, 그로 인해 어떤 기원의 영향을 받았는지 알 수 없다. 버강 문화에는 특히 언어와 관습에 있어서 초기 '쀼족'과 현지 소수 종족집단에서 비롯된 토착적 영향도 있다. 중국 문화는 버강의 혼합에 이바지했지만, 주로 엘리트 계층에 그 영향이 미쳤다. 그것은 버강 왕국의 말기에 나타나긴 했지만, 왕궁의 복장과 의전, 심지어 군사 전술과 무기에도 나타났다. 버강 사회는 정치적으로 미얀마어 사용자들이 지배하였지만, 문화적으로는 '다원적'(plural)이었다.

서로 다른 문화를 가진 사람들의 유입을 관리하기 위해, 그리고 위계질서가 이미 왕국 사회의 지배적인 조직 원리로 존재했기 때문에 이들 집단을 훨씬 더 뚜렷하고 복잡하게 구분하였다. 버강에서는 다중 계층 체계가 존재하였다. 최상층에 왕족, 그 아래에 궁중 내에서는 엘리트(종교적 및 세속적), 지역 수준에서는 고급 관리, 도시와 마을 수준에서는 하급 관

---

61 Mabel Haynes Bode, *The Pali Literature of Burma* (London, 1909).

리(종교적 및 세속적), 그 바탕에는 (왕실, 사원 및 개인과의) '유대'(attachment)와 '비유대'(non-attachment)라는 후원-수혜(patron-client) 관계에 따라 분류된 큰 평민 계층이 자리하였다. 유대 관계는 접미사 쭝(kyun)을, 비유대 관계는 띠(thi)라는 단어를 사용한다. 전통적으로 여전히 잘못 이해되고 있지만, 그 두 단어는 '노예'와 '자유민'의 범주가 아니었다. 오히려 그것은 후원-수혜 기반 사회에서 사회경제적 지위를 보여주는 지표였다. 즉, 후원자의 정체(다시 말해 자신의 사회적 정체성은 후원자에 의해 드러남)와 유대감의 유무를 나타내는 것이었다. 언급했다시피, 왕실과 유대를 맺었다면 쭝도, 상가와는 퍼야쭝 그리고 기관보다 사적인 개인과는 그냥 쭝이라고 한다.

이러한 유대 결속 집단의 상태는 일시적이거나 영구적이었다. 대부분이 자발적으로 쭝이 되었지만, 일부는 비자발적(전쟁 포로 또는 채무로 인하여)으로 쭝이 되었다. 그 지위는 세습적이기도 아니기도 했지만, 대부분은 임금으로 현금이나 현물을 받았다. 상가와 유대를 맺은 사람들은 국세(부역 또는 생산)가 면제되어 상대적으로 삶이 여유로웠다. 왕실과 유대를 지닌 사람들은(현대 미얀마의 공무원과 유사함) 병역 의무가 있었지만, 앞에서 말했듯이 기름진 경작지와 고위 관직 등 최고의 '특전'을 누렸다. 개인과 유대를 맺은 사람들은 대개 평범한 가사도우미였다.

기관이나 개인과 유대 관계를 맺지 않은 사람들은 어띠(athi)라고 불렀다. 때로는 띠(thi)라는 말을 직업을 의미하는 말에 붙여 사용했는데, 'baker'(제빵사), 'teacher'(교사) 또는 'fletcher'(화살 제조자)의 단어처럼 'er'에 해당하는 표현이었다. 서양사의 분석 틀이었던 '자유'와 '노예' 노동자라는 이분법적 구조의 표현을 버강에서 똑같은 것을 찾으려고 했던 20세기 초의 학자들이 흔히 주장했던 것처럼 '어띠'라는 단어나 그렇게 불리는 사람들의 실제 상태에 있어서 그들이 '자유인'임을 암시하는 것은 없다.

역사적으로 말하자면, 어띠는 어떤 후원자와 유대 관계를 갖지 않은 단순히 평범한 사람들이었다. 유대 관계가 없는 사람들은 강력한 후원자의 보호와 지원을 받지 못했지만, 그들의 경제적 지위는 상대적으로 좋은 것으로 확인되었다. 유대 관계가 없는 상태는 일본의 로닌(ronin, 방랑 사무라이/浪人)에 상당하거나, 굳이 말하자면, 오늘날 학계에서 정년보장을 받지 못한 상황에 해당한다. 두 경우에 있어서 후원자와 유대를 맺는 것이 더 바람직할 수도 있었다.

계층 구조의 복잡성은 최고 계층에서도 찾을 수 있다. 왕가의 성장과 함께 왕위에 오를 수 있는 왕자의 수가 늘어나면서 왕위 계승의 법칙이 요구되었다. 많은 수와 다양한 수준의 왕자와 공주, 왕비와 후궁, 대신과 하급 관리들을 그들의 기능과 함께 구별하기 위한 적절한 지위와 칭호가 필요했다. 의전, 좌석 배치, 왕궁에서 착용하는 휘장과 의복, 적절한 어휘와 예절 등 이 모든 것이 그 세계의 일부가 되었다. 지방 중심지에서도 같거나 유사한 절차와 형식을 통해 규모는 작아도 모범적인 중심지를 재현하려고 시도했다.

버강 사회는 특히 너야버디씨뚜의 재위기에 형법과 민법 등 성문법을 공포하였다. 버강의 정의는 부자와 유명인의 전유물만은 아니었고, 평민들도 그들을 대상으로 소송하고 승소하였다. 쉐네(shene, 문자적으로 '앞에 선 사람', 즉 '변호사')라고 하는 변호사가 있었다. 증인들은 불경(논장)에 대고 '오직 진실만을 말한다'라고 맹세하고 나서 변호 또는 기소를 위해 증언하였다. 판사(thinphama)는 '판사석'에서 '사법적 결정'을 내렸다. 드문 경우로 민중 심판이 구시대 관습의 잔재로 남아있긴 했지만, 재판은 증거와 증언에 기초한 표준적인 법적 절차를 따랐다. 가해지는 형벌조차도 자의적으로 행사하지 않고 형사 및 민사 범주(각각 야자땃 rajathat과 담마땃 dhammathat)로 구분된 법전을 기반으로 하였다. 이 법률 체계에는 1심과 항소심(2심)도 있었다.**62**

그러한 법체계는 문명사회에서만 번성할 수 있었다. 엘리트에 더하여 평민도, 승려에 더하여 여성도, 성인 외에 어린이도 글을 읽고 쓸 줄 알았다. 어린 시절부터 아이들은 수도원에서 '3R 교육'(three Rs, 읽기, 쓰기, 셈)을 받았다. 기부자들은 영구적인 토지 및 노동력 기부를 통하여 학생들에게 교육과 교육 시설을 제공하였다. 버강이 번창했던 거의 500년 동안 국가와 사원과 개인에 의해 왕국 전체에 남겨진 모든 기록을 생각해보면, 학식이 있는 사람들에게는 좋은 일자리가 있었다는 것이다.

버강 왕국은 아마도 13세기 초에 가장 큰 부를 누렸던 것 같다. 그래서 그 당시에는 오늘날 미얀마와 같은 거의 모든 것을 통제하였다. 버강은 그 당시 상좌불교 세계에서 가장 모범적인 중심지로 여겨졌는데, 대륙부 동남아의 두 강대국(앙코르와 함께) 중 하나였다. 이 시기에 버강의 가장 중요한 세 국왕은 나다웅미야(Natonmya, 재위 1210-34년, 역주-미얀마 왕조사에 기초하여 사용하는 Nantaungmya는 오류임), 짜스와(Kyaswa, 1234~49년) 및 너야띠하버디(Narathihapade, 1254-87년) 등이었다. 하지만, 근본적으로 그들이 한 일은 그 전임자들이 뿌린 이익을 거두고, 그들이 세운 제도를 유지하며(결과의 변화 없이), 물려받은 체제를 영속시키는 것이었다. 그들은 자신의 부를 당연하게 취하였고, 합법적으로 상가에게 후한 기부행위를 서슴지 않는 등 종종 그 부를 개의하지 않고 사용했다.

나다웅미야('귀걸이가 많은 왕')는 사치스러운 것으로 유명했다. 짜스와는 신앙심이 깊어

62　Aung-Thwin, *Pagan*, ch. 6.

강한 지도력을 발휘하기보다는 도덕적 설득으로 어려운 문제를 해결하려고 했다. 너야띠하버디는 버강 왕국 '몰락'의 희생양이 되었고, 따라서 후대 왕통사에서 '중국인으로부터 도피한 왕'이라는 별명이 붙게 되었다. 그의 재위 동안 세 차례에 걸친 몽골군의 침략을 받았지만, 몽골군은 왕도에 도달하지도 않았고 실제로 왕국을 파괴하지도 않았다. 오히려, 버강 왕국은 이후 살펴보듯이 몽골인들이 악화를 부추긴 다른 내부 구조적 원인으로 인해 쇠퇴하게 되었다.

왕국으로서의 버강의 발전은 동시대에서 눈에 띄지 않았던 것은 아니었다. 앙코르 비문에서는 버강을 '나라빠띠뿌라'(Narapati Pura), 즉 나라빠띠(너야버디씨뚜)의 '왕국'(또는 왕도)이라고 언급했다. 버강은 인도에서도 잘 알려져 있는데, 이는 붓다가 득도하였던 '성지'인 보드가야(Bodhgaya)로 정기적으로 선교단을 파견했기 때문이었다. 그곳에 토지를 구입하고, 붓다의 득도를 기념하여 그 자리에 세운 마하보디(Mahabodhi) 사원의 관리에 필요한 종신 관리인을 고용하였다(나다웅미야의 재위기에 버강에도 같은 사원을 건축함). 인도에 힌두교가 강해지고, 그 이후 무슬림의 세력이 들어오자, 붓다의 종교와 그 경전의 보호자이며 수호자였던 스리랑카와도 접촉하였다. 어노여타의 명성은 스리랑카에서는 전설로 남았으며, 11세기 중반 그곳의 왕은 자신의 승려와 종교를 정화하기 위해 버강 왕국에게 '순수한' 경전을 구하고 정통주의를 고수하는 합법적인 승려 공동체를 전수받기도 하였다. 이것은 전례가 없는 일이었는데, 일반적으로 상좌불교 세계는 순수한 경전과 정통주의 고수를 위해 스리랑카로 옮겨갔기 때문이다.

중국조차도 버강의 성장과 발전을 인정하였다. 앞서 살펴보았지만, 어노여타의 부친은 1004년에 송나라에 사절을 보내 아시아 강대국의 인정을 받고자 하였다. 그러한 외교적 특사 파견은 1106년 짠짓따 왕의 재위기에 한번과 1178년 너야버디씨뚜 왕의 재위기에 다시 한번 등 적어도 두 번 이상 기록되어 있다. 후자의 경우, 송의 왕실에서는 '이제 (버강을) 평범한 소국으로 치부할 수 없다'라고 하였다. 그리고 1004년 버강에 보낸 황제의 칙서는 '뒷면이 두꺼운 종이에 쓰여 상자에 담아 포장되었지만', 이제 '아랍(Ta-shih), 안남(Chiao-shih) 및 기타 왕국의 경우와 같은 의전 절차를 갖추기 희망한다'라고 하였다. 이 경우의 황제 칙서는 '뒷면이 흰색이며, 금실 꽃무늬를 두른 다마스크직(damask) 종이에 기록하여, 부분적으로 금도금이 된 잠금장치가 달린 통에 넣고, 봉인 포장으로 양단(brocade silk) 겹으로 된 보로 쌌다.' 보통 모든 동남아 왕국들을 '야만적'으로 여겼던 중국인의 눈에도 버강과 그 위상이 아주 분명히 높아진 것이었다.

종교는 확실히 눈부시게 빛났는데, 붓다의 신성한 유물을 보유하고 있다고 믿고 있는

13세기 너야띠하버디 왕이 버강에 건축한 밍걸라제디(Mingalazedi) 파고다(사진의 중앙)

가장 신성한 사원 중에서 특히 어노여타가 모두 건축한 쉐지공(Shwezigon)과 쉐산도(Shwe-sandaw)는 버강에 존재한다. 버강의 종교적 위상은 왕국 전역과 해외의 순례자들을 끌어들여 왕국에 많은 수입을 얻게 하였다. 왕도는 흔히 따와떵사(Tavatimsa, 가장 선호되는 불교의 천국)와 비교되었고, 이 세상에 사는 동안 방문해야 할 모범적인 불교 유적지로 여겨졌다. 버강의 풍경은 스카이라인을 관통하는 수천 개의 장엄한 사원으로 뒤덮여 있고, 금박을 입힌 탑은 햇빛에 반짝거리며, 일몰에는 진홍색 수평선에 사원의 어두운 실루엣이 드리워진다. 버강은 확실히 탁월한 장소이자 가장 운이 좋은 사람들만이 살기를 희망할 수 있었던 미얀마의 전체 역사 속에서 가장 멋진 시대로 인식되었다.

앞에서 언급했던 모든 요소 중에서 버강의 힘과 장수에 기여했던 가장 중요한 요소는 바로 물리적 구성이다. 앞에서 살펴보았듯이, 왕국의 중심은 대부분의 토지 재산에서 멀리 떨어져 있는 반면에, 다수의 사람은 도적과 반란보다 법과 질서가 지배하는 중심부의 요새화된 성벽 밖에 살았다. 버강 왕국은 13세기 후반 몽골군의 공격이 있기 전 4세기 반 동안 단지 두 번의 위기만이 기록된 안정되고 평화로운 곳이었다.

이 왕국의 자산-근본적으로 관개 농경지와 노동력-은 넓은 지역에 분산되어 있고 왕도에만 집중되지 않았기 때문에 왕도가 정복되더라도 경제가 붕괴할 일은 없다. 버강에는 귀중한 보석과 금속으로 채워진 중앙 금고가 없었다. 왕국 전역에 흩어져 있는 농경지가 금고가 되었다. 그곳에서 생산된 대부분 곡물(말하자면 '국내총생산')은 대개 생산된 곳에 남아 있었고, 아마도 포위 공격에 대비한 방위책이 아니라면 물리적으로 왕도로 이동할 필요가 없었다(실제로 그렇게 하지 않았음).

실제로 '움직인' 것은 그 재산에 대한 권리였고, 그것도 반대 방향, 즉 국왕에서 책무 보상과 임금 지급의 명목하에 지방 수령으로 이동하였다. 따라서 많은 양의 무거운 화물을 지방에서 중앙으로 물리적으로 이동시키기 위한 좋은 도로와 기반 시설이 거의 필요하지 않았다. 게다가 농업 자산의 중심지 중 하나(가령 짜욱세)가 탈취당했다고 하더라도-버강의 역사에서 절대 일어나지 않았지만-여전히 밍부 및 무 강 유역은 아무 탈 없이 남아 있을 것이다. 왕국의 또 다른 부의 원천이기도 한 노동력도 마찬가지로 온 땅에 흩어져 있었다. 적군이 인력을 사로잡기 위해 버강 왕국을 습격한다면, 정복지에서 취한 숫자로 만족해야 하고, 이는 전체 인구의 극히 일부분일 뿐이다. 따라서 그 왕도를 정복한다고 해서 왕국이 무너지는 것은 아니었다.

그러한 국가와 사회의 구성은 정확히 버강 왕국과 왕조가 4세기 반 동안 생존할 수 있게 해준 것이다. 그리고 중앙의 권위가 13세기 후반과 14세기 초반에 무너졌을 때, 망각 속으로 사라지지 않게 미얀마 국가와 사회를 구한 것은 그와 똑같은 (분산된 부와 권력의) 구성이었다.

버강의 쇠퇴

버강 왕국의 '쇠퇴'는 왕국이 보유한 통합적 특징을 더는 지탱할 수 있는 능력이 없다는 사실을 의미한다. 그렇다고 마을과 도시, 경작지와 농부, 군인과 요새, 예술가와 장인, 승려와 수도원, 사원과 신도, 직업 및 사회 집단의 공동체, 심지어는 왕족과 엘리트, 이 모든 것이 사라졌다는 것을 의미하지는 않는다.

또한, 국가와 사회의 정신적 구성 요소들, 즉 개념 체계(인간과 그의 세계, 초자연적, 우주에 대한 믿음) 그리고 권력, 정당성, 권위, 묵인의 개념 및 사회적 계층, 후원-수혜 관계, 건조 지대에 대한 감정은 사라지지 않았다. 버강의 물리적 및 이념적 구성 요소는 항상 그대로 남아 있었다. 단지 그것들은 더는 하나의 중심 아래 통합되지 않았을 뿐이다.

현대 버강의 전경

그리하여 쇠퇴란 국가와 사회의 제도와 이념이 완전히 '퇴락'하거나 사라지는 것이 아니라 더는 하나의 권위로 묶이지 않는다는 것을 의미한다. 국가를 하나로 통합할 수 없는 무능력, 즉 해체는 '간접적'(remote)인 장기간의 구조적 요인과 '직접적'(immediate)인 단기간의 역사적 사건에 의해 야기되었다. 전자에서 가장 중요한 사실은 교단과 국가 간에 생겨났던 '구조적 모순'이었으며, 후자는 주로 몽골인의 활동과 그들이 생성한 일련의 국내 사건을 말한다.

'간접적인' 구조적 원인

보다 구체적으로 말하자면, 초기 버강 왕국의 성장과 발전을 촉진했던 기념비적인 사원 건축 사업과 상가에 대한 일반적인 후원이 13세기의 마지막 30년 동안에는 부담이 되어버렸다. 대부분의 종교적 기부는 영구적인 형태로 제공되어 일단 그 부가 사원의 재산이 되면 더는 국가의 의도대로 사용할 수 없었다. 그리고 400년 동안 계속해서 면세 부문으로 부가 흘러 들어감에 따라, 13세기 후반에 이르러 당시 경작지의 거의 63%와 세습적 노동력의 상당한 부분이 많은 금은과 함께 면세 종교 자산이 되어버렸다. 이것은 현재 알려진 모든 버강의 비문에 기록된 자료를 통하여 만들어진 표에서 나타난다.

국가는 자신의 정당성을 기반으로 하는 신앙 체계를 위반하지 않고 이 자산을 몰수할 수 없으며, 종교 부문이 무장하여 봉기한 일본의 경우처럼 같은 방법으로 상가를 군사적으로 파괴할 수도 없다. 미얀마에서는 승려들이 물리적으로 돈을 만지는 것이 허용되지 않고, 그들의 수도원은 군인들이 지키는 무장된 요새도 아니다. 상가에 대한 무력의 사용은 용납될 수 없어서, 국가는 문제를 의례로 처리하였다.

그리고 종교법 자체에서 인정되는 가장 효과적인 의례는 종교를 원래의 '순결' 상태로 되돌리는 따더나(sasana, 역주-빨리어로 '붓다의 가르침', '교리', '종교적 실천' 등의 의미를 지님) 개혁이었다. 이것은 '거짓 교리'의 경전과 상가의 타락한 요소, 특히 반란의 기회를 엿보며 수도원을 피난처로 삼고 있는 왕자 등을 제거함으로써 이루어진다. 상가가 소유한 재산으로 분명히 빈곤과 금욕 서원을 위반했기 때문에 그것의 비정통성과 부패를 증명하기 쉽다. 또한, 따더나 개혁은 정통 교리에 따라 계속 살아왔던 상가의 진정한 개혁 성향 요소의 필요에 부응함으로써 국가는 교계의 가장 정통적인 구성원을 비롯하여 비슷한 생각을 지닌 평신도의 지

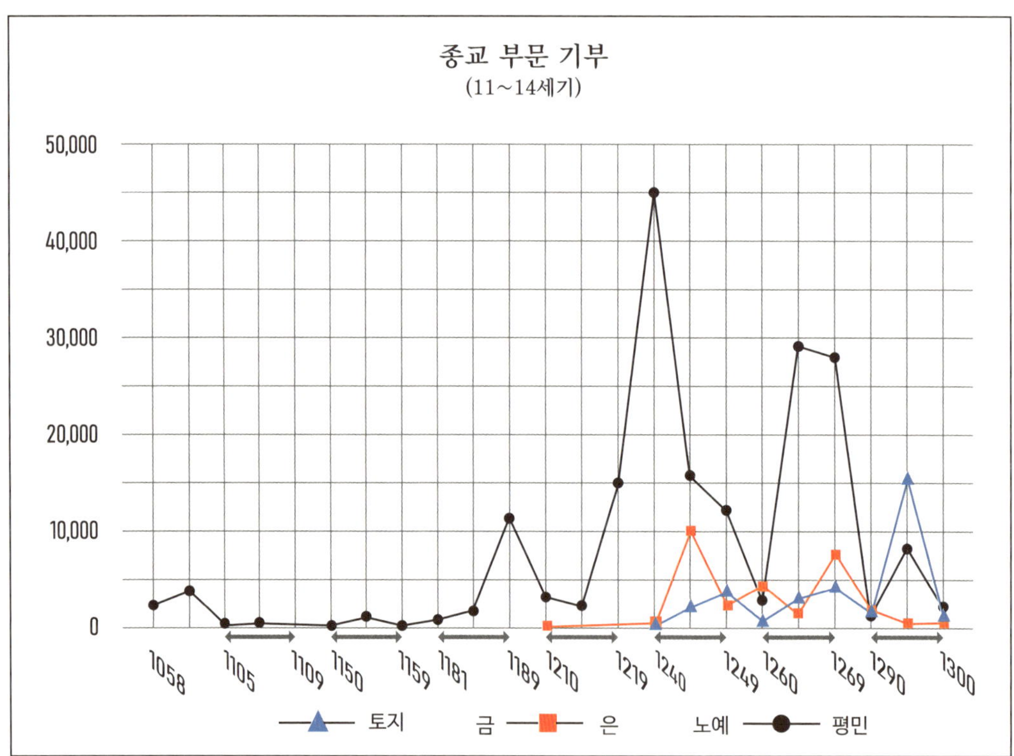

11-13세기에 걸쳐 승단에 대한 종교 부문 기부

지도 받을 수 있었다.

따더나 개혁의 복잡한 절차와 규모로 인하여 성공하려면 강력한 국왕뿐만 아니라 그 배후에 있는 국가의 위신과 권력도 요구되었는데, 이는 경제적 이익이 심하게 침해당한다고 생각하는 집단에서 거센 반대가 나올 수 있기 때문이었다. 따더나 개혁은 국왕이 상가의 문제가 되는 부분을 '불순한' 것으로 선언하고, 승직을 박탈하며 그들의 재산을 법적으로 몰수한후 세속적 사법권에 그 처벌을 맡겼다. 또한, 성공적인 따더나 개혁은 국왕이 선호하는 사람들이 주도하는 더욱 정통적 성향의 집단을 내세워 견고한 상가의 위계를 효과적으로 변화시켰다.

다시 말해서, 따더나 개혁은 종교의 주된 보호자로서의 왕의 역할이나 독실한 불교도 공동체로서의 사회의 역할을 손상하지 않으면서 교리와 상가를 정화했을 뿐만 아니라, 국가의 경제적 자원의 일부를 회수하고, 상가의 규모를 줄이고, 그 위계를 국가에 유리하게 재구성하고, 위험한 정치적 도피자를 제거하였다. 그것은 진정한 종교 개혁이었던 만큼, 이미 견고하고 부유하며 강력하면서 규모가 크고 잘 정착한 교단의 과열 성장을 제한하거나 억제하는 정치경제적 균형잡기 구조를 지녔다.

하지만, 따더나 개혁은 국가의 정치·경제 문제에 대한 일시적인 조치에 불과하였는데, 왜냐하면 재구성된 상가는 더 정통적이고 '순수한' 것으로 여겨졌고, 순수한 승려의 후원으로 쌓인 공덕의 질은 '불순한' 승려의 후원보다 훨씬 높다는 인식으로 인해, 상가에 대한 기부는 정화 이후에 감소하기보다 증가하는 경향이 있었기 때문이다. 실제로 개혁을 단행했던 국왕의 후계자들은 가득 채워진 금고와 줄어든 면세 토지에서 생겨나는 혜택으로 자신들의 더욱 큰 정당성을 입증하려는 듯 새 교단에 더욱 많이 기부하였다.

이윽고 '정화된' 상가는 개혁을 거치기 이전의 부유하고 강력한 모습과 매우 흡사하게 되어간다. 교단과 면세 부문으로 들어가는 부의 전반적 흐름이 그와 관련된 국가의 문제와 함께 다시 시작된다. 국가와 사회의 정당성이 경제적인 방법으로 상가의 후원과 진흥에 의존하고, 내륙 농업 국가의 물질 및 인구 자원이 다소 안정적으로 유지되는 한, 면세 부문으로 자산의 이전 문제는 재발하게 된다.

한편으로 국가와 상가는 공생적인 이념 관계를 맺고 있지만, 다른 한편으로 그들은 서로 같은 유한한 물질 자원을 놓고 경쟁하였다. 국가와 상가 사이의 이러한 '구조적 모순'은 비록 규모는 작아도 20세기까지 계속되었고, 오늘날에도 지속되고 있다.[63]

63　Michael Aung-Thwin, 'The Role of Sasana Reform in Burmese History, Economic Di-

직접적인 사건

13세기 말에 이르러 면세 부문에 대한 국가 자원의 유출은 중앙 권위를 약화시켜 '순간적 사건'(incidents of the moment), 즉 사태(events)에 아주 취약하게 만들었다. 특히, 몽골의 공격이 이에 해당하는데, 이 사건은 국내 권력 중심지에 자치권을 행사할 기회를 제공하였다. 13세기의 마지막 수십 년과 14세기 초반에 몽골인들은 버강 왕국의 상부 지역을 세 번 습격했고, 하부 미얀마에서 버강의 가장 중요한 지역 중 하나인 못떠마는 독립을 선포했다.

하지만, 몽골군은 세 번의 공격에도 버강 왕국을 파괴하지 못하였다. 현재의 전통적 해석과는 달리 사실 그들은 왕도에 결코 도달하지 못하였다.[64] 그러나 그들은 이미 진행 중이었던 장기적인 추세와 패턴(역주-고질적인 구조적 요인)에 가속력을 더함으로써 상황을 한층 악화시켰다. 또한, 왕국을 방어하기 위해 사용된 자원과 에너지는 국가와 사회에 심각한 타격을 입혔고, 그것은 이미 고갈된 재정 문제와 함께 왕조가 온전하게 회복할 수 없는 부담이 되었다.

요약하면, 버강 왕국은 처음에 그 왕국을 배양했던 요소들이 시간이 지나면서 오히려 모순과 파괴의 세력으로 변화되는 상황을 겪었다. 버강의 멸망을 이끈 씨앗은 일찍이 버강의 성공을 이룬 것이었고, 번영과 권력을 주도했던 제도는 결국 국가를 궁핍하게 만들었다. 이전에는 축복이었던 것이 후에는 저주가 되었다. 그러나 버강 사회는 한때 건설적이었던 세력이 파괴적인 세력이 되었을 때 이를 바꿀 수 없었기 때문에(그리고 그럴 의지도 없었음)-'거침없는 변증법'(inexorable dialectic)을 만들게 되어-그 왕조의 정치 권력은 무너졌다.[65]

그 이후로, 단기간의 한 예외를 제외하고, 버강 이후 식민지 시대까지 모든 왕도는 관개 집약적 토지가 있는 주변 오아시스에 의존하는 미얀마의 건조지대인 중앙 평원에 자리하였다. 교역은 여전히 부의 획득에 있어서 부수적이었고, 하부 미얀마의 습지는 여전히 경제적이지 못하여서, 미얀마의 자산(따라서 권력)은 다음 6세기 동안 계속해서 농업에 의존하게 되는 것이다. 교역은 '단지' 중요하지만, 농업은 필수적이었다. 이것은 식민지 시대 이전의 미

---

mensions of a Religious Purification', *Journal of Asian Studies*, XXXVIII (1979), pp. 671-88.

64　Michael Aung-Thwin, *Myth and History in the Historiography of Early Burma: Paradigms, Primary Sources, and Prejudices* (Athens and Singapore, 1998), ch. 3.

65　Aung-Thwin, *Pagan*, ch. 9.

얀마 역사에서 거의 모든 왕조와 왕국의 기반이 되었던 원칙이었다.[66] 이렇게 까다롭고 제한적인 물질 환경 속에서 미얀마의 첫 번째 왕국이 등장했던 곳은 여기였고, 마지막 왕국이 끝난 곳도 바로 이곳이었다.

---

66 Michael Aung-Thwin, 'Spirals in Burmese and Early Southeast Asian History', *Journal of Interdisciplinary History*, XXI/4 (1991), pp. 575-602.

제5장　어와와 버고: 두 왕국 이야기

13세기 말과 14세기 초에 버강 왕국이 정치적으로 쇠퇴하자, 상부 미얀마는 전 왕족의 일원이 각각 주도하는 세 개의 권력 중심지로 분리되었다. 한편, 이제 상부 미얀마의 패권에서 독립한 하부 미얀마는 처음으로 국가가 등장하기 시작하였다. 다음 반세기 동안 이러한 '과도기' 상황은 두 왕국, 즉 1364년 제1차 어와 왕국(the First Inwa/Ava Kingdom) 및 1385년 제1차 버고 왕국(the First Pegu/Bago Kingdom) 등이 등장할 때까지 계속되었다. 두 왕국 모두 14세기 말에 나타나서 15세기에 그 절정에 이르렀고, 16세기 전반 이전에 쇠퇴하였다.

　　14-16세기 동안 미얀마의 역사는 이 두 왕국의 관계에 관한 것이다. 하나는 내륙·농업·구(old) 왕국이며, 다른 하나는 해안·상업·신(new) 왕국이다. 두 왕국은 다른 지역과 관계를 맺고 있었지만, 15세기 미얀마에서 가장 지배적이고 지속적이며 중요한 것은 어와와 버고 간의 관계였다. 이것은 전통에 따른 이분법적 종족(binary ethnic) 투쟁이라기보다 전형적인 동남아의 '상류-하류'라는 지정학적 이원론으로써 초기 미얀마와 동남아의 역사에서 가장 중요한 패턴 중 하나라고 할 수 있다.[67] 그 관계가 한 일은 (미얀마 역사에서 무엇보다도) 후속 왕조들이 고려할 수 있는 새로운 선택 사항, 즉 내륙에 의한 농업 지배라는 오랜 전통에 도전하는 농업과 교역의 균형을 잡은 정체(polity)를 보여주는 것이며, 이것은 미래의 지도자

67　이 장의 내용은 다음 논문에 그대로 담겨 있다. Michael Aung-Thwin, 'A Tale of Two Kingdoms: Ava and Pegu in the Fifteenth Century', *Journal of Southeast Asian Studies*, XLII/1 (2011), pp. 1-16.

들과 그들 왕조의 행동에 강한 영향을 주었던 생각이었다. 하지만, 어와와 버고 간의 이원론을 자세히 살펴보기 전에 그들의 개별 역사를 간략히 살펴볼 것이다.

어와의 기원과 발전

일반적으로 1364년에서 1527년 사이로 추정되는 어와 시대는 미얀마 역사학에서 상당한 공백을 나타내며, 아직 한 권 분량의 영어 단행본을 본 적이 없다. 그나마 조금 기록된 것은 그 시대의 특징을 '조각난 시대', '내전의 암흑기', '서로 대립하는 샨 국가의 소란' 그리고 '일련의 야만인' 등으로 보고 있다. 또한, '불안정의 세기' 및 '미얀마 역사에서 가장 큰 환란의 시대' 등으로도 묘사하고 있다.[68] 미얀마 역사학에서는 어와 왕국은 버강의 미얀마 왕국을 대체한 새로운 샨족의 정체로 오랫동안 여겨왔기 때문에, 그런 연유로 현대 미얀마 건국 과정에서 샨어(따이어) 사용자들을 위한 역사적 틈새(역주-이러한 역사적 배경으로 인하여 1948년 미얀마 독립 당시 초대 대통령은 샨족의 사오파/영주였던 사오쉐타잇이 되었음)가 만들어지기도 하였다.

이런 관점에 있어서 역사적 사실성(historicity)은 조각나있어서, 분석적으로 온전하지도 역사적으로 정확하지도 않으며, 가장 최근의 연구는 완전히 다른 그림을 제시하고 있다.[69] 상부 미얀마의 14세기와 15세기는 실제로 중요한 종교적, 행정적, 군사적, 특히 문학적 성취의 시대였다. 당시의 '야만', 파편, 불안 및 분열은 그리 두드러진 사실이 아니며 겨우 수십 년에 걸쳐 간간이 발생하였고, 통합, 문화의 고취, 평화 및 안정은 거의 1세기 반에 걸친 역사적 사실이었다. 가장 명백한 점은 어와는 퇴폐적인 샨 왕국의 탄생이 아니라 옛 미얀마 왕국(버강)의 부활이었다.

68　G. E. Harvey, *A History of Burma: From the Earliest Times to 10 March 1824: The Beginning of the English Conquest* (London, 1925), pp. 73, 106; D.G.E. Hall, *Burma* (London and New York, 1950), p. 32; Sao Saimong Mangrai, 'The Shan States and the British Annexation', *Cornell Southeast Asia Program Data Papers*, 57 (Ithaca, NY, 1965), p. 49; Than Tun, 'History of Burma: A.D. 1300—1400', *Journal of the Burma Research Society*, XXXXII (1959), pp. 131, 133; Victor B. Lieberman, *Burmese Administrative Cycles: Anarchy and Conquest, c. 1580-1760* (Princeton, NJ, 1984), p. 15.

69　Michael Aung-Thwin, *The Mists of Ramanna: The Legend that was Lower Burma* (Honolulu, 2005).

실제로 어와가 전임 버강의 문화적, 정치적 성과 및 후임 따웅우의 군사적, 경제적 업적과는 분명하게 단절하고 '암울한 중세' 시대로 접어들었다는 바로 그 개념은 궁극적으로 서양사를 고전 시대, 중세 시대, 근대로 구분하고 구성하는 것에 기초한 것이며, 미얀마의 역사와 어울리지 않는 식민지주의 사고에 불과하다.[70]

상부 미얀마에서 버강의 '쇠퇴' 이후 초기 몇 년 동안에는 어느 정도의 정치·경제적 불안정이 있었던 것은 사실이다. 하지만, 동시에 버강의 세력하에 있던 세 곳의 강력한 지방 중심지-저가잉, 삔야(Pinya) 및 민자잉(Myin Saing)-는 왕국이 쇠퇴한 직후 일부 지역의 안정과 평화를 제공하기 위해 중앙 권력을 차지하였다. 이 세 지역은 그 유명한 '세 형제'(Three Brothers), 즉 야자띤장(Yazathingyan), 어띵카야(Athinkhaya) 및 띠하뚜(Thihathu) 등이 장악하였고, 버강 궁중의 대신들이었던 그들은 자신의 후손과 함께 향후 수십 년 동안 버강 왕국의 구조적 원칙을 재확립하고 재구성하였다. 세 형제는 패권을 놓고 경쟁하는 대신 서로 협력하여 그 지역을 수 세기 동안 상부 미얀마의 지배적인 정치 중심지로 바꾸어 놓았다.

무게 중심이 버강에서 북동쪽인 이 세 지역으로 옮겨지면서 상부 미얀마 왕국의 중요한 관심사인 북쪽에서 에야워디 강 유역 아래로의 진격이 해결되었다. '쀼족'은 9세기에 북쪽에서 넘어온 난차오의 침략을 받았고, 버강은 12세기 초 북쪽에서 무명의 '적'과 싸웠고, 13세기 말에는 다시 북쪽에서 몽골의 침략을 당했는데, 이 모든 공격은 모두 같은 일반적인 경로를 따라 이동해 왔다. 버강의 지도부는 일찍이 이 문제를 깨달았고, 이것이 바로 어노여타가 에야워디 강 유역에 연한 침공 경로를 따라 43개의 요새를 구축한 이유였다. 그러나 버강의 쇠퇴 이후 상부 미얀마의 지도자들은 북쪽으로 더 가까이 이동할 수밖에 없었는데, 자신의 지배 영역을 유지하기 위해 그 땅의 주요 경제 자원인 두 지역-짜웃세와 무 강 유역-바로 옆에 있어야 했기 때문이다.

세 형제가 부활시킨 버강 체제는 결국 반세기 동안 어와 왕국과 함께 공고화되어, 그때부터 미얀마 사회의 '전국적' 표준의 일부가 되었다. 왕과 왕궁의 조직, 영지와 마을의 행정, 유대 집단과 비유대 집단으로 구분되는 사회의 구성, 경제의 농업적, 재분배적 성격, 법률의 원칙과 사법 제도의 구조, 국가와 사회에서 상가와 종교 업무의 역할과 지위, 관념 체계의 이념 등 이 모든 것은 사실상 버강의 복제판이었다. 동시에 어와 사회의 인구와 물질 환경은 근

70　Hall, *Burma*; *Sir Arthur Phayre, History of Burma Including Burma Proper, Pegu, Taungu, Tenasserim, and Arakan* (London, 1883); Harvey, *History*, and Maung Htin Aung, *History of Burma* (New York, 1967).

본적으로 그대로 유지되었다. 따라서 제1차 어와 왕국은 새로운 '산족 왕국'이 아니라 신구 (new-old) 미얀마 왕국이었다.[71]

　　어와 시대 동안 지금까지 발견된 왕족 또는 평민이 세운 어떤 비문에서도, 창작된 시의 단 한 구절도, 공포된 칙령과 제출된 행정과 지방의 기록과 제정된 법률과 실시된 토지 조사와 정치 또는 종교 관련 논리적 글 또는 종교적 기부의 기록에 있어서 그 어떤 문장도 산어 (또는 따이어)로 작성된 것이 없었다. 왕국 전체에 걸쳐(그리고 그 이후) 사회 모든 차원의 모든 장르의 글은 고대 미얀마어로 작성되었다. 그것은 어와의 공용어이자 국가와 사회의 문어였다. 따라서 어와 인구의 대다수는 미얀마어 사용자로 구성되었고, 그들의 문화도 지배적이었기 때문에, 미얀마 문학에서 어와가 차지하는 명백한 업적을 (부분적으로) 설명할 수 있다.[72]

　　그래서 버강과 어와 간의 결정적인 차이는, 크기와 규모, 부와 권력, 영향력과 이미지 등에 있어서 질적이 아닌 양적인 것에 있었다. 요컨대, 어와는 축소된 버강이었다.[73] 어쨌든

71　이 주제의 문제에 대해서는 다음 논문을 참조할 것. Michael Aung-Thwin, 'The Myth of the "Three Shan Brothers" and the Ava Period in Burmese History', *Journal of Asian Studies*, LV (1996), pp. 881-901.

72　Hall, *Burma*, p. 32. "버강이 좋은 문학을 만들지 못했다는 의미가 아니다. 버강에서도 문학 작품이 있었고, 여러 면에서 어와의 것을 추월하는 것도 있었다. 오직 버강에서 문학은 빨리어(성직자와 불경의 '고전' 언어) 중심이며, 그 주제는 자연적으로 종교이고, 그 구조도 결정적으로 인도 형식에서 비롯된 것이었다. 대조적으로 어와는 특히 자따까(본생담)를 비롯하여 많은 종교적 주제를 다루었지만, 거의 모든 문학은 고대 미얀마어로 저술되었고, 그 대부분은 뚜렷하게 세속적이며 그 이전에는 기록에 없었던 운문이라는 새로운 형식으로 표현되었다."

73　어와의 재구성에 대한 정보는 미발행된 마이클 아웅뜨윈의 한 권의 책 분량인 원고(Ava and Pegu: A Tale of Two Kingdoms)에 담겨 있고, 주석 1에서 인용된 논문의 대강은 거기에서 나왔다. 재구성에 사용된 원본 자료는 그 원고에 인용되어 설명이 더해졌다. 또한, 그 자료는 다음 아웅뜨윈의 문헌 자료에서도 나온다. *Myth and History in the Historiography of Early Burma*: *Paradigms, Primary Sources, and Prejudices* (Athens and Singapore, 1998) 및 *The Mists of Ramanna and Pagan*: *the Origins of Modern Burma*. 고대 미얀마어를 이해한다면 다음 문헌들도 참조할 것. G. H. Luce and Pe Maung Tin, eds, *Selections From the Inscriptions of Pagan* (Rangoon, 1928), *Inscriptions of Burma*, 5 vols (Rangoon, 1933-56) 및 *She Haung Myanma Kyauksa Mya* [미얀마의 고대 비문, 미얀마어], 6 vols (Yangon, 1972-present). 버고의 재구성을 위한 '왕통사' 중에서 중요한 것 중의 하나는 아맛지 반냐 달라(Amatgyi Bannya Dala)의 *Yazadarit Ayedawpon* [야자더잇의 실록, 미얀마어] (Yangon, 1974)이 있다.

상부 미얀마의 새로운 지도자들이 선택할 수 있는 옵션은 거의 없었다. 그들은 '심장부'에 남아 있기로 선택했기 때문에, 똑같은 농업 경제, 사회·정치적 구조, 종교와 세계관, 언어와 문자와 함께 다를 바 없는 물질 환경과 인구 기반, 즉 동일한 시스템을 물려받았다. 분명히 새로운 지도력이 들어섰지만, 그것도 대개 구 왕족에서 파생된 것이었다. 그리고 그들은 국가와 사회를 이끌기 위한 다른 구조를 알지 못해서 단순히 옛날 원칙과 제도를 부활시키고 재편성하였다.

1350년대 후반과 1360년대 초반에 샨족은 저가잉과 그 주변(세 형제 중 맏이였던 야자띤장 가족의 권역)을 습격하여 혼란을 일으키어 초기 왕국의 와해를 초래하였다. 그러나 샨족은 습격에 이어 약탈하고 그대로 떠나버려, 그 지역은 혼란에 빠지고 지도력의 부재 상태가 되었다. 그래서 1364년에 더가웅(Tagaung, 북쪽의 지방 중심지)의 수령이었던 떠도밍비야(Thadominbya)는 야자띤장 가문의 후손이라고 주장하면서 질서와 '왕가'를 재건하기 위해 하류로 내려갔다. 그리고 그는 저가잉의 강 건너편에 어와를 세웠고, 이 도시는 제1차 어와 왕국과 왕조의 수도가 되었다.

고대 미얀마어로는 잉와(Inwa)로 알려진 어와는 에야워디 강과 밋응에 강이 합류하는 지점에 있다. 그 위치는 이 땅에서 가장 비옥한 쌀 재배 지역-미얀마 전체의 통합을 이루려는 야망을 품은 사람에게 정말 중요한-짜웃세에 접근이 용이하고 직접 통제할 수 있었다. 동시에 떠도밍비야는 어와가 저가잉보다 더 나은 방어망을 구축해야 한다는 사실을 깨달았다. 그래서 그는 의도적으로 어와의 도시 지역을 인공섬으로 만들었다. 도시의 북쪽과 서쪽에는 에야워디 강이 있고, 동쪽에는 밋응에 강이 있어 북쪽인 에야워디 강으로 흘러들어 어와는 자연스럽게 삼면이 물로 둘러싸여 있다. 넷째(남쪽) 면에 왕은 밋응에 강과 에야워디 강으로 흐르는 기존의 개울 사이에 운하를 팠다. 이제 그 운하는 사면 모두에서 거대한 천연-인공 해자로 어와의 확장 도시 지역을 둘러싸게 되었다. 그 안에는 인공위성 이미지에서 볼 수 있듯이 하천 수계를 잘 이용한 주변의 또 다른 해자와 함께 성벽을 갖춘 궁전 도시가 건설되었다.

떠도밍비야(재위 1364~68년)는 제1차 어와 왕조를 수립한 지 4년 만에 (천연두로) 사망했지만, 다행히 유능한 통치자들이 그의 뒤를 따랐다. 건조 지대의 중요한 지역의 수령으로 왕위를 계승했던 민찌스와 소께(Minkyiswa Sawke, 재위 1368~1401년)는 어와의 강화를 집요하게 추구하였다. 그는 샨족 소브와(Sawbwa, 역주-샨족의 영주를 말하며 샨어로 사오파 Saopha라고 함)와 동맹을 맺고 짜웃세 유역의 관개 시설을 새로 건설하고 보수하며, 버고의 빈냐우(재위 1353-85년)와 좋은 관계를 맺는 데 역점을 두었다. 하지만, 그 관계는 오래가지 못했는데, 야자다릿(Rajadarit/Yazadarit, 재위 1385~1423년, 역주-버고 빈냐우 왕의 계승자)이 하부 미얀마에서 왕위에

15세기 왕도 어와의 인공위성 촬영 이미지

올라 버고의 확장 의지를 천명하였고, 향후 수십 년 동안 어와에 도전하였기 때문이다.

민찌스와 소께는 70세의 나이로 세상을 떠났다. 왕위를 둘러싼 으레 일어나는 투쟁 끝에 그 아들 중의 한 명인 밍가웅 1세(Mingaung the First, 재위 1401~22년)가 왕위를 물려받았다. 그는 전임자들, 특히 떠도밍비야의 때 이른 사망으로 어와의 조기 붕괴를 구한 그의 부친이 단행했던 공고화의 대업을 계속 이어나갔다. 밍가웅은 야자다릿과의 관계가 전설이 될 정도로 버고와 관계를 재확립하였다. 실제로 밍가웅이 사망하자 야자다릿은 그 해 그를 따라갔으며, 왕조사에는 그들의 이야기를 적대 관계에 있는 두 명의 '천생연분'(soul mates)의 경우로 각색해 기록하고 있다.

어와의 '건국 아버지들'의 뒤를 이어 왕국의 수준을 끌어올린-몇몇 예외를 제외하고-비범하고 유능한 왕들이 등장하였다. 이 시대에 대한 거의 모든 자료는 어와에 세워진 300개가 넘는 고대 미얀마어 비문 및 1430년대 어와를 방문한 베니스 상인 니콜로 드 콘티(Niccolò de Conti)의 여행기 속의 짧은 기술을 포함한 그 시대의 다른 문헌 자료에서 비롯된다.

어와의 초기 국왕 중에서 '투빠용(Htupayon) 파고다'의 기부자로 왕통사에 등장하는 '너라버디 대왕'(Narapati the Great)(재위 1443~69년)은 어와 왕국 문명의 개화는 물론 그 절정기를 이룩하였다. 정치, 군사, 문화 및 종교에 있어서 15세기의 어와는 상대적으로 말하자면 모범적이었다. 미얀마 토착 문학의 '탄생'(너라버디의 통치 이전에 시작됨) 외에도 타자와의 경제적 관계(특히 도자기와 루비에 있어서) 및 중국과의 외교적 접촉은 중요했으며, 스리랑카와의 종교적 접촉도 주목할 만했다. 너라버디의 국내 업적에는 어와와 저가잉 간의 에야워디 강을 가로지르는 다리(아마도 부교일 듯) 건설이 포함되는데, 그의 원본 비문에는 그 다리 위로 네 행렬의 군대가 나란히 건널 수 있었다고 한다.

너라버디 사후 또 다른 유능한 지도자인 밍가웅 2세(Mingaung the Second, 재위 1481~1502년) 그 뒤를 이었다. 어와의 지방 중심지 중 하나인 따웅우가 10년 동안 더 강해지고 시간이 지나 어와의 권위에 도전하게 되면서, 그의 재위기에서 지방 중심지에 대한 정치적, 군사적 무기력의 조짐이 나타나기 시작하였다. 1486년 그곳에 임명된 어와의 묘자는 미얀마와 대륙부 동남아의 역사에서 지금까지 감히 견줄 수 없는 군사적 업적을 달성한 위대한 따웅우 왕조의 창시자가 되었던 그의 조카 민찌뇨(Minkyinyo)에 의해 암살당하였다. 밍가웅 2세는 민찌뇨를 어와의 사령으로 '재임명'하지 않을 수가 없었다. 그러나 그런 사건들은 다른 왕자들과 지방 사령들이 대담하게 같은 일을 할 수 있는 기회를 제공하였다.

하지만, 정치적 및 군사적 문제는 그 시대에 등장한 뛰어난 문학가와 문학과는 서로 어울리지 않아 보이는데, (적어도) 그 중심부에서는 평화와 안정이 있었음을 암시한다. 승려의 신분인 싱웃따마조(Shin Uttamagyaw), 싱띨라원따((Shin Thilawuntha), 싱마하랏다따라(Shin Maharattathara) 및 연속적으로 세 왕을 섬긴 높은 학식을 지닌 대신 원진미냐자Wunzinmin-yaza)의 이름은 미얀마 문학사에 흔히 등장한다. 전자 승려 세 명의 (주로) 종교적 작품 중 일부는 오늘날까지 타의 추종을 불허하는 것으로 여겨지고, 후자의 가장 잘 알려진 논문은 미래학자의 모델이 되었던 독특한 역사·정치적 작품이다. 남성이 지배하는 어와의 궁중에는 시에 뛰어난 몇몇 여성 작가들도 있었다. 그중에서 두 명은 종교적인 주제를 다룬 시로 유명하며, 궁녀인 야웨신트웨(Yaweshinhtwe)는 어와의 궁녀들이 사용하는 55가지 헤어스타일에 대해 안진(angyin, 역주-미얀마 시조의 한 형태로 뱃사공들의 노래 가사에 흔히 사용됨) 시를 썼다. (이 헤어스타일은 복제되어 현재 버강 고고학 박물관에 전시되어 있음)

여러 잣대로 재어봐도, 어와 왕국의 절정은 대략 15세기(16세기의 첫 20년을 포함)였다고 할 수 있다. 당시 어와는 상부 미얀마에서 정치적 및 군사적으로 비교할 수 없을 정도로 우월했고, 버강 왕국만큼 크지는 않았지만(하부 미얀마와 해양 지역이 없었음에도), 북부 고원 및 하부와 서부 미얀마에 이르기까지 상당한 영향력을 행사하였다. 그 당시는 왕궁이 화려하고 당대의 국가들이 어와를 모범적인 불교 왕국으로 여겼으며, 중국 군대의 침략을 (두 번) 격퇴하고 '시암'(Syam)과 버고 같은 다른 국내 경쟁자들을 저지할 만큼 군사력이 아주 강력하던 때였다. 앞에서 언급한 바와 같이, 문화 영역에서 어와는 뛰어난 미얀마 시와 다른 장르의 문학이 탄생했을 뿐만 아니라, 수백 개의 사원과 수도원을 건설하고 예술과 공예 분야에서 훌륭한 작품을 만들었다. 그리고 약 20년 만에 어와는 모든 것을 잃어버렸다. 어떻게 그리고 왜 그런 일이 일어났을까?

어와의 쇠퇴

어와 쇠퇴의 원인은 다양하지만, 버강의 경우와 마찬가지로 '간접적' 및 '직접적' 요인이 결합한 것이었다. 첫째는 사실상 상당한 기간에 걸쳐 진행 중이었던 구조적이고 제도적인 문제였다. 둘째는 '순간적 사건들'-언제든 발생할 수 있는 위기-이었다. 실질적인 변화를 일으키는데 필요한 '임계 질량(critical mass, 역주-핵분열을 일으키는 최소 질량)'에 도달하는 것은-특정 시간에 함께 모이는-그 (순간적) 사건들의 '결합'에서 비롯되었다.

'원격적인' 요소 중에서 현금, 노동, 생산적인 토지의 형태로 부를 국가에서 상가로 옮기는 것은 버강 시대와 마찬가지로 여전히 문제가 되었다. 구원에 이르는 공덕을 쌓는 일이 어와 국가와 사회의 으뜸가는 사회적, 정치적 이념으로 남아 있는 한, 자산은 계속해서 종교 부문으로 흘러 들어가 이미 앞에서 살펴보았던 것과 유사한 문제를 일으켰다. 면세 부문으로 이동한 부의 절대량은 버강 시대에 비해 적었지만, 상대적으로 비교하면 어와의 비율은 마찬가지로 높았다.

어와 쇠퇴의 또 다른 '원격적인' 요인은 왕궁 내의 끊임없는 파벌주의였는데, 특히 왕위 계승의 사안이 생길 때면, 정당한 왕위계승자가 지나치게 많이 나타났다. 그러한 파벌들이 연합하는 주요한 경쟁자는 (보통) 국왕의 큰아들과 남동생이었으며, 변함없는 삼촌-조카 간의 투쟁이었다. 그리고 물질 자원의 감소와 더불어 그 상황은 더욱 악화하였다.

이 파벌주의의 중심에는 기관의 권위보다는 개인적인 충성심에 기반을 둔 후원-수혜 관계가 놓여 있었다. 그러나 이 동일한 후원-수혜 원리는 왕국과 그 속주들을 지배하고 안정성을 제공하기 위하여 사용된 묘자 체제의 구조에 대한 행정적, 정치적 기초가 되었다. 위기가 닥쳐 파견 부대가 최대 하루 20마일 정도로 육로 이동이 가능하다면(때론 수로 이동도 있겠지만), 왕실 선호자와 지지자를 왕국 전체에 다소 고르게 분포된 특정한 거점도시(묘)들에 배치했던 것은 괜찮은 생각이었다. 그 거점 도시에서 각 묘자에게 배정된 왕실 부대는 다른 묘자 거점(거의 반란의 핵심)에 신속하게 도달할 수 있었는데, 그 왕국에 존재했던 것으로 알려진 대략 50개의 묘자 거점 상호 간의 이동에는 하루 정도가 소요되었다.

그래서 묘자 제도는 인적, 물적 자원이 나눠지고 상황이 불안정했던 초기에 정치 체제를 안정시키고 통합하는 데 도움을 주지만, 그런 구조는 왕국이 확장되고 성장하게 되면 다시 불안정의 원인을 제공하게 된다. 사실 어와 시대(실제로 모든 식민지 시대 이전 미얀마 역사 동안)에 발생했던 모든 내부 반란은 농민을 위하거나 농민에 의한 순수한 농민 반란이 아니라 엘리트(보통 왕자) 사건이었다.

이러한 본질적인 엘리트 경쟁에서 왕위는 궁극적인 보상이었다. 그 왕위 경쟁은 탄압받은 대중을 대신한 봉기도 아니며, 중앙에 대항하는 주변부의 독립을 위한 반란도 아니었다. 오히려 중심과 중심이 다투는 엘리트 간의 경쟁이었다. 반란의 주도자는 일반적으로 자신을 위한 또는 자신이 지지하는 다른 사람을 위한 왕위를 쟁취하려는 왕족이거나 왕위 보유자 또는 정식 왕위 계승자를 부정하는 왕족이었다. 따라서 묘자 제도는 국가의 강화를 실현하는 만큼 약화할 수도 있는 기회를 제공하였다.

어와의 쇠퇴에 대한 '직접적인' 원인은 더 명확하고 덜 복잡하며, 진행 중이었던 장기적이며 '간접적인' 요인들보다 예측하기 더 어려운 '순간적 사건'과 훨씬 더 관련이 있었다. 밍가웅 2세가 죽자 그의 아들 쉐난쬬싱(Shwenankyawshin, 재위 1502~27년)이 왕위에 올랐고, 그의 통치 기간은 길었음에도 환란이 끊이지 않아 종말로 치닫기 시작하였다. 왕위 계승에 실패한 모반자들의 끈질긴 반란에 이어 불만을 품은 자들이 연합하여 부상하는 중심지인 따웅우를 강화하였다. 전부는 아니겠지만 그들 중 대부분은 왕국 전체의 생존이나 회복에 관해 생각 없이 편협된 개인적인 이익에만 관심이 있었다. 따웅우에 의한 어와 권력의 '쪼개기'는 자신의 동맹이 아닌 샨족 소브와를 대담하게 만들었고, 삐와 같은 다른 지방 중심지들은 '방관'하는 입장이었다. 그리고 상황이 어와에게 유리하게 전개되고 있을 즈음 총명한 왕세자가 갑작스럽게 사망하고, 그다음으로 재능있는 왕자가 잘못 쏜 화살에 맞아 죽었고, 사소한 일에 질투하는 여왕에 의해 큰 위기가 닥치는 등 몇몇 우연히 발생한 사건도 있었다.

그러한 일들이 어와를 계속 허약하게 만들었다. 마침내 1527년 무 강 유역과 그 주변의 광대한 관개 지역의 묘자였던 소브와 모닝(Mohnyin)이 왕도를 점령하였다. 그는 하비(Geof-frey E. Harvey, 역주-1925년 출판된 『History of Burma』의 저자인 영국인/식민지관리)가 '온전한 야만

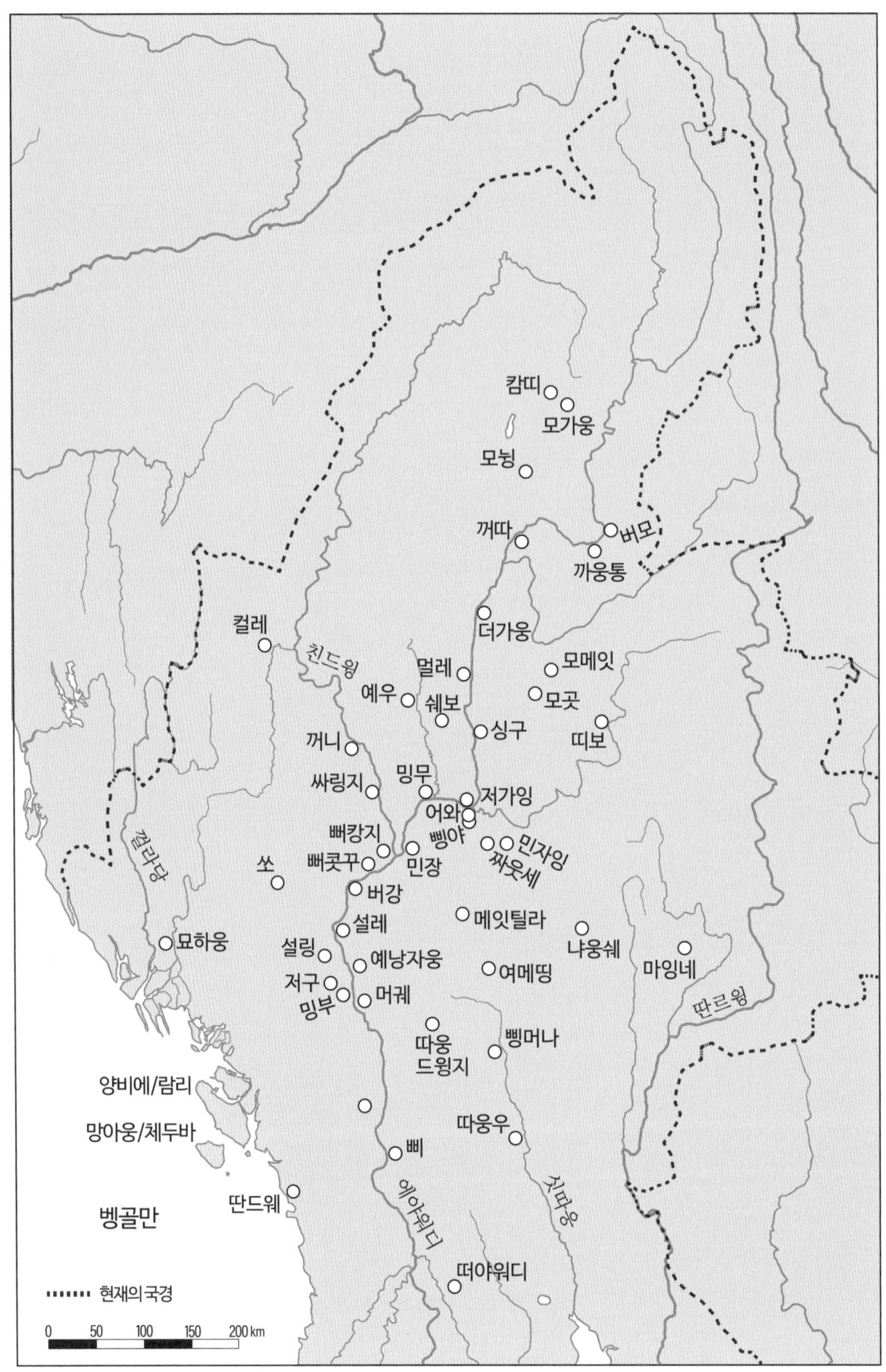

15세기 절정기에 달했던 어와 왕국

인'이라고 불렀던 그의 아들 또한브와(Thohanbwa)에게 그 도시를 주었다.[74] 그는 미얀마에서 최초로 왕위에 오른 어와의 속주의 샨 족장이었다. 그러나 그는 젊어서 경험이 없었고, 자신의 권력을 유지하는 것 이상으로 야망이 없었으며, 미얀마 문화와 불교에 대해 적대적인 행동과 대체로 난폭한 성격을 보였다. 또한브와는 새로운 지도자를 섬기기 위해 왕도에 머물렀던 옛 어와 왕실 관리였던 밍찌양아웅(Minkyiyanaung)에 의해 살해되었다. 밍찌양아웅은 왕위를 거부하고 그 대신 수도원에 들어가길 원하였다. 두 명의 소브와가 어와의 왕좌에 앉은 후, 마침내 1553년경 옛 어와 왕실의 사람이 왕권을 되찾았으나, 1555년 버고의 바인나웅(Bayinnaung) 왕이 다음 장의 이야기인 나라를 재통일할 때까지 유지하였다.

그래서 미얀마 역사에서 이른바 '샨족의 시대'는 1527년이 되어서야 시작되었고 불과 24년 만에 끝나버렸으니, 어와(그리고 국가 전체)에 대한 그 역사적 영향은 극히 일시적이었고 미미하였다. 하지만, 어와와 미얀마의 역사학(historiography)에 끼친 영향은 상당히 다른 문제이다. 역사가들은 버마족에서 샨족 지배-미얀마의 역사에서는 '샨족 시대'라고 명명함-로 국가 역사의 주요한 전환이 어와 시대에서 이루어졌다고 생각했기 때문에, 이전에 절대 존재하지 않았던 역사적 중요성을 부여하였다. 이는 결국 독립 이후 미얀마의 근대사에 엄청난 영향을 미쳤다. 그래서 이 나라의 역사에 등장했던 샨족의 (그리 주장되는) 역할은 1947년 헌법에서 특별한 양해 조항(역주-헌법 제10장(201조에서 206조까지 해당)은 각 주의 연방 탈퇴에 관한 조항임)을 규정하게 했고, 그 결과 제12장에서 논의할 주제인 1962년 쿠데타의 직접적인 원인 중 하나가 되었고 이후 수십 년 동안 심각한 반발을 일으키게 하였다.

이 단기간의 샨족 지배에 대해 역사학적으로 실제 더 흥미로운 사실은 미얀마 왕통사의 저자가 공식적인 어와 국왕 목록에 그 세 명의 샨족 소브와를 포함했다는 것이며, 근본적으로 그들은 버마족 왕조의 합법적인 구성원임을 인정했다는 것이다. 이것이 암시하는 것은 합법적인 왕조를 결정하는 궁극적인 기준은 종족(흔히 그렇게 주장하듯이)이나 가계가 아니라 신성한 장소라는 것이다. 어와는 붓다의 예언을 받아서 신성한 곳이고, 샨족이든 버마족이든 그곳을 지배하는 자는 합법적이라고 생각하였다. 지배자들에게 정당성을 부여한 것은 어와였다.[75]

74　Harvey, *History*, p. 107.

75　이러한 분석에 대한 자세한 것은 다음을 참조할 것. Michael Aung-Thwin, 'Mranma Pran: When Context Encounters Notion', *Journal of Southeast Asian Studies*, XXXIX/2 (2008), pp. 193-217.

　　1527년 어와가 함락되었을 때, 많은 사람들은 이미 알려진 대로 '산지'나 '변방'이 아닌 다른 중요한 지방중심지로 피신하였다. 대다수가 남쪽 아래에 있는 따웅우에서 안식처를 찾았다고 하며, 그 후 초기 동남아에서 가장 소중한 자산이었던 노동력을 제공하는 인구가 증가하였다. 피난민들은 왕과 왕족-문화의 유지자, 종교와 경제적 생계의 후원자, 사회·정치적 신념의 모델-을 잃었고, 많은 상가도 피신하게 되어 열반에 이르는 길도 잃었다. 대탈출에는 최고의 작가, 철학자, 종교적 거장, 음악가, 예술가 그리고 가장 경험이 풍부한 왕국 행정관(고위 대신과 고문) 및 당연히 최고의 군사 전문가 등이 포함되었다. 어와에서 지방중심지, 특히 따웅우로의 피난은 거대한 '두뇌 유출'이었다.

　　이러한 인적 자원을 보유한 따웅우는 곧 상부 미얀마에서 최고의 중심지가 되었다. 민찌뇨는 그곳에 자신의 왕조를 세웠고, 정당성 확보를 위해 그 계보를 버강과 어와 시대까지 연결하였다. 어와의 손실은 따웅우의 이익이었다. 어와가 샨족 소브와에 의해 점령되지 않았다면 (역설적이지만) 거의 모든 소브와 지역을 포함하여 16세기에 동남아 대부분을 정복했던 위대한 따웅우 왕조가 성립되지 못했을 것이다.

　　그러나 그 당시 16세기 전반경 따웅우는 북쪽에 어와, 남쪽에 버고 등으로 둘러싸여 있었다. 세 권력의 중심지는 모두 당시에 나라를 통일하려는 열망이나 재력이 없었던 것 같다. 그 후 하부 미얀마를 포함한 도서부 동남아에서 교역과 상업이 급성장하면서 모든 것을 변화시켰다. 한편, 한때 미얀마의 모범적 중심지였던 어와는 이제 또 다른 중심지가 되었다.

어와의 유산

앞에서 언급한 문학적 업적을 차치하더라도, 제1차 어와 왕국은 미얀마 역사에서 적어도 두 가지 측면에서 중요한 의미를 갖는다. 첫째, 버강의 총체적 분열을 방지함으로써 어와는 후자의 인적, 물적 자원을 온전하게 유지할 수 있었고, 버강의 버마족 전통에 속한(또는 그들이 속해 있다고 믿었던) 종족과 문화로 인하여 이후 미얀마를 재통일할 수단을 제공한 전통과 제도를 유지할 수 있었다는 점이다. 그리하여 제1차 어와 왕조와 시대는 '고전기'와 '전근대' 미얀마 사이를 연결하는 교량 역할을 하였다.

　　둘째, 어와 왕국이 1364년에 그 특정한 시간과 장소에서 강력하고 분명한 군사적, 정치적, 문화적 장벽의 중심이 되지 않았더라면, 200년에 걸쳐 대륙부 동남아의 서쪽과 중앙 하천 유역을 따라 남진하여 하부 미얀마의 해안까지 이르렀던 따이어족의 대규모 이주를 막아

딴 곳으로 돌릴 수 없었을 것이다. 그런 일이 일어나지 않았다면, 미얀마어 화자들은 따이어 족에게 흡수되어 큰 소수 종족집단이 되었고 국가의 언어와 문화가 샨어/따이어인 큰 국민 국가에 통합되었을 것이다. 또는 더 남쪽으로 밀려 내려가 현재의 태국 남부와 말레이시아 북부에 거주하는 몬족과 꺼잉족을 밀어내고 상부 말레이 다도해와 태국의 지정학적, 종족 인 구학적 구성을 완전히 바꾸어 놓았을 것이다.

요컨대, 어와가 그때 그곳에 있지 않았다면, 오늘날의 태국은 인도 국경에서 캄보디아 까지 펼쳐지는 대륙부 동남아에서 가장 큰 나라가 되었을 것이다. 그리고 그런 일이 일어나 지 않았기 때문에, 만약 전통에서 전하는 대로 버강 왕조의 멸망 이후 어와 왕국이 '샨족' 정 체라고 여겼다면, 앞의 가정처럼 왜 그렇게 되지 않았는지 물어보는 것이 합리적인 질문이라 고 생각한다.

버고의 기원과 발전

최근 역사적 연구에 따르면 11세기 이전의 하부 미얀마는 거의 습지와 늪으로 덮여 대부분 거주하기 힘든 '벽지'(backwater)이자 상부 미얀마에는 '개척지'나 다름없었다.[76] 그 당시 존 재했던 유일하게 알려진 정착지는 어족 구성이 알려지지 않은 서기 첫 천년 간의 도시시대 동안 등장한 작은 항구 마을이었다.

그러나 11세기 중반에 이르러서 어노여타의 정복과 짠짓따의 남쪽 원정으로 그곳에 새 로운 도시 정착촌이 세워졌다. 언어적, 역사적 증거에 의하면, 미얀마어 사용자들이 하부 미 얀마에 두 번째로 정착하였다고 한다. 그 정착지 중에서 가장 중요한 곳은 상업적 가능성이 있는 지역에 자리를 잡았는데, 즉 못떠마 만과 벵골 만 및 더욱 남쪽으로 도서부 동남아에 직 접 접근할 수 있는 해안 마을이었다. 12세기와 13세기가 지나면서 이 지역은 점점 더 버강의 지배를 받게 되었다.

그런 도시 중 가장 중요한 곳은 딴르윙 강이 못떠마 만으로 흘러 들어가는 곳에 자리한 못떠마였다. 그곳은 12세기 후반에 버강의 너야버디씨뚜 왕에 의해 설립되었으며, 그의 비 문 중 하나는 떠닌다이 반도의 못떠마 남쪽 지역에 대한 버강의 지배를 언급하고 있다. 하부

76　라만냐와 하부 미얀마에 관한 신화는 아웅뜨윙(Michael Aung-Thwin)의 저서 *The Mists of Ramanna* 에서 설명하고 있다.

미얀마에서 못떠마의 주요 지역 경쟁자는 유일하게 1260년대 고대 미얀마어 비문(Payku로 기록됨)에 처음으로 언급된 인근의 속주인 버고였고, 그 시기보다 훨씬 이전에 존재했다는 사실을 증명하는 원본 증거는 없다. 그래서 버고는 비교적 새로운 정착지이며, 도시 내부의 확장이 있었으나, 그곳 전통적인 얘기 속에 나오는 라머냐데따의 전설처럼 붓다의 시대로 거슬러 올라갈 만큼 오래된 정체는 아니다.

그곳 수령들은 한때 왕족이었던 버강 왕실의 파견 관리였을 것이다. 그들은 왕국의 업무를 수행하고, 인도 남부, 스리랑카 및 옛 제국이었던 스리위자야(Sri Vijaya)의 한 부분이었던 동남아의 여러 해양 지역에 의해 자극을 받아 11세기와 13세기 동안 초기 '상업시대'에 편승하여 상부 미얀마에 세입과 필요한 인력을 공급하였다.

13세기 후반 버강이 북쪽 국경에서 몽골 침략으로 인해 하부 미얀마에 대한 지배권을 상실했을 때 못떠마는 독립을 위해 나섰다. 동시에 버고는 반란을 선택했다. 그 후 두 지역은 그 지역 패권을 놓고 경쟁했는데, 샨족 또는 몬족의 혈통으로 악마(여)의 후손이라고 하는 와가루(Wagaru, 와레루 Wareru로도 알려짐, 재위 1287~96년)가 이끄는 못떠마가 승리하였다. 13세기의 마지막 10년쯤에 못떠마는 새로운 와가루 왕조 아래에서 하부 미얀마의 지배적인 세력이 되었다. 그 후 얼마 지나지 않아, 못떠마는 중국에 독립 왕국의 인정을 구했다(그 이후 승인 받음). 요약하면, 하부 미얀마의 해안은 미개발 상태의 인구가 적은 습지에서 잘 구축된 상부 미얀마와 나중에 세력을 다투는 지역으로 발전하였다. 그리하여 어와와는 달리 못떠마의 부상은 옛것의 부활이 아니라, 비교적 새것의 시작인 셈이다.

종족적(또는 초자연적) 배경이 무엇이든 간에, 상부 미얀마에서 독립한 '왕조'가 지배하는 정체(polity)가 등장한 것은 하부 미얀마의 역사상 처음이었다. 못떠마의 역사적(그리고 전설적) 관계의 대부분은 동쪽에 있는 따이어족 중심지, 특히 수코타이(Sukhothai)와 치앙마이(Chiang Mai) 등과 관련이 있다. 실제로 와가루의 왕족 주장은 하부 미얀마(그와 연결될 수 있는 그 당시의 전통은 없음)와는 아무 관련이 없었지만, 따이어족에 의해 건설된 최초의 '왕국' 중 하나인 수코타이와 관련이 있다. 그는 (결혼으로) 그가 필요했던 왕족의 자격을 제공했던 수코타이 왕의 딸과 나중에 받았던 흰 코끼리를 데리고 달아났다고 한다. 400년간의 버강의 전통에 근거하여 계보(실제 또는 가상)를 연결할 수 있었던 어와와 달리, 하부 미얀마는 아무것도 없어서 결국 악마와 따이어족의 전통에서 찾았다.

마지막으로, 14세기 2/4분기인 1385년, 어와가 새로운 왕국으로 발흥한 지 20년이 채 지나지 않아 하부 미얀마의 세력 중심은 못떠마에서 버고로 옮겨갔다. 하지만, 이러한 중심 이동에 대한 몬족 왕통사의 설명은 매우 은유적이었지만, 실은 지정학적으로 버고는 못떠마보다 더 나은 자연 방어력을 가지고 있었다. 못떠마는 아유타야의 등장과 함께 그 동쪽에서 빠르게 발전하고 있는 따이어족 지역 및 스리위자야의 쇠퇴와 멀라까(Melaka)의 발흥 이후 부상하고 있는 남쪽의 말레이족 지역 등의 공격(또는 통제)에 아주 취약했다. 버고는 내륙 안에 위치하여 도서부 동남아의 침략자가 그곳에 도달하기 위해서 힘든 지형을 통과해야 하지만, 못떠마는 만에 바로 인접하여 육로를 통해 삼불탑 고개(Three Pagodas Pass)를 넘어온 아유타야 (뒤에서)뿐만 아니라 모든 방향의 넓은 바다에서도 공격을 당할 수 있었다.

그러나 버고로의 중심 이동은 국내적으로도 중요한 의미를 지니는데, 이는 또다시 상부 미얀마의 권역과 그 정치적 및 경제적 이익 아래 놓임으로써 이제 에야워디강과 싯따웅강 유역을 통해 따웅우와 뼤에 쉽게 접근할 수 있기 때문이었다. 못떠마의 지도부가 버고로 옮기지 않았다면(그래서 상부 미얀마의 정치권으로 복귀했다면) 오늘날 떠닌다이 반도는 미얀마가 아닌 현대 태국의 일부가 되었을 것이다.

하지만, 버고의 지도자들은 못떠마의 계보 및 와가루의 '왕족' 가계를 확실하게 유지하였다. 빈냐우(재위 1353-85년)는 새로운 버고 왕조의 창시자이지만, 자신을 와가루 왕가의 마지막 출신이라고 생각하였다. 작은 지방 중심지에서 시작된 버고는 빈냐우를 계승하여 미얀마 지배를 향한 진정한 경쟁자이자 군사적 능력과 재능이 뛰어난 왕으로 유명한 야자다릿(재위 1385-1423년)의 통치 아래 강력한 왕국으로 확장하였다.

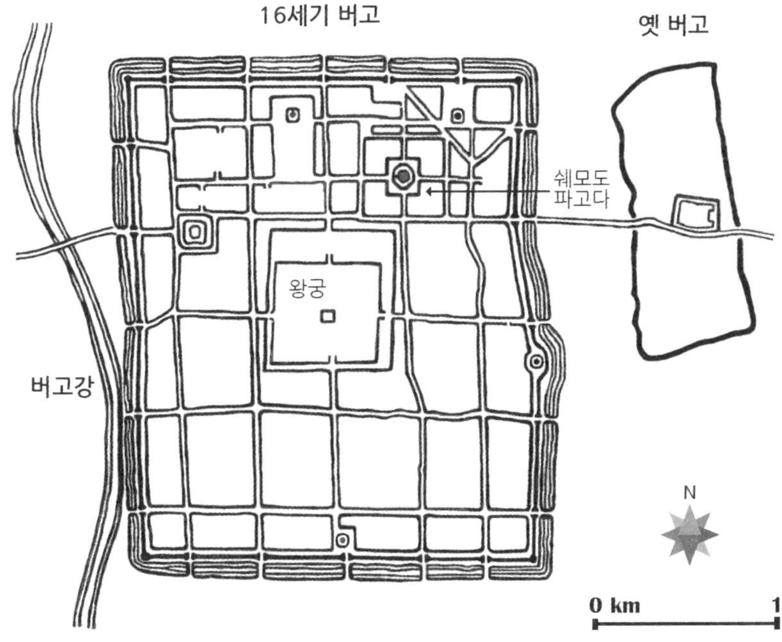

13세기 중반에서 16세기에 이르는 버고의 구도시와 신도시

그 후 버고 왕국은 그때까지 하부 미얀마에서 알려지지 않은 종교적 및 문화적 측면에서 최고 수준으로 성장하였다. 특별히 야자다릿의 두 명의 계승자, 즉 이 나라의 역사에서 유일하게 기록된 여성 군주인 신소부(Shin Saw Bu, 재위 1453~72년)와 그녀의 '사위'인 더마제디(Dhammazedi, 재위 1472~92년) 왕에 의해 이룩된 것이었다. 신소부는 그녀의 종교적 신앙과 후원으로 잘 알려져 있고, 더마제디는 상가 개혁으로 유명하다. (몬족의 '캐멀롯'이 불교 역사상 가장 전형적인 시대의 왕인 아소카 왕의 시대로 거슬러 올라간다고 주장하면서 15세기 후반 라머냐데따의 신화를 시작했던 이가 바로 더마제디이다.)

신소부와 더마제디를 계승했던 군주에 대하여 원본 자료에는 그리 많은 기록이 없지만, 왕국을 강화하기 위해 자원을 사용하기보다는 후자의 두 왕이 뿌려놓은 것을 기분이 좋게 수확하던 시대를 거치고 난 이후 버고는 소용돌이치며 추락하기 시작했다는 사실은 충분히 암시된다. 그러자 포르투갈인들이 우월한 화기와 과학 기술을 가지고 도착하였고(그 지역의 세력 균형을 무너뜨렸고), 따웅우가 군사적으로 유능했던 더빙쉐티(재위 1531-50년)의 주도로 하부 미얀마의 해안에서 최고의 항구였던 버고의 지위에 도전했을 때, 제1차 버고 왕조는 더는 버틸 수 없었다.

버고의 쇠퇴

버강 및 어와와 마찬가지로 버고의 쇠퇴에도 이전에 분명히 드러났던 몇 가지 패턴과 경향, 즉 국가 자산의 면세 부문인 상가로의 이전 및 최악의 후원-수혜 관계 등이 나타났다. 버고에서 전자는 동남아 도서부가 누리고 있던 교역과 상업의 성장으로 얻은 현금과 기타 유동 자산이 토지보다 훨씬 많았다. 그렇지만, 현금이든 토지든 간에 경제에 미치는 영향은 똑같이 해로웠다. 후원-수혜 관계에 있어서, 상가로 들어가는 수익이 줄어들자 파벌주의를 만연시켰는데, 이는 개인에 대한 충성이 계속해서 제도적 권위를 무너뜨리고 있었기 때문이다. 당연하게도 버고 왕궁의 왕위 계승 투쟁도 주로 삼촌과 조카 사이에 있었으니, 이는 왕권을 뒷받침하는 정치 제도가 어와의 것과 매우 유사했다는 사실을 시사한다.

버고 몰락의 '직접적 원인'을 간단히 말하자면, 그곳은 너무 중요한 곳이어서 독립하도록 내버려 두지 못한다는 것이다. 다시 말해서, 싯따웅 강의 건조 지대 끝자락에 자리를 잡은 성장세의 따웅우 왕조(전략적으로 이삼 일간의 행군으로 버고 북쪽에 도달)는 1527년 어와의 멸망으로 많은 사람이 안전과 보호를 찾아 이주해와 큰 혜택을 입었다. 나라를 통일하기 위해

15세기 전성기에 달한 버고 왕국

노력하던 그 지도자들은 농업 중심의 내륙보다 상업이 주된 해안을 먼저 점령하기로 했는데, 이는 국가의 통일을 시도하기 전 농경지가 있는 내륙 지역을 먼저 차지하던 기존의 패턴과는 반대였다. 동남아 해안에서 교역과 상업이 엄청나게 팽창하던 당시의 시대에서 버고의 전략적 위치는 쉽게 무시할 수 없었다.

그리하여 미얀마에서 최고의 군사적 능력으로 성공을 거둔 왕 중의 한 명인 따웅우 왕가의 더빙쉐티는 버고를 점령하고 자신의 왕국에 정치적 및 행정적으로 통합하였다. 이번 사건은 파괴가 아닌 동화였고, 해양 상업 사회의 제도, 사람, 문화, 사회가 건조 지대 농업사회에 흡수되었다. 그 후 버고는 더빙쉐티가 그의 활동 중심을 따웅우에서 버고로 옮기면서 사실상 왕도가 되었다. 이는 하부 미얀마의 교역과 상업이 크게 성장하면서 상부 미얀마에서 관리하기 어렵기 때문이었다. 영어로 쓰인 미얀마 역사서에서는 따웅우 왕조(및 왕국)라고 하지만, 여기서는 분명한 이유로 제2차 버고·따웅우 왕조(및 왕국)라고 부른다.

버고의 유산

버고는 진정한 하부 미얀마 왕국의 첫 번째 왕도였다. 또한, 이 지역이 일시적이었지만 경제적, 군사적으로 상부 미얀마의 지배에 도전한 사실도 처음 있는 일이었다. 게다가 하부 미얀마의 교역과 상업에 배어있는 해양의 가치는 농경 중심의 미얀마인의 눈을 뜨게 하고, 서양인과 그들의 문화를 소개하고, 교역과 상업을 국가 유지를 위한 실행 가능한 방안(심지어 선택 사항도 마련)으로 제공하였다. 그리고 앞에서 언급했듯이, 버고는 신소부라는 이 나라의 역사상 유일하게 기록된 여왕을 배출하였다.

제1차 버고 왕조는 제2차 버고·따웅우 왕조의 성립을 위한 구조적 기반을 마련했다는 점에서 중요하다. 가장 주목할 만한 것으로 군사적으로 뛰어난 야자다릿의 업적, 그의 전략과 전술, 외교적 기술 및 한결같은 집중력은 하부 미얀마의 초기 역사에서 유례가 없었다. 그가 버고에 남긴 군사적 유산은 나중에 더빙쉐티와 버인나웅 등 제2차 버고·따웅우 왕조의 지도자들에게 큰 영감을 주었다. 그 두 왕은 나중에 버고를 대륙부 동남아의 역사상 최대로 확장한 왕국의 수도로 만들었는데, 캄보디아와 베트남만을 제외하고 대륙부 동남아의 서쪽과 중앙 지역 모두를 정복하였다. 그 제국은 두 번 다시 반복되지 않았던 사실로 미얀마와 대륙부 동남아 역사상 가장 큰 왕국이었다.

종교의 영역에서, 특히 더마제디와 신소부의 통치하에서 버고는 그때까지 하부 미얀마에 알려지지 않은 싱할라(Sinhalese, 역주-현 스리랑카의 상좌불교도)파의 정통주의 상좌불교의 위상을 얻었다. 그 지역에서 가장 신성한 사원인 양공의 쉐더공과 버고의 쉐모도(Shwemaw-daw)가 국가적 위상을 지니게 된 것도 그들의 재위 동안이었다. 그 이전의 두 사원은 한낱 그 지방에 국한된 명성을 가지고 있었다. 그리고 그 국가적 위상은 21세기에 이르기까지 수세기 동안 전국적으로 지속되었다. 오늘날 상황은 다시 모호해졌다. 이 나라의 새로운 정치 및 행정 중심지(네삐도)가 2005/6년에 건조 지대로 다시 이전되었을 때, 국가의 새로운 수호 사원으로 웃빠따딴띠가 세워졌기 때문이다.[77]

그리고 마지막으로 반복해서 말하지만, 더마제디 왕은 자신의 왕국과 상가를 신화 속의 러마냐데따에 연결하여 자신도 모르게 현대 역사학의 유산을 만들었다. 이 신화는 아주 중요한 학술적 문제일 뿐만 아니라 고도로 감정적인 정치적 문제로 남아 있다.[78]

상류-하류의 이원론

어와와 버고의 개별 역사는 그 자체로 흥미롭고 가치 있지만, 두 역사는 동시에 살펴보아야 한다. 왜냐하면 15세기 미얀마는 실제로 두 왕국의 이야기이기 때문이다. 그것은 특히 대조적이지만 상호 이익이 되는 상부 미얀마와 하부 미얀마의 지정학적 맥락에서 보면 사실이다. 또한, 그것은 그들의 경제적, 군사적 관계 및 어떤 면에서는 그들의 문화와 정체성의 측면에서도 사실이다. 실제로 15세기 미얀마의 엄청난 역동성은 두 왕국 간의 관계와 상호작용에서뿐만 아니라 각각의 개별 환경의 활력에서 파생되었다.

또한, 세력도 거의 같은 매우 유사한 두 개의 왕조가 서로 다른 두 개의 왕국을 지배하였다는 사실은 미얀마의 기록된 역사에 있어서 15세기가 처음이었다. 그 두 왕국은 미얀마의 주요한 정치, 경제 및 인구의 동맥인 에야워디 강 유역의 반대쪽 끝을 각각 지배하였다. 그런 상황이 그때까지 존재하지 않았기 때문에 오히려 미얀마 역사에 미치는 영향도 새로웠다. 이 현상은 구심력만큼이나 원심력을 생성한 듯 보이며, 그래서 그 시대를 정의하는 균형 상태를 제공하였다.

물론 균형이 조화를 의미하지 않지만, 어와와 버고의 관계가 아무리 대립하고 있다고 보이더라도 그들은 언제나 현상 유지를 추구하였다. 그 주된 이유라면 그 관계는 경제적, 정치적 필요성에 기반을 두며, 그들의 이익을 추구하는 일종의 타협인 셈이다. 실제로 어와는 버고에 대해 여러 번 옛 버강의 패권을 부활시키려 시도했고, 버고도 같은 방식으로 대응했

77　그러나 이전에 언급했듯이 새로운 국가 사원은 쉐더공보다 1피트 낮다. 우연히 그렇게 된 것이 아니라 쉐더공의 위상을 인정하는 의도적인 행위로 여길 수 있다.

78　Victor B. Lieberman, 'Excising the "Mon Paradigm" from Burmese Historiography', *Journal of Southeast Asian Studies*, XXXVIII (2007), pp. 377-83.

던 때도 있었다. 그러나 어느 쪽도 특히 서로의 공간을 탐내지 않았기 때문에, 상대방을 정복하거나 파괴하려는 시도는 없었다. 다시 말해서, 그들의 정치적, 군사적 관계의 역사에서는 진정으로 상대방을 제거하려는 야욕은 엿보이지 않는다.

게다가, 버고가 건조 지대를 정복할 의지와 능력도 없고, 그것을 지키고 기반 시설과 함께 농업 경제를 관리할 수 없다면, 현상을 유지하는 것 외에 선택의 여지가 거의 없었을 것이다. 어와의 경우와 유사하게, 하부 미얀마 통제 목적의 계획을 시사하는 정치적, 군사적 행동에도 불구하고, 실제 그렇게 성사되지 못하여 결국 현상 유지로 끝나버렸다. 그리하여, 그들의 관계는 적대적인 두 종족집단, 지역, 문화의 화해 불가능한 이분법적 대립이라기보다 차이의 이원론의 관점에서 실행 가능한 합성이었다.

사실 그리고 일반적으로 미얀마 및 동남아의 다른 지역에 있는 ('상류') 농업 국가의 진정한 경쟁자는 ('하류') 해양 국가가 아니라 버강과 앙코르와 같이 자신들과 같은 농업 국가였다. 유사한 양상으로 해양 국가들도 농경 국가인 상대를 거의 파괴하지 않았고, 대신 서로 협력하였다. 촐라(Chola)는 스리위자야를, 여카잉은 버고를, 다이비엣(Dai Viet)은 참파를 정복했다. 유사하지 않은 국가는 가장 중요한 방식으로 서로의 자원을 필요로 했지만, 유사한 국가는 그렇지 않았다.[79]

이러한 이원론의 훨씬 친숙하고 협력적이며 비폭력적인 영역 중 하나는 종교 부문이다. 어와의 상좌불교 우월성에 관한 주장은 버고의 능력을 능가하는 것으로 인정되고 있으나, 버고에서 시행된 더마제디 왕의 유명한 15세기 개혁은 어와의 존경과 부러움을 받을 만한 충분한 사유가 되고 있다. 특히, 더마제디가 모범적인 상부 미얀마의 왕(예로 어노여타와 너야버디 씨뚜)을 불교도 왕의 모델로 공개적으로 언급했던 것은 어와도 하부 미얀마의 고승들을 초청하여 왕도의 행사를 빛나게 하는 계기가 되었다.

두 왕국 모두 자신들의 상좌불교가 스리랑카에서 전래하였다고 믿기 때문에 이념적으로 어려운 일은 없었다. 그래서 15세기에 유명한 두 승려가 스리랑카에서 돌아왔을 때, 두 왕국 사이에 반감이 있었던 시기에도 불구하고 하부 미얀마가 아닌 어와에 거주하길 원하는

79　이러한 '상류-하류' 패러다임은 동남아 역사학에서 중요한 부문이 되어왔지만, 미얀마의 경우 아직 그렇지 못하다. 이에 대한 자세한 것은 다음의 아웅뜨윙(Michael Aung-Thwin)의 논고를 참조할 것. 'Lower Burma and Bago in the History of Burma', in *The Maritime Frontier of Burma: Exploring Political, Cultural and Commercial Interaction in the Indian Ocean World, 1200-1800*, ed. Jos Gommans and Jacques Leider (Leiden, 2002).

초대도 버고가 흔쾌히 받아들여 성대한 환송식을 베풀고 양국이 합의한 국경 지대인 삐까지 그들을 호위할 수 있었다. 이와 같이, 두 왕국은 종교의 부문에서 '상류-하류' 관계는 이원론적 차원을 넘어 하나로 일치하는 관계였다.

하지만, 정치·군사적 현상을 유지하고 같은 신앙 체계를 공유한다고 해서 그들 사이에 경쟁이 없고 일상생활이 똑같거나 모든 면에 있어서 외부세계에 대한 견해와 그 의존도 공유한다는 의미는 아니다. 후자에 있어서 어와와 버고는 아주 다른데, 이는 주로 각자의 물질적 환경과 그들이 정해놓은 우선순위의 결과에서 비롯된 것이었다.

구체적으로 살펴보면, 어와는 지방적이며, 동질적이고, 보수적으로 여겨진다. 왜냐하면 어와의 주요한 관심은 국내 환경, 즉 관개 작업, 경작지, 농업 생산, 보석 및 내륙 지역 생산물에 대한 관리 그리고 경작자의 귀중한 인구 관리 등에 집중되었다. 그 결과 어와는 사람들의 일상생활에 직접적인 영향을 미치지 않았던 북부 인도의 무슬림 침입이나 중국에서 명나라의 발흥 등의 사실보다 강에 물을 공급하는 인근 지역의 강우 패턴과 인구의 구성원, 특히 경작자 계층이 사회·법률적 범주에 남아있다는 사실을 훨씬 잘 알고 있었다.

이와 대조적으로, 버고는 국제적이고, 이질적이며, 덜 보수적으로 보인다. 경제가 국제 및 지역 상업에 의존하고 있었기 때문에, 외부세계에서 무슨 일이 일어나고 있는지 예리하게 알아야 했고, 인도, 중국 및 동남아의 정치 및 경제 동향과 패턴에 관심을 가졌다. 그래서 버고의 생존은 종종 중국 내부의 반란과 외적의 인도 침공에 달려있기도 했다. 그 결과 버고는 외향적인 시각을 갖추고, 더 유연하고, 적응력을 지니며, 기꺼이 변화를 받아들였다.

이 '상류-하류' 이원론에 좀 복잡한 세 번째 구성 요소를 더해야 한다. '이원론'에 '삼자' 요소를 더하자면 산지이다. 산지 지역은 어와-버고 이원론의 진정한 '틈새'(interstices)이다. 그러나 이 말은 그것이 실체가 아니라는 사실을 의미하지 않는다. 산지는 별개의 문화 및 언어종족 공간과 함께 전체적으로 중요하고 뚜렷하며, 지리경제적, 정치적, 인구적 구성 요소를 갖추고 있다. 사실, 어와에게 특히 15세기 동안 이 북쪽의 산지는 거의 해안만큼 중요했으며, 특정 시기에는 훨씬 더 그랬다.

경제적으로 이러한 '틈새'는 보석, 티크, 석유, 희귀금속, 중국의 신기술(총기 등) 등을 평원의 쌀, 식료품, 제조품 및 (반복하자면) '고급문화'와 교환하였다.[80] 또한, 산지는 특히 농업과 군사 부문에서 평원의 노동력을 보충해주었다. 산지는 어와와 정치적으로 동맹을 맺고 전

---

80 Sun Laichen, 'Ming-Southeast Asian Overland Interactions, 1368-1644', (PhD, University of Michigan, 2000).

쟁 시 귀중한 지원군을 제공했고, 평상시에는 전통적인 (북부) 침략 경로를 차단하는 영구적인 완충 지대 역할을 해주었다. 그들의 엘리트는 어와 왕족과 결혼하여 더 지속되는 정치적 동맹을 맺었고, 그 후손은 시간이 지나 미얀마 왕실의 일원으로 인식되었다.

따라서 15세기에 어와와 버고 간의 '상류-하류' 관계가 전반적으로 중요했겠지만, 엄밀한 의미의 정치적, 군사적 방법에서는 상부 미얀마와 산지 사이의 관계가 실제로 더 중요했을 수 있다. 그리고 어와에게 그 관계는 축복일 수도 저주일 수도 있었다. 한편, 일부 샨족 소브와들은 어와 왕실이 신뢰하는 동맹이 되어 15세기 '중국인'을 두 차례나 격퇴한 것을 포함해서 여러 차례 도왔고, 그 이후로 앞에서 말했듯이 미래의 침략에 대비하는 북쪽의 영구적인 완충 지대가 되었다. 그 반면, 다른 소브와들은 어와에게 도전할 만큼 아주 많이 강해졌다. 실제로 그들은 1527년에 어와를 차지하였는데, 어와는 항상 해안에 대해 걱정했고 따라서 끊임없이 어깨 너머로 버고를 보고 있었다.

버고의 경우, 그러한 북부 산지는 거의(또는 전혀) 관심이 없었지만, 상부 미얀마와 하부 미얀마 간의 이원론 자체는 버고에 다른 영향을 미쳤다. 보통 장기간의 단일 왕국 상황 속에서 상부 미얀마가 지배하던 것에서 벗어나 하부 미얀마는 처음으로 독립을 맞이하였다. 그 결과, 쀼족 시대 이후 미얀마 역사에서 가장 중요한 장기 역사적 패턴 중 하나였던 건조지대의 주도권이 15세기에 처음으로 도전을 받아 상실되었고, 거의 2세기 동안 사라졌다.

그리고 결국 건조 지대 주도권과 그것에 수반되는 버마족의 지배가 다시 돌아와 승리하였다고 할지라도, 버고가 15세기 동안 어와의 하부 미얀마 정복을 성공적으로 막을 수 있었기 때문에 몬족의 독립 국가에 대한 기억은 15세기를 훨씬 넘어 역사적, 역사학적, 정치적 결과를 지닌 고대 러마냐데따라는 개념으로 표현되었다. 이후 계속되는 시간 속에서 하부 미얀마의 자치를 촉구하는 열망에 대해서도, 오늘날 태국의 여러 곳에 살고 있지만, 스스로 미얀마의 초기 몬족의 후손으로 여기는 사람들에게도 아직도 뜨거운 화두로 남아 있다.

그런 다음, 16세기 중반 직전, 서로 10년 이내에 어와와 버고는 두 개의 다른 국내 세력에 점령되어 15세기의 '상류-하류' 이원론은 종식되었다. 어와는 그 후 거의 25년 동안 분열된 정체로 남아 있었지만-비록 신/구 세력이 교대로 주도권을 잡긴 했지만, 똑같은 옛날 구성 요소로 되돌아간 반면-그와 대조적으로 버고는 옛 지역 따웅우에서 발원한 새로운 지도부와 왕조를 만나 활력을 되찾았다.

이 두 정복에 대해 알아야 할 중요한 사실은 어와나 버고 사회가 실제로 파괴되거나 폐기되거나 제거되지 않았다는 것이다. 오히려 그들의 인적, 물적 자원은 옛것을 보존하는 것만큼 '새로운' 것을 창조하기 위해 유지하고 재구성하여 재형성하였다.

그래서 14세기 중반에서 16세기의 1/4분기 사이의 어와와 버고의 역사는 전통에서 얘기하듯이 태곳적부터 버마족, 샨족, 몬족 간의 단순한 종족 경쟁보다 훨씬 더 복잡하다. 거의 2세기 동안 그러한 개념은 미얀마의 식민지 시대 이전 역사 분석의 틀이 되었다. 그렇게 함으로써 상부 및 하부 미얀마의 관계를 사실은 이원적이며 공생적인 것에서 이분법적이자 대립적인 관계로 바꾸어 놓았다.

그것은 이번에는 왕통사의 맥락을 왜곡시켰다. 그곳에서 어와와 버고는 서로 반대의 상태로 나타나는데, 어와는 옛것에서 새것으로, 버고는 새것에서 옛것으로 만들었다. 이러한 역사 기록은 심각한 결과를 낳았다. 그리하여 미얀마 역사에 대한 잘못된 결론과 오늘날 여전히 정치적 논쟁 대상이 되는 미얀마라는 국가의 탄생 방식에 대한 오해를 초래하고 있다.

제6장 '전근대'의 실험

겨우 24년 만에 샨족 세 명의 소브와에 의한 어와의 지배는 끝났다. 그러나 어와는 그 후 반세기 동안 왕도의 위상을 즉시 회복하지 못했고 상부 미얀마의 몇몇 중요한 중심지 중 하나로 전락하였다. 반면에 버고는 따웅우 왕조에 의해 흡수되어 활기를 찾아 국가의 지배적인 세력으로 부상하였다. 따라서 그 명칭은 제2차 버고·따웅우 왕조로 하였다. 이 왕조는 나아가 다시 그 땅을 통합하였는데, 내륙의 농업 지역(어와 포함)과 해안을 모두 되찾았고, 규모와 세력에 있어서 고대 버강 왕조와 매우 흡사하였다. 그 결과 '건조 지대 주도권'과 '상류-하류 이원론'은 일시 중단되었고, 이 나라의 식민지 시대 이전의 역사에서 처음(이자 마지막)으로 왕도는 하부 미얀마에 자리하였다.

다시 말하지만, 제2차 버고·따웅우 왕조는 전성기에 대륙부 동남아의 모든 서부 및 중앙 지역의 대부분을 정복하였다. 이 왕국은 미얀마와 대륙부 동남아의 역사상 가장 넓은 영토를 자랑했지만, 동시에 단명하였고, 그 왕도인 버고는 1599년 완전히 불에 타버렸다. 하부 미얀마는 그때부터 황량한 지역으로 변했지만, 상부 미얀마는 1886년 군주제가 끝날 때까지 권위의 자리를 되찾아 부활하였다.

버고의 멸망에 따라 '건조 지대 주도권'은 다음 3세기 동안 상부 미얀마의 제2차 어와 왕조 및 꽁바웅 왕조와 함께 재등장하였고 16세기의 '상류-하류 이원론'은 끝나버렸다. 하지만, 미얀마의 식민지 시대에서 이분법적 관계로 그 이원론이 다시 나타났다. 그것은 바로 영국이 미얀마를 정복하고 정치적, 경제적 중심을 해안으로 옮겨 랭군을 사실상의 수도로 만들면서 장기간에 걸쳐 형성되었던 토착적 역사 패턴을 뒤집었을 때 나타나게 되었다.

그러나 그것은 일시적이었다. 버고가 61년간 왕국의 수도로 있었던 것과 놀랍도록 비슷하게, 약 60년 만에 2005/6년의 정치 중심지는 '심장부'인 건조 지대의 삔머나로 다시 천도하였다. 그곳은 최근에 건설된 새 수도 네삐도(Naypyidaw)와 인접한 따웅우 북쪽의 옛 속주였다.[81] 이것이 의미하는 바는 미얀마 역사의 약 2,300년 가운데 나라의 권위를 나타내는 자리(왕좌)가 겨우 217년을 제외하고 모두 건조 지대에 머물렀다는 사실이다. 기원전 두 번째 천년 초기의 도시 시대에서 시작된 '건조 지대 주도권'은 오늘날 미얀마에서 다시 우세한 역사 패턴이 되었다.

제2차 버고 · 따웅우 왕조: 1539–99년

특히 교역과 상업에게 '매개자'(agency)의 자격을 부여하는 역사가들은 16세기를 동남아 역사에서 '전근대 시대'의 절정으로 여긴다.[82] 이 시대에 있어서 특별히 도서부 동남아의 역사는 활발한 해상 상업 활동으로 간주하기도 하는데, 이는 부분적으로 지난 2세기 동안 동남아 해상을 포함하여 홍해를 넘어 심지어는 북미까지 명나라가 원정한 것에 기인하기도 한다. 또한, 포르투갈인은 15세기에 동남아 해역에 진출하여 중요한 역할을 했으며, 신대륙에서 필리핀까지 황금 파이프라인을 개설했던 스페인인도 마찬가지였다.

물론 남아시아인, 중동인 및 동남아인도 지난 천 년간 이후로 동남아에서 상업 및 기타 해상 활동을 중단해본 적이 없었다. 수마트라 남동부에 그 중심을 둔 것으로 여겨지는 거대한 해상 제국인 스리위자야는 이미 쇠퇴하였다. 그것은 그 '상속자'이자 이제는 불교도가 아닌 이슬람교도이자 동시에 교역에 능한 말레이인이 주도하는 멀라까로 대체되었고, 동아시아를 오가는 모든 해상 화물 대부분이 통과하는 말라까 해협의 동쪽에 위치하고 있다.[83]

---

81 어떻게 설명하느냐에 따라 달라질 수 있겠지만, 랭군은 사실상 거의 한 세기 동안 '수도'였지만, 형식적으로는 (독립한) 1948년 이후부터 세어보자면 거의 60년에 가깝다.

82 Anthony Reid, *Southeast Asia in the Age of Commerce: 1450-1680, Volume One: The Lands below the Winds* (New Haven, CT, 1988).

83 도서부 동남아의 상업사에 있어서 말레이족의 중심적 역할에 대해서는 레오나드 안다야 (Leonard Andaya)의 최근 저서를 참조할 것. *Leaves of the Same Tree: Trade and Ethnicity in the Straits of Melaka* (Honolulu 2008).

지경학적으로나 정치적으로나 '전근대' 시대의 지역으로 버고와 하부 미얀마는 해상 세계의 필수적인 구성 요소를 갖추고 있었다. 그것은 해안을 감싸고, 대륙부 동남아를 서쪽, 남쪽, 동쪽에서 둘러싸면서 여카잉에서 북부 베트남 및 한층 나아가 중국과 동남아의 북쪽과 동쪽에 있는 지역까지 뻗어나간다. 그것은 물리적, 경제적, 개념적으로 연결된 곳이며, 공통의 상업 및 문화 활동에 관여하고 서로에게 잘 알려진 해안 정착지 또는 거주지이기도 하였다.

당시 버고는 하부 미얀마에서 가장 중요한 상업 및 정치 중심지였으며, 16세기 동안 국제 교역에 있어서 '가장 선호되는 항구 도시'였다. 미얀마 에야워디 델타 서부의 또 다른 항구 도시인 버떼잉은 일찍이 11세기와 12세기에 인기 있는 항구 도시였다. 그곳은 델타 지역 일부가 굉장히 확장되는 바람에 이제는 내륙 깊숙이 들어간 지역으로 변모되어 뱃사람에게는 불편한 곳이 되었다. 버고도 그와 똑같은 현상을 겪기 시작했지만, 여전히 합리적으로 접근할 수 있었으며, 하부 미얀마의 가장 중요한 관문으로 남아 있었다.

자신들의 왕도가 싯따웅강의 건조 지대 남쪽 끝단 근처에 있었던 따웅우 지도자들은 역사상 이 특정한 시기에 상부가 아닌 하부 미얀마가 (대개 그 반대로 생각하였음) 통일의 열쇠라는 사실을 깨달았고, 미얀마 상부의 관개 지역의 식량 공급이 여러 다루기 힘든 강한 세력들의 손에 달려 있는 상황에서 나머지 지역을 통일하기 전에 버고를 먼저 점령하기로 결정했다. 그것은 현명한 판단이었다. 10여 년 내에(1539년경) 그 유명한 더빙쉐티(재위 1531-50년)가 주도하여 버고를 점령했고, 그 후 나머지 하부 미얀마의 대부분도 그의 지배하에 놓였다.

그리하여 더빙쉐티는 어와의 곤경과 그 인구의 따웅우 이주(앞 장에서 언급한 '두뇌 유출') 및 그의 즉위 시에 해상의 교역과 상업의 급증으로 많은 이익을 얻었다. 그는 어리고(고작 15세) 무모했지만, 그와 그의 장차 처남이 될 버인나웅(향후 미얀마의 가장 위대한 장군)은 경험이 많은 대신들의 조언을 받아 젊음과 경험으로 버고의 에너지와 차후의 성공에 발판이 되었다. 더빙쉐티의 무모함에 대해 역사가들이 익히 기억하는 이야기로 제1차 버고 왕조의 국가 사원인 쉐모도 파고다에서 그가 (몰래 잠입하여) 귀를 뚫는 의식을 행하였던 사실이 있다. 버고의 지도자들은 그런 사전 계획된 모욕에 대해 대처할 수 없었기에 그냥 분통만 터뜨릴 수밖에 없었다.

버고를 점령하기 전, 더빙쉐티는 그곳의 측면 지역이 점령되어 자신의 지배하에 있다는 사실을 확인하였다. 특히 서쪽의 버떼잉과 먀웅먀(Myaungmya)는 그들 오른쪽의 중요한 지방 중심지였으며, 먼저 제압하지 않으면 저항의 중심이 될 가능성이 있었다. 버고는 잘 방어하였지만, 더빙쉐티는 왕실의 본질적인 의심증을 이용하여 그곳 사령관 두 명을 제거하고 버고 군대의 전면적인 탈영을 부추겼다. 이때 버고 왕은 삐로 도피하였지만, 더빙쉐티는 왕통사의

21세기 따웅우의 위성 사진, 성곽 둘레의 해자 등 전형적인 왕도의 모습을 갖추고 있음

기록대로 '한 자루의 칼이나 창을 부러뜨림' 없이 1539년 그 도시에 입성하였다.

그것은 오직 첫 단계에 불과하였고, 따웅우 통치자들은 상업으로 벌어들인 부만으로는 미얀마 전체를 통제하기에 충분하지 않다는 것을 알고 있었다. 내륙의 인구와 관개 지역도 다시 통합하고 활기를 찾게 만들어야 했다. 그러나 그 일은 버인나웅이 1551년 왕위에 오르기 전까지 일어나지 않았다. 그동안 더빙쉐티는 모든 하부 미얀마를 재통합하기로 하고, 먼저 버고의 가장 큰 경쟁자이자 가장 중요한 보상이라 할 수 있는 못떠마를 차지하였다.[84] 그곳은 교역에 종사하며 정착해있는 아마도 그 수가 가장 많고 부유한 외국인 인구를 지닌 가장 부유한 해안 도시 중의 하나였다. 그곳에 있었던 외국인으로는 당연히 포르투갈인을 포함하여, 그리스인(Greeks), 베네치아인(Venetians), 무어인(Moors), 유대인, 아르메니아인(Armenians), 페르시아인(Persians), 아비시니아인(Abyssinians), 말라바리인(Malabari), 수마트라인(Sumatrans) 등이었다. 항상 그렇듯이, 포르투갈인들은 가장 선호하는 용병이었고, 그래서

84　포르투갈인의 기록에 따르면, 못떠마의 일 년 수입은 '금 3백만'이었다고 하며, 금 1억을 취하였고 더빙쉐티 군사들의 약탈을 위하여 1천2백만의 금을 남겼다고 한다. 그 왕은 6천 문의 대포와 일십만 퀸타의 후추를 받았다고 전해진다. 자세한 것은 다음을 참조할 것. Manuel de Faria e Sousa, *The Portuguese Asia: Or, the Discovery and Conquest of India by the Portuguese*, trans. Captain John Stevens, vol. III (Farnborough, 1971), pp. 350-1.

여기에서도 파울로 식사스(Paulo Seixas)가 이끄는 용병들이 못떠마를 방어하기 위해 고용되었다. 더빙쉐티는 포르투갈인 용병을 고용했으며, 그가 가장 좋아했던 이는 디오고 소아레스 드 멜로(Diogo Soarez de Mello)였다.

1541년 못떠마는 많은 전투와 파괴 후에 함락되었고, 하부 미얀마는 시암인(Siamese)의 패권 아래 있는 더웨의 남쪽 지역을 제외하면 라자다릿의 제1차 버고 왕조 때와 같은 영토가 되었다. 못떠마가 점령된 후 해안의 상업 수익 대부분은 버고의 통제하에 들어갔다.[85] 그리고 나서 더빙쉐티는 상부 미얀마를 공략하기 시작했다.

1542년에 더빙쉐티는 건조 지대와 여카잉(거기서 벵골만으로)의 '관문'인 삐를 점령했다. 그는 여카잉의 중심인 묘하웅(Mrohaung)을 1546~7년에 공격을 시도했지만, 그곳에서 가장 칭송받는 왕 중의 한 명인 밍빙(Minbin, 재위 1531~53년)이 잘 방어했기 때문에 점령할 수 없었다. 더욱이 아유타야는 더빙쉐티가 여카잉으로 원정 간 사실을 알고서 그 상황을 이용해 더웨를 습격했다. 그래서 더빙쉐티는 여카잉과 재빨리 타협하고 화친을 맺은 후 시암을 공격하기 위해 해안지대로 돌아왔다.

더빙쉐티는 아유타야가 무기력하거나 쇠약하지 않은 한, 상부 미얀마와 '심장부'를 결코 점령할 수 없다는 것을 깨닫고 우선 시암의 왕도로 향하기로 하였다. 그리고 그는 한 달 동안 아유타야의 성벽에 있었지만, 디오고 페레이라(Diogo Pereira)가 이끄는 포르투갈 용병이 방어하고 있는 도시를 점령할 수 없었다. 우기가 오기 전에 무사히 퇴각해야 한다는 사실을 알고 있던 더빙쉐티는 시암 왕자 몇 명을 붙잡아 안전한 탈출을 위한 협상용으로 사용하였다. 이 전투 이야기는 미얀마와 타이의 왕통사에 공히 허세의 행위로 각색되어 있다.

그러나 더빙쉐티는 자신의 수고에 대한 결실을 보기 위해 살지 않았다. 그의 후계자인 위대한 버인나웅이 그 결실을 즐기도록 기회를 주었다. 더빙쉐티는 시암 원정 이후 그의 말년에 젊은 (그리고 신비로운) 포르투갈인 용병과 함께 음주와 방탕 생활에 빠졌다. 현대 태국 영화에서는 그를 여성적으로 표현하여 유명한 장군의 명성이 실추되도록 각색하였다. 그의 행동이 왕의 권위를 실추하게 만들자, 버인나웅은 그에게 멈추도록 간청했다. 더빙쉐티는 이렇게 대꾸하였다고 한다. '나는 술과 친구가 되었다. 형제여, 그대가 국정을 관리하고, 나에게 청원을 가져오지 말라. 나의 즐거움을 방해하지 말라.'[86]

---

85 파리아 에 소사(Faria e Sousa)는 이 사건이 1544년에 일어났다고 기록했지만, 대부분의 기록은 1541년 사건과 맞아떨어진다.

86 G. E. Harvey, *A History of Burma: From the Earliest Times to 10 March 1824: The Be-*

더빙쉐티의 신하들이 왕위를 계승하도록 부추겼지만, 버인나웅은 이를 거부하고 그 대신 궁전에서 떨어진 안전한 피난처에서 처남을 보호하였다. 그러나 왕은 이후 버고를 탈환한 제1차 버고 왕조의 후손으로 알려진 자신의 친위대에 의해 암살당했다. 버인나웅은 다른 곳에서 반란을 진압하고 있었다. 그 사건은 제1차 버고 왕조의 후손으로 자신의 정치 활동을 정당화하기 위하여 가사를 내던졌던 전(前) 승려가 주도한 것이었다.[87] 그런 다음 더빙쉐티의 암살자들은 그들의 지도자 중 한 명인 스민소툿(Smim Sawhtut)을 버고의 왕좌에 앉혔다.

어떤 식민지 역사가가 지적했듯이, 버인나웅은 이제 '왕국 없는 왕'이었다.[88] 삐와 따웅우(그의 왕조의 발흥지)에서 영지를 소유한 그의 '형제들'은 그를 지지하지 않았고, 아마도 그의 평민 유산을 즐겁게 여겼을 것이다. 그의 '형제들'은 왕족의 혈통인 반면에, 그는 더빙쉐티의 젖먹이 하녀와 야자수에 올라 열매를 따던 하인의 아들이었다. 그의 낮은 출생 신분에도 불구하고 전 국왕에 의해 에잉쉐밍(Einshemin, 왕위계승자)으로 지명된 사실이 분명히 질투심을 일으킨 것이었다.

그러나 그들은 한 가지를 잊고 있었다. 버인나웅은 적절한 순간이 그의 쪽으로 넘어오길 기다리고 있는 전투로 단련된 충성스러운 병사들과 전략 거점에서 많은 경험을 쌓은 대신들 및 두 사람을 잘 섬겼던 더빙쉐티의 포르투갈 용병 대장, 디오고 소아레스 드 멜로(Deogo Soarez de Mello)의 충성심을 새롭게 만들 충분한 돈을 갖고 있었다. 드 멜로는 당시 외국에 있었지만(아마도 포르투갈령인 인도 서부의 고아에 거주) 버인나웅이 그의 활약을 요청하자 즉시 돌아왔다. 규모는 작아도 응집력 있는 용병대원들과 함께 그들은 먼저 따웅우 왕조의 발흥지이자 그 왕조의 창시자인 밍찌뇨(Minkyinyo)의 본거지인 제야워디(Zeyawadi)를 차지하기로 했다.

일단 그곳에는 더빙쉐티의 옛 왕실의 신하들과 군인들이 버인나웅과 합류하기 위해 버고와 못떠마를 떠나왔다. 몬족이 대다수이긴 해도 그들이 서로 다른 종족집단으로 구성되어 있다는 사실은 흔히 수직적 후원-수혜 구조가 종족정체성과 문화라는 강력한 수평적 구조를 압도한다는 것을 다시 보여준다. 이러한 사건의 전환은 따웅우 영주를 설득하여 버인나웅을 지지하도록 만들었고, 이것은 그 왕에게 있어 상징적으로나 물질적으로나 매우 중요한 승리

---

ginning of the English Conquest (London, 1925), p. 161.

87　2007년 이른바 '사프란 혁명'에서 평신도들이 가사를 입고 거의 같은 일을 했던 것과 정반대의 책략이 사용되었다는 점이 흥미롭다.

88　Harvey, *History*, p. 162.

가 되었다.

미얀마(다른 곳과 마찬가지로)에서는 성공이 성공을 부르기 때문에, 따웅우의 획득은 그의 통치에 대한 저항이 종식된 것이었기에 도시들이 차례로 그의 편으로 돌아왔다. 마침내, 버고는 그해(1551년)에 되찾았다. (왕통사에 따르면) 그 결과는 버인나웅과 스밈토(Smim Hhtaw, 포르투갈어로는 Xemindoo라고 하며, 스밈소톳(Smim Sawhtut)의 후계자) 간의 사령관이 탄 코끼리 전투에 의해 결정되었다고 한다. 극적인 전투 끝에 획득한 버인나웅의 승리는 버고 원정을 끝맺었다.

그러나 전리품을 챙기는 동안 그의 친구이자 후원자였던 드 멜로(de Mello)도 최후를 맞이했다. 그는 (여러 포르투갈인 정보에 의하면) 결혼식 중이었던 미모의 여성을 납치하려 했고 그 과정에서 신랑을 죽였다고 알려져 있다.[89] 미얀마 역사에서 거의 알려지지 않은 사람이었지만, 포르투갈을 떠나 외지에서 파란만장한 삶을 보냈던 그의 삶이 여기에서 끝나버렸다. 버인나웅이 버고에서 왕위를 되찾자, 어와를 제외한 모든 저항의 중심지가 무너졌다.

어와는 미얀마 인구 대부분과 가장 중요한 모든 농업 지역 그리고 식량 공급에 접근할 수 있었다. 버인나웅은 때를 기다렸다. 그래서 그의 부하들이 회복하여 군사를 추가로 모집하고, 더 많은 무기를 갖추며, 휴식과 준비 기간에도 군사들의 훈련을 게을리하지 않았다. 3년이 지나자, 그는 자신의 주권 아래서 국가 통일이라는 자신의 비전을 추구할 준비를 마쳤다. 그는 1555년에 두 갈래로 어와로 진격했는데, 하나는 싯따웅 강 유역으로, 다른 하나는 에야워디 강으로 올라갔다. 그는 에야워디 강의 공격 루트를 그의 웅장한 왕실 바지선을 타고 진두지휘하였다. 그 왕실 선박은 길이가 200피트가 넘고, 공식 명칭이 힌따워디(Hamsavati)인 버고 왕국의 상징이자 신화에 등장하는 새인 힌따(hamsa, 역주-힌두신 브라흐마의 승용동물(바하나)인 항사인데, 산스크리트어로 '철새'를 의미하나 보통 '백조' 또는 '거위'로 여김) 모양을 하고 있었다.

어와는 크게 힘들이지 않고 점령했고, 그 후 버인나웅은 북서쪽의 무 강 유역과 메두(Myedu, 무 강 유역의 북쪽 입구)에 이르는 방대한 관개 논을 확보하였다. 그는 당시 그 나라의 곡물 창고나 다름없었던 짜웃세 유역에서도 같은 일을 하였다. 그 지역은 어와의 동쪽과 남쪽에 있으며, 싯따웅 강 유역의 가장 위쪽에 걸쳐 있어, 그의 두 번째 원정대가 진군했다. 그는 이제 에야워디 강과 싯따웅 강 유역, 즉 미얀마의 거의 모든 식량이 생산되고 인구가 거주하는 '심장부'를 오가는 회랑을 장악하였다. 그 후 그는 몇 년을 더 보내면서 태국의 치앙마

89　Faria e Sousa, *The Portuguese*, pp. 359-60.

이, 라오스의 위안짠(Viengchang, 비엔티안 Vientiane) 및 마니푸르(Manipur, 현 인도)를 포함하여 모든 샨 지역 국가의 충성을 받아냈다.

특히 치앙마이는 대륙부 동남아에서 당시 버인나웅의 가장 큰 상업적(따라서 정치적인) 맞수였던 아유타야의 양면 공격에 필요한 북쪽 경로를 그에게 제공하였다. 16세기 중반 무렵 그는 따이어족의 중심지를 1564년과 1569년에 두 번이나 차지하면서, 버고를 대륙부 동남아의 서부와 중부에서 가장 강력한 왕국으로 건설하였다.

버인나웅은 그 나라와 대륙부 동남아의 역사에서 이전에 경험한 적 없는(그리고 다시는 없을) 왕국으로 확장하였다. 그것은 자신에 관해 그가 가졌던 이미지, 즉 그가 일부 정복한 따이어족도 공유했던 짜끄라와르띤을 달성하였다.[90] 그리고 이 모든 것을 거의 40년 만에 이루었다. 그렇게 야심적이고 위험천만한 활동은 이전에는 버강 왕들조차도 시도한 적이 없었는데, 일반적으로 그러하듯이 국내, 내륙, 농업 문제보다 이 지역의 더 큰 경제 및 정치 세력과 잘 연계된 목표에 의한 동기부여가 되어야만 가능한 일이었다. 더 구체적으로 말하면, 동남아의 '상업의 시대'는 하부 미얀마로 이동하는 따웅우의 초기 결정에 중요한 요소가 되었고, 그래서 버고를 왕도로 정하고, 그때까지 실행되지 않았던 방식으로 동쪽 이웃들을 통제하였다.

버인나웅은 버고에서 옛날 왕궁에 인접한(그리고 서쪽으로) 자리에 새로운 왕궁 도시를 건설하여 자신의 성공을 기념하였다. 제1차 버고 왕조의 창시자인 반냐우(Bannya-U)가 13세기에 못떠마에서 왕도를 버고로 옮겼을 때, 그곳은 왕조의 자리가 아니라 버강 왕조의 작은 지방 중심지였고, 버인나웅이 새로 세운 것의 약 3분의 1 크기였다. 또한, 반냐우의 버고는 불교의 상징성이 없어 보이며, 그 길쭉한 타원 같은 모양은 항사(브라흐마의 승용동물)의 알을 나타낸다고 하는데 거기에서 힌따워디라는 이름이 나왔으며, 이것은 초기 시대의 것이 나중에 소급되어 적용된 것처럼 보인다.

지금까지 살펴보았듯이, 대조적으로 보면, 미얀마 대부분의 왕도는 시간과 공간을 상징하는 12개의 출입문으로 불교의 우주를 지상에 구현하였다. 이것은 건조 지대 전통의 한 부분이며, 적어도 도시 시대로 거슬러 올라가 서기 2세기에 베잇따노 및 당시의 몇몇 도시와 그 '계승자', 특히 7세기의 스리끄세뜨라와 9세기의 버강에서 발견된다.[91] 도시들의 형태 그

---

90   Sunait Chutintaranond, '"Cakravartin": The Ideology of Traditional Warfare in Siam and Burma, 1548-1605' (PhD, Cornell University, 1990).

91   Michael Aung-Thwin, 'Heaven, Earth and the Supernatural World: Dimensions of the Exemplary Center in Burmese History,' in *The City As a Sacred Center: Essays on Six Asian*

자체에서 차이가 있겠지만(완벽한 정사각형도 있고, 원형이나 직사각형에 가까운 것도 있음), 그 형태
는 더 큰 불교의 우주를 상징하였다.[92]

버인나웅이 건설한 신도시 버고는 따웅우의 가족 거주지와 마찬가지로 거의 완벽한 정
사각형이었고, 그 안에 또 다른 요새화된 광장이 있었는데 그 중심에 미얀마 궁전 건축의 전
통적인 방식으로 높은 주춧돌 위에 지은 건물인 메낭(Myenan, '흙궁전/토궁')이 있었다. 이것은
미얀마 궁전의 전통적인 방식이다. 새로운 왕궁 도시가 1567년에 완성되었을 때, 버인나웅
은 왕실 바지선을 타고 그 뒤를 이어 모든 왕실의 구성원들은 자신의 배를 타고 해자 위를 세
번 돌면서 상징적으로 도시와 왕위를 소유하는 전통적인 '왕궁 소유 의례'(nan thein pwe, 낭떼
잉쁘웨)를 거행하였다. 그리고 그가 성문에 들어갔을 때, 그는 모범적인 중심부 및 그것이 나
타내는 왕국과 그와 관련되는 권력, 권리, 특권 등을 실제로 소유하게 되었다.

다른 상부 미얀마 왕도들의 우주론적 상징주의와는 아주 대조적으로, 버인나웅의 버고
는 여러 면에서 달랐다. 첫째, 원래의 메낭과 그 중심 왕좌(사자좌)는 동쪽이 아닌 서쪽을 향
했을 가능성이 높으며, 반면에 메낭에 인접하거나 뒤쪽에 있는 많은 건물은 원래 있어야 했
던 서쪽이 아닌 동쪽에 위치하였다. 이러한 사실은 1990년대 초 왕궁이 세워진 주춧돌에
대한 고고학적 발굴과 나중에 버고 점령에 참여했던 이후 왕조의 대신이었던 렛웨 노여타
(Letwe Nawyahta)가 작성한 왕궁 도시와 왕궁의 오래된 도면의 사본 등을 통해 알려지게 되
었다.[93]

Contexts, International Studies in Sociology and Social Anthropology, ed. Holy Baker Reyn-
olds and Bardwell Smith (Leiden, 1987), pp. 88-102.

92　하지만, 어와는 약간 의문이 든다. 왕궁을 세웠던 가장 안쪽의 정사각형 광장을 지닌 원래의
직사각형 성채에는 일반적인 12개 대신 9개의 출입문이 있다. 그리고 사람들이 많이 살았던 중앙
성채의 남쪽과 서쪽에 성벽을 추가로 건설하여 도시를 확장하였다. 이것은 어떤 특정한 우주론적
패턴보다는 아마도 토지의 형세에 따라 추가적인 방어망을 구축한 것이었다. 도시가 확장된 것은
제2차 어와 왕조에 의한 17세기의 일이었던 것 같고, 반면에 더 작은 원래의 성채는 제1차 어와 왕
조가 만든 것이며, 9개의 성문은 당시 점증했던 중국의 영향을 받은 것으로 보인다.

93　하지만, 이 정보에는 문제가 있다. 첫째, 최근 1990년대와 2000년대 초에 시행되었던 재건축
에서는 사자좌와 메낭이 모두 향하고 있던 원래 방향을 바꾸어, 지금은 동쪽을 향하고 있다. 그 이
유는 전혀 알 수 없다. 그러나 분명히 미얀마 역사가들과 문화부 및 버고 상가의 어떤 종파 사이에
의견 충돌을 일으켰던 그 구조물이 원래 향했던 불길(서쪽)의 방향에 관하여 1990년대 초와 중반
에 논쟁이 있었다. 그 결과로 정부는 서로 논쟁 중인 집단들에게 절충안을 제시하였고, 그것이 앞에

16세기 중엽 버인나웅의 제국

둘째, 버인나웅의 신도시에는 전통적이고 우주론적으로 상징적인 성문이 12개가 아닌 20개가 있었다. 이것은 렛웨의 필사본 외에도, 버인나웅 시대에 버고에 있었던 외국인 방문자, 베니스 상인 케사르 프레드릭(Cesar Frederick)에 의해 확인되었다.[94] 더 중요한 것은, 그 20개의 문은 각각의 이름이 버인나웅이 정복했거나 당시 그의 패권 아래 있던 정치적 중심지의 이름을 따서 명명되었기 때문에 불교 우주론과 아무 관련이 없다는 것이다. 따라서 냐웅쉐(Nyaung Shwe), 몽(Mone), 떼잉이(Theini), 꺼레(Kale) 등의 성문은 모두 샨 지역의 중요한 중심지이며, 아유타야(Ayuthaya), 진메(Zimme, 역주-치앙마이) 및 린진(Linzin, 역주-란상)은 태국과 라오스의 주요 중심지의 이름을 따서 명명되었다. 하부 미얀마의 주요 정치 중심지인 못떠마와 버떼잉도 포함되었다. 물론, 가장 중요한 세 곳의 건조 지대 중심지인 어와, 삐 및 따웅우도 버인나웅의 세력 아래 있어서 그 이름으로 명명된 성문도 있었다.

셋째, 메낭을 건설하는 데 사용된 222개의 각 티크 기둥(그중 175개는 앞에서 말한 고고학적 발굴에서 발견되었고, 현재 현장에 보관되어 있음) 아래에는 버인나웅의 주권 아래 있는 왕국의 마을과 도시(때로는 그들의 묘자)의 이름을 기록한 명문이 있다. 각 영주는 충성과 복종의 표시로 왕궁의 기둥 하나를 상납해야 했다. 그리하여 이 티크 기둥은 왕과 왕실의 왕궁을 물질적으로 후원하는 토대일 뿐만 아니라 왕국 전체가 놓인 정치적, 행정적 기반 시설을 나타낸다.

그러나 몇 가지 해결되지 않은 문제가 있다. 버인나웅의 왕궁은 1599년에 여카잉족에 의해 불타버렸고, 그 자리에 또 다른 왕궁이 세워졌기 때문에, 렛웨의 도면은 아마도 버인나웅 왕궁이 아닌 이후 새로 지은 왕궁의 것으로 보인다. 또한, 얼라웅퍼야가 1757년에 버고를 점령했을 때 두 번째의 왕궁도 불태웠다고 하는데, 두 왕궁이 모두 파괴되었다면 렛웨는 어디서 그 정보를 얻었을까?

렛웨가 남아있었던 필사본에서 그 도면을 얻었다고 해도, 얼라웅퍼야가 버고를 점령했던 당시에 세워졌던 새로운 왕궁도 이전 옛(버인나웅의) 왕궁(및 기둥들)이 들어섰던 장소였던 도시의 한가운데에 건축되었어야 했다. 만약 그렇다면, 특히 궁전 기둥은 대부분 화재에 견

서 언급한 변화였다. 논쟁은 (교묘하게) 미얀마어 신문, 즉 뚜리야와 미얀마 얼링 및 특히 쩨몽(거울의 의미)에 등장하는 식이었다. 쩨몽은 1993년 8월부터 1995년 9월까지 연재 기사를 실었고, 왕궁이 일반인에게 공개했던 때에 다시 기사를 냈다.

94 Cesar Frederick, *Voyages and Travels of Cesar Frederick in India* (Edinburgh, 1811). 가장 쉽게 찾아볼 수 있는 것은 이 저널이며 다운로드 가능하다. *SOAS Bulletin of Burma Research*, II/2 (2004).

디는 돌이나 벽돌이 늘어선 깊은 구덩이 바닥의 돌 기초 위에 서 있었기 때문에, 버인나웅의 왕궁은 새로운 기둥을 놓기 위한 공간을 마련하기 위해 제거되었어야 했다. 이것이 의미하는 바는 버인나웅 왕궁의 것이라고 알려진 최근 발굴되어 박물관에 전시된 기둥들은 버인나웅 왕궁 이후 새롭게 건설된 왕궁의 것일 수도 있다는 사실이다. 버인나웅 왕궁이나 새로운 왕궁이 모두 도시의 정중앙에 건설되지 않았다면, 그 기둥은 버인나웅의 것이 아니라 그냥 발견된 것이다. 그렇다면, 버인나웅의 기둥은 아직 찾지 못한 것이다. 물론, 1599년의 여카잉 족이나 1757년의 얼라웅퍼야가 전해진 대로 버인나웅의 원래의 메낭에 불을 지르지 않았을 가능성도 있다(사실 그럴 가능성은 없음).

여하튼, 버인나웅의 왕궁, 특히 20개의 성문에 대한 케사르 프레데릭의 묘사를 보면, 버인나웅의 왕궁 도시는 불교 우주론의 무한한 시간과 공간을 나타내는 것이 아니라, '여기와 지금'의 정치적 현실을 표현하고 있음을 충분히 시사하고 있다. 그것은 그의 재위 동안 대륙부 동남아의 서부 및 중부의 군사적, 정치적 현상에 관한 성명서, 즉 '텍스트'였다. 버인나웅은 이 세상에 속하였고, 현재의 군왕으로서 그의 걸출한 경력을 기념하길 원했다.

바로 그것은 메낭이 동쪽이 아닌 서쪽을 향하고 있다는 것이 불교 전통의 맥락에서 얼마나 불길한 것인지 상관없이 그를 괴롭히지 않은 이유 중 하나일 수 있다. 실제로 그것은 훨씬 더 개인적인 일과 관련이 있을 수 있다. 그는 자신의 왕궁이 자신의 별자리와 생일에 맞는 방향으로 향하기를 원했을 터인데, 수요일에 출생했다는 사실에서 아마도 불운(amingala, 어밍걸라), 일몰, 서쪽 및 죽음 등을 나타내는 그날의 '이면'(dark side)을 향하기 원했을 수도 있다.[95]

요컨대 '전근대' 시대의 산물인 버인나웅은 과거를 거부하고 현재를 포용하며, 추상이 아닌 현실에 초점을 맞추며, 한결 같이 행동했다. 야자수에 올라 열매를 따던 하인과 왕족 젖먹이 하녀의 아들이자, 인생 초기에는 특별히 모범적이지 않았던 개인적인 과거를 지닌 이 세상의 남자였던 버인나웅, 그의 왕궁은 현재와 해양 세계 및 그 당시의 모습으로 만들었던 '전근대'의 가치를 가치를 그대로 나타냈던 것이다.

그의 가장 저명한 고문은 모국어와 미얀마어를 유창하게 구사하는 몬족 배경을 가진 반

---

95 미얀마력은 일주일이 8일이다. 그래서 수요일은 이면(불운)과 전면(행운) 등 두 개로 나뉜다. 하지만, 우껄라(U Kala)는 버인나웅의 출생일을 오전 7시(전면, 행운)로 잡아 논쟁이 있을 수 있다. 자세한 것은 그의 왕통사를 참조할 것. *Mahayazawingyi* [대왕통사], vol. III, ed. Saya Pwa (Yangon, 1960), p. 65.

냐달라(Bannya Dala)였다. 그는 현실적인 성격을 갖고 있고, 군사와 행정 능력 및 문학적 재능, 특히 미얀마 몬족의 현존하는 가장 오래된 '역사'인 라자다릿 왕의 실록(Razadarit Ayedaw-pon)의 저술로 유명하다. 그 역사서는 와가루와 못떠마와 함께 시작하여 버고의 라자다릿으로 끝나는 그곳의 첫 번째 왕조와 '왕국'의 기원을 적고 있다. 그러나 버인나웅의 통치가 끝나갈 무렵 반냐달라는 왕의 은총을 잃었고 오랜 충성에도 불구하고 외딴 마을에 유배되어 사망했다고 한다.

버인나웅은 1581년 66세의 나이로 사망하였고 97명의 자녀를 남겼으며, 그중의 한 명인 난다버잉(Nandabayin)이 왕세자로 책봉되어 왕위(재위 1581~99년)에 올랐다. 그러나 유능한 지도자가 죽을 때마다, 그의 후임자는 항상 자신을 증명해야 했다. 통상적인 삼촌-조카 경쟁을 차치하고(이번 경우 그의 삼촌은 어와를 보유함), 신임자의 패기를 시험하고 승리하는 편에 편승하려고 관망하는 태도를 보이는 사람들도 있다. 그중에서 그 유명한 타이 왕자 프라나렛(Pra Naret)은 버인나웅의 정복 이후 아유타야의 지사로 파견되었다. 그는 난다버잉에게서 어와의 반란을 진압하기 위한 군대 소집 명령을 받았다. 그는 명령에 응했지만, 늦게 도착하였고(아마도 고의로), 국왕이 이미 전투에 나가고 없는 틈을 타서 버고 지역을 유린하여 수천 명의 전쟁 포로를 아유타야로 압송했다.

난다버잉은 복수를 하기 위해 아유타야 탈환을 여러 번 시도했지만, 그의 부친처럼 성공하지 못했다. 그때 이후(1590년대 중반)부터 1767년까지 아유타야는 공세를 유지하거나 서쪽 경쟁자로부터 위협을 받지 않았다. 아유타야를 제압하지 못한 난다버잉의 무능력은 그의 왕국에서 입지를 더욱 약화시켰으며, 따웅우, 삐, 어와 등의 주요 지방 중심지의 지사(형제 또는 사촌) 대부분은 왕의 도움을 요청하지 않고 중앙 권력을 강화하기보다 약화하는 방법으로 행동했다. 다시 그들은 더 큰 실체인 왕국의 이익을 위해 행동하고 야망을 품는 지도자가 되기보다 자신의 이익을 추구하는 '방해자'로 더욱 매달렸다.

큰 세력을 지녔던 버고는 여카잉에 터전을 잡고 새롭게 생겨나 지금까지 별 특징이 없었던 해양 중심지인 작은 먀웃우(Mrauk-U)에 의해 1599년 완전히 불탔다. 질투심 많은 따웅우와 (뒤늦게) 복수심에 불타는 아유타야가 버고 공격을 지원하였다. 미얀마와 대륙부 동남아에 알려진 가장 광대했던 이 왕국은 그 후 불과 61년 만에 너무 쉽게 막을 내렸다. 제2차 버고·따웅우 왕조는 이 나라 역사상 가장 모험심이 강하고 군사적으로 성공한 왕조였으나, 가장 단명한 왕조가 되기도 하였다.[96]

96　이 왕조와 그다음 왕조에 관한 광범위한 분석에 대해서는 리버만(Victor B. Lieberman)

강력했던 제2차 버고·따웅우 왕조가 그렇게 빨리 몰락한 데에는 몇 가지 이유가 있다.[97] 첫째, 왕국은 너무 과도하게 확장되었다. 정복의 결과로 상부 미얀마의 경작지나 경작 가능한 토지에 정착할 노동력을 추가로 제공했지만, 왕국은 그 크기의 영토를 유지할 인력도 없었고, 서로 다른 언어, 가치, 법률, 음식, 행동 등을 사용하고 멀리 떨어져 있는 사람들을 행정적으로 관리한 경험도 없었다. 이것은 미얀마의 문화적 궤도 밖에 있는 순수한 외국 영토를 처음으로 정복한 왕국의 한계였다. 버강조차도 이런 시도를 한 적이 없었다.

둘째, 미얀마 국가와 사회를 합법화한 '구원에 이르는 공덕의 길'(merit-path to salvation)은 계속해서 과세 대상이 되는 자산을 면세인 상가로 이전함으로써, 결국 국가에 너무나 친숙한 경제적(그리고 정치적) 문제를 일으켰다. 제2차 버고·따웅우 왕조는 농업 왕국이 아니었지만(따라서 버강이나 어와 왕조보다 상대적으로 토지의 기부는 적었음), 군사 정복과 상업적 사업에서 획득한 새로운 부(거의 '유동자산'에 속함)의 대부분이 계속해서 종교의 진흥과 국가의 정당성을 위해 사용되었다. 결국 상가로 인한 국가 자원의 고갈은 그런 자원에 의존하는 집단에 의한 장기간의 왕실 파벌주의가 존속하도록 여지를 제공하였다. 또한, 16세기 말경 '상업의 시대'의 쇠퇴는 버고의 자원을 점점 감소하게 하여, 지도자에게 대개 근본적인 성장 중단의 구조적 긴장을 초래하게 만들었다.

그리고 마지막으로 버고는 군사적으로 장거리 원정으로 지쳐버려 먀웃우와 따웅우의 공격에 바로 저항할 수 없었다. 버인나웅과 더빙쉐티와 같은 군사적으로 뛰어난 지도자들은 이미 사라진 지 오래되어, 그 자리를 대신할 만한 사람이 없었다. 이러한 상황에서, 노동력이 부족한 동남아에서 전사로서 생명과 사지를 보존하면 전투가 끝난 후 유급 고용을 얻을 기회가 매우 좋다는 것을 알고서 왕궁 수비대는 일제히 이탈하였다.

버고를 약탈한 후 먀웃우와 따웅우는 자신의 본거지로 복귀하였고, 여카잉족은 버고를 떠나기 전 도시에 불을 질렀으며, 버고에 남은 3,000가구를 데리고 갔다. 마침내 시암인들이

의 저서를 참조할 것. *Burmese Administrative Cycles: Anarchy and Conquest, c. 1580-1760* (Princeton, NJ, 1984). 우토까웅(U Thaw Kaung)의 다음 논문은 버인나웅에 관한 현존하는 제일 중요한 역사적 사료로 가장 최근의 분석 연구이다. 'Accounts of King Bayinnaung's Life and Hanthawady Hsinbyu-myashin Ayedawbon, a Record of his Campaigns', *Myanmar Historical Research Journal*, 11 (June 2003), pp. 23-42.

97 버고의 쇠퇴에 관한 다른 해석은 다음 저서에서 찾아볼 수 있다. Victor B. Lieberman, *Strange Parallels: Southeast Asia in Global Context, c. 800-1830* (Cambridge, 2003).

도착했을 때 그 도시는 폐허가 되어버렸기 때문에, 그들은 가장 가까운 '버마족' 중심지인 따웅우로 진격했는데, 이러한 결정은 지정학적, 경제적인 동기뿐만 아니라 미완성적인 '국가적', 아마도 사적인 동기도 작용했을 것 같다. 그들은 심하게 패배하고 상처를 치유하기 위해 아유타야로 돌아왔다. 그들이 설령 이겼다고 해도, 아유타야 군대는 고향이 아닌 다른 문화권에 주둔해야 하니, 실제로 미얀마를 통치할 마음이 없었던 것 같다. 그 반면에 먀웅우는 미얀마의 정치적, 문화적 궤도의 일부이긴 했지만, 전략적 위치, 역사적 경험, 인구적 자산, 정치적 의지 또는 미얀마 통합의 열정 등 그 어느 것도 가진 것이 없었다.

1599년 버고가 파괴된 후 주변 지역은 황폐해졌으며, 하부 미얀마는 여러 반군 지도자(war-lords)가 점령하는 등 수십 년 동안 무정부 상태에 빠졌다. 그 반군 지도자에는 드브리토(Filipe de Brito y Nicote)라는 포르투갈인이 포함되는데, 그는 장소의 이질성과 시간의 분권적 조건을 상징화했다. 버고 인구의 일부가 아유타야와 여카잉으로 잡혀간 것으로 알려졌지만, 그곳의 많은 미얀마어 사용자도 미얀마어 사용자 다수가 편안히 자리 잡은 좀 더 친숙한 문화권인 상부 미얀마로 이주해야 했다. 그 외 사람들은 그들이 살고 일했던 하부 미얀마의 외지 마을에 남아있기로 선택했을 수 있다. 이는 지역 중심지의 활동이나 심지어 붕괴조차도 그들의 일상생활에 그다지 영향을 미치지 않았기 때문이다.

어떤 예수회 보고서에는 한때 인구가 많았고 번성했던 버고의 파괴 이후 상황을 기록하고 있다. 그곳 사람들은 '고통과 궁핍에 사로잡혀 인육을 먹었고…부모는 자식을 먹지 않았으나, 자식은 부모를 먹어 치웠다. 강한 자는 약한 자를 잡아먹었고, 누구든 피부와 뼈만 있으면 내장을 열어서 자신의 배를 채우고 뇌를 빨아들였다.'[98] (이러한 무정부 상태는 새로운 것이 아니며, 미얀마 역사에서 정기적으로 발생하고, 국가의 폭정보다 무정부 상태가 훨씬 더 두려운 것이었음)[99]

버고의 정복과 그 여파는 다시 반복되는 주제, 즉 지도력과 권위의 중심을 파괴한 사람들은 자신들이 통치권을 가졌음에도 불구하고, 실행이 가능한 대안으로 대체하는 데 진정으로 관심이 없다는 사실을 잘 보여주고 있다. 그들은 더 큰 비전이나 이익을 추구하지 않는 단순한 '방해자'에 불과하며, 대안을 세우지 않고 그냥 기존의 것을 파괴하기 위해 싸웠다. 다른 말로 하면, 자신을 지배하려는 어떠한 권위도 허용하지 않는다는 것이다. (이 패턴은 현대에

98　Harvey, *History*, pp. 183-4.

99　폭정 대 무정부 상태에 관한 문제는 다음 연구에서 자세하게 언급하고 있다. Michael Aung-Thwin, 'Parochial Universalism, Democracy Jihad, and the Orientalist Image of Burma: The New Evangelism', *Pacific Affairs*, LXXIV/4 (2001/2), pp. 483-505.

도 반복되고 있음)

그리고 따웅우와 여카잉은 어떤 이유에서든 버고 왕국을 부활시키지 않고 폐허로 남겨 두었기 때문에, 그런 행위는 200년 후 그들에게 재앙으로 돌아왔는데, 바로 농업 중심의 상부 미얀마에 재통합의 비전을 깨닫게 하고 다시 전국 지배를 주장할 기회를 제공하였다.

결론

제2차 버고·따웅우 왕조의 이야기는 여러 면에서 비정형적이었다. 즉, 미얀마 문화의 궤도 밖에서 획득한 영토, 권위가 존재하는 자리의 위치, 왕도가 상징하는 '여기와 지금'의 초점, 교역과 상업에 대한 정책의 일시적 변화 및 인구와 환경의 이질적 특성 등의 측면에서 그렇다. 그러나 그것은 다른 면에서 전형적이었다. 이 나라의 주요 중심지가 공유하는 개념적 체제를 차치하고, 한 가지 눈에 띄는 요소는 미얀마에 있어서 정치적 투쟁의 성격이다. 다시 말하자면, 정치적 투쟁은 거의 모두(전부는 아니지만) 엘리트의 문제였고, 거기에서 왕자들은(대부분이 삼촌과 조카) 왕위를 놓고 경쟁하였다. 그들은 세력의 균형을 맞추었던 독립적인 원천의 부를 지닌 중세 유럽이나 일본에서 찾아볼 수 있는 그런 종류의 귀족이 아니었다. 오히려, 그들의 부는 왕위에서 비롯되었고, '호의적으로' 또는 미얀마어 표현에 따르면 '왕의 연민으로' 소유하는 것이었다. 그리하여 궁극적인 권력은 왕위와 중심부에 있었다.

더욱이 이러한 투쟁에서 대부분의 전투는 일반적으로 전략적, 경제적 가치가 있는 주요 도시, 즉 영지를 관리하는 묘자에게 할당된 특정 계급의 사람들(왕실 부대)에 의해 수행되었다. 그리고 이 전투는 왕실 부대에 국한되었기 때문에 대규모 인구 감소를 일으키지 않았다. 콜레라와 다른 질병이라면 아마도 그 어떤 전쟁보다 효과적으로 인구수를 낮출 수 있었을 것이다. 또한, 군사는 사망보다 생존이 더 가치가 있으니, 상황이 가장 확실할 때 임박한 승자에게 유리하게 대규모로 탈영한다. 따라서 미얀마 역사상 유혈 사태의 대부분은 엘리트들 사이에서 발생했으며, 즉, 경쟁하는 왕자와 그들의 후계자 사이에서 많이 생기지만, 그들의 군대는 적었다. 일반적으로 경작자가 대부분인 일반 대중은 그러한 투쟁에 거의 참여하지 않았다.

엘리트는 대개 자신의 이익을 위해 행동하지만, 분명히 다른 선택이 거의 없는 것이 분명할 때만(또는 일반적으로) 더 큰 존재(국가, 왕국)를 위해 협력하곤 했다. 즉, 국가를 통일하여 궁극적으로 왕국의 안정을 도모하고 군사적 수단과 정치적 의지를 지닌 강력한 최고의 지도자가 등장했을 때를 의미한다. 물론 사익에 근거한 그러한 '충성'만이 유일한 동기는 아니었다. 혈연이나 국가와 사회에 대한 개인적으로 더 큰 비전도 포함되었을 것이다. 그러나 막상 일이 닥치면, 대부분은 후자가 아닌 전자를 기반으로 움직였다.

동시에 그러한 통합과 안정이 달성되었을 때(그 이유와 관계없이), 왕국은 흔히 종교, 예술, 문학 및 법률과 같은 영역에서 나타나는 진정한 사회적, 문화적, 경제적 발전을 경험하였다. 그리고 버인나웅 같은 통합의 지도자가 사라진 이후 사회가 다시 제자리로 돌아갔어도, 안정기 동안 이루어진 것은 사라지지 않았고 다음 주기의 안정과 통합에 영향을 미치게 되었다.

• • • •

제7장 '심장부'로 복귀

버고의 지도부는 1599년 여카잉족에 의해 왕도가 완전히 파괴되기 전부터 새로운 정부의 출범을 목적으로 이미 상부 미얀마를 눈여겨보고 있었다. 그들은 여카잉족에게 패배한 것에 연연하지 않았으며 피해를 당하였다는 자기 연민에 빠져 있지도 않았다. 그 대신에 그들은 자신들의 '고향'인 '심장부'로 돌아가고자 하였다. 그들은 원래 내륙(따웅우) 출신으로 어찌다(akyitha, '하류 지역의 자손')가 아닌 어냐다(anyatha, '상류 지역의 자손')에 기반을 두고 있었기 때문에 어찌다의 생활 방식과 전반적인 제도(특히 상업과 교역에서 비롯되는 불안과 불안정의 상태)는 결코 그들의 제도와 정신에 깊게 뿌리내리지 못했다. 또한, 하부 미얀마의 삶은 상부 미얀마에서의 삶보다 훨씬 더 복잡했다. 하부 미얀마에는 끊임없는 유동성, 예측 불가능성, 다양한 문화 및 상부 미얀마인들이 거의 이해할 수 없는 언어 등을 지닌 '특이한' 풍습과 예절을 지닌 종족들이 있었다.

　버인나웅을 제외한 이 나라의 지배자들은 장기간 하부 미얀마 지역에 집중한 적이 없었을 뿐만 아니라 심장부로 회귀하기 위한 갈망을 늘 느끼고 있었다. 이에 따라 그들은 농경 중심 지역이자 더 친숙하면서도 편안한 삶의 방식을 취할 수 있는 심장부로 눈을 돌리는 것을 결코 멈출 수 없었던 것으로 보인다. 그런 생각은 하부 미얀마가 아닌 상부 미얀마에 포로를 재정착시키고, 최상의 상부 미얀마 영지에 가장 재능 있는 왕자를 배치하는 등 정책적 우선순위를 상부 미얀마에 둠으로써 내륙으로 돌아가려는 궁극적인 의도를 나타낸 것만 보아도 충분히 알 수 있다.

　그래서 16세기 전반 동안 더빙쉐티가 따웅우와 건조지대에서 해안지역인 버고로 처음

이동한 것을 영구적인 이주로 여기지 않았던 것 같다. 특별한 경우이긴 하지만, 그것은 어와의 몰락과 함께 도서부 동남아와 하부 미얀마에서 일어나고 있던 상업의 부상에 따른 합리적인 결정이었다. 당시 해안에서 얻을 수 있는 이점을 활용하지 않는 것은 매우 근시안적인 선택처럼 보였을 것이다.

이 모든 것은 미얀마를 지배한 다음 왕조인 제2차 어와 왕조(이 장의 주제)가 왜 해안에 머물지 않고 다시 '심장부'로 돌아갔는지 그 이유를 설명하는 데에 유용하다.[100] 두 번의 정복을 당한 아유타야는 해안 지역에 남기를 선택한 반면, 버고의 후계자들은 그렇지 않았다. 농경 내륙 지역이 항상 그들을 부르고 있었다. 그곳은 바로 미얀마 조상들의 본거지였으며, 비록 모두 폐허가 되어 영광만이 남아있는 곳이긴 하나 최초의 통일 왕국을 이룬 모범적 중심지인 버강이 있는 곳이기도 했다. 또한, 그곳의 신성한 사원 중의 몇 곳은 붓다의 성물을 봉안하고 있다는 점들이 그곳의 경관을 더욱 신성하게 보이도록 했다. 이런 이유로 61년 만에 왕도는 하부 미얀마에서 건조지대로 겨우 되돌아갔으며 왕조가 끝날 때까지 약 3세기 동안 그곳에 머물렀다.

냐웅양밍과 제2차 어와 왕조

위에서 언급한 바와 같이 버고가 멸망하기 전 버인나웅의 몇몇 아들은 이미 중요한 건조지대를 장악하였다. 그들 중 한 명은 어와의 남쪽 메잇틸라 지역 중심부의 오른쪽에 위치한 당시 상부 미얀마 최고의 농경 지역인 냐웅양(Nyaing-yan)의 묘자였다. 이 지역은 '냐웅양의 주군'이란 뜻의 냐웅양밍이 통치하였는데, 그는 버인나웅이 후궁에게서 얻은 매우 총애하는 아들이었고, 버고의 멸망이 임박해짐을 예상하여 그 몇 년 전인 1597년에 어와로 이주하여 그곳을 취하여 왕도로 삼았다.

버고가 멸망한 후, 1600년에 그는 제2차 어와 왕조의 왕위에 올랐는데, 이 왕조를 서구

100　이 장의 이야기 대부분은 우껄라(U Kala)가 저술한 왕통사인 *Mahayazawingyi*, vol. III.에서 비롯되었고, 그 미얀마어 기록의 영어 번역은 하비(G. E. Harvey)의 *A History of Burma* 이다. 이 왕조의 현대적 분석과 해석에 대해서 리버만(Victor B. Lieberman)의 역사 재구성에 해당하는 다음 저서를 참조할 것. *Burmese Administrative Cycles: Anarchy and Conquest, c. 1580-1760* (Princeton, NJ, 1984).

학자들은 '후기 따웅우' 또는 '따웅우 복고' 왕조라고 부르기도 하였다.[101] 그로 인하여 17세기 초 미얀마 왕정은 다시 한번 부활하게 되었다. 그리고 늘 그랬듯이 건조지대를 중심으로 터전을 형성했으며, 지도층은 물론 대중은 그들의 농경 환경과 생활방식을 포기하지 않았다.

안정을 취한 다음, 냐웅얀은 약 600년 전 버강 왕국이 그랬던 것처럼 나라의 재통일을 추진하였다. 그는 사람들을 유대(attachment)와 비유대(non-attachment)의 전통적인 기준으로, 어무당(ahmudan, 왕실 소속 집단, 옛 쫑도), 퍼야쭝(상가 소속), 일반 쭝(개인 소속, 일반적으로 가사 수행) 그리고 아무런 유대 관계가 없는 사람인 어띠(athi) 등으로 재조직하였다. 또한, 그는 관개시설을 보수하고 재설치했으며, 수도원과 사원도 재건하였다.

어와의 남쪽에 있는 버고와 따웅우는 모두 당분간은 심각한 위협 요소로 작용하지 않을 것이었기에, 냐웅얀은 산 지역을 제압하기 위해 북쪽으로 시선을 돌렸다. 천하 통일을 위해서는 해안지역을 탈환하기 전에 우선 북쪽 지역을 확보해야 했는데, 이는 버강 왕조 시기 북쪽 국경의 완충지였던 난차오가 14세기 중엽 몽골에 의해 점령당했기 때문이었다. 냐웅얀은 버인나웅의 죽음과 함께 중단된 중앙 통제를 실행하기 위해 국경을 전반적으로 다시 살펴야만 했다.

그러나 냐웅얀은 국경 지역만 평정하고 사망했기에, 하부 미얀마까지 점령한 전국 통일은 이루지 못하였다. 그의 남은 과업은 '서쪽에서 죽은 사람'이란 뜻의 이름을 가진 그의 아들 어나웃펫룽(Anaukphetlun, 재위 1605-28년)에게 남겨졌다. 어나웃펫룽은 이미 자신이 유능한 군사 지도자임을 증명해 보였으므로, 다른 형제들에게 아버지의 부고가 전달되기도 전에 한 치의 망설임도 없이 왕궁을 점령하고 왕위에 올랐다. 실제로 그는 선왕의 화장터에 불이 꺼지기도 전에 왕족들에게 충성 맹세를 요구했다고 한다.

어나웃펫룽은 선대왕들이 구축하였던 토대를 이용하여 단계별로 미얀마의 재통합을 추진해 나갔다. 당시 3대 세력 중심지인 따웅우, 삐, 딴링을 평정한 후 계속해서 떠닌다이 반도의 최남단 해안지역을 석권하였다. 그는 따웅우와 삐를 점령한 후 주둔군을 배치하고 그곳의 많은 인구를 어와로 보냈는데, 이는 초기 동남아의 고질적인 노동력 부족 문제의 해결책이었다.

순전한 해안가인 딴링은 흥미로운 상황과 그 이야기에 새로운 반전을 보여주었다. 1599년 버고에서 발생한 대화재와 황폐화로 인해 딴링은 이제 가장 주목받는 항구로 떠올랐다. 버고 강은 계속해서 토사가 쌓여 그 실용성이 떨어지고 있었고 딴링은 못떠마의 가장자리에

있는 버고 강과 양공 강이 합류하는 바로 옆에 있었다. 그런 지리적 특징은 양공과 버고 두 지역의 입구와 내륙 지역을 효과적으로 통제할 수 있게 하였다. 제6장에서 언급한 포르투갈 모험가 필리페 드브리토는 딴링의 통치자로서 버고가 몰락한 이후 스스로 그 영토를 개척한 반군 중 한 명이었으며, 이러한 과정은 역사 속에서 중심 세력의 붕괴가 반복될 때마다 파생되는 변함없는 탈중심화의 패턴이었다.

그의 이야기는 그 지역 다른 포르투갈 출신 모험가들과 마찬가지로 매우 흥미롭다. 그들 대부분은 가문이랄게 없어서 그 지역 엘리트들과 결혼하여 관계를 형성하였다. 드브리토는 선원 출신에서 딴링의 영주로 그 지위가 상승하였다. 자바인인 어머니를 둔 그의 아내는 1963년까지 포르투갈령이었던 인도 남서부 고아(Goa)의 총독의 조카딸이었으며 그의 아들은 못떠마 영주(묘자)의 딸과 결혼하였다. 그는 딴링에 두 명의 예수회 수사가 이끄는 교회를 세웠으며, 그의 부하들은 유라시안, 현지 '니그로인'(Negroes), 남인도의 말라바(Malabar) 해안 출신 등 다양했다.

그의 경제적 원천은 딴링 지역에 정박할 수밖에 없었던 선박들로부터 거둬들인 통행료였다. 드브리토의 수익의 상승과 함께 내륙 지역의 외래품 가격도 상승하였고 내륙 지역의 농경 세력들은 그것을 체감하였다. 그는 불교에 전혀 관심이 없었고, (샨족 소브와였던 또한브와 Thohanbwa)가 그의 짧은 통치 기간, 어와에서 자행했던 것처럼) 그곳 사원에서 보물을 탈취하였다. 첨탑에 사용된 귀중한 보석들을 빼내 갔고, 금과 은을 녹여 팔았으며, 청동 종은 대포를 만드는 데 사용하였다.

그는 이 나라의 정치적 문제에 개입하면서 최후를 맞이하게 되었다. 드브리토와 못떠마의 영주인 그의 처남은 어나웃펫룽의 사촌인 낫신나웅(Nat Shin Naung)이 다스리는 어와에 예속된 따웅우를 공격하고 점령하였다. 이로 인해 어나웃펫룽은 딴링으로 원정하여 34일 동안 공략한 끝에 점령하였고, 결국 드브리토는 사람들이 잘 볼 수 있는 곳인 높은 성벽 위 철제 말뚝에 박힌 채 잔인한 운명을 맞이하였다. 드브리토는 이틀 동안 고통을 받고 죽었다. 드브리토를 도왔던 낫신나웅은 흉부를 절개하여 열어 죽이는 형을 받았다.

낫신나웅도 흥미로운 인물로, 외국인 학자들은 그를 자신의 왕에 대항하려고 드브리토를 도왔고 기독교로 개종한 것으로 기억한다. 하지만, 미얀마인들에게는 짝사랑을 소재로 지은 그의 자작시가 더 잘 알려져 있다. 그가 은밀하게 사랑했던 공주는 이미 다른 사람과 결혼을 한 상태였기 때문에 여러 해 동안 그는 침묵 속에서 그녀를 그리워해야 했다. 그동안 그는 다음의 시를 썼다. 마침내 그녀의 남편이 죽자, 낫신나웅은 그녀와 결혼을 할 수 있었지만, 그해에 죽임을 당했다. 존 오켈(John Okell)이 번역한 시의 일부를 살펴보면 다음과 같다.

그리움으로 가슴이 아파 괴로움 속에서 선과 악조차 구분하지 못했다. 그녀에게 사로잡힌 그 날부터 그녀가 있는 어디든 내 시선이 닿길 원했고 나는 그녀를 잊을 수 없었다. 거대하고 감당할 수 없는 열 곱절만큼의 불행 속에서도 나는 오직 그녀가 내 삶의 정부가 되기를 바랄 뿐이었다. 우주에서 신들의 왕 삿까(Sakka)가 자신의 짝을 찾기 위해 대회를 열어 그녀를 그곳에 세운다고 할지라도 나의 정부는 작은 별 옆에 선 밝은 달처럼 빛난다고 사람들은 말할 것이다. 그녀의 빛나는 매끄러운 갈색빛 아름다움과 생기 있고 부드러운 우아함과 순수한 본성에 대해 말하고자 싶겠지만 그녀를 보는 순간 사람들은 어리둥절하고 현기증이 나서 말을 더듬을 것이며 말을 하고 싶겠지만 (어떤 말로도) 그녀를 묘사하지는 못할 것이다. 모든 사람을 훨씬 능가하는 그녀의 사랑스러움을 나는 몇 번이고 응시할 것이며 어디에 서 있든 그녀의 얼굴만을 바라볼 뿐이다.[102]

딴링이 정복되고 따웅우가 재탈환되면서 동쪽의 싯따웅 강 유역을 통하는 건조지대의 '입구'가 마침내 확보되었다. (에야워디 강을 통한 서쪽 관문은 뻬가 그 역할을 맡았고, 양공과 랭군의 전신이었던 더공(Dagon)이 그 안전을 지킴) 내륙으로 들어가는 두 입구는 다시 한번 상부 미얀마에 속하게 되었다. 어나웃펫룽은 유럽 무기 전문가였던 드브리토의 추종자들의 목숨을 살려주고 어와에 재정착시켰다. 영국이 미얀마를 합병하고 250년이 지난 후에도 그들의 후손의 일부(역주-미얀마에서는 그들은 '버잉지'라고 부르는데, 이 말은 페링기(Ferringhi)에서 파생된 것으로 보인다)는 여전히 그곳에 살고 있다.

따웅우와 딴링이 어와의 패권 하에 놓인 후 떠닌다이 반도에서 남쪽으로 더 떨어진 주요 중심지들이 무너지는 것은 시간문제였는데, 이는 어나웃펫룽이 당시 건조지대의 인적, 물적 자원뿐만 아니라 해상 수입도 상당 부분 차지하고 있었기 때문이다. 딴링 및 시암(Siam)과 동맹을 맺은 못떠마는 재빨리 어나웃펫룽 편에 섰다. 이 중요한 동맹과 함께 어나웃펫룽의 군대는 미얀마의 '꼬리' 지역을 탈환하기 위하여 더웨와 머꿰를 향해 진격하였다. 더웨는 그에게 정복당하였지만 시암 만(Gulf of Siam)으로 부터 좁고 길게 뻗은 지역을 가로지르는 먼 남쪽에 위치한 머꿰는 시암인들과 포르투갈인의 도움을 받아 완강히 저항하였다.

결국 어나웃펫룽은 머꿰를 남겨 놓은 채 동쪽에 위치한 치앙마이로 눈길을 돌렸다. 1614-15년 동안 그는 치앙마이를 공격하였고, 1617년에 그곳을 정복하였다. 그는 아유타야

102　Hla Pe, *Burma: Literature, Historiography, Scholarship, Language, Life, and Buddhism* (Singapore, 1985), p. 11.

의 일부 국경도시에 위장 공격을 펼치기도 했으나 조부인 버인나웅이 가르쳐 준 역사적 교훈에 따라 지나치게 세력을 확장할 생각은 전혀 하지 않았다. 그 당시 어나웃펫룽 주도의 제2차 버고·따웅우 왕조의 국내 영토는 버강 왕조의 영토와 거의 유사한 정도로 회복되었다. 만약 그가 머궤를 점령하였다면 제2차 어와 왕국은 버강 왕국 세력의 규모와 대략 같았을 수도 있었다.

1613년 딴링의 함락은 미얀마 내에서 강력했던 포르투갈인 영향력의 종식을 고하는 듯 했다. 그 후 얼마 지나지 않아 도서부 동남아에서 상업 세력을 확장한 네덜란드와 영국이 포르투갈인들을 압박하기 시작했다. 이는 1641년 포르투갈인들이 네덜란드에 의해 말라까에서 쫓겨나기 훨씬 전부터 시작되었다. 영국과 네덜란드는 미얀마의 몇몇 중요한 중심지인 딴링, 머궤, 어와, 버고, 심지어 북쪽 먼 곳에 있는 중국 국경 근처 바모(Bhamo)에도 '공장'을 세웠다.[103] 프랑스인들은 딴링에 작은 거점을 가지고 있었고, 폐쇄와 복귀를 반복하면서 17세기까지 존속하였다.

네덜란드와 영국의 진출로 인해 버고와 하부 미얀마의 상업적 해안 지역은 포르투갈인과 함께 더빙쉐티와 버인나웅 세력 하에 있던 시기처럼 다시 한번 매력을 과시하기 시작했다. 어나웃펫룽은 이미 왕실의 대부분을 어와에서 버고로 이전하였는데, 이는 왕도를 하부 미얀마로 되돌리려 한 것이거나 옛 '상부-하부' 패러다임을 재정비하여 '제2의' 왕도를 만들려는 생각이었을 수도 있다. 버인나웅 통치 때와 마찬가지로 두 지역 모두가 하부 미얀마에 위치한 하나의 중심지에 의해 통제될 수 있는 상황이었다.

1628년 어나웃펫룽은 버고의 궁전 서쪽에 자리한 후궁들의 숙소에서 잠을 자던 중에 자기 아들에게 살해당했다. 그는 아들이 중앙과 변방 간 혼인 동맹의 일환으로 자신에게 보냈던 샨 소브와의 딸과 바람을 피웠다는 이유로 산 채로 화형에 처하겠다고 위협한 바 있다.[104] 그의 아들, 미녜데잇빠(Minyedeippa)는 어리고 경험이 부족했기 때문에 더 성숙하고 군사적 경험이 풍부하며 왕위에 대한 동등한 권리를 가졌던 형제들과 상대가 되지 않았다.

당시 형제들은 왕도에 있지 않았기 때문에 대신들은 부친을 살해한 왕자를 왕위에 앉혀야 했다. 그러나 사실 그의 삼촌들이 왕좌에 오를 수 없는 것은 아니었다. 이러한 상황은 몇

---

103 W. O. Dijk, *Seventeenth-century Burma and the Dutch East India Company, 1634-1680* (Singapore, 2006).

104 이 왕궁이 건축되었을 당시에 그 건물 배치는 전통으로 회귀한 것 같다. 여성의 거주 구역은 버인나웅의 왕궁에서는 동쪽이었으나 이번에 서쪽으로 되돌아왔다.

몇 영주들이 반란을 일으키는 계기가 되었는데, 이는 다른 삼촌이나 왕자를 지지하기 위한 것이 아닌 영주 자신의 이익을 위한 것이었다. 이는 누가 승리할 것인지를 관망한 뒤 자신들의 입지를 위하여 승자의 편에 합류하기 위한 그들의 대기 전술이었다. 삼촌들은 그들의 군사적 능력을 다시 한번 증명해야 했으며, 결정을 내리지 못했던 묘자들은 삼촌들의 역량을 판단하여 선택하였다. 처음 미녜데잇빠를 지지했던 대신들은 사태의 전개를 간파하고서 대표단을 파견하여 가장 뛰어난 삼촌인 따룽(Thalun)에게 왕위에 오를 것을 요청하였다. 그는 이러한 제안을 받아들였다. 따룽은 미녜데잇빠가 은신해 있던 버고에 도착하자마자 그를 죽였다. 죄인이 되어버린 그가 수도원에 들어가도록 통상적인 탄원을 했음에도 듣지 않았다. 따룽은 승려가 되어 피신하는 것이 종종 미래에 모반을 일으키기 위한 계략이라는 것을 알고 있었다. 1629년 따룽은 버고에서 왕위에 올랐다.

왕의 대관식 때마다 확실하던 왕가의 왕위 계승은 항상 끊어졌다. 따룽이 즉위하자 곧장 남쪽의 몰러먀잉에서 반란이 일어났다. 또 하나의 잠재적인 라이벌이었던 치앙마이에서 일어난 반란은 큰 문제 없이 진압되었다. 남해안과 동부지역 모두 반세기 만에 따룽의 지배 하에 들어왔으며, 국가의 대부분은 다시 그의 패권 하에 군사적으로 장악되었다.

따룽이 왕위에 오르기 위해 싸워야 했던 것은 사실이지만, 어나웃펫룽이 암살될 무렵에는 왕국 영토의 상당한 부분이 원상 회복된 상태여서 따룽에게 주어진 임무는 재통합이 아닌 선대왕이 세운 토대를 제도화하는 '소탕' 작전에 가까웠다. 따룽은 그의 동생 어나웃펫룽이 버고로 이주하여 한때 그곳을 왕도로 삼았던 것과 달리 어와로 돌아왔다. 1635년 그는 새롭게 완공한 왕궁에서 정식 대관식을 거행하면서 그의 결정에 힘을 실었다. 이는 선대왕의 계획을 변경하기 위한 그의 감성과 정책에 대한 중대하고도 의도적인 성명이었다. 아마 어나웃펫룽이 계속 왕위를 잡고 버고를 왕도로 삼았더라면, 17세기 미얀마는 이웃한 라이벌인 아유타야에 근접한 곳에 자리함으로써 농경 중심의 건조지대인 내륙보다는 해안에 왕도를 두고 있는 오늘날의 태국과 유사한 형태로 발전하였을 것이다.

새로 건축한 왕궁에서 즉위식을 하기 위해 '심장부'로 귀환이라는 이 단순한 행동은 사실 따룽이 버인나웅의 '버고'가 보여준 '새로운' 상업 모델을 계속 이어가기보다 농경 제도와 그 가치를 부활시키고 이전의 건조지대 모델로 재구성하려는 의도에서 비롯되었다. 따룽 왕조는 본디 계보 상으로 버인나웅의 제2차 버고·따웅우 왕조에 속하는 냐웅양에 의해서 건립되었으나, 그 왕자와 그의 후계자들의 행동은 건조지대와 그곳의 농경 생활방식이 그들의 정신에 미치는 중요성을 나타내는 본질적인 표현이었고, 동시에 상업 해안의 거부를 의미하였다. 해안 통제를 원하지 않은 것이 아니라, 단지 그곳에서 살고 싶지 않았던 것이었다.

그 당시 따룽의 왕국은 형식과 내용에 있어서 많은 방식으로 보수주의와 전통주의의 회귀를 보여주었다. 그리고 그러한 정책을 더욱 효과적으로 시행하기 위해 1638년 전통적인 십 년간의 토지 조사를 시행하였다. 기본적으로 세입 및 인구를 조사하여 특히 상가와 다른 조상 전래의 권리와 구분해서 국가의 재산을 더 정확하게 파악하고자 하였다.

또한, 그는 조직과 내용에 있어서 농경 중심 상부 미얀마의 옛 방식을 복구하였으며, 지방에서부터 시작하여 국가 전체로 확대하였다. 첫째, 그는 재통일을 위한 전쟁으로 무너졌던 어무당, 퍼야쭝, 쭝, 어띠 등 전통적 세습 신분으로 사회를 재편하려던 냐웅얀의 정책을 계속 이어갔다. 그는 군주국의 핵심 인구라 할 수 있는 왕실 소속 집단(어무당)의 조직에 초점을 두고, 특히 보병을 계급과 군사 수에 따라 부대를 재편하는 데 노력을 기울였다. 게다가 그는 기병대를 왕국 전역으로 배치했는데, 그 기병대의 이름은 배치된 묘자의 관할지 명칭을 사용했고(예, '버강 기병' Pagan Horse), 기타 기병대는 자기 종족 명칭을 사용하였다(예, '샨 기병' Syam Horse).

둘째, 따룽은 국가의 기반이 되는 경제적 토대를 소홀히 할 수 없음을 깨닫고 농경 기반 시설의 보수 및 재건에도 힘썼는데, 특히 관개시설의 원활한 가동 여부의 점검 및 필요에 따른 신설을 통하여 농지에서 최적의 생산량을 산출할 수 있게 조치하였다.

셋째, 그의 행정개혁은 마을과 도시 단위를 넘어 중앙과 묘자를 중심으로 하는 옛 제도인 지방 중심지를 포함하였다. 그는 또한 전통적인 사법제도(판사, 변호사, 원고, 피고, 상소법원 등)를 다시 회복하였고, 그런 법률의 원칙은 당연하게도 농민 계층과 농경 사회의 관습에 호의적이었다. 그 노력의 일환으로 버강, 어와, 제2차 버고·따웅우 왕조 등 초기 법전들을 복원하고 조정하였으며, 때로는 새로운 법의 제정을 통하여 최고의 판례를 남기려고 했다.

넷째, 상가와 국가의 관계를 복원하였다. 승려(또는 비구니)가 되는 것은 미얀마 사회의 필수적인 부분이어서 무기한 득도식을 금지할 수 없었지만, 따룽은 그의 재위 초기에 승려의 득도식을 금지하는 칙령을 내렸다. 그는 또한 선대왕들의 전통에 따라 상가의 '정화'를 시도하여, 과세, 부역, 법률 제재를 피하고 세속적 활동 및 돈벌이 행위 등 상가를 이용하려고 했던 사이비 또는 태만한 승려들을 색출하는 조사를 시행하였다. 그는 국가와 사원의 재산을 구별하기 위해 옛 비문을 자세히 조사했으며, 부정하게 면세된 것으로 판명된 것은 몰수할 만큼 강한 자신감이 있었다.

이러한 조치들은 면세 부문에 대한 인적, 물적 자원의 한도 없는 유입을 어느 정도 통제할 수 있었고, '정화된' 상가의 규모는 축소되었으며(그래서 유지 비용의 절감), 정통 불교 왕국의 정당성을 견지하는 데 더욱 전념하였다. 또한, 상가는 농경 경제의 친숙하고 핵심적인 역할을 이어갔는데, 이는 토지와 자원의 주요한 분배자(가장 큰 두 토지소유자 중의 하나, 역주-다른 하나는 왕실)라는 지위 및 처녀지를 개간하거나 휴경지를 회복시키는 능력 등으로 나타났다.

그러나 국가의 종교 후원 및 선대왕을 능가하는 왕실 공덕을 새롭게 세우는 것은 피할 수 없었다. 이는 국가와 사회의 정당성이 계속해서 이전 시기의 이념과 의례에 기초를 두고 있었기 때문이다. 사실 왕의 칙령을 살펴보면, 그의 정책은 사회 구조의 진정한 개혁과 변화를 시도했다기보다 오래된 제도들의 개선을 통해 효율성을 더 높이는 것에 중점을 두었다는 것이 드러난다.

'고대의'(그리하여 '더욱 정화된') 형태로 돌아가려는 바람은 그가 위대한 공덕을 쌓기 위해 선택한 불교 사원 양식에 아주 잘 나타난다. 1635년에 완성된 인상적인 까웅무도(Kaunghmu-daw, '왕실의 공덕', 공식 명칭은 라자머니술라 Rajamanicula)는 과거의 정통성을 상징하는 스리랑카의 마하쩨띠야(Mahacetiya)를 본떠 만든 것으로, 이는 버고와 양공에서 발전한 쉐모도와 쉐더공 파고다가 표현하는 덜 정통적인 '새로운 양식'과 대조된다. 따룽 왕의 까웅무도는 해양 세계의 (상업) 현재의 '타락'을 거부하고 내륙의 (농경) 과거의 '순수성'을 기리는 메시지였다.

1648년 따룽의 죽음과 함께 그와 그의 선대왕들이 힘들게 구축했던 업적들이 서서히 무너지기 시작하였고, 결국 왕국은 종말을 맞이하게 되었다. 강한 지도자들의 죽음에 이은

17세기 건축된 저가잉 소재 따룽 왕의 까웅무도 파고다

왕국의 붕괴는 실행 가능한 기관의 부재로 인한 것이 아니라 그 기관들이 강한 지도자들과 함께 할 때 더 효과적이라는 사실을 시사해주었다. 강력한 지도자는 여러 기관을 하나로 묶어주고 그들의 권위를 높여주는 접착제 같은 것이었다. 국가의 강한 '머리'가 제거되면 그 '몸'은 경련을 일으켰다. 또 다른 강력한 지도자가 이러한 상황을 수습할 수 있겠지만, 그 당시에는 구현되지 못하였다. 왕국의 기반은 사회의 위에서 아래로 이루어지는 후원-수혜 관계의 구조여서, 균열은 변함없이 수평이 아닌 수직으로 나타났다.

실제로, 제2차 어와 왕조의 흥망성쇠는 미얀마의 거의 모든 왕조와 매우 유사한 패턴을 보였다. 17세기 중반에 이르러 첫 3대 왕들이 왕국을 재통합하여 공고화하였고 재건을 이룩하였으나, 그들의 후계자들은 그 여세를 이어갈 수 없었다. 그들은 국가를 한층 강화하기보다 아무 생각 없이 건국자들이 파종한 것을 수확했을 뿐이며, 예상한 대로 자원을 소모하고 왕국의 활력을 위태롭게 하였다. 자원의 감소는 결국 확립된 권위에 대한 도전을 촉발하거나 가중하여, 왕위 계승과 다른 무질서의 사례 등 '한가득한 위기'를 분출시켰다. 또한, 그러한 도전은 끊임없이 외부가 아닌 왕족의 합법적인 경쟁자들 사이에서 일어났다.

국가는 이후 다시 한번 분열되기 시작하였고, 그 결과로 빈번한 외부 침략을 불러오는 상황을 초래하였다. 이번에는 윈난으로 피난 온 패망한 명나라의 잔당들이 들어와, 샨 소브와 사이의 세력 균형을 깨뜨렸고, 그것이 어와에도 영향을 미쳤다. 그러나 거의 항상 그랬듯이 중앙의 약점이 커지면 외부가 아닌 내부의 적에 의해 왕국은 종말을 맞이한다. 중앙세력의 상실과 무정부 상태가 한동안 지속되었다가 새로운 지도자가 다시 한번 잿더미 속에서 새로운 왕조를 일으키고 그 과정은 거듭 반복된다. 미얀마 왕조 6개는 모두 비슷한 과정을 거쳤다. 각 왕조는 빨리 발흥하여, 현재의 미얀마를 넘어선 지역까지 지배하고, 거의 일찍 쇠퇴하였다. 그리고 버강을 제외한 모든 왕조는 2세기 이상 지속되지 못했다.[105]

따룽이 서거한 후, 삔덜레(Pindale, 재위 1648~61년), 삐(Pye, 재위 1661~72년), 너라워라(Narawara, 재위 1672~3년), 밍예쪼딩(Minyekyawdin, 재위 1673~98년), 서네(Sane, 재위 1698~1714년) 등 능력이 미흡한 왕들이 왕국의 와해 국면 속에 왕위에 올랐다. 그러나 그들의 재위 동안 모든 것이 암울한 것은 아니었다. 미얀마 초창기 국왕들의 출생 별자리(그래서 출생일)에 관한 가장 신뢰할 만한 문헌 중 하나인 자따도봉(Jatatawbon)은 밍예쪼딩 왕의 재위 기간에 저술된 것이다. 더 중요한 업적으로, 미얀마에서 저작된 가장 포괄적인 왕통사인 우껄라의

105　Aung-Thwin, 'Spirals in Burmese and Early Southeast Asian History', *Journal of Interdisciplinary History*, XXII/4 (1991), pp. 575-002.

대왕통사(Mahayazawingyi)가 떠닝거느웨(Taninganwe, 재위 1714~33년) 지배기에 쓰였고, 사실 그 이후에 나온 미얀마의 '국가적'인 왕통사의 토대가 되었다. 당연히 이것은 위대한 업적으로 인정하지만, 국가의 활력에 보탬이 거의 되지 못하였다. 왜냐하면 우껠라는 어디에도 의존하지 않는 자신의 열정만을 가지고 작업한 지극히 개인적인 인물이었기 때문이다.

왕실 관료(어무당)와 과세 대상 자산의 면세 종교 부문으로의 유입 등과 같은 장기간에 걸쳐 발생하는 유형들은 이를 저지할 만한 강력한 지도자의 부재로 인하여 수십 년 동안 방치되어 있었다. 기록에 의하면, 삐 왕은 군사 어무당이 만족해야 국왕이 안전할 수 있다고 한다. 그래서 그는 다른 집단을 희생시키면서 어무당에게 대접을 소홀히 하지 않았다. 이러한 편애에도 불구하고, 왕실 관료들은 계속해서 상가로 들어갔다. 경제적, 사회적 여건이 악화되면 왕실 관료 집단은 더욱 부담을 갖게 되므로, 그들의 바람은 사회의 통상적인 '안전한 피난처'인 상가에 입문하는 것이었다. 그곳은 보호와 경제적 안전 및 편안한 삶을 제공했다. 1728년 떠닝거느웨는 그런 풍조를 막는 칙령을 내려 어무당이 퍼야쭝이나 수도승으로 신분 변경하려는 행위를 금지하였다. (국왕의 명령은 변방으로의 '도피'와 중앙에서의 '유출'의 증거로 해석하지만, 실제로 어무당이 중앙에 거주하면서 자신의 지위를 바꾸려고 시도한 경우가 있다는 것을 나타냄)

그리고 이전과 마찬가지로 상가 자체는 종파주의 문제가 있었는데, 특히 상상되는 정통성(imagined orthodoxy)의 정도에 대한 논쟁, 즉 내핍과 금욕을 중시하여 숲에 기거하는 승려들과 '세속적인' 마을에 거주하는 승려들 사이의 의견 대립이 있었다. 후자들 사이에는 사소한 논쟁도 있었는데, 가령 가사(saffron robe)로 한 어깨를 또는 어깨 모두를 덮어야 할지에 대한 논란으로 19세기까지 계속될 정도였다. 더 심각한 문제는 사이비 승려들의 사건으로 도적 떼의 우두머리였던 헤잉 폰지(Hein Pongyi)가 승려 행세를 하며 농촌을 공포로 몰아넣었던 적도 있었다.

제2차 어와 왕조는 무기력한 지도력, 왕실의 음모와 파벌주의 및 내부 약화에서 항상 비롯되는 국경 지대에 외적의 침입 등의 분열 조짐에서 보이듯이 계속 쇠퇴의 추세를 보였다. 1736년에 왕위찬탈을 시도했던 대신들의 사형 집행이 있었으며, 마니푸르(Manipur, 인도 북동부)의 습격도 같은 해에 시작했다. 그런 분열을 일으키는 요소들을 막아보려는 시도의 목적으로 종교에 의지하였으나, 사태가 악화되는 사이에 국가의 부는 상가로 끊임없이 유입되어 그 자산은 계속 증가되어 국가의 통제는 불가능하였으며, 심지어 이단적 경향도 보였다. 게다가 앞서 언급했듯이 윈난과 미얀마 북동부 지역에 자신들의 군대를 이끌고 도주해 온 명나라의 군사 지도자들을 추격하는 청나라의 군대가 습격하였다.

1733년에 떠닝거느웨의 아들인 머하담마야자디버디(Mahadhamayazadipati, 위대한 담마라자들의 왕)는 부왕의 뒤를 이어 1752년까지 거의 20년에 가까운 비교적 긴 시간 동안 나라를 통치하였다. 좀 더 넓게 보면 그의 재위 기간도 쇠퇴기에 해당하지만, 그 유명한 문학가인 버데따야자(Padethayaza)에 대해서는 언급할 가치가 있다. 그는 미얀마 문학가들이 뛰어난 문학가로 칭송하는 인물로 뾰(pyo, 버강 시대에서 비롯된 전통 시조)로 문예 활동을 하였다.

그의 자따까(Jataka, 본생담) 희곡인 '머니껫 잣또지'(Maniket Zattawgyi, 루비 눈을 가진 말의 이야기)는 시암에서 빌어온 양식일 수도 있다고 학자들은 생각하지만, 미얀마 문학에서는 새로운 형식으로 간주하였다. 그는 주로 그의 왕을 칭송하는 주제의 고전 노래들을 지었고, 뜨야브웨(tyabwe)라는 전혀 다른 장르의 노래도 만들었다. 이것은 왕과 왕실을 위한 것이 아니라, 일반인들을 위한 짧은 민요였다. 한두 가지 형태로 된 총 네 곡이 남아 있는데, 계절의 변화에 따른 농민 생활의 소박한 행복이 담겨 있다. 그중 하나가 '다라수(tari/toddy palm)를 오르는 사람'이라는 제목의 뜨야브웨로 그 내용은 다음과 같다.

무더운 날씨가 시작되고, 안개가 피어오를 때,

그의 사다리와 몸에 찬 단지,

허리춤에 찬 날카로운 칼과 함께,

풍성하게 핀 다라수의 꽃과 가지로,

어깨에 앉을 의자를 대충 둘러매고 오른다.

다라수의 줄기와 늘어뜨린 다라수의 잎을

잘라내고 쳐서 싱싱한 첫 다라수 열매를 딴다.

사랑하는 아내가 다라수 열매를 줍는다.

아들과 손자들에게 소리치고 개와 돼지를 부른다.

여기 보라! 다라수로 엮은 토끼 그물을.

누굴 부르는 소리가 막 들리고, 사람들이 떠들썩하다.

개들은 짖어대고, 사람들은 고함지르고, 뭔가 치며 두드린다.

카멜레온, 토끼, 자고새, 이 모든 게 덤불 속에 있어

메추라기, 닭, 이구아나, 뱀,

바로 앞에 이리가 나타났어.

들뜬 기분에 아내는

질 좋은 카레 잎을 섞어 요리한다.

남편의 관심은 그가 만난 산토끼와 다른 야생 동물에 있고,

그들을 잡아다 자루에 넣는다.

그리고 돌아와서 잠시 쉬었다가,

사냥감을 쇠꼬챙이에 꽂아 야자수 불에 굽는다.

카레 냄비가 끓으면 구운 것을 넣는다.

그리고 냄비를 저으며 탕 요리를 한다.

고추를 너무 많이 넣긴 했어.

요리가 되어서 큰 나무 쟁반에 놓으니,

딸과 아들로 너무 많아 방은 비좁아서,

겨우 무릎 하나만 집어넣고-두 개는 여유 공간이 없어-

서로 다투듯이 먹어 치운다.

코코넛 국자를 쥐고 잘도 다루면서

머리를 숙인 채 한 움큼 퍼내어 해치운다.

모두 먹어 치운 뒤라 씻을 것도 없고,

개에게 줄 것만 남겨 놓았다.[106]

이런 장르의 글은 어와가 버고에게 점령당하여 왕실 전체가 하부 미얀마로 옮겨갔던 1752년에 버데따야자가 그의 왕과 함께 포로가 된 그 이후 약 100년 동안 사라졌다. 하지만, 희한하게도 (또는 놀라울 정도는 아니지만) 버데따야자를 포함하여 거의 모든 어와 왕실이 온전히 있었지만, 그 당시의 버고에는 주목할만한 작품이 나오지 않았고, 지금까지 전해지는 것도 없다. 버고에서 벌어진 계속된 전투로 인하여 그런 자료 대부분이 손실된 것으로 보인다.

제2차 어와 왕조의 멸망

어와의 정복은 미얀마 역사학에서는 표준 분석 틀 속에서 묘사되어왔다. 즉, 버고의 다수인 몬어 사용자(역주-몬족, 저자는 종족의 분류를 모국어 사용에 두고 있음)가 억압적인 어와의 미얀마

---

[106]　Hla Pe, *Burma*, pp. 12-13.

어 사용자(역주-버마족)인 군주에 대항하여 반란을 일으킨 종족 간의 전쟁이라는 것이다. 그러나 분석과 증거로 보면 그런 단순한 관점은 맞지 않는데, 어와 정복의 직접적인 원인은 훨씬 더 복잡할 뿐만 아니라, 확정적 종족성(reified ethnicity, 역주-버마족, 몬족 등 종족 상호 간에 확연히 구분되는 정체성의 존재를 의미하며, 이에 따라 종족집단 간의 대립을 전쟁 원인으로 간주하는 견해)과도 아무런 관련이 없기 때문이다.

이 전쟁의 기폭제는 1740년 마니뿌르족(인도 동부)이 북쪽을 점령한 후 어와를 공격하기 시작했을 때 맞서 주기를 원했던 바로 어와에서 임명한 버고 영주의 반란과 관련이 있다. 이것은 또다시 다른 불평분자들이 반란을 일으켜 상황을 악화시키는 엘리트 집단의 경쟁이었다. 이러한 위기가 닥칠 때면, 혼란 속에 질서를 가져다줄 민라웅(minlaung, '왕위계승자') 사상을 둘러싼 개념이 전면에 나선다. 물론, 왕위를 노리는 모든 집단은 자신들의 지도자가 민라웅이라고 주장하였다.

특별한 경우이긴 하지만, 가장 축하해줄 사람으로 일찍이 수도원을 피난처로 찾았던 전직 승려가 있었다. 그는 가사를 벗을 적절한 때를 기다리고 있었다. 그는 어와의 상류층에 속하였지만, 결국 몬족의 이름인 스밈토붓다께띠(Smim Htaw Buddhaketi)로 바꾸고 버고의 왕좌를 차지했다. 또한 어와의 멍에를 벗어던질 적절한 순간을 기다리고 있던 치앙마이는 즉시 왕실 딸과 '백상'(white elephant, 역주-짜끄라와르띤(위대한 지배자)을 상징함)를 선물하며 그 왕위 찬탈자의 정당성을 인정하였다.[107] 그와 그의 최고 왕사였던 빈냐달라(Binnya Dala)는 점차 세력을 확대하여 1743년에 이르러 어와의 패권 아래에 있던 딴링, 더웨, 못떠마를 점령하였다. 버고의 영주가 아유타야로 피신 간 적이 있는데 그쪽에서 잘 대접해 줘서 그 이후로 어와와 아유타야 사이에 화해 분위기가 조성되었고 선물과 외교 사절단의 교류가 있었다. (버데따야자는 시암 사신들에게 시를 쓰기도 했음)

스밈토붓다께띠가 물러난 후 빈냐달라가 버고의 왕위에 올랐으며 그곳에서 선대왕인 버인나웅의 영광스러운 시절을 되찾을 것을 맹세했다. 1751년 말 그는 200년 전에 버인나웅이 했던 것과 똑같은 방식으로 어와로 원정하였다. 즉, 두 갈래의 공격이었다. 하나는 싯따웅 강 유역을 따라 올라가 짜웃세(이로써 어와가 상부 미얀마 최고의 곡창지임을 부정함)를 취하는 것이었고, 다른 하나는 어와를 향해 에야워디 강을 거슬러 올라가는 것이었고 1752년 4월에 이르러 그곳은 함락되어 전소되었다. 그래서 제2차 어와 왕조의 정복과 제거는 종종 논쟁이

---

107 이것은 13세기 와가루 왕조를 정당화하는데 사용되었던 옛 (16세기) 이야기에서 비롯되었다.

있었던 종족성과는 전혀 관련이 없었다. 오히려 독특한 '순간적 사건'과 함께 장기적인 지정학적, 경제적 요인이 궁극적으로 관여한 것이었다.

빈냐달라는 3분의 1정도의 군사만 어와에 남겨두고 당시 어와 왕이었던 머하담마야자 디버디와 왕족을 포함하여 남아 있던 모든 왕실 기록을 하부 미얀마로 이송했다. 이것은 단순한 연민이 아니었다. 빈냐달라는 1599년 버고의 파괴 이후 해양 지역에는 더는 본받을 만한 모범적인 '전통'의 흔적이 남아 있지 않다고 여겼기 때문에 어와의 '고급문화'가 필요했다. 하지만 버고의 지도자들이 많은 인구와 이 나라의 역사가 남아 있는 어와와 건조지대를 버리고 하부로 떠난 것은 그들이 나라를 재통합하거나 이 땅의 다수를 대표하는 새로운 '국가적' 왕조를 세울 의사가 없음을 천명한 것이었다.

버고가 당시 자신들보다 더 큰 정치적 실체를 구축하는 데에 정말 관심이 있었다면, 내륙 지역을 포기하지 않았을 것이다. 그들은 기회를 얻었지만, 지도력을 발휘할 비전이나 용기, 확신 및 경험이 없었던 단순한 '약탈자'였다는 사실을 암시한다. 동시에 그들은 아무도 배의 키를 잡고 싶지 않았고, 농경 경작자들의 지배에 확실히 관심을 보이지 않았다. 그 대신 다양한 사람, 언어 및 일의 방식으로 분주히 움직이는 상업 지역의 생동감을 선호하였다.

그리하여 14세기 중반의 시암 공세와 1599년 여카잉족과 따이어족이 벌인 공격 때와 마찬가지로 이번에도 버고는 건조 지대에 대한 헌신이나 확실한 조처를 하지 않고 그들 본향으로 돌아갔다. 그렇게 떠남으로써 하부 미얀마는 다시 상부 미얀마가 최고의 기량을 발휘할 기회를 주었으며, 이는 다음 장의 이야기이다.

제8장 미얀마의 마지막 왕조

1752년 어와를 점령한 버고는 충성 맹세를 요구하며 미얀마 상부의 주요 지방 중심지(역주-
묘)에 군사를 파견하였다. 어와에서 에야워디 강을 건너가면 건조 지대 최고의 관개 지역 중
하나인 무(Mu) 강 유역이 있다. 버강 시대 이래의 고대 지방 중심지인 못소보(Moksobo, '사
냥꾼의 우두머리')에 우아웅제야(U Aung Zeya)라는 카리스마 넘치는 지배자가 있었다. 그는 모
든 과정을 목격하였기 때문에 자신에게도 충성 맹세를 요구할 것을 예상하고, 이에 대한 방
어 태세를 갖추기 위해 군사를 정비했다. 마침내 버고의 파견 부대가 그곳에 도착했고 그는
그들을 철저하게 격파하였다. 이후 그는 두 번 더 그들을 물리치면서 당시 가장 값진 물건이
었던 그들의 무기, 특히 소총을 전리품으로 챙겼다. 그가 승리했다는 소문이 퍼지자 많은 군
사가 그의 곁으로 몰려들었다. 그는 자신의 어무당(직역하면 '짐꾼'의 뜻)이 되기로 동의한 모든
이에게 토지를 제공하였고, 쌀, 옷, 무기를 제공하여 더 많은 사람이 그의 항전에 동참하도록
독려하였다.[108]

---

[108] 이 시대의 자세한 설명과 미얀마의 전반적인 역사에 대한 암시는 다음을 참조할 것. Victor
B. Lieberman, *Burmese Administrative Cycles: Anarchy and Conquest, c. 1580-1760* (Princ-
eton, NJ, 1984), ch. 5. 후원-수혜 관계의 일반적인 구조에 대해서는 다음을 참조할 것. Michael
Aung-Thwin, 'Athi, Kyun Taw, Hpaya Kyun: Varieties of Commendation and Dependence
in Pre-Colonial Myanmar', in *Slavery, Bondage and Dependency in Southeast Asia*, ed. An-
thony Reid (New York, 1983).

왕족의 혈통이 아니었던 아웅제야는 자신의 계보를 버강 왕조의 전설적 창시자 쀼소티 (Pyusawhti)에 연결하고자 했다. 그런 일은 부분적으로 인정이 되었다. 그는 사실상 무 강 유역의 영주로서 이미 합법적인 미얀마 왕의 자격요건 중 하나를 충족한 상태였다. 그것은 깜마라자(kammaraja, 역주-과거에 쌓은 업으로 인하여 등극하게 되었다고 여겨지는 왕)로 자신의 혈통보다는 업(karma)이 현재의 자신을 만들었다는 것이다. 게다가 계속해서 더 많은 것을 원했던 그는 모든 예언 및 징조를 적절하게 이용하여 자신의 치세가 마치 '예견되었던' 것처럼 보이도록 하였다. 한편, 미얀마 주요 도시들의 수호신인 가밤빠띠(Gavampati)를 뭇소보의 수호신으로 정하고, 지명도 쉐보(Shwebo)로 개명하였다.[109] 그의 왕명인 알라웅밍떠야지(Alaung-mintayagyi, '미륵정법대왕')는 미얀마 왕권 사상에 관한 두 가지 관념인 모든 중생을 구원하는 미륵보살(future bodhisattva) 및 정의를 실천하는 도덕적 군주인 담마라자를 의미한다. 이는 버강 시대 왕들이 사용했던 칭호이자 개념을 답습한 것으로 빨리어의 표현에 상응하는 미얀마어이다. 그는 나중에 (대중적으로) 얼라웅퍼야로 더 잘 알려졌다.

길일인 1753년 6월 21일, 얼라웅퍼야는 7가지 필수 조건을 충족시킨 적절한 곳에 왕도를 건설하고 야더나 떼잉가 꽁바웅 뻬(Yadana Theinga Konbaung Pyi, 보물 사자의 꽁바웅국)라는 공식적인 명칭을 부여하였다. 그는 점령 직전 피신하였지만, 구 왕실의 국가 의례와 다른 절차에 익숙한 어와의 왕실 관리들이 신 왕도로 돌아오도록 장려하였다. 얼라웅퍼야는 이후 실제 국가를 운영할 때가 오면 그들이 필요하다는 사실을 알고 있었다. 또한, 그는 전통적인 방식으로 자신의 권위에 정당성을 더하기 위해 스승이었던 승려를 종교 부문의 최고 고문으로 임명하였다. 고문 승려가 주류 종파(가사를 한 어깨만 덮는 '편단' 종파)에 속했던 이유로 이전 왕조에서 득세하였던 다른 종파(양어깨에 가사를 덮는 '통견' 종파)의 영향력을 계속 통제하였다.

그러한 일련의 예비 조치는 얼라웅퍼야의 주요 목표였던 하부 미얀마를 다시 장악하기 전에 필요한 것이었다. 그는 건조지대에서 먼저 경제적, 군사적 자원을 취합하고 나서 하류로 내려가려고 했다. 물론 상부 미얀마의 주요 목표는 버고 주둔군이 방어하고 있는 어와에 있었고, 그곳에는 귀중한 인적, 물적 자원을 비롯하여 요새, 전략적 위치, 상징성 및 신성한 왕족이 있기 때문이다. 얼라웅퍼야는 1754년 1월 3일 어와로 진격하여 그곳을 점령하였

---

109 Michael Aung-Thwin, 'Prophecies, Omens, and Dialogue: Tools of the Trade in Burmese Historiography', in *Moral Order and the Question of Change*: *Essays on Southeast Asian Thought*, ed . David K. Wyatt and Alexander Woodside (New Haven, er, 1982), pp. 78-103.

1990년대에 재건된 얼라웅퍼야의 18세기 왕궁

다. 그 소식을 들은 버고는 군대를 정렬해 어와로 진군하였다. 상류로 급파한 해군 병력은 얼라웅퍼야의 함대에 참패하였고 그들과 동행했던 육군은 혼란에 봉착하였다. 버고에 이 소식이 전해지자 전사들은 승리한 측에 몰려들었고, 얼라웅퍼야의 세력은 더욱 커졌다. 이제 하부 미얀마를 점령하고 제자리로 돌려놓을 때가 무르익었다.

얼라웅퍼야는 가장 중요한 남북 동맥 장악에 결정적인 에야워디 강 유역의 핵심적인 요새화된 도시들을 체계적으로 착실하게 차근차근 점령하였다. 우선 1755년 2월에 삐를 차지하였다. 그해 4월 버고로 가는 길에 있던 더공을 함락하였고 그곳을 '싸움의 끝'이라는 뜻으로 양공으로 개칭하였다. 이듬해 7월에 양공 강 건너편의 요새화 된 항구 딴링을 점령하였고 프랑스 무기를 배치하여 그곳을 지켰다. 이제 오직 버고만이 그의 통일왕국 비전의 주요 장애물로 남아있었다.

우기가 도래하자, 상부 미얀마로 회군하기 직전인 1757년 5월 6일 야밤을 이용하여 특공대가 버고 성벽을 타고 올라가 성문을 열고 그 신호로 도시 일부에 불을 질렀다. 비록 일부 식민지 역사가들은 버고 정복을 '대학살'(holocaust)과 미얀마인의 몬 '인종' 말살이라 주장하지만, 실상은 그렇지 않다. 얼라웅퍼야의 정책은 '인종'의 문제가 아니라 전통적인 후원-수혜 구조의 맥락 속에 나타나는 충성심의 문제였다. 몬족이라 해도 얼라웅퍼야의 종주권을 인정한 이들은 살아남았고, 종주권을 거부했던 버마족들은 목숨을 잃었다.[110] 물론 후자의 행위는 매우 제한적이고 신중히 처리했을 것이다. 왜냐하면 노동력이 부족하고 병력을 귀중히 여기는 지역에서 군인을 죽이는 것은 큰 낭비였기 때문이다. 군사의 처지에서는 생존이 '종족'의 (또는 이념의) 충성보다 우선했기 때문에 (다른 것이 있었다고 하더라도) 승자의 종주권을 인정하는 것은 별로 (또는 전혀) 중요하지 않은 문제였다.

하지만, 통치 기간에 '종족 카드'(race card)를 쓸 일이 없었던 다른 통합 지배자들과는 달리 얼라웅퍼야는 상부 미얀마의 많은 미얀마어 사용자에게 접근할 때 실제로 종족성을 활용하였다. 하지만, 그의 버고 정복에 대한 이유가 종족 구분에서 비롯되었다는 것을 의미하지 않는다. 그 이유는 어와를 점령한 버고의 초기 상황(지정학적, 경제적 이유)과 다르지 않고, 사실상 미얀마 역사에 그와 유사한 사례가 다수 등장하기 때문이다. 오히려 얼라웅퍼야는 정치적, 군사적 목적의 슬로건으로 '상상의 종족성'(imagined ethnicity)을 사용하였는데, 이는 그가 가장 신뢰하던 추종자들 일부가 미얀마어와 몬어 사용자들이었기 때문이다.[111] 이처럼, 식민지 역사학에서 주장하였던 확정적 종족성은 식민지 이전 미얀마 역사 형성에 흔히 등장했던 것과는 달랐다.

얼라웅퍼야는 버고 점령 이후 상부 미얀마로 돌아왔고, 버고는 자신에게 충성하는 영주에게 맡겼다. 불과 5년 만에 그는 국가의 모든 중요한 지방 중심지(묘)를 되찾았고, 주요 경쟁자인 버고를 제압했으며, 상부와 하부 미얀마를 하나의 왕국으로 통일하였다. 이러한 과정은 거의 모든 미얀마 왕조에 의해 반복되었던 방식과 속도로 달성되었다.

돌아보면, 얼라웅퍼야가 통일을 위해 원정을 시작했던 짜웃세 옆의 무 강 유역은 상부 미얀마 전체에서 가장 중요한 쌀 생산지였다. 이 두 유역의 전략 도시들을 지배하는 사람은 상부 미얀마의 거의 모든 인적, 물적 자원을 통제하였다. 그의 작전 방식과 당시 사용된 특정한 군사 전략은 모두 고대 버강 왕들의 것과 매우 유사했다. 어노여타, 짠짓따, 너야버디씨뚜 및 기타 상부 미얀마 왕조 설립자들은 주요 관개 유역 중에서 하나를 취하고 나머지 두 개를 정복하고 난 다음 해안지역으로 진출하였다. (물론, 예외적으로 더빙쉐티와 버인나웅의 제2차 버고/

---

110   Lieberman, *Burmese Administrative Cycles*.

111   Victor B. Lieberman, 'Ethnic Politics in Eighteenth-Century Burma', *Modern Asian Studies*, XII/3 (1978), pp. 455-82.

따웅우 왕조는 이미 해안지역에 자리하여 교역과 상업을 통하여 먼저 부를 축적한 후에 건조지대를 점령했던 것으로 그 과정이 반대였다.)

그다음 10년이 지난 후 얼라웅퍼야는 아유타야의 입구로 진격하였다. 이때는 꽁바웅 왕조가 창건된 후 15년도 채 되지 않은 시점이었는데, 이는 버강 왕인 어노여타가 11세기 중반에 미얀마 대부분을 정복하기 전 상부 미얀마에서 자신의 토대 구축에 소요된 13년과 거의 비슷한 시간이었다. 하부 미얀마가 상부 미얀마에게 중요했던 이유는 쉽게 이해할 수 있지만, 아유타야가 왜 중요했는지 그 이유는 아직 분명하지 않다. 전통적인 해석에 따라 살펴보면, 그냥 사소한 이유나 미얀마 왕국을 하찮게 대했던 것이 동기가 되었다고 볼 수 있다. 특히 '백상'(실제로는 백피증에 걸린 코끼리)를 쟁취하려는 불타는 욕망으로 미신을 맹신하는 단순하고 야만적인 왕들의 행동에서 비롯된 것으로 이해할 수도 있다. 후자인 흰 코끼리 문제는 언제나 아유타야를 공격하는 가장 중요한 이유가 되었다.[112] 다른 이유 중에서도 미얀마 왕들의 타고난 공격적 성향을 언급하는 해석은 자신들의 과거 식민지 정복을 정당화하기 위하여 '상대방'을 악한 세력으로 규정하는 과정에서 상당 부분 도출된 것으로 볼 수 있다.

진실 여부와 상관없이, '흰' 코끼리(그런 의미에서 성배 또는 현대의 맥락에서 보면 '민주주의' 실현과 같은 문제) 탐색 원정은 흔히 정치적, 경제적 패권 장악에 대한 합리화였으며, 미얀마 문화에만 독특하게 나타나는 것이 아니라 정복의 역사를 가진 많은 사회에서도 발견된다. 사실 미얀마를 훨씬 더 능가하는 행동 사례들도 존재한다. 여기서 우리의 관심은 군사적, 정치적 야욕을 정당화하기 위해 사용된 특정한 대상물(흰 코끼리 또는 성배)이 아니라, 종교적, 이념적 용어로 합리화하려는 데에 있다.

'왜 아유타야일까'에 대한 답은 하부 미얀마와 하부 태국 간의 지정학적 관계에 있다. 두 지역은 적어도 13세기 말부터 다양한 방식으로 밀접하게 연결되어 있었다. 제2차 버고/따웅우 왕조가 미얀마 남부에 자리했을 때, 아유타야에 대한 우려는 명확했다. 아유타야는 인구, 군사, 경제 및 정치의 관점에서 직접적인 경쟁자였다. 물론, 건조지대 농경사회인 어와와 해상 중심의 아유타야 사이에, 눈에 띄는 경쟁은 없었지만, 하부 미얀마 자체가 어와의 총체적 비전의 일부로 남아있는 한, 아유타야는 여전히 불편한 요소였다. 하부 미얀마를 포함한 상부 미얀마의 장기간에 걸친 이익에 직접적인 경쟁자인 아유타야가 굴복하거나 적어도 약화하지 않는 한, 하부 미얀마는 안전하거나 생존 가능할 수 없었다.

112　그 예에 대해서 다음을 참조하시오. D.G.E. Hall, *Burma* (London and New York, 1950), pp. 41, 43, 94.

얼라웅퍼야의 지배 이전과 재위 동안에는 다소 장기적인 원칙에 영향을 주었던 단기적인 요소가 있었다. 1599년 버고의 정복, 제2차 어와 왕조에 의한 여러 통일 전쟁 및 그 이후 얼라웅퍼야의 더공, 딴링, 버고 등지의 순차적 점령은 많은 인구가 따이어족 왕국의 국경 지역으로 도피하게 만들었고, 그로 인해 하부 미얀마의 인구가 심각하게 고갈되었다고 한다. 해안지역이 어와에게 활달한 경제성과 유용성을 제공하기 위해서는 그곳의 인구가 다시 채워져야 했다. 이를 위해서는 인근에 인구 밀도가 높은 도시가 필요했는데, 그곳이 바로 아유타야였다. 그런 곳을 정복하는 것이 인구가 희박한 비도시 공간인 산지를 취하는 것보다 비용 대비 효율성이 훨씬 높았다. 게다가 그곳엔 승리자를 위한 전리품이 있었다. 정복은 국가에 절대적으로 필요한 노동력을 제공하고 참여한 개인에게 현금과 귀중품 같은 전리품 등 즉각적인 보상을 제공하였다.

아유타야와 같은 모범적인 중심지를 정복하는 것은 국내 및 지방의 정치적 문제와도 관련이 있었다. 정복을 통해 같은 이념을 공유하는 이웃 국가들뿐만 아니라 자신의 민중과 지배 계층에게 짜끄라와르띤('세계의 정복자')이라는 왕의 이미지를 사실을 확실하게 보여준다. 성공적인 정복은 흔히 지방의 반자치 세력 지역 및 관망하는 태도를 보이는 '기회주의자'들이 승자에게 자신들의 운명을 걸어볼 것을 설득하기에 충분하였다. 그것은 국내적으로 (카르마의 이념과 함께) 왕의 사후 지위에도 정당성을 부여하였다. 설령 전쟁에서 패배하게 되더라도 패배라는 사실 그 자체는 왕 자신의 이익에 따라 정치적 상황의 변화를 정당화하는 데에 필요한 일종의 위기감을 조성해 주었다.

얼라웅퍼야는 아유타야를 포위하여 공격하던 중에 그의 대포 하나가 폭발하면서 발생한 '아군의 포격'으로 인하여 1760년에 사망하였다. 그의 시신은 쉐보로 이송되어 그 유해는 그곳에 매장되었다. 지금은 전통적인 '뺘땃'(pyathat, 탑)이 얹힌 작은 건물 속의 평범한 무덤에 안치되어 있으며, 벽에는 그의 군사적 정복 노정이 담긴 지도가 그려져 있다. 쉐보 왕궁터에는 그를 사실적으로 묘사한 동상이 있는데, 개인적으로 그를 만났던 영국 특사의 표현을 통해 약 180cm의 키와 근육질 몸매로 재현된 것이다.

얼라웅퍼야의 아들이자 왕세자로 평안한 죽음을 맞이했던 나웅도지(Naundawgyi, 재위 1760~3년)의 짧은 치세 이후, 그의 동생 싱뷰싱(Hsinbyushin, 백상(白象)의 제왕)이 왕위를 물려받았다. 그는 어와를 왕도로 복원하고, 1765년 그곳으로 이주하였다. 2년 후인 1767년 3월 28일 마침내 부친의 숙원이었던 아유타야 정복에 성공했다. 이 원정은 성실하고 헌신적인 미얀마 장군 2명의 지휘하에 1년 반에 걸친 포위 공격을 포함하여 총 3년이 소요되었다.

그 당시 아유타야는 대륙부 동남아의 중앙에서 가장 강력한 왕국이었으며, 장기간에 걸

친 끈질긴 전투가 아니면 포기하
지 않았다. 결국 그들은 어와 세
력(버마족, 샨족 및 라오족 군사)에게
굴복했다. 정복자들은 시암 왕의
시신을 발견하고 그곳 죄수로 있
었던 그의 형제에게 신원을 확인
하였는데, 이는 아유타야 왕실 파
벌주의의 결말이 어와의 것과 다
르지 않다는 사실을 암시한다. 아
유타야가 완전히 불에 타버렸는
지 아니면 거의 온전히 남아있었
는지 그리고 어와에 충성을 맹세
한 아유타야 왕족의 통치하에 놓
였는지에 대해서 당시 기록과 현
대 자료 간에 약간의 차이가 있
다. 그러나 ('백상'은 아니지만) 그
많은 전리품과 사람을 어와로 가
져온 것은 분명해 보인다.[113]

쉐보 도시 입구에 세워진 얼라웅퍼야의 동상

　　아유타야가 매력적인 표적이 된 이유에는 해상 상업 중심지라는 점에서 그 부의 상당수
가 유동 자산의 형태로 왕궁에 보관되어 있다는 사실과 그곳을 정복하는 것이 그 부를 즉시

113　　*The Chronicle of Ayutthaya: A Translation of the Yodaya Yazawin* (Yangon, 2005),
p. 122, ed. Tun Aung Chain. 이 책에서는 아유타야는 '멸망했다'고 간단히 언급하고 있다. *Kon-
baungset Mahayazawindawgyi* [꽁바웅 왕조의 대왕통사, 미얀마어], ed. Maung Maung Tin
(Yangon, 1969), vol. 1, pp. 411-15. 그 이야기를 담고 있는 앞의 미얀마 왕통사에서는 많은 대포
와 무기를 취득하였다고 적고 있지만, 그들이 취하지 못한 것은 파괴하거나 바다에 던져 버렸다고
한다. 대화재의 기록은 없지만, '해자'와 성벽은 파괴된 것으로 알려졌다. 후자의 기록에 대해 자세
한 것은 현 왕조의 담롱 왕자가 저술한 태국 '왕통사'에 등장하며, 그 내용은 우아웅떼잉이 영어로
번역하여, 1938년에서 1957년 사이에 발행된 Journal of the Burma Research Society (참고문헌
에 수록함)에 기고되었다. 하지만, 아유타야의 포르투갈과 프랑스 구역이 불에 탔다는 프랑스 기록
도 있다. (2010년 5월 10일, 브리질(Kennon Breazeale)과의 개인 통신)

획득하는 것으로 이해되었기 때문이다. 이와는 대조적으로 미얀마 국가 재산 대부분은 왕국에 분포된 벼 경작지에 있었고, (심지어 계절적인 것도 있었으며) 왕국의 유동 자산은 대개 종교 부문에 배정하거나 이미 지출하였다. 어와를 정복한 적군은 많은 부를 획득하지 못했지만, 아유타야 점령은 그렇지 않았다.

1764년 아유타야 공격을 개시한 지 불과 1년 후인 1765년부터 1769년까지 어와 왕국의 북부에는 네 차례에 걸친 중국의 침입이 있었다. 청나라는 단일 세력의 대륙부 동남아 지배를 저지하여 그들의 패권과 권력의 균형을 유지하려고 했고 그리하여 아유타야 전투를 끝내도록 북쪽에 또 다른 '전선'을 만든 것으로 보인다.

그러나 싱뷰싱은 아유타야 원정에 동원한 장군들을 소환하지 않았다. 어와의 북부군은 11세기 중반 어노여타가 건설한 이후 수 세기 동안 유지해 왔던 요새를 활용하여 중국군을 간신히 저지하고 있었다. 1769년 미얀마 군대가 마침내 아유타야를 정복하고 약 2만 명의 포로들과 상당한 양의 무기와 탄약을 가지고 어와로 돌아온다는 소식이 들려오자, 중국은 더 손실을 볼 수 없다고 판단하여 결국 화평을 청하였다.[114]

미얀마 장군들은 자신들이 중국에게 지나치게 타협적인 태도를 보이면 왕의 노여움을 살지도 모른다고 우려하였다. 하지만, 미얀마 왕통사에 따르면 그들은 자신들의 장래 이익을 위하여 중국 황제의 체면을 일부 살려줄 수 있을 정도의 유화적인 조건을 받아들였다고 한다. 평화 조약은 버강 왕조 이후 미얀마 왕국의 가장 강력한 북방 요새 중 하나인 까웅동(Kaungton)에서 체결되었고 중국군의 안전한 철수를 허용하였다. 또한, 이 조약으로 교역 관계를 회복하고 정기적인 양국 간의 외교 사절 파견도 재개하기로 하였다. 아시아의 초강대국이었던 중국을 포함한 강력한 적들과 두 전선에서 성공적으로 싸울 수 있었던 사실은 초기 꽁바웅 왕조의 군사력에 대해 많은 것을 시사한다.

미얀마 국왕들은 전쟁에서 승리한 후 자신들의 훌륭한 공덕을 나타내고 전형적인 불교

114　*Konbaungset*, 1, pp. 459-86. 미얀마나 중국의 역사서에서는 각각 자신들의 유리한 관점을 담고 있긴 하지만, 비교적 *Konbaungset*은 비교적 사실 기록에 가깝고, 파커(Parker)의 해석에 따르면, 중국의 기록은 사실성에서 떨어진다. 미얀마는 이 특별한 원정을 이겼고, 중국 장군들은 귀환했을 때 패전 책임을 지고 사형을 당했다. 또한, 중국 황제는 극심한 손실을 보아 군대의 철수를 명했지만, 그는 '지극한 연민에서 미얀마인을 귀하게 여겨 몰살하지 않기로 결정했다'라고 기록되어 있다. 다음을 참조하시오. Edward Harper Parker, *Burma: With Special Reference to her Relations With China* (Rangoon, 1893), p. 72.

왕 아쇼카의 선행처럼 그 종교의 전파라는 합법적인 불교 왕이 감당해야 할 임무를 수행하기 위해 통상 매우 공적인 방법으로 종교를 후원하였다. 그들은 수도원과 불탑을 세우고 그곳에 금박을 입혔으며 면세지와 사람(역주-사원 노예)을 기부하였고 그 종교와 수호자인 상가에 대한 또 다른 형태의 대의명분을 쌓았다. (이런 관행과 그 기저 관념은 현대까지 이어져 오고 있음)[115] 하지만, 싱뷰싱과 그의 직계 후계자인 싱구(Singu, 재위 1776-82년)에 의한 이러한 과대 지출의 결과는 보도퍼야(Bodawpaya, 재위 1782-1819년) 왕으로 알려진 얼라웅퍼야의 또 다른 아들인 버동(Badon) 왕자가 떠안게 되었다. '수지타산'을 맞추는 일이 그에게 맡겨져 그는 그 일의 일환으로 재위 마지막 시기까지 두 번에 걸친 대대적인 세입 조사를 시행하였다.[116]

보도퍼야는 재위 직후 현명하게 싱뷰싱의 전임 대신들을 제자리로 복귀시켰다. 그의 즉위를 도운 다른 사람들은 상을 받았지만, 축출하려던 사람들은 통상적인 방식으로 처리되었다. 1년 후 그는 왕도를 어와에서 에야워디 강 건너 북쪽인 어머라뿌라(Amarapura, '불멸의 도시')로 옮겼다.

미얀마의 천도는 점성술과 망상증에 의해 결정되는 미신 또는 비합리적인 행동으로 해석됐다. 점성술이 미얀마 사회에서 매우 중요하긴 했으나, 그것이 반드시 이러한 특별한 행동을 하게 만드는 이유는 아니었다. 일반적으로 전략적인 이유로 이미 결정된 중요한 활동을 수행하기 위한 최고의 시기를 택하기 위해 길일을 진지하게 고려하였다.[117] 당시 어와는 이미 남쪽으로부터 최소 두 번은 점령당했기 때문에 보도퍼야는 에야워디 강, 밋응에 강 및 큰 호수 등 대규모의 수자원이 남쪽과 남동쪽에 자리하고 있는 어머라뿌라가 방어하기 더 용이한 곳으로 여겼을 수 있다. 어와도 사방이 물에 둘러싸여 있어 침입이 어려운 지역이었지만, 어머라뿌라는 하부 미얀마가 공격하기 어려운 곳이라 여겼기에, 중국을 북쪽에서 물리치고 난 이후 그곳으로 관심이 집중되었다. 보도퍼야는 만덜레가 아직 건설되지 않은 상태에서 어머라뿌라가 더 생기있고 북쪽으로 개방된 곳이라고 생각했을 수도 있다. 그곳은 확실히 덜

---

115 미얀마연방 우누 총리와 미얀마연방사회주의공화국의 네윈 대통령은 국가 원수로 임기 중에 자신들의 공덕을 쌓았다. 그들의 계승자도 똑같은 행위를 계속했다.

116 홀(D.G.E. Hall)은 이러한 조사 자료를 그의 저서(*Burma*, p. 67)에서 'Doomesday Book'이라고 하였다. 많은 칙령은 영어로 번역되어 딴툰(Than Tun)의 다음 저서로 출판되었다. *The Royal Orders of Burma*, A.D. 1598-1885, 10 vols (Kyoto, 1983-90).

117 가장 최근의 이전과 관련된 복합적인 요소들에 대해서는 아웅뜨윙(Michael Aung-Thwin)의 다음 글을 참조하시오. 'Shift of Capital in Burma', *Asian Studies Newsletter* (2006), p. 9.

혼잡하여 질병과 화재에도 덜 취약했다.

새로운 왕도의 건설은 어와에서 점증하는 불길함, 즉 왕궁과 그 구역에서 발생했던 수 세기에 걸쳐 많은 피를 뿌린 사건들과 관련이 있었다. 1784년 여카잉 정복 후 새로운 왕도에 안치한 가장 신성한 마하무니(Mahamuni) 불상을 확보했다는 사실에서 분명히 그 의도가 드러난다. (마하무니 불상은 오늘날 미얀마에서 가장 신성한 불상 중 하나로 남아 있음) 여카잉 정복은 불교 왕국 대부분이 세력 확장을 위해 내세웠던 표준적인 이념이었던 담마비자야(dhammavijaya, '의로운 승리')로 정당화되었다. 이러한 행위는 불교도 국왕이 자신의 가치를 증명하기 위해 행할 수 있는 가장 중요한 활동 중 하나로 여겨졌다.[118]

이전 대다수의 왕조가 그랬듯이, 어머라뿌라의 '정문'은 못떠마 해협을 향하는 남쪽이 아닌 중국을 향하는 북쪽을 보고 있고, '후문'은 곧 큰 힘으로 들어올 서구 세력을 향해 있었다. 1769년 중국과의 까웅동 조약에 따라, 그들과의 외교 관계는 중국이 미얀마에 정기적으로 특사를 파견하면서 보도퍼야의 재위 동안 양국의 외교 관계는 지속되었다. 중국은 1787년, 1790년, 1795년, 1796년 및 1822년에 특사를 파견하였고, 미얀마는 1782년, 1787년, 1792년 및 1823년에 중국으로 특사를 보냈다. 식민지 시대 이전 역사를 살펴보면, 15세기경 미얀마의 '후문'에 서구 세력이 등장하였음에도 불구하고 중국과의 교류와 유사한 공식적인 외교 관계는 발생하지 않았다.

서구에서 교육을 받은 역사가들은 위에서 언급한 1784-86년과 1803년에 걸쳐 두 번 시행했던 세입 조사를 보도퍼야 왕의 가장 중요한 행정 업적으로 꼽는다. 그것은 마을 촌주의 서면 보고를 기반으로 그 지역에 거주하는 사람들의 계보, 관할구역의 경계, 마을의 생산품의 종류, 세금의 징수 및 납부액, 종교 면세지의 면적 및 관할지의 남녀 인구 등의 조사를 실시하는 것이다.[119]

---

118 Michael Aung-Thwin, 'Divinity, Spirit, and Human: Conceptions of Classical Burmese Kingship', in *Centers, Symbols and Hierarchies: Essays on the Classical States of Southeast Asia,* ed. Lorraine Gesick (New Haven, CT, 1983), pp. 45-86.

119 Many of these depositions remain in the original Burmese. One of the earliest collections published was J. S. Furnivall and Pe Maung Tin's edition of *Zambudipa Okhsaung Kyan* (Yangon, 1960). 이이(Yi Yi)가 일부 기록을 영어로 번역하였고 다음 책에 수록하였다. Frank N. Trager and William J. Koenig's edition of *Burmese Sit-tans 1764-1826: Records of Rural Life and Administration* (Tucson, AZ, 1979).

부분적으로는 제2차 어와 왕조의 떠룽 왕과 그 이전의 국왕들이 시행했던 조사와 마찬가지로 국가의 자원을 기록하고 평가하기 위한 것이었지만, 이번 조사는 왕국 내에서 면세 종교 귀속 토지의 규모를 파악하여 과세와 비과세 부분을 산출함으로써 국가 자산 중 종교 자산을 분명히 구분하기 위한 목적도 있었다. 또한, 이러한 전략에는 종교 재산의 궁극적인 법적 기록(실제로는 소유 증서)인 비문 또는 원래 자리에서 옮길 수 없는 비문의 복사본 등의 수집도 포함하고 있었다. 비문의 원본과 사본은 모두 어머라뿌라의 중앙부로 옮겨졌고, 그 대부분은 오늘날까지도 여전히 그곳에 남아있다. 선대 왕들과 마찬가지로 보도퍼야도 문제가 있다고 판단했던 상가로 유입되는 부를 통제해야만 했다.[120]

보도퍼야는 15세기 후반 담마제디 왕처럼 전면적인 종교 개혁(Sasana Reform)을 단행하지는 않았다. 그 대신 국왕 칙령을 발표하여 종교 개혁을 유도하였는데, 그중 하나가 승려들에게 '폰지'(hpon gyi, 큰 영광)라고 부르지 말 것을 명하였다. '그는 승려의 수가 너무 많고...게으르고 무식하다고 생각하여 수도원장들의 자격에 더 엄격한 심사를 가할 것을 요구하였다.'[121] 그는 상가의 영향을 상쇄할 목적으로 미얀마 왕국의 수호신인 마하기리 낫(정령, '큰산의 주'라는 의미로 최고의 정령으로 여겨짐) 공개적으로 후원하여(이런 행위를 상좌불교에 대한 '경쟁적' 이념을 나타내는 것이라고 주장하는 이들도 있음), 1785년에는 그 낫의 새로운 머리 두 개를 만들어 전국 최고 낫의 명당이라고 할 수 있는 뽀빠(Popa)산에 안치하고, 1812년에는 더 큰 것으로 교체하였다.

또한, 그의 전략에는 경전에 대한 국왕 자신의 지식과 왕국 종정(보통 왕자 시절의 왕사이자 즉위 이후 상가의 최고지도자로 임명된 고승)의 국왕 지지를 발판으로 어떤 중요한 불교 교리의 해석에 도전하는 '정통성' 확립 방안이 포함되었다. 보도퍼야와 상가 사이에 문제가 있긴 하였지만, 미얀마 역사 속에서 국가와 상가의 관계는 일반적으로 대립적이기보다 친밀한 것이었고, 따라서 주기적인 논쟁이 발생했음에도 불구하고 21세기까지 잘 유지됐다.[122]

---

120 Father Sangermano, *A Description of the Burmese Empire Compiled chiefly from Burmese documents by Father Sangermano*, trans. William Tandy (New York, 1969), p. 75.

121 G. E. Harvey, A History of Burma: From the Earliest Times to 10 March 1824: the Beginning of the English Conquest (London, 1925), p. 276.

122 이른바 2007년의 '사프란 혁명'과 관련하여 대부분의 영어 언론과 다른 해석에 대해서는 아웅뜨윙(Michael Aung-Thwin)의 다음 논문을 참조하시오. 'Of Monarchs, Monks, and Men: Religion and the State in Myanmar', *Asia Research Institute Working Paper Series* (2009), pp.

1784년의 세입 조사는 효과적이어서 보도퍼야의 국고는 가득 찼다고 한다. 그리하여 보도퍼야는 1785-6년에 시암 정복을 계획하고 준비하기 시작했는데, 이는 아마도 앞에서 언급한 이유보다는 짜끄라와르띤으로서 자신의 위상을 높이기 위해서였을 것이다.[123] 보도퍼야가 깨닫지 못한 것은 시암이 더는 싱부싱 시대의 시암이 아니라는 사실이었다. 그리하여 그는 국고가 거의 소진될 때까지 군대를 계속해서 파견하였지만, 미얀마 군대는 국경 안으로 진격하는 순간마다 격퇴당하고 말았다.

왕궁에서 보도퍼야는 미얀마 군주제 역사에 있어서 과히 저주라 할 수 있는 왕위 계승의 안정화를 시도하였다. 많은 왕자가 합법적으로 왕위를 계승할 자격이 있었지만, 버강 시대 이래로 잘 정립되고 논리적인 계승법이 존재해왔다. 국왕과 최고 왕비의 장남이 관습적으로 왕세자(미얀마어로 에잉쉐밍(Einshemin), 동쪽 궁전의 주군)로 책봉되며, 그의 공식적인 지위는 땃마도(Tatmadaw, '왕실 친위부대')의 총사령관으로 군대의 지휘권에 의해 실질적인 지지를 받는다.[124]

하지만, 이러한 왕위 계승 방식은 자연히 삼촌과 조카 간의 불화를 일으켰는데, 국왕의 형제(선대 왕과 최고 왕비의 아들)는 국왕의 장남과 같은 왕위 계승 자격을 갖고 있기 때문이었다. 그런데 국왕의 장남이 왕위에 등극하면, 국왕의 동생들은 왕위 계승권을 완전히 상실한다. 이런 긴장감은 주로 왕권을 향한 엘리트의 경쟁으로 버강 시대부터 시작되어 미얀마 역사 전반에서 주기적으로 쿠데타와 그에 반발하는 쿠데타의 형태로 발생하였다. 앞서 언급했듯이 이것은 농민과 엘리트 사이의 투쟁이 아니라 권력구조에서 소외된 엘리트와 기득권층과의 다툼이었고, 사회를 변화시키기 위한 혁명이 아니라 통치 기구를 장악하기 위한 반란이었다.[125]

얼라웅퍼야의 칙령('아들에서 손자'로 왕위 계승 이동)을 받들어 보도퍼야의 아들이 왕세자로 책봉되었다. 그로 인해 보도퍼야의 두 형제인 뻐캉(Pahkan) 왕자와 삔덜레(Pindale) 왕자

2-31.

123　Hiram Cox, *Journal of a Residence in the Burmbam Empire and More Particularly at the Court of Amarapoorah* (London, 1821).

124　Aung-Thwin, 'Divinity, Spirit, and Human', pp. 45-86.

125　Michael Aung-Thwin, 'Principles and Patterns of the Precolonial Burmese State', in *Tradition and Modernity in Myanmar: Proceedings of an International Conference Held in Berlin from May 7th to May 9th, 1993*, ed. Uta Gartner and Jens Lorenz (Berlin, 1994), p. 32.

의 왕위 계승이 사실상 막히게 되자 예상대로 반란이 일어났다. 그러나 그들은 실패했고 삔덜레는 처형당했으며 뻐칸은 자리에서 물러났다. 여러 음모가 자행될 상황이었지만, 국왕과 왕세자는 정세를 확고하게 통제하였다. 보도퍼야는 나이가 들자 왕세자에게 점점 더 많은 국사를 넘겨주었다. 왕세자와 삐 영주인 보도퍼야의 또 다른 아들이 사실상 행정부를 운영하였다. 실제로 이 계획은 매우 효과적이어서 국왕은 자주 그의 아들에게 양위하고 싶다는 의사를 밝혔다. 그러나 그것은 어려운 일이었는데, 보도퍼야의 여섯 아들은 모두 훌륭한 영지와 왕실 군대를 소유하고 있었기 때문이었다.

보도퍼야는 성공한 지배자들의 전형적인 길을 따르듯, 이제 자신의 삶을 종교에 헌신하기 시작했다. 1790년 그 땅에서 가장 큰 사원인 밍궁(Mingun) 사원을 건축하여 버강의 모든 왕의 업적을 능가할 계획을 세웠다. 그 사원은 저가잉 북부 지역으로 어머라뿌라에서 보면 에야워디강 건너편에 위치하였고, 그는 자신의 공덕을 개인적으로 감독하기 위해 그곳에 임시 궁전을 세우기도 했다. 거대한 벽돌과 모르타르로 만든 높이 95피트와 둘레 13피트의 안구를 가진 사원 수호신인 사자상은 지금도 남아있고, 세계에서 가장 크고 무게가 80톤에 달하는 대종(일반적으로 사원의 부속물)도 그곳에 있다. 이 사원이 완공되었다면 높이가 500피트에 달했을 것이다. 하지만, 사원은 완공되기 전 지진이 발생했고, 이는 왕국의 멸망이 임박했음을 암시하는 통상적인 예언과 징조가 되었다.

1800년경 보도퍼야는 왕궁의 관료 세력과 관련된 이유를 들어 4명의 대신(wungyi, 최고직 관료)을 후임 없이 사임시켰다. 사퇴한 대신들과 권세를 지닌 영지 소유의 왕자들로 인하여 왕세자나 국왕에게 무슨 일이 생길 경우 왕국은 권력 투쟁의 장으로 변할 수 있는 상황이었다. 결국 왕세자에게 어떤 문제가 생겼고 그는 사망했다. 그러자 보도퍼야는 즉시 왕세자의 아들인 저가잉 왕자를 왕세자의 자리에 앉혔다. 그리고 그의 안전을 보장하기 위해 왕실 군대의 총사령관에게 부여하는 통상적인 보물, 무기, 영지 및 자산에 더하여 머스킷총 병사 3,620명과 25,000가구 이상이 있는 영지를 제공하였다.

왕세자의 이복동생인 따웅우 왕자가 따웅우에서 봉기할 조짐을 보이자, 보도퍼야는 친히 5만 명의 군사를 이끌고 진압하고, 왕자를 왕도로 데리고 왔다. 그래서 국왕은 자신이 믿었던 유능한 왕세자의 사망 이후 왕국의 통치에 있어서 개인적 역할(personal role)을 재개하였다. 제도보다 사람을 신뢰하는 이러한 유형의 개인적 거버넌스(personal governance)는 오늘날에도 정치 구도의 한 부분으로 나타난다. 이것이 의미하는 바는 일단 강력한 지도자가 사망하여 다른 강력한 지도자가 그를 대체하지 못하게 되면, 왕국의 분열을 조장하는 원심력에 국가는 취약할 수밖에 없다는 것이다.

꽁바웅 왕조의 쇠퇴와 미얀마 군주국의 종말

보도퍼야의 통치 말년은 군주제의 회복이 어려울 정도로 왕조와 왕국이 몰락하기 시작한 것 같다. 1819년 6월 5일 향년 75세의 나이로 보도퍼야 왕은 서거하였다. 전륜성왕의 명예에 맞게 거행된 그의 장례식에서 나중 버지도(Bagyidaw, '왕가의 숙부')로 알려진 왕세자가 왕위(재위 1819-37년)에 올랐다. 이에 쿠데타가 발생하였고, 반대 세력의 숙청과 처형이 그 뒤를 따랐다고 한다. 그 후 거의 아무런 반대 없이 그는 최고 통치권을 장악하였고, 특별한 이유도 없이 어와로 천도를 결정하였다.

버지도는 어떤 면에서는 수수께끼 같은 인물로 비치는데, 그에 대한 설명에는 서로 모순되는 것이 있기 때문이다. 흔한 이야기로는 그를 주로 도박, 투계, 음주에 빠져 광기 지닌 무책임한 폭군으로 묘사하고 있다.[126] 국왕의 이러한 이미지는 하부 미얀마의 영국 상인 사회가 몇몇 선교 단체와 공모하여 주도면밀하게 조작한 것이었다. 그들은 미얀마를 식민지로 만들기 위해 영국령 인도 정부가 군사적 행동을 준비하고 있는 가운데 '자유 무역'과 기독교 선교에 대해 '구시대적' 장애물이었던 군주제를 무너뜨리려 했다.

하지만, 그와는 정반대의 이야기도 있다. 어떤 (식민지 시대) 역사학자에 의하면 버지도는 '대중 앞에서 우아하고 품위 있는 모습을 보였고, 사적인 자리에서 멋진 매너에 아주 사교적이었으며, 매일 코끼리를 타고 운동하고 … 또한, 국왕들이 참가했던 웅장한 뱃놀이(레가타)를 즐겼다'라고 한다. 버지도는 매우 친절하고 사랑받는 왕이어서 오랜 재위 동안 반란은 없었다고 한다.[127] 또한, 종교도 그의 통치 시대에 융성하였다고 한다. 이 시대의 보물 중 하나가 그의 최고 왕비가 건축한 벽돌 수도원 머하아웅메봉장(Maha Aung Mye Bonzan, 역주-어와 성내 북쪽에 자리함)으로 오늘날에도 여전히 인기 있는 관광 명소이다.

현존하는 버지도에 대한 다양한 설명과 그 성격으로 미루어 볼 때 두 번째 설명이 더 정확한 것으로 여겨지는데, 아이러니하게도 그의 그런 성품은 외부 적에게는 허약한 사람으로 보이게 만들었다. 버지도가 '예의주시'하던 시기에 시작된 제1차 영국-미얀마전쟁(1824-6년)은 한 세기가 지나가기도 전 미얀마 왕정을 제거한 세 차례에 걸친 공격 중 첫 번째에 해당하였다. 제2차 전쟁은 1852년에, 제3차 전쟁은 1885-6년에 일어났으며, 결국 미얀마는 영국

---

126 Thant Myint U, *The Making of Modern Burma* (New York, 2001), pp. 58-9; D.G.E. Hall, *Burma,* pp. 106, 108.

127 Harvey, *History,* p. 294.

의 식민지가 되었다.[128]

제1차 전쟁으로 미얀마 왕국은 가장 중요한 해상 세입 지역이었던 여카잉과 떠닌다이 지역과 그곳의 거주민을 잃었고, 국가는 심각하게 약화되었다. 제2차 전쟁의 종식과 함께 버고와 그 인근의 티크 산지를 포함한 하부 미얀마의 델타 일대를 넘겨주었다. 이제 미얀마 왕국은 이전에 겪어보지 못했던 완전한 해상 봉쇄를 당하였고, 그로 인해 최후의 전쟁과 합병에 이르기 전 10년간은 미얀마의 가장 허약했던 시기였다.

마치 운명처럼, 영국이 지구상에서 강력한 국가 중의 하나였던 시기에 미얀마는 가장 약한 순간에 처해 있었다. 미얀마 왕국의 19세기 후반은 전반과 같지 않았으며, 그 당시 국가의 상태는 흔히 생각할 수 있는 통합의 정점이 아닌 '밑바닥'에 와있었다. 정치·군사력과

---

128 우드맨(Dorothy Woodman)의 저서 *The Making of Burma* (London, 1962)는 세 차례의 전쟁을 상세하고 학술적으로 다루고 있으며, 특히 램버트(Lambert) 제독이 제2차 영국-미얀마 전쟁을 단독으로 시작했지만 민동 왕이 전적으로 책임져야 했던 사실을 기술하고 있다.

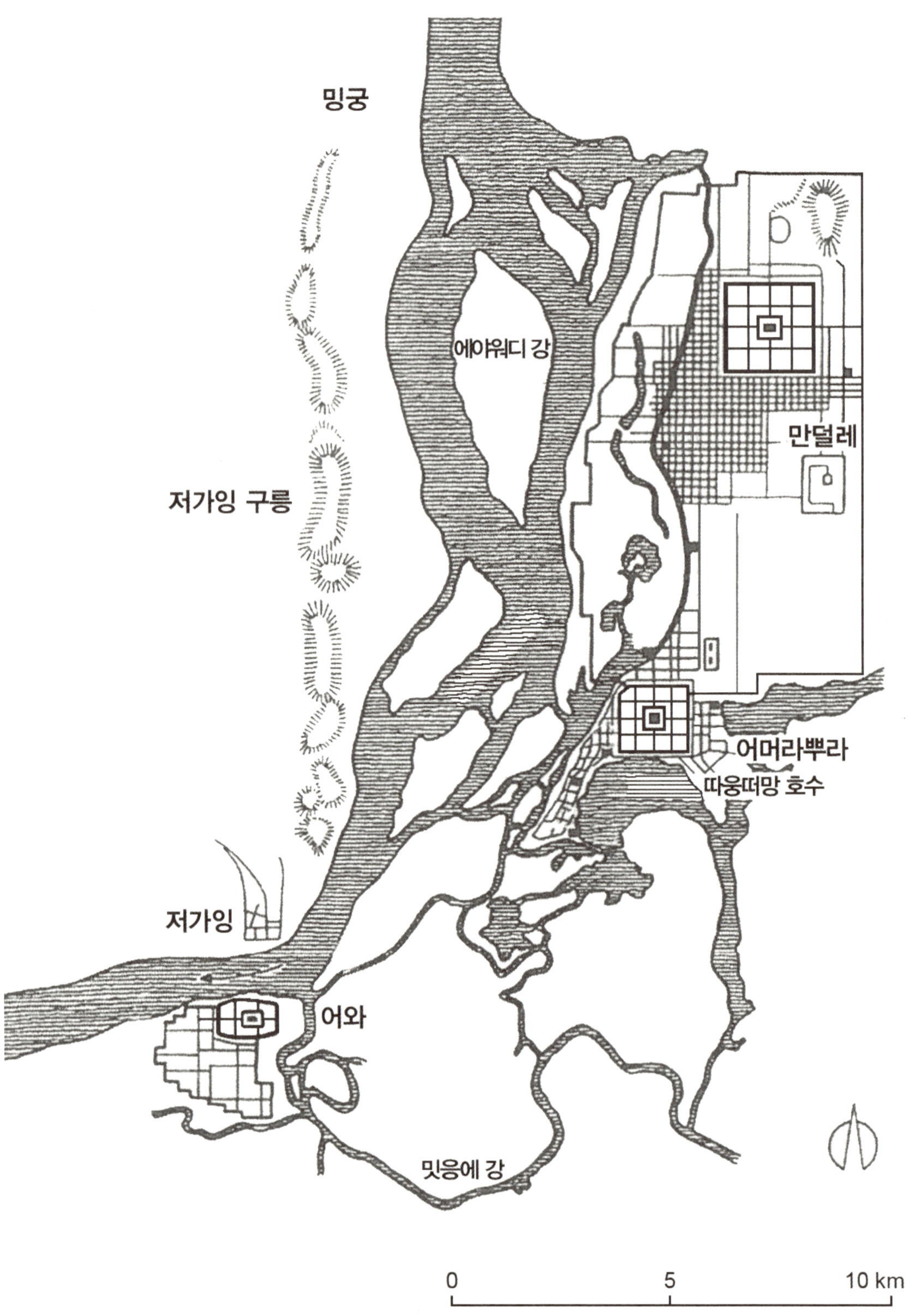

18세기 중엽에서 19세기 말경의 왕도였던 어와, 어머라뿌라 및 만덜레

19세기에 조성된 만덜레 왕궁(위) 및 성벽과 해자(아래)

부와 영토의 관점에서 보면, 얼라웅퍼야, 싱뷰싱, 보도퍼야 통치하의 어와나 어머라뿌라는 버지도의 마지막 후계자였던 민동(Mindon, 재위 1853–78년)과 띠보(Thibaw, 재위 1878–85년) 지배하의 만덜레와는 아주 다르다.

영어 역사서에서는 마지막 두 왕이었던 민동과 띠보를 선과 악의 틀로 구분하고 있다. 전자는 원만하고 원칙적이면서 (영국인과 협상에 임하면) 거의 비굴하게 아부하는 성격을 지닌 것으로 좋게 평가하지만, 후자는 과대망상증을 지닌 나약한 성격의 소유자로 보고 있다. 그러나 이러한 두 이미지는 어떤 의도된 결과에 부응하도록 조작된 것이다.

서구학자들은 변함없이 민동을 묘자 분배의 급여 대체, 전보, 미얀마 모스 부호 등 서구 문물을 도입한 '개혁가'라는 이유를 들어 '긍정적'으로 묘사하고 있다. 하지만, 민동에게 자신의 가장 중요한 업적을 물어본다면, 그는 분명히 불교도 왕의 가장 모범적인 사례였던 인도 아쇼카 왕에서 내려오는 전통이었던 불전 결집(Buddhist Synod)의 1871년 제5차 회의 개최를 내세웠을 것이다. 그 위대한 종교 행사는 만덜레 구릉 밑에 자리한 꾸도도지(Kuthodaw-gyi, '위대한 왕실의 공덕') 대사원을 완공하면서 정점에 달하였다. 그 사원의 경내에는 '정화된 (역주-원칙대로 교정한)' 상좌불교 불전 전체가 새겨진 729개의 대리석 석판이 세워져 있다. 민동에게 있어서 그것은 미얀마 모스 부호 개발보다 자신이 불교 보호자라는 사실과 함께 그의 통치를 평가하는 기준이 되었을 것이다.

이와는 대조적으로 띠보는 제3차 영국-미얀마전쟁과 미얀마 왕국의 합병을 정당화하기 위한 서구 역사학자들과 왕국 상실에 대해 분노하는 미얀마인 역사학자들에 의해 악인으로 묘사되었다. 그러나 사실 그는 온순하고 장난기 많은 학구파이며, 결코 왕이 되고 싶지 않았으나 왕비들의 '등쌀'과 대신들의 집요한 종용에 어쩔 수 없이 왕위에 올랐다고 한다.[129] 또한, 그는 당시 세계에서 가장 강력한 산업화를 이룬 권력에 대항할 기회조차 없었다. (사실, 꽁바웅 왕조의 그 어떤 왕도 영국의 군사력에 대항하지 못했을 것임) 띠보는 그저 잘못된 시간에 잘못된 장소에 있었던 잘못된 왕이었다. 하지만, 이러한 사실은 (특히) 영어로 쓰인 미얀마 역사 사료에서 19세기 '악의 축'인 그의 몰락을 대다수가 반겼다고 기술한 내용을 반박할 수는 없었다.[130]

두 국왕 모두 그들을 섬긴 유명한 대신 낑웡민지(Kinwun Mingyi)의 칭송을 많이 받지 못했다. 그는 두 왕을 모두 악으로 단정하지 않았지만, 비교적 나약했다고 보았다.[131] 그의 판단 기준은 미얀마의 정치적 가치에 근거한 것이 아니라, 그 당시 서구로부터 유입된 가치관에 입각한 것이었다. 낑웡민지는 해외여행을 다녔고 당시 유럽의 가장 중요한 수도인 로마, 런던, 파리 등 최소 세 곳을 방문했었다. 그 결과 그는 훌륭한 미얀마 왕들의 표준적인 시금석이었던 강력한 군사력 유지, 농업 생산력 보장, 종교와 상가의 증진, 국가와 사회의 중요한 의례 수행(가령 유명한 불탑에 첨탑 장식 설치), 사회적 위계질서 및 법과 질서의 유지 등에는 크

129　Reverend Marks, *Forty Years in Burma* (London, 1917).

130　Woodman, *Making of Burma*, ch. 11, pp. 231-5.

131　Pagan U Tin, *The Royal Administration of Burma*, trans. Euan Bagshawe (Bangkok, 2001), p. 26.

게 관심을 보이지 않고, 오히려 위기 상황에서 힘을 발휘하고 영국 같은 새로운 근대의 침략자를 맞이해 발생하는 현실 정치 문제를 해결하는 능력에 더 관심을 보였다.[132] 더군다나 대신들은 왕족에 대해 어느 정도 자연스러운 경멸감을 가지고 있었다. 그들은 왕족이 아닌 자신들이 왕국과 국가를 위한 사심 없는 진정한 수호자라고 생각했기에 두 왕에 대한 낀웡밍지의 '미온적' 평가는 예상할 수 있는 것이었다.

미얀마의 국내인이든 외국인이든 간에 왕궁 내부 또는 외부에서 쓰인 민동과 띠보 (및 쇠퇴기에 접어든 왕조)에 관한 역사 기록은, 특히 현지의 1차 사료를 사용하고 현재의 정치적 과제에서 탈피한 '비전의 시각'(angle of vision)에서 해석되는 연구로 수행되는 엄밀한 재평가와 뛰어난 학술적 분석이 필요한 상태이다. 마이애미 거주 쿠바계 미국인 공동체와 국무부의 증거만을 (또는 거의 그런 증거만을) 1차 사료로 사용하는 미국인 연구자들만 모인 곳에서 (또는 거의 그런 부류의 사람이) 기록한 쿠바 역사를 상상해 보라.

사실, 영어로 쓰인 대부분의 미얀마 역사는 대체로 미얀마 군주와 이 왕조를 외부 세계에 무지하고, 순진하며, 오만하고, 미신적이라고 규정하면서, 결과적으로 자신들의 정복을 합리화하는 악마화 과정을 거친다. 또한, 아주 반복적으로 미얀마의 왕들은 제정신이 아니었다는 설명이 등장했고, 이는 미얀마에 대한 이해력이 부족한 서구 세계의 사람들이 내린 현 정부에 대한 평가와 다르지 않다. (사실 19세기 꽁바웅 왕조의 왕들에 대해 사용된 같은 어휘와 문구가 최근 해체된 미얀마 군부의 지도자를 언급하는 오늘날 영어권 언론 속에 다시 등장했다.)

영국이 1885년 제3차 영국-미얀마전쟁에서 비교적 쉽게 만덜레를 점령하자, 1,200년간의 군주제는 막을 내렸다. 정복에 이어 화재와 약탈이 3일간 계속되었고, 보관되어 있던 왕조의 야자잎 기록들은 한 줌의 재로 사라졌다.[133] 마침내 약탈과 방화가 멈추자, 잔존물은 32대의 수레에 가득 담아 양공으로 이송하여 보존 처리되었다. 이듬해에 미얀마는 공식적으로 합병되었고 영국령 인도 총독에 의해 영국 여왕에게 '선물'로 진상되었다. 그리하여 미얀마는 영국령 인도에 편입되었고, 군주제는 마지막 국왕인 온순한 성품의 띠보가 인도로 유배되자 그 즉시 무너졌다.

띠보와 여왕은 적은 수의 수행원과 함께 짙은 카키색의 군복을 입고 긴 군도를 허리에 찬 영국 인도군 병사들이 두 줄로 늘어선 좁은 길을 따라 인도행 배가 정박한 부두로 가자,

<hr>

132 Pe Maung Tin, ed., *Kinwun Mingyi's London Diary,* 2 vols (Rangoon, 1953-4).

133 Yi Yi, 'Burmese Sources for the History of the Konbaung Period 1752-1885', *Journal of Southeast Asian Studies,* VI (1965), pp. 48-66.

19세기 말 써야총의 그림, 띠보 왕과 수퍼야랏 왕비의 추방

미얀마 군중들(주로 여성들)은 남녀노소 가릴 것 없이 연도에 줄을 지어 무릎을 꿇은 채 흐느끼며 통곡하였다. 왕국의 상징적인 '아버지와 어머니'였던 왕과 왕비는 당황하여 영문을 모르는 '자녀들' 앞에서 험상궂게 생긴 이방인들에게 끌려 강제로 자기 집에서 쫓겨나고 있었다.

물론, 미얀마는 이전에 다른 침략자들을 경험했으나 영국과 같은 외부의 적은 처음이었다. 중국이 이전에 접했던 침략국 중 가장 강력한 국가였지만, 그들은 침략에 성공하지 못한 경우가 더 많았다. 그러나 이번에는 미얀마는 당시 세계에서 최고로 산업화를 이루고 기술적으로 우수하며 정치적으로 최고로 잘 통합된 국민국가를 상대한 것이었다. 그들의 군대는 가장 최신의 과학 지식을 포함하여 무기, 기계 및 전술을 누렸고, 지구상 곳곳의 많은 식민지로부터 공급되는 무한한 부로 세계에서 가장 거대한 경제 대국이 그 모든 재정을 후원하였다. 게다가 그들은 예기치 않게 '후문'으로 들어왔는데, 미얀마의 방어 기지 대부분은 전통적인 침략 경로였던 북쪽의 '정문'을 향한 상부 미얀마에 있었다.

또한, 정복자들은 그 지역 출신이 아니었으며 토착 개념 체계를 이해하지 못하였고 물리적 환경을 알지도 못했으며 공통된 역사를 공유하거나 생김새가 비슷하지도 않았다. 정복자들의 '종족적' 배경, 고향, 역사 및 문화는 더욱 다를 수밖에 없었다. 새로운 침략자들의 의

도도 달랐다. 그들은 가능한 오랫동안 미얀마에 남아 그곳을 지배할 작정이었다. 여카잉족, 몬족, 샨족은 물론이고, 몽골인, 중국인, 따이어족은 공격하여 승리하면, 전리품을 챙겨 다들 고향으로 돌아갔다. 하지만 이번에 이번 사람들은 달랐다.

이번 정복자들은 미얀마에 무기한 머무를 작정이었기 때문에 원칙적으로나 실질적으로 본질적인(구조적인) 성격의 변화를 꾀하였다. 식민지 시장경제, 평등주의 이상, 근대적 관료 행정, 대의 정부의 요소 및 그 모든 것을 합리화하는 이념은 매우 이질적인 문명과 세계관에서 나온 것이었다. 그들이 이러한 변화를 실행했기 때문에 미얀마가 이제 이전과 같지 않을 것은 자명하다. 그러나 이와 동시에 종교, 언어, 후원-수혜 관계와 그 가치, 사회정치적 및 종교적 계층 구조, 친족 형태, 정당성과 권위에 대한 관념은 대체로 온전하게 남았다. 프롤로그에서 언급한 바와 같이 오늘날에도 여전히 미얀마를 혼란스럽게, 대립하게 하는 것은 옛것과 새것 및 과거와 현재 간의 다툼에 있다.

• • • • •

제9장 미얀마 왕국의 해체, 1824~1886년

전쟁의 서막, 제국의 가장자리에서

미얀마 역사에서 영국인의 등장은 수 세기에 걸쳐 이 지역 역동성의 한 부분이 되었던 유럽 무역 상인, 탐험가, 용병 및 성직자들의 긴 역사와 중첩되긴 하지만, 사실 영국인은 미얀마에서는 후발 주자에 해당한다. 1617년 미얀마를 최초로 방문한 영국인으로 짐작되는 헨리 포레스트(Henry Forest)와 존 스테이블리(John Staveley)는 양공 건너편의 당시 중요한 항구였던 딴르윙에서 사망한 동인도회사(East India Company) 중개상의 유품을 수거하기 위해 양공에 도착했다. 그때로부터 30년 후 영국 주둔지를 설립하기 위한 동인도회사의 노력은 마침내 결실을 보아 엔데버(Endeavour)호의 도착과 함께 미얀마 왕실로부터 딴링에 집과 선창을 지을 수 있는 허가권을 얻었다.

네덜란드인들은 이미 미얀마에서 교역하고 있었고, 포르투갈인들은 16세기부터 동남아에 출현하여 동아프리카, 인도, 고아, 스리랑카, 말라카, 마카오 연안에 주거지와 공장을 세웠으며, (앞 장에서 보았듯이) 미얀마의 정치와 역사에서 오랫동안 그 모습을 드러냈다. 또한, 그들은 버고, 딴링, 양공 등의 항구에서 새로운 식료품, 지식, 기술 등을 도입하는 데 중요한 역할을 했다. 미얀마 국왕은 무기, 대포, 유럽식 군사 전술에 훈련된 사람들을 주요 자원으로 인식하여 즉시 왕실로 귀속시켰다. 16세기 중반 원정에서 버인나웅이 왕국을 통일하고 시암과 라오스까지 미얀마 영토를 일시적으로 확장할 수 있었던 것은 어느 정도 포르투갈 용병들의 무기와 전술의 덕분이란 것을 알고 있다.

포르투갈인과 네덜란드인 외에 아르메니아인도 미얀마 왕실에 유럽인의 비전을 알려주었다. 그러나 그것은 왕국 전체에 수 세기에 걸쳐 전해진 인도, 중국 및 이웃 불교 왕국들의 영향력 때문에 '뒷자리'로 밀려났다. 더욱이 유럽인들은 자신들이 처음 정착했던 해안 지역과 비교해 내륙과 산지의 공동체에는 영향력을 미치지 못했다.

17세기 말 동인도회사는 미얀마 왕실과 더 긴밀한 관계를 맺기 위해 어와에 특사를 보냈다. 하지만, 그들의 시선은 아시아의 다른 지역들에 더 집중되었다. 18세기 중반에 이르러 전략적 이유로 동인도회사는 (미얀마 남서부 해안 쪽) 너거잇(Negrais, Nagayit) 곶에 정착지를 건설해야 했다. 당시 손더스(Saunders) 총독은 그곳이 '어와 왕의 모든 지배 영역'에 접근할 수 있고, 프랑스 세력에 대응할 수 있는 좋은 항구라고 생각했다. 미얀마 왕궁에 대표부를 설치하는 것도 동인도회사의 우선순위 중 하나였는데, 이는 미얀마 국왕과의 관계를 정례화하기 위해 향후 영국 특사가 추구해야 할 일이었다.

이러한 활동에도 불구하고 영국은 미얀마 해안 항구에서 섞여 지내던 (아시아, 유럽, 중동) 일곱 공동체 중의 하나에 불과했기 때문에 18세기 내내 미얀마 내에서의 그들의 영향력은 매우 제한적이었다. 미얀마 왕실은 특정 부분에 있어서만 영국과의 교역에 관심을 보였는데, 이는 포르투갈인, 네덜란드인, 아르메니아인들과 이미 중요하고 유익한 상업 관계를 맺고 있었기 때문이었다. 우선순위상 중요한 국가는 중국과 인도 같은 아시아 무역 상대국이었다.

영국인들에게 가장 가치 있는 식민지는 여전히 인도였으며, 19세기 초까지 그들은 여전히 그곳의 거점을 발전시키는 데 초점을 맞추고 있었다. 그러나 벵골에 있는 인도의 동쪽 경계는 어와 왕국(그 당시 영국인들에게 알려진 국명)과 인접해 있었고, 그곳은 곧 분쟁의 원인이 될 곳이었다. 그래서 영국인들은 미얀마인들에게 상대적으로 후발주자로 인식되었지만, 19세기 미얀마에 끼친 영국인의 영향은 결코 그들의 생각과 비례하지 않았다

궁극적으로, 그러한 영향력 배후의 힘은 산업혁명이었는데, 그것은 미얀마인이나 영국인보다 훨씬 큰 사회·경제적, 이념적, 정치적 세력 및 미얀마 합병을 초래한 영국-미얀마 전쟁의 '간접적 원인'에 속하는 많은 요소를 방출하였다. 물론, 산업 권력의 성장은 그 당시의 확고한 대중적 이념에 의해 합리화되었다. 그들의 대중적 이념은 영국에게 서구 문명(종교, 세속적 이념, 문화, 경제 및 정치 시스템)을 '덜 문명화된' 사람들에게 전해줘야 한다는 신이 부여한 (자연적인) 권리를 지니게 함으로써 세계의 도덕적 '감시자' 즉 양심이 될 것을 종용하였다.

이러한 문명화 임무(mission civilisatrice)는 특히 다윈(Darwin)의 연구에 기반한 새로운 학문의 '과학적' 지지를 얻었고, 다윈주의적 사회학자(Social Darwinist)에 의해 영국 사회에 적용되어 '보편적'인 것으로 간주하는 특정한 현실들을 '설명'해주었다. 이러한 사상은 헨티

(G. A. Henty), 헤가드(H. Rider Haagard), 키플링(Rudyard Kipling) 등 작가들의 그 당시 '모험 문학'(adventure literature)에 의해 더욱 대중화되었고, 새로운 언론들은 이를 선정적으로 표현 하면서 대중화를 촉진했다. 그 최전선에는 미얀마를 포함한 세계 각지를 돌며 신의 계획을 실천에 옮긴 선교사들이 있었다. 이 모든 것은 제국 자체에 의해 '입증'되었고, 그 과정인 '제 국주의'는 이후 역사가들의 평가에 따르면 (각 단어의 첫 글자를 맞추어) '금, 신, 영광'(gold, god and glory) 즉, 각각 경제적, 이념적, 정치적 요소에 기인한 바가 컸다고 한다.

19세기 마지막 20년 동안 영국은 아프리카, 중동 및 거의 모든 인도를 정복한 지구상에 서 가장 강력한 국가였으며, 영국 해국은 면책권을 지니고 대양을 배회하였다. 영국은 중국 까지 세력을 확장했고, 1840년대 아편전쟁 이후 중국으로부터 많은 특권을 얻어냈다. 하지 만, 그때까지 영국은 동남아에서 각축전을 벌이고 있었다. 프랑스는 19세기 중반 베트남을 점령한 후 곧바로 라오스와 캄보디아를 점령하고 '반대편'에서 다가오는 영국을 향해 진격하 였다. 유럽 대륙에서 벌어졌던 영국과 프랑스 사이의 지정학적 경쟁은 동남아에서 계속되었 다. 두 유럽 강대국은 동남아 지역을 차지하기 위해 다투었고 그 과정에서 그들은 계속되는 상업적, 정치적 경쟁 속으로 토착민을 끌어들였다. 향신료, 티크, 면화, 커피, 차 등을 매입하 여 (미얀마와 베트남을 경유하는) '뒷문'을 통해 중국이라는 잠재적인 시장에 공급하는 것은 무 역회사나 직접적인 정부 개입을 통해 '식민지 기업'을 추구했던 이들 두 나라에 자극제가 되 었다.

미얀마 왕국은 이전 수 세기 동안 중국을 여러 번 제지할 수 있는 능력이 있었음에도 불 구하고 아시아의 압도적 지배 세력을 영국이 아닌 중국이라 여겼고, 시암을 그들의 가장 가 까운 경쟁자로 간주했다. 여하튼, 미얀마는 남쪽 섬(역주-힌두불교적 세계관에서)인 잠부디빠였 고, 그곳이 전륜성왕('세계 정복자')이 태어나고 미륵이 강림할 곳이었다. 그러나 장차 100년 에 걸친 영국령 인도의 성장과 19세기 초의 허약한 미얀마 왕국은 이 나라의 근간이 되었던 오랜 기간의 인식과 현실을 모두 바꾸어 놓았다. 그래서 세속적이고 자본주의적이며 산업화 된 영국-당시의 진정한 '세계 정복자'-과 종교적이며 농업적이고 '중세적'인 미얀마가 충돌 했을 때, 그 결과는 예측 가능하였다.

장기간에 걸친 경제적, 사회적, 정치적 분위기의 '불쏘시개'(kindling)는 특정 지역의 지 정학적 환경, 성격과 자존심, 문화적 오해 및 단순한 역사적 사건 등과 같은 '직접적인 원인' 에 의해 바로 발화되었다. 제1차 영국-미얀마 전쟁이 시작되었고, 영국의 세계적 입지와 그 점증하는 세력을 고려할 때 이후 두 차례의 전쟁 발발은 그저 시간문제일 뿐이었다. 다시 말 하자면, 각 전쟁은 그 나름 특별한 '직접적'인 요인이 있었겠지만, 그 기저에는 제국주의라는 범세계적 현상이 자리 잡고 있었다.

3차례에 걸친 영국·미얀마 전쟁의 '직접적인' 원인

1824-6년에 걸친 제1차 영국·미얀마 전쟁은 미얀마 서쪽 지역의 국경 분쟁과 관련이 있는데, '불가침'적이며 과학적인 개념의 영국령 인도의 국경과 '허술하고 느슨하게' 정의된 어와 왕국의 국경이 서로 충돌했던 것에서 출발한다. 이러한 차이는 서로 다른 체제, 환경, 역사, 세계관, 가치관, 신념 등에 바탕을 둔 본질적으로 문화적인 것이기도 하지만, 세력의 문제이기도 했다. 미얀마는 그 전쟁에서 패배했고 당시 국가 재정보다 훨씬 많은 백만 파운드의 배상금을 지급해야 했다. 미얀마 경제의 본질은 세금으로 산출물의 약 10%를 은으로 지급하고, 나머지 생산물의 90%는 수확 시기에 남은 벼를 농경지에 남겨두는 것으로 국가에 비용을 지급한다는 사실을 기억할지 모르겠다. 또한, 영국은 떠닌다이, 여카잉, 아쌈 지역을 요구하여 가졌고, 그 중에서 떠닌다이와 여카잉은 배상금을 지급하는데 필요한 무역 수입을 왕국에게 제공할 수도 있었던 곳이었다. 왕국을 둘러싸고 있던 해안 지역은 이제 영국에 의해 봉쇄(또는 통제)되었기 때문에 왕은 배상금을 지급하기 위해 국민에게 부가세를 거둬들일 수밖에 없었고, 이는 특히 일반 농민에게 큰 부담이 되었다.

1852-3년에 걸친 제2차 전쟁의 직접적인 원인은 사적인 감정과 권력 과시에 의한 것으로 세계관 차이와 문화적 오해와는 관련이 없었다. 친영국 역사가를 제외한 모든 학자는 전쟁의 발발에 대해 영국 제독 램버트(George R. Lambert) 탓으로 돌렸다.[134] 당연히 미얀마는 전쟁에서 패했고, 다시 한번 영국은 또 다른 상당한 면적의 영토를 차지했는데, 이번에는 건조지대의 입구이자 미얀마의 '심장부'인 삐를 포함하는 모든 길목을 차지했다. 이로써 새로운 영국 지도에는 영국령 '하부 미얀마'가 포함되었다.

제2차 영국·미얀마 전쟁이 종식되자 영국은 미얀마 왕국을 완벽하게 봉쇄함으로써 건조지대인 '심장부'만 남겨 두었다. 미얀마의 영토는 15세기 제1차 어와 왕조 시대의 규모로 축소되었다. 많은 지적, 상업적 영향을 받았던 외부 세계의 창구가 되었던 하부 미얀마의 전

---

134 웃드맨(Dorothy Woodman)의 다음 저서를 보시오. *The Making of Burma* (London, 1962) and Oliver Pollack, *Empires in Collision*: *Anglo-Burmese Relations in the Mid Nineteenth Century* (Westport, CT, 1979).

통적인 역할은 이제 사라지거나 영국이란 '체'에 걸러지게 되었다.

　미얀마 왕국은 그렇게 살아남았다가, 1885년 마지막 영국·미얀마 전쟁이 끝나자 영국은 왕도 만덜레를 점령하였다. 3일 동안 계속해서 그곳에 보관 중이던 거의 모든 기록은 불에 태워졌고 재물은 약탈당했다. 그 마지막 전쟁도 거의 경제적, 정치적 이유와 관련이 있었다. 영국은 꿈에 부푼 큰 중국 시장에 접근할 수 있는 중국의 신비로운 '뒷문'에 접근하길 원했고, 미얀마의 풍부한 천연자원을 개발하고(만덜레 북쪽 루비 광산에서는 세계 최고 품질의 루비를 생산함), 쌀과 다른 농산물 생산이라는 영국의 수출 계획을 충족시킬 미얀마의 엄청난 인구의 농민을 이용하려고 했다. 정치적으로 영국은 영국령 인도와 그곳의 중요한 주였던 벵골 바로 옆 나라에 프랑스가 거점을 확보하지 못하도록 미얀마 전 지역을 점령해야만 했다.

제1차 영국 · 미얀마 전쟁: 1824–26년

18세기 후반 영국군은 인도 북동부로 파견되어 미얀마가 점령한 여카잉 지역에 인접한 영국령 최동단 지역인 치타공(Chittagong)으로 도주한 여카잉 반군을 추적하던 미얀마군과 맞서게 되었다. 이 문제는 일시 해결되는 듯했으나, 영국과 미얀마의 세력은 국경을 따라 활동이 제한적이란 사실을 이용하여 1811년 여카잉 반군은 그곳에 자리한 미얀마 근거지에 대한 공격을 재개하였다. 반군 소탕을 위해 1816년 미얀마군이 벵골, 아쌈, 차하르(Chahar), 마니푸르에 들어왔다는 사실에 영국은 예의주시하였고, 그 지역의 영주들이 자신들의 세금을 당시 왕도였던 어머라뿌라로 보내야 한다는 제안에 한층 당황하였다.

　벵골은 영국에게 너무나 중요해서 잠재적인 안보 위협이 있어서는 안 되는 곳이었기에 영국이 벵골만과 그 동단을 지키기 위해 군대를 이동시켰던 것은 매우 전략적인 선택이었다. 그 반면, 미얀마 국왕은 지방 지도자들의 불복종을 용납할 수 없었을 뿐 아니라, 그들이 외세의 보호를 구한다는 사실에 더더욱 참을 수 없었다. 공유된 국경의 이런 모호한 성격과 반군의 독단적 태도는 영국과 미얀마 왕국의 직접적인 분쟁의 국면으로 몰아갔다.

　여카잉 반군 지도자 친뱐(Chin Byan)과 그의 추종자들은 기습적인 전술을 구사하고 안전한 영국령 영토로 후퇴하였다. 결국 그는 성공적으로 전 지역을 점령하고 영국에 충성을 맹세했다. 보도퍼야 왕국의 관점에서 보면, 영국은 자신의 국경 수비를 소홀히 했을 뿐만 아니라 왕권에 대항하여 전쟁을 일으키고 분쟁 지역의 중심부를 장악했던 도망자를 숨겨주고 무장시킨 것이었다. 미얀마가 무엇인가 일을 벌이도록 부추기듯이 영국은 여카잉 반군을 미얀마군에게 인도하기를 거부했다.

그리하여 미얀마 왕실은 치타공으로 도피한 반군의 체포를 군대에 명했고, 이에 따라 두 세력 간의 갈등 수위는 높아졌다. 양측의 오만, 의혹, 무지 그리고 자기 과신 때문에 하잘 것없는 섬에 대한 국지적 분쟁과 그 후 1824년 1월 카차르(Cachar)라는 곳에서의 군사적 대치 갈등을 일으킴으로써 상황을 더욱 악화시켰다. 영국과 미얀마군 사이에 소규모 교전이 계속 발생하더니 결국 1824년 3월 5일 영국은 미얀마에 선전포고하였다.

표면적으로는 국경을 넘나드는 여카잉 저항 세력의 움직임을 둘러싼 문제들이 영국과 미얀마를 분쟁에 휘말리게 한 것처럼 보인다. 더 넓은 관점 및 18세기와 19세기 미얀마 왕국의 국내적인 시급한 조치의 맥락에서 접근하면, 그러한 일련의 사건은 역사적으로, 언어적으로, 문화적으로, 정치적으로 미얀마 왕국의 후원 네트워크 속에 있었던 분리주의자의 지역 세력 중심을 재통합하려는 시도로 해석될 수 있다.

여카잉 군사 원정은 이제 서서히 사회의 비왕실, 세속, 종교 영역으로 옮겨간 왕실 고용인들을 대체할 새로운 노동력을 확보하기 위한 것이기도 하였다. 다른 동남아 왕국들과 마찬가지로 권력은 (본질적으로 영토가 아니라) 왕/국가의 명령을 따르는 사람들의 숫자에 달려 있다고 보면, 1820년 초 미얀마 왕국은 이미 인력의 거의 25%를 상실했다고 한다.

이러한 국내 상황을 고려하면, 19세기 초에 발생했던 사건들은 노동력을 확보하고 경쟁 상업 중심지에 대한 통제를 강화하거나 지방의 정치와 경쟁자들의 세력을 약화하려는 이전 왕들의 노력과 다르지 않았다. '중심부'에 사는 거주민에게는 여카잉에서 악화되고 있는 긴장 상태가 그들의 일상생활에 거의 영향을 미치지 않았다. 변방 지역의 질서를 회복하고 불복종의 지방 지도자를 징벌하는 것은 왕국의 미래가 위기에 놓였다고 의심하게 하는 이유가 되지 못했다.

게다가, 앞 장에서 언급했던 것과 같이 상징적, 이념적 이유도 있었다. 보도퍼야는 여카잉을 점령하고, 전륜성왕의 자격과 모범적인 불교도 왕의 위상을 증명하기 위해 신성한 불상을 왕도로 가져왔을 뿐만 아니라, 이전 미얀마 왕들이 인구 밀집 지역을 정복했을 때와 마찬가지로 2만 명의 포로와 함께 여카잉 왕을 데려왔다. 하지만, 19세기 초에 발생했던 순수한 국내 문제는 새롭고도 이전과 다른 맥락으로 진행되고 있었다. 이전의 통합 패턴은 모두가 이해하듯이 지방 또는 지역 문제에 있었던 반면에, 당시의 것은 전혀 다른 정치적 입장과 세계관을 지닌 세상에서 강력한 권력 중 하나와 관련된 것이었다.

영국이 어와 왕국에 선전포고하자, 멋진 정장을 차려입던 미얀마군 사령관 떠도 머하 반둘라(Thado Maha Bandula)를 서부 전선으로 보냄으로써 완벽하게 사태를 해결하려고 하였다. 왜냐하면, 그와 미얀마군은 직전 윈난에서 중국군을 상대로 승리를 거뒀기에 영국을 상대로 자신들이 승리할 것이라고 확신했다. 말하자면, 왕실 군대는 단순한 무역 회사의 경비대와 마주하게 된 것이다. 그러나 동인도회사의 세포이(Sepoy, 현지 인도인 부대)의 역량에 대한 정보가 없었기에, 미얀마군 장교들이 당시 어떠한 염려도 하지 않은 이유는 알 것 같다.

영국령 인도와 미얀마 여카잉 사이의 '국경'인 나프(Naaf) 강을 건넜을 때 반둘라는 못떠마 만의 안다만 제도(Andaman Islands)에서 건너온 상당한 규모의 영국군이 양공에 상륙하여 여카잉으로 진군했던 미얀마군 주력의 측면을 파고들었다는 전령을 받았다. 이에 반둘라는 양공을 구하고 에야워디 강 위쪽의 왕도에 대한 공격을 막기 위해 하부 미얀마를 향해 여카잉 산지를 넘어 남쪽으로 병력을 재배치하고 왕도의 남쪽에 추가 병력 파견을 요청했다. 그러나 별다른 저항 없이 양공은 영국에게 곧장 함락되었다. 그들은 미얀마의 가장 성스러운 사원 중 하나인 쉐더공 파고다 경내에 요새를 구축했는데, 물론 군화를 벗을 리 없었다. 확실히 그곳이 '고지대'이기도 하지만, 왕국의 '종교적 상징'(palladium)이었기 때문에 영국의 이러한 행동은 미얀마 왕국의 면전에 대고 모욕감을 주는 행위였다.

그러나 영국 점령군은 부족한 준비와 현지 지식의 부족으로 인하여, 거의 패배할 위기에 놓였다. 보급품의 부족, 열악한 위생 환경, 질병이 원정군을 괴롭혀 그 숫자는 11,000명에서 4,000명으로 줄어들었다. 같은 해 반둘라의 60,000명의 군대가 양공을 탈환하기 위해 도착하자, 수적으로 줄어든 영국군은 인도에서 지원군이 도착하기 전까지 수적으로 우세한 미얀마군을 간신히 막아냈다. 그들은 미얀마의 공격을 물리치고 삐와 건조지대를 향해 북쪽으로 진격했다. 그 과정에서 미얀마인들은 또 다른 엄청난 좌절을 겪었는데, 1825년 반둘라가 영국의 진격을 저지하던 중에 더나뷰(Danubyu)에서 전사한 것이었다.

근대 기술과 전술은 영국에게 확연한 이점을 제공했고, 그것을 이용하여 버강에 도달할 수 있었으며, 그것으로 미얀마 왕정과 협상하게 되었다. 1826년 2월 24일 버지도는 얀더보(Yandabo)에서 평화협정을 맺었다. 협정의 조건에는 ①은화 백만 파운드의 배상금, ②떠닌다이, 여카잉, 마니뿌르, 아쌈 지역을 영국에게 양도, ③미얀마 왕궁 내에 영국 대표부 설치, ④시암에 군사 원정 금지, ⑤포괄적 상업 조약 약속 등이 포함되어 있었다. 그 '대가'로 영국은 양공으로 철수에 동의했고 그 이후 양공은 그들의 권한 하에 놓이게 되었다. 결국 여카잉은 벵골 행정구역에 포함되었고, 떠닌다이는 1834년까지 삐낭(Penang, 말라야의 영국 식민지)의 행정 지배를 받았다. 이러한 결말을 예상한 이는 거의 없었지만, 미얀마 왕국은 종말을 향해 치닫고 있었다.

영국은 랭군으로 개명한 양공으로 철수하였고, 일시적으로 그들이 점령했던 지역은 무정부 상태에 빠졌다. 미얀마 왕국은 복귀하여 영국을 도와준 협력자들을 처벌하면서 질서를 회복하려고 했다. 영국 침공 과정에서 행한 자신들의 역할에 대한 보복을 두려워한 일부 꺼잉족은 그 지역을 탈출했고, 다른 꺼잉족은 새로 획득한 자치권을 포기하지 않기 위해 저항 세력을 결성했다. 소수종족 공동체, 전직 관리 및 기타 지방 단체들은 그 영토, 세입 및 자원을 차지하기 위해 복귀한 왕실 엘리트들과 경쟁하면서 하부 미얀마에서는 내전이 발발했다. 왕실이 안정을 도모하는 동안 흉작이 들고 마을은 불타고 상업은 난항을 겪었다. 한편, 파벌주의가 더욱 만연해진 미얀마 왕정은 영국에게 지급해야 하는 막대한 배상금을 처리함과 동시에 화합을 도모하기 위해 고군분투했다.

제1차 영국 · 미얀마 전쟁의 결과와 영국령 버마의 시작: 1826–1852

제1차 영국·미얀마 전쟁의 종식 후 사회적 혼란 속에서 동인도회사는 새로 획득한 영토를 관리하기 시작했다. 1826년 동인도회사의 첫 상주 책임자로 메인지(N. D. Maingy)가 떠닌다이(최남단에 있는 미얀마의 '꼬리' 부분)에 도착하면서 미얀마에 대한 영국의 공식적인 지배가 시작되었다. 메인지는 영국이 말레이 세계에 건설한 가장 중요한 항구 중 하나인 삐낭에서 왔다. 그와 그의 동료들이 떠닌다이에서 보여줄 변화는 캘커타(Calcutta)나 런던에서 고안했던 단일 마스터플랜의 일부가 아니라 그들이 이해하는 '현장'인 미얀마 사회의 요구와 함께 동인도회사(상인, 주주 및 런던의 중역)의 요구에 맞춘 일련의 정책과 우선순위였다.

이러한 이해관계는 서로 자주 충돌하였고, 그리하여 새로운 책임자가 등장할 때마다 거버넌스에 대한 광범위한 규칙과 접근방식이 생겨났다. 결과적으로 식민지 거버넌스는 지역 및 책임자에 따라 달라졌다. 인도에 인접해 있는 여카잉은 벵골의 한 부분으로 지배되었고, 사회 구조, 경제적 관계 및 문화적 지향성은 거의 인도와 비슷하였다. 떠닌다이는 삐낭의 행정구역에 속했기 때문에 삐낭의 관심은 실제로 지배하고 있는 지역의 이익보다는 동인도회사의 도서부 동남아에 대한 포괄적인 이익에 더 긴밀하게 연결되었다.

미얀마 공동체와 동인도회사의 초기 임원들과의 교류 방식은 지역마다 다르게 나타났을 것이고, 그래서 영국 영향을 인식하고 기억하는 방식이 서로 달랐을 것이다. 지방 지도자를 정당화하는 전통적 기준은 세대를 거쳐 발전된 개인 관계에 기초했기 때문에, 세습 지위에 속하는 묘두지(Myo-thu-gyi, 촌주)와 기타 전통적 관리 제도의 폐지는 사회와 국가 간의 연결을 단절시켰다. 한편, 이러한 지도자의 역할은 동인도회사의 행정적 요구에 맞게 조정되어 국가가 거주민들과 상호작용하는 방식에 직접적인 영향을 미쳤다. 나중에 평원과 산지 사이에 나타나는 지배 방식의 다양성은 그 지역사회와 중앙정부 간의 관계 수립에도 영향을 주었다.

지형은 정부의 통치 제도 시행에 영향을 미치는 요소이었기 때문에 산지와 즉각적인 경제적 잠재력이 거의 없는 지역의 공동체는 그냥 방치되어 식민 통치 제도로 편입하는 것을 제한하고 거버넌스와 직접적으로 관련있는 사람들과 집단적 정체성을 형성하지 못하도록 하였다. 미얀마 왕국과 마찬가지로 영국도 중앙 에야워디 강 유역과 그곳과 그곳에 인접한 삼림 지대 및 개발에 착수한 에야워디 강 델타 지역을 식민 국가의 가장 큰 관심 지역으로 보았다.

식민 지배의 강도와 범위에 있어서 그러한 다양성(나중에 '간접' 및 '직접' 지배라고 함)은 영국의 특정 지역 사람들과의 교류 방식뿐만 아니라 피지배자들 간의 식민 지배 이후의 관계에도 영향을 끼쳤다. 꺼친, 친, 샨, 몬, 꺼잉 등 다양한 종족 공동체에 의한 20-21세기 분리주의 운동의 씨앗도 이 시기에 형성되었다고 할 수 있다.

여카잉에 대한 영국 정책은 전통적인 행정 구조를 거의 반영하지 않았고, 동인도회사 책임자 메인지는 순전히 자신의 상상으로 미얀마 사회를 구상하였고 떠닌다이에 치안 법원, 기본법 및 사법 절차를 설치했다. 그 신임 책임자는 영국 구조를 지방행정 관행에 접목한 영국 법률을 근거로 삼아 미얀마 관습법을 사용하여 그가 생각하는 거버넌스에 대한 자유방임적 접근방식을 보여주려고 했다. 지방 지도자들도 경찰, 지방행정, 사법 및 세입 업무를 위한 관료에 포함되었다. 언뜻 보기에는 미얀마의 사회 구조, 법, 관습 등이 새로운 권위 체제 아래 보존되는 것으로 보였을 것이다.

하지만, 사실 메인지와 다른 식민지 관리들은 국가와 사회의 관계를 재정립함으로써 전통적인 행정 패턴을 변화시키고 있었다. 미얀마 사회, 역사 및 문화의 상당 부분은 동인도회사가 인도에서 얻은 경험의 렌즈를 통해 해석되고 있었는데, 인도에서 행해진 방식대로 미얀마 사회도 변화될 수 있다고 그들은 생각했기 때문이었다. 일부 미얀마 지방관리들이 자신의 직무에 복귀했지만, 그들의 실제 기능은 동인도회사의 행정적 요구에 충족되도록 재정립되었다.

그 결과 한때 후원-수혜 제도에 기반을 두었던 관계는 비인격적이고 관료적인 관계로 변하였다. 인도와 유사하다고 여겨진 도시와 마을 간의 연결망은 양국 간의 엄청난 차이를 깨닫지 못한 채 (잘못된) 이해를 통해 만들어졌다. 수정된 부분이 지도 위에 다시 그려졌고, 식민 정부를 대표하는 봉급제 촌주가 파견되었다. 새로운 지방 관료는 이전 세습직이었던 묘두지와 자신의 지역과 연계되는 개인적인 유대 관계가 없어도 정부의 요구에 따라 어떤 마을에도 파견될 수 있었다. 이 모든 것은 이전의 합법적인 마을 지도자와 관련된 기준을 재정립한 결과였다.

요컨대, 새로운 관계들은 민중 수준에서 형성되었고 새로운 리더십 개념이 도입되었으며 새로운 공간이 식민지 권위 체제의 행정 비전에 부합하는 방식으로 관리되고 있었다. 후원-수혜 관계에 입각한 지도력 체제의 붕괴로 인한 무질서 상태는 새로운 지방 지도자들이 사람들로부터 거의 존경과 권위를 인정받지 못함에 따라 더욱 악화하였다. 그 결과 영국령 떠닌다이의 많은 거주민은 이전 지방 지도자들과 후원인들에게 충성과 경제 관계를 유지하였고, 일부 사람들은 그들의 공동체 의식에 해당하는 가족, 동업사업자 및 승려들과 개인적 유대 관계를 지속하기로 선택하였다.

동시에 에야워디강 유역 '중심부'의 사람들은 새로운 사회적 유동성을 이용하여 기회를 찾아 영국령 지역으로 이주하였다. 영국도 쌀, 목재, 조선 산업을 발전시키기 위해 말라야의 중국인 노동자를 불러오기 시작했다. 그들이 번창하면서, 더 많은 사람이 영국령 지역으로 몰려들었다. 1835년에서 1845년 사이 하부 미얀마의 인구는 50%나 증가하였고, 1852년에는 또 50%가 증가했다고 한다. 하지만, 훨씬 남쪽에 위치한 에야워디강 하류 지역에 거주하는 사람들에게는 시행되었던 메인지의 행정 변화는 그들의 삶에 아무런 영향을 미치지 않았다. 이것은 이제 곧 발발할 제2차 영국·미얀마 전쟁과 함께 바뀌게 된다.

1852년 제2차 영국 · 미얀마 전쟁

제1차 영국·미얀마 전쟁의 종식을 공인한 1826년 얀더보 조약은 미얀마 정부에 백만 파운드라는 상상도 못 할 배상금 지급과 외교 대표부 교환을 요구하였다. 미얀마 왕정은 배당금을 모두 지급하면 조약의 부분적 개정을 통해 양도된 영토가 반환될 수도 있을 것이라고 희망했다. 그러나 영국인들은 그 조약의 조건은 최종적이고 구속력이 있으며 배상금과는 관계가 없다는 사실을 곧 깨닫게 되었다. 또한, 전쟁은 국내적인 영향도 있었는데, 영토, 자원 및 노동력의 손실에 대하여 왕의 공덕 및 통치 능력의 부족에서 비롯된 것으로 여겼으므로, 왕위 계승 도전자들은 이러한 상황을 이용하였다.

미얀마 왕정이 캘커타 정부나 영국령 인도의 권위 체제에 화해적이지 않다는 영국의 인식은 여전했고, 한결같이 도도한 자세로 규칙을 고집하며 유력한 외국계 기업 공동체 사람들의 반감을 샀던 양공의 미얀마 항만 관리들에 의해 더욱 악화하였다. 그리하여 1851년 12월 양공 주지사가 영국 선박 2척에 관세를 회피한 혐의로 벌금을 부과하자, 인도 총독 달루지

(Lord Dalhousie) 경은 벌금을 철회하고 주지사를 교체하라는 최후통첩과 함께 영국 해군 전함 2척을 양공으로 급파하였다.

이런 상황이 새로운 전쟁을 초래할 수 있다는 것을 충분히 인지하고 있던 미얀마 왕정은 마지못해 그 조건을 받아들였다. 그러나 그 전함의 지휘관 램버트(Lambert) 제독(당시 영국 비밀 훈령에 따르면 '다혈질 제독'으로 부름)은 명령의 범위를 넘어 왕의 배를 빼앗고 항구를 봉쇄하였다. 사태가 이렇게 되자 달루지 경은 백만 루피를 지급하라는 최후통첩을 보냈다. 동시에 영국령 인도 정부는 미얀마의 반응과 관계없이 전쟁이 불가피하다고 판단하여 '선제공격'을 감행하였고, 하부 미얀마의 3대 관문이자 외부세계로 향하는 주요 창구인 양공, 버떼잉, 못떠마를 취하였다.

미얀마인들은 자신들의 영토를 지키려 했지만, 헛수고였고, 대치 상황이 끝날 무렵 버고도 점령당했다. 달루지는 협상을 진행했던 아서 페이어(Arthur Phayre)에게 새로운 영국령 버마의 지도를 다시 그릴 때 버고에 인접한 티크 산지를 포함할 것을 훈령으로 보냈다.[135] 영국령 버마는 메데와 따웅우를 포함한 삐 이남의 거의 모든 하부 미얀마를 차지함으로써 역사상 처음으로 미얀마 왕국을 육지로 둘러싸인 내륙국가로 만들었다.

제2차 영국 · 미얀마 전쟁과 하부 미얀마의 탄생: 1852~85년

영국 권력이 미얀마 왕국의 중심부까지 확장되자 미얀마 왕정은 가장 큰 위기에 처했다는 사실을 확신하였다. 경쟁 파벌에 의해 버강 왕의 폐위와 함께 민동 왕의 즉위는 두 '미얀마' 간의 관계가 영국의 요구에 순응할 것으로 여겨지는 새로운 군주와 함께 더욱 순조롭게 진행될 수 있을 것으로 영국은 예측했다. 그러나 제2차 전쟁으로 인한 사회적 무질서와 불안정으로 인해 미얀마와 영국 양측 관리들 모두 각자의 영역에서 권위를 재건하는 데 어려움을 겪어야 했다.

영국을 대신하여 새로 점령된 영토의 거버넌스에 참여했던 많은 미얀마인은 단순하게 물러났고, 영국은 새로 취득한 영토를 다스릴 지방 자원이 없었다. 영국은 행정 자원을 위해

---

135 달루지는 페이어에게 전쟁의 전리품으로 티크 산지를 포함하라고 분명하게 훈령을 내렸다. 홀(D.G.E. Hall)의 다음 저서를 참조하시오. *The Dalhousie-Phayre Correspondence, 1852-1856* (London, 1932).

제2차 영국–미얀마 전쟁 이후 19세기 중반 미얀마의 상황

몬족과 꺼잉족 동맹에게 접근하였으나, 그들은 영국에 협력하지 않는 전통적 지도자들과 강력한 개인적 유대를 맺고 있는 공동체에 정당성을 주장할 수 없었기 때문에 어떠한 권위도 행사할 수 없었다.

다른 촌주들은 새로운 질서의 정착을 방해할 저항 세력을 결성하였다. 전통적 엘리트들이 강한 개인적 유대 관계를 배양했던 집단과 결별함에 따라 사회 구조는 특히 새롭게 정복된 지역에서 한층 복잡하게 얽히기 시작했다. 왕도로 돌아온 민동 왕은 몇 가지 개혁에 착수하였다. 이는 영국을 잘 이해하여 왕정이 외국인 점령자들의 행동을 예상할 수 있게 할 뿐만 아니라, 태국 당대의 왕 못지않게 자신이 더 강한 세계주의자이며 '근대'적이라는 사실을 영국에게 보여줄 시도로 (결과적으로 헛된 일이 되었음) 단행한 것이었다. 이러한 유화적 태도로 인하여 민동은 칭송과 함께 서구학자들로부터 호의적 평가를 받았으나, 국왕을 허약자로 보았던 그의 최고 대신을 포함한 왕정의 보수적이며 '공격적인' 구성원들의 반감에 직면하였다.

하부와 상부로 분리된 미얀마의 공존은 새로운 것이 아니었다. 이전 시대의 '상류-하류' 이원론이 부활한 것이지만, 이번에는 '하류'가 '상류'보다 더 강력했고 외국 세력이 점령했다는 차이가 있었다.[136] 그러나 이 두 지역에서 생겨난 경제적, 정치적 의미는 이제 바뀌었다. 왜냐하면 그들은 더는 하나의 왕국과 문화 내에서의 차이에 따른 이원론으로 존재하는 것이 아니라, 권력, 재정 및 생활방식의 차원에서 실질적으로 분리되었기 때문이다. 미얀마가 독립을 되찾고 나라 전체가 다시 하나가 될 때까지 이전의 시나리오는 남아있었다.

많은 지방 공동체에 있어서 영국 행정은 비인격적인 경험으로 나타났다. 식민 통치의 '얼굴'은 이제 급여를 받는 관리, 인도인 세포이(용병) 또는 오로지 식민주의자의 '입맛'에 따라 권력을 잡은 소수종족 등 현지 중개인이었다. 그들은 사실상 그곳 사람들과 장소에 있어서 이방인이었다. 또한, '눈에 들어오지 않는 정책'이 실시되고 새로운 질서를 외국어로 강조할 뿐이었다.

이제 마을은 그들의 과거 삶과 거의 관련이 없는 관리 아래 인위적인 '그룹'(circles)으로 묶이게 되었다. 친숙한 호칭(가령, 묘두지, 따잇뚜지 taik-thu-gyi 등)은 여전히 이 새로운 관리들이 사용하긴 했지만, 그들의 사회·문화적 및 행정적 기능은 전임자들의 그림자에 불과했다. 그래서 마을 사람들은 이전 방식처럼 그들과의 관계를 형성하지 않았다. 신임 관리들은 자신의 업무를 친숙하지 않은 방식으로 수행했는데, 세금 징수를 위해 제시간에 나타나긴 했지

---

136   Michael Aung-Thwin, 'A Tale of Two Kingdoms: Ava and Pegu in the Fifteenth Century', *Journal of Southeast Asian Studies*, XLII/1 (2011), pp. 1-16.

만, 마을의 쁘웨(pwe, 야외 공연), 싱뷰(shinbyu, 사내아이의 불교 입문식), 나드윙(nadwin, 소년과 소녀의 귀 뚫는 의식)에 참여하지 않았고, 마을의 결혼식을 축하하거나 축의금을 내는 일도 없었으며, 지방 지도자의 공동체와 결속을 다지는 축제에도 절대로 참석하지 않았다.

심지어 직위와 직함 유지에 성공한 전직 수장들도 완전히 다른 임무를 수행해야 했다. 그들의 권위와 고향 마을의 연고가 사라지면서, 더 이상 중앙 권력과 주민 간의 진정한 대표자로서의 명예로운 지위를 유지하지 못했다. 그들은 중재 기능도 없어져서 지역 분쟁 해결에 '지혜'를 발휘했던 마을의 '평화 조정자'가 더 이상 아니었다. 1867년경에는 직위가 유지된 수장들은 시험을 치러 통과하고 토지 측량 방법(처음 보는 육분의와 다른 근대 기기들을 이용하여)을 배워야 했다. 가장 중요한 것은 그 수장들이 외국 권력에 복종하고, 그들의 규칙을 준수하며, 상관에게 전혀 다른 언어로 말해야 하는 것이었다.

그러다 수장직에 대한 임명은 새로운 식민주의 과정을 이해하고 관리할 수 있는 능력에 바탕을 두게 되었다. 앞서 살펴보았듯이, 측량 방법의 숙지, 시장제도의 간단한 재무 개념의 이해, 영국령 인도법 파악 등은 후보 간의 능력 차이를 나타내는 척도였다. 그래서 수장들과 영국 지역행정관 간의 의사소통을 담당하는 묘옷(myo-ok, 역주-'묘의 행정가'라는 의미)이라는 새로운 관리직이 생겨났고, 수장들에게는 기회가 없는 제도 속에서 묘옷에게 많은 기회가 부여되면서 수장들의 지위는 더욱 잠식당하였다. 묘옷의 직위는 전통적인 수장직처럼 세습되지 않았기 때문에 그들의 승진은 마을이 아닌 국가에 대한 직무 능력의 정도에 달려 있었다. 그로 인해 한때 지위와 영향력을 지녔던 수장들은 이제 국가의 세금 징수원에 불과한 위치로 하락하였다. 그들은 권력과 지위에 대한 존중을 상실하였고 마을과 중앙정부 사이의 중개자로서의 직무 또한 더 이상 실행 불가능했다.

일반인들에게 영향을 미치는 규정들도 변하였다. 삼림 자원에는 누구나 자유롭게 접근할 수 있었으나 영국령 하부 미얀마에서는 목재와 삼림을 새로운 산림부의 관리하에 두고, 영국의 목재 회사가 임대하는 형식으로 운영하였기 때문에 일반인의 접근이 금지되었다. 또한, 쌀 수출을 목표로 둔 델타 지역의 매립 및 새로운 제분소의 설립과 기타 기계 장치의 설치와 함께 벼 경작지가 하부 미얀마에서도 증가하였다. 증기선 기술, 선적 일정 및 해외 수요는 에야워디강을 따라 각 지역에 새로운 산업의 등장에 공헌하였고, 공급자와 판매자 간의 새로운 사회적 관계와 (산업 근무일과 함께) 전혀 다른 시간 개념이 미얀마인의 삶에 침투하기 시작했다. 이라와디선박회사(Irrawaddy Flotilla Company)와 같은 민간기업들은 국가의 중심 동맥 같은 하천에 지배적인 위치를 차지하였고, 결코 경쟁 상대가 되지 못하는 하천 연안의 온건한 공동체의 생계에 영향을 미쳤다.

운송 체계 개발로 국가의 특정 지역에 철도가 도입되었고, 그 철로에 인접한 도시와 촌락에 새로운 활력이 생겨나서 주변 경관도 바뀌었다. 하지만, 철도와 함께 부상한 도시들은 지역 주민들이 신성하다거나 종교적인 중요성이 있다고 여기는 곳이 아니었다. 오히려 철로 설치의 위치는 주로 식민 국가의 이익 및 급성장하고 있는 쌀, 목재, 광물 산업에 연계되는 군사적 및 경제적 관심을 중심으로 결정되었다. 이전에는 성스러운 유물을 안치한 파고다나 유명한 승려가 거주하는 폰지자웅(pongyi kyaung, 수도원)이 마을의 중요도를 결정하였지만, 이제는 촌락이나 도시의 철도역 지정 여부가 중요한 고려 사항으로 떠올라 과거 지방 공동체의 주거지 관념은 무너져 버렸다.

마지막으로, 식민 정부의 수립에 있어서 그 기준은 영국령 인도법의 도입이었다. 그런 규칙, 규정, 절차 및 제도는 대다수 피지배자에게는 도무지 이해할 수 없는 것이었다. 사법 기관과 그 관리들은 전통적인 권위와 정당성과는 전혀 연관이 없는 새로운 권위와 정당성을 행사하였다. 세속법은 국가의 존재를 정당화하였고, 그 정당성을 집행하는 수단은 국가의 경찰력이었다. 이제 촌락에 사는 대다수 농민은 선택의 여지 없이 식민 국가의 대리인과 법률을 따라야 했다.

제3차 영국-미얀마 전쟁과 미얀마의 합병: 1885~6년

하부 미얀마의 강력한 상업 무대의 부상은 랭군(역주-식민지 시대 양공은 실제 미얀마어 발음보다 그 문자의 영어 전사(轉寫)인 '랭군'으로 무려 1980년대까지 알려짐), 캘커타(역주-인도는 지명을 그곳 현지어의 발음으로 바꾸기 시작했고, 2001년 콜카타로 개칭), 런던의 정책결정자들에게 영향을 주었다. (영국의 점령으로 인하여) 만덜레에서 상상되는 '불안정'이 하부 미얀마에서 급속히 성장하는 쌀 산업에 나쁘게 작용할 것이라고 여겼기에, 그러한 관심은 인도의 안보 문제와도 매우 중첩되는 것으로 인식하였다. (민동의 뒤를 이은) 띠보 왕의 속성인 '무능함'을 제압하고 상부 미얀마를 직접 지배해야 한다는 끊임없는 압력이 양공의 상업 무대에서 쌓여갔다. 그곳에서는 외국 기업에 중국 남서부의 시장과 더불어 미얀마 내륙의 천연자원에 대해 자유롭고 제한 없는 접근 권한을 제공한다는 생각에 부풀어 있었다.

완전한 합병 가능성과 산업화한 서구의 군사 기술을 견뎌낼 수 없는 왕국의 무능력을 간파한 미얀마 왕정은 1885년 초 프랑스와 우호 조약을 체결하여 외국의 지원을 얻고자 하였다. 프랑스가 동남아의 주요 세력으로 등장하였으니, 미얀마인들은 그 조약이 적어도 영국의 전체 지배 기세를 완화해 줄 것이라 믿었다. 운송 분야 개발, 은행 설립, 루비 채취 등의 계획으로 프랑스인들을 만덜레로 유치하였다. 그러나 이러한 조치는 영국 행정부 '강경파' 세력에게 상부 미얀마에 대한 프랑스 투자를 인도 동부에 대한 '전방위적' 안보 위협의 적절한 이유로 활용할 수 있는 빌미를 제공하였다.

1885년 전쟁 선포의 직접적인 원인은 예상대로 상업 분쟁에서 비롯되었다. 미얀마 정부는 봄베이무역회사(Bombay Trading Company)가 합의된 계약에서 벗어난 지역에서 벌목한 사유로 벌금을 부과했다. 이 사건은 만덜레로 넘겨져 최고위급 대신 회의에서 논의되었다. 사건의 심의 중에 캘커타의 최후통첩이 날아왔다. 원래의 벌금을 취소하고 대외관계에 관한 모든 결정을 캘커타의 통제권에 이양하라는 내용이었다. 미얀마 왕정은 왕국의 주권 포기를 제외한 모든 요구에 응하겠다는 답신을 보냈다. 미얀마 특사들이 다른 유럽 특사들에게 조언을 구하자, 영국은 전쟁 준비에 들어갔다.

다른 지역의 식민지와 달리, 인도 내부의 보수 세력은 '간접 지배'를 지지하지 않았고, 다양한 경제적, 정치적 이유로 완전한 합병이 필수적이라고 생각했다. 그 이유 중의 하나는 (영국령 인도가 선호하는) 띠보 왕의 '적절한' 대체자를 찾을 '능력 부족'이었다. 공식 관리그룹에서는 띠보를 미얀마인의 '폭군'이자 '탄압자'로 (당시 언론에서 조작된 사실) 알고 있었다. 그 누구도 랭군의 상인 사회에 들려오는 소식을 제외하고 띠보에 대하여 아는 바가 없었다. 반면, 극히 소수의 의견에 근거하여, 완전한 합병을 위해서는 반드시 무장 저항이 뒤따를 것으로 판단하여 비용 측면에서나 행정적으로 불가능하다는 우려가 나오기도 했다.

거의 만 명에 가까운 군대의 지휘관이었던 프렌더가스트(Harry Prendergast) 소장은 최대한 빨리 만덜레를 점령하라는 런던의 명령을 받았다. 그의 상대인 북서부 지역 미얀마군 사령관 흘레띵 내무대신(Hlethin Atwinwun)은 미얀마군 조직 및 왕국의 최종 방어 임무를 맡았다. 프랜더가스트는 무장 선박을 동원하여 11월 17일 밍흘라(Minhla) 요새를 함락하였고, 며칠 후 흘레띵 대신의 군대를 격파하였다. 이어 1885년 11월 29일 무조건 항복을 요구하였다. 만덜레에 입성한 슬레든(Edward Sladen) 대령은 띠보에게 인도 추방 사실을 알리고, 그날 저녁 바로 (국왕과 왕비의) 추방을 집행하였다. 마침내 1886년 1월 1일 영국 정부는 미얀마 왕국의 합병을 공식적으로 발표하였다.

합병의 결과

약 60년에 걸쳐 연속적으로 일어난 세 차례의 전쟁은 미얀마 왕국을 점차 축소시켰다. 군주가 사라지면서 왕국은 해체되었고, 버강 왕조, 어와 왕조, 버고/따웅우 왕조, 제2차 어와 왕조가 쇠퇴했을 때와 마찬가지로 각각 개별적인 지역으로 돌아갔으며, 그 결과 왕과 왕정에 의해 통합되었던 사회·경제적, 종교적, 문화적 요소들이 분리되었다.

1886년 1월 합병 발표는 왕도 만덜레와 주변 지역에 즉시 충격을 주었다. 특히, 다른 어떤 것보다 띠보 왕, 수퍼야랏 왕비, 그리고 다른 왕실 사람들이 인도로 추방되었다는 소식이 전해지자, 상부 미얀마 전역에서 봉기하였는데, 이는 그들의 세속 세계와 정신적·영적 세계가 모두 위기에 처했다고 생각했기 때문이다. 세속 세계의 경우, 왕실의 대신(wungyi, 원지), 왕자(mintha, 민따), 하급 관리(wundauk, 원다웃), 상가, 왕실 군대 및 수장(thugyi, 뚜지) 등 그들의 시스템을 작동하던 중요한 중심축이 사라지게 되자 왕의 후원에 의존하던 정교한 네트워크가 무너지게 되었다. 불안한 미래를 품고 그들은 1886년에서 1890년까지 저항을 개시하였다. 상부 미얀마의 점령에 저항할 사람들과 무기를 모았는데, 그 대부분은 이전 국왕의 후원에 의존한 것으로 그들을 통하여 왕국과 사회·경제 관계가 복원될 가능성을 엿보았던 왕실의 수혜자와 추종자의 지원에서 나온 것이었다.

심적·영적 세계(즉, 종교적, 문화적, 정신·논리적 관점)에서 살펴보면, 왕의 부재는 훨씬 더 광범위한 결과를 초래하였다. 앞 장에서 살펴본 바와 같이, 미얀마인들은 왕을 불교의 수호자, 공급자, 포교자로 여겼다. 그의 책무는 일반인들의 기부와 다른 공덕 쌓기 행위 및 여러 경건 유지의 형태가 영적 가치를 보존하도록 교리와 상가의 순수성을 유지하는 것이었다. 미얀마 왕을 제거하는 것은 가톨릭 세계에서 교황을 없애는 것과 같이 불교도와 불교의 근본적인 파괴를 의미하는 것이었다.

1895년 '상가'의 최고 승려가 입적하자, 국왕이 없는 상태에서 새로운 따더나바잉(Tha-thanabaing, 역주-미얀마 상가를 대표하는 최고 승려(종정)를 의미하며, 전통시대에는 국왕이 임명하였음)을 지명할 수가 없었다. 따더나바잉은 10세기 동안 승려 세계에서 종교와 규율의 존속 및 고결을 유지해 왔던 가장 중요한 자리였다. 영국이 새로운 따더나바잉의 임명을 거부하자 (종교 문제 개입을 바라지 않는다면서) 미얀마 상가 내의 유력 종파들은 아무도 인정해 주지 않는 자신들의 종정을 각자 지명하고자 했다. 상징적이긴 해도 종교의 통합을 유지할 수 있는 '상가'의 최고지도자가 없으니, 상가는 분열되어 그 즉시 균열이 생기며 분파가 등장하였다. 이러한 종교적 원칙과 행위의 악화는 우누(U Nu, 역주-독립 후 초대 총리)가 상가의 개혁과 통합을 위해 제6차 불교결집(Buddhist Council)을 개최했던 1954-6년까지 약 75년 동안 계속되었다. 그리하여, 국왕의 부재는 미얀마를 효율적으로 '참수'한 격이 되었고, 천년이나 '미얀마 저택'을 지탱해왔던 두 기둥인 군주와 상가는 무너져 버렸다. 이러한 정신·사회적 '파편' 위에 다음 장의 주제이기도 한 영국령 식민국가가 건설되었다.

중앙 통제의 상실로 지방 지도자들은 자신을 방어해야 했으며, 그 결과 사회를 하나로 유지했던 국가의 큰 기능이 중단된 것이었다. 왕실 관료 집단, 군인 및 기타 평화 유지자들은 군주의 직접적인 감독과 지원 없이 서로 다른 책임감 속에서 안정을 유지하기 위해 고군분투했다. 그래서 지방의 관심사가 훨씬 더 시급한 우선순위가 되는 바람에 이전 국가의 해체는 더욱 가속되었다. 상부 미얀마의 핵심 지역에 거주하는 대다수의 공동체에 있어서 만덜레는 여전히 중심이었지만, 일상적인 현실에서 보면 이제 지방 지도자들과 문제들이 그들의 삶에서 더 중요한 지위를 지니게 되었다.

이러한 왕국의 지방으로의 분열은 저항으로 비칠 수도 있었다. 많은 반란은 개인적인 유대에 그 기반을 두었고 자신들의 지역 범위를 벗어나 소통할 수단이 없었기 때문에 반란의 기간, 범위 및 지원에 한계가 있었다. 주로 옛 왕정의 고위 관리들이 반란을 주도하였지만, 중앙 지휘부는 없었다. 자신들의 세계가 군주와 함께 붕괴하였고, 게다가 지방 지도자들의 세력도 위약해진 사실을 깨닫게 되자 대다수의 촌락민은 반군, 도적 및 의심쩍은 왕위계승자 등 다양한 집단에 합세하였고, 상부 미얀마 거의 전역과 하부 미얀마의 일부 지역으로 퍼져 나갔다. 가장 중요한 사실을 말하자면, 미얀마인들은 단결과 근대적 모습과 함께 최신 군사 장비와 훈련으로 잘 무장된 점령군을 물리칠 능력이 부족하였다.[137]

이러한 반란은 영국과 지역사회 모두에게 혼란을 일으켰는데, 일상적 상업, 물품 운송, 화폐 유통, 농산물 수확 및 사람들의 이동 등이 도적들과 영국령 인도군의 출몰로 엉망이 되었다. 미얀마 체제를 대변했던 최고지도자들이 추방되거나 구금되어있는 상태였기 때문에 영국군 장교들은 '제거'할 수 있는 식별 가능하고 중심적인 반대 세력이 없지만, 광범위하고 전면적인 반란의 한복판에 있다는 사실을 알게 되었다. 설상가상으로 저항 행위는 미얀마 사회의 위계적 사회 구조가 반영되어 지위, 명성 및 영향력을 지닌 사람들이 영국군에 대항하려는 '대중'을 이끌었다. 저항 세력의 구성, 범위, 규모는 다양하고 예측하기 어려워서 진압을 위해 많은 자원, 인력 및 시간이 요구되었다.

137　Parimal Ghosh, *Brave Men of the Hills: Resistance and Rebellion in Burma, 1825-1932* (London, 2000).

그 결과로 영국의 전술은 촌락민을 다루는데 특별히 가혹하였다. 1886년부터 1887년까지 지휘관의 승인하에 마을을 불태우고 공개적으로 반란군 용의자를 처형하며 무장한 자들을 보는 즉시 총살하는 등 가혹 행위를 일삼았다. 군사 시설은 상부 미얀마 전역에 설치되었고, 그 수는 1886년 10곳에서 시작하여 25곳까지 증가하였으며, 그리하여 군인들의 순찰에 필요한 보안 초소 연결망이 구축되었다.

일부 꺼잉족 공동체는 영국의 진압 작전을 도왔는데, 새로운 주인에게 협력할 경우 자신들의 상황을 개선할 기회가 올 것으로 생각했다. 많은 꺼잉족은 일찍부터 기독교 선교사들의 선교를 받아들였으며, 1881년 꺼잉족협회(Karen National Association)가 종족언어집단 간의 협력 및 영국과의 정치적 상호작용의 촉진을 위해 결성되었다.[138]

영국과 제휴할 기회는 영국의 '분할·통치'(divide and rule) 정책, 상업 기회 및 미국의 선교 활동으로 고조되었고, 이러한 제휴도 원래 이들 공동체의 이전 사회, 종교, 경제 기반에서 비롯되었다. 다수의 꺼잉어 사용자들은 영국과 제휴하는 것이 낮은 '사회 계층'(totem pole)에 있는 자신들의 이익에 부합할 것으로 여겼다. 하지만, 그런 결정은 거의 반세기 후 심각한 정치적 문제에 봉착하게 되는 원인이 되었다.

영국에게 이 저항의 시기는 '진압'이라는 합병 과정의 또 다른 단계에 불과했다. 평범한 미얀마인들에게 저항은 전통적인 삶의 방식을 방해한 외국인을 몰아내고 회복하기 위한 시도였다. 미얀마 엘리트에게는 그들의 주권, 특권 및 정치적 자유를 되찾기 위한 것이었다.

19세기 말에 이르러 반란은 거의 진압되었다. 1890년 많은 지역에서 질서가 회복되자 점령군을 줄이기 시작하였다. 군사적 저항을 억눌렀다는 의미의 '진압'은 끝났을지 모르나, 넓은 의미에서 미얀마는 1948년 독립하기 전까지 결코 '진압'된 적이 없었다. 그리고 영국에 의해 재정립된 '질서'는 대부분의 미얀마인에게 큰 의미가 없었다. 왜냐하면 영국은 애초 무질서의 대부분을 일으킨 장본인이었을 뿐만 아니라, 그 무질서의 대응법도 완전히 낯선 것이며 미얀마인의 존재를 위협하는 것이었기 때문이다.

식민지 이전 전통 국가의 영토를 살펴보면, 현대 미얀마의 지정학적 형태에 이미 과거의 영토가 포함되어 있음을 알 수 있다. 북동부와 북서부 지역의 가장 멀고 험한 산지를 제외하고 에야워디, 친드윙, 싯따웅 등 3대 하천 유역의 홍수 평원을 구성하는 광활한 띠 모양의 지역은 그 지대를 바로 감싸고 있는 구릉 지역과 함께 식민지 이전 국가의 핵심 영역과 거의 닮았다. 이 핵심 영역은 대다수 미얀마인의 거주지이자 상좌불교 신앙으로 이루어진 사상계

138　John Cady, *A History of Modern Burma* (Ithaca, NY, 1958).

이기도 하다. 또한, 농업과 해양 상업의 물질세계이자 후원-수혜 관계의 사회·정치 세계이기도 하다. 요약하면, 역사를 '만들었던' 지난 천년 간의 미얀마는 영국령 버마와 현대 미얀마의 핵심 영역과 같은 영역을 지녔다.

동시에 현대 미얀마는 오직 19세기에 영국이 창출한 특정한 제도의 측면에서 보면 새로운 국가의 계승자이기도 하다. 그 제도와 함께 가장 많은 인구를 지닌 소수종족(역주-영국 지배 아래에선 다수인 버마족도 소수종족으로 전락)을 위한 생활, 일, 상호작용, 저항 및 세계의 해석에 대한 새로운 방식이 도래하였다. 미얀마 행정부와 영국 행정부가 변방으로 간주하던 산지는 이때부터 미약하나마 새로운 체계의 통신, 운송, 개념 및 국경선에 연결되었다. 한때 크게 분리될 수도 있었던 미얀마 세계가 대지 위에 도로나 철도가 아니어도 그 당시에 적어도 지도의 잉크 선으로라도 연결되었다. 문화, 종족, 언어 및 과거가 (비록 융합은 아니어도) '영국령 버마'라는 하나의 이름으로 통합이 되었고, 그것은 역시 똑같이 '영국령 인도'에 인위적으로 포함되었다.

옛 국가이든 새 국가이든 간에 1885-6년 왕정 붕괴는 미얀마 역사에서 중요한 분기점이었으며, 특정한 형태의 정체(불교 군주국)에서 다른 형태의 정체(식민지 '영국령 버마')로의 변혁 과정이었다는 사실에는 논쟁의 여지가 없다. 그러나 '영국령 버마'가 미얀마 역사 및 국가 해체와 재통합의 반복이라는 광범위한 흐름 속에 놓였다면, 그것은 요동치는 세력에 굴복한 몇몇 정치적 실체 중의 하나에 불과할 뿐이다. 이 나라는 1886년 군주제의 몰락 이후 '영국령 버마'로 재통합되었고, 1942년 일본의 침입과 함께 해체되었으며, 1948년 다시 한번 독립국 미얀마로 재통합되어 오늘날에도 여전히 재통합 과정이 진행 중이다.

이러한 사실은 '영국령 버마'의 변혁이 얼마나 광범위하고 지속적이었는가에 대한 의문을 제기한다. 그 변혁은 국가, 지지자 및 제도를 훨씬 넘어 과연 광범위한 영향을 미쳤을까? 그것은 식민지 버마 이후에도 지속되었을까? 다음 장에서 살펴보겠지만, 그 변혁은 원칙적으로나 실제로 주로 국가 부문(그중에서 우선 도시와 엘리트 계층)에서 일어났지만, 전반적인 사회, 특히 농촌 사회와 그 종교·문화적 가치는 기본적으로 변함없이 남아있어서, 그 변혁 과정에서는 신구 간에 불완전하고 아마도 쉽지 않은 통합이 진행되었을 것이다.

제10장　재통합과 영국령 버마, 1886-1942년

새로운 식민지 공동체의 개발

미얀마 왕국의 평정과 함께 식민지 세력의 상부 미얀마 확대를 통해 영국은 향후 40-50년 동안 미얀마를 차지하게 되었고, 그 결과 '영국령 버마'(역주-영국 식민지 정부는 'Burma'라는 구어체 국명을 사용하였고, 이 책에서는 영국 정부의 영어 표현에만 '버마'라는 용어를 사용함)라는 국가를 만들었다. 권력이 이제 미얀마 군주에서 영국으로 이동하자 후원-수혜 관계에 친숙한 많은 피정복민은 (하부 미얀마에서 처음으로) 새로운 후원자와 제휴하기 시작하였고, 그 반면 다른 편에서는 이 모든 과정을 자신들의 정치적 영향, 경제적 이익 및 미얀마인 정체성에 대한 위협으로 여겨 저항하기도 했다. 여하튼 두 부류는 새로운 '버마'에 속하게 되었지만, 그것을 전혀 알지 못했거나 이해하기 어려웠을 것이다.

　　미얀마 사회에 잘 녹아들지 못한 (대부분은 오래전에 동화되었지만) 꺼잉족과 몬족 같은 소수종족에게 영국은 사회경제적 지위의 제고를 위한 새로운 기회를 제공하는 것처럼 보였다. 식민 세력 후원에 힘입어 선택된 전통적 소수종족 엘리트들은 자신의 경제적, 사회적, 정치적 위상이 갑자기 상승하였다. 그들의 새로운 정체성은 전반적으로 영국과 서구 문화의 친밀감과 밀접하게 연결되었다. (심지어 새로운 구원 신화, 특히 꺼잉족을 '구원'할 '백인 도래'의 '예언'이 19세기 말과 20세기 사이에 생겼음) 이러한 과정을 거치면서 장차 버마 국가 형성에 있어 불가피한 경쟁을 겪어야 하는 심각한 부작용이 생겨났다.

　　새로운 권위의 중심지인 랭군(양공)과 함께 하부 미얀마의 여러 공동체는 식민지 제도와 그 문화, 언어, 건축, 법률, 경제 및 기술에 있어서 나중 편입된 중부 및 상부 미얀마의 지역보다 더 길고 보다 직접적인 영향을 받았다. 거의 60년이나 (온전한 한 세대의 기간과 같음) 늦게 정복된 지역의 변화는 더디게 시작되었고, 훨씬 형식적이었다. 고산족을 비롯하여 비교적 접근하기 어려운 변방 지역민들은 1890년대 초까지 영국과 접촉할 기회가 거의 없었다. 정복과 '평정'이 서로 뒤섞이고 얽히는 과정으로 인하여 20세기와 21세기에 들어와 정체성의 정치에 큰 영향을 미쳤다.

한때 친족, 종교, 사회, 문화, 상업 영역의 유대를 통해 교류했던 집단들은 이제 재정립된 종족성, 직업, 계급, 의복, 언어, 음식, 신앙, 지식 등과 같이 새롭고도 훨씬 엄격하고 이전과 다른 분류의 범주로 분리되고 있었다. 도시의 외양, 운영 및 배후지와의 연결성에 대한 새로운 개념이 도입되어 이러한 새로운 과정을 받아들이든지 저항하든지 간에 도시인과 지방 공동체 모두에게 영향을 미쳤다. 복지, 질서, 건강, 원칙, 위생 및 교육에 대한 새로운 정의도 기존 관념에 도전하였다.

요컨대, 영국 식민주의와의 조우로 '버마인'의 의미에 대한 새로운 방식의 정의, 표현 및 논쟁이 등장했지만, 이것은 주로 도시 엘리트에게 해당하는 것이었다. 하지만, 그들을 제외한 나머지 대중에게는 '버마적인 것'이 결코 애매하지도 정치적인 문제가 되지도 않았다. 오히려 엘리트와 대중 간의 그 자아상의 차이는 20세기와 21세기에서 국가가 나아가야 할 방향성에 큰 영향을 주었다.

1885년과 1942년 사이에 영국의 생활 및 작업 방식 그리고 세계관은 이전보다 더 많은 미얀마인, 특히 서구화된 엘리트에게 드러났다. 새로운 국어, 종교 신앙, 사업 방식, 시간 개념, 미학, 의복, 음식, 오락, 건축 및 경관은 특별히 식민지 수도 랭군을 중심으로 한 식민지 중심권 안이나 그 인근에 거주하고 있는 공동체의 의식 속에 스며들기 시작하였다.

하지만, 영국령 인도의 문화, 행정, 폭력적인 경찰의 행동에 대한 반응은 새로운 주[역주-버마는 영국령 인도의 한 주로 편입되었다가 1937년 4월 1일 분리됨]의 삶을 특징짓는 다양한 상황과 환경으로 인해 똑같이 나타나진 않았다. 지역 공동체 대부분은 영국 관료들을 (현대 학자의 표현을 빌리자면) '엿보기 이상'을 해본 적이 없었는데, 이는 공동체 내부와 일반인 대부분과의 접촉이 제한적이기 때문이었다. 어떤 사람들은 의복과 관습은 유지하면서 영국인 사고방식은 따랐다. 미얀마인들에게 식민지 지배 경험은 대부분 침입적이고 파괴적이며 치명적이었으나, 어떤 사람들에게는 유익하고 희망적이며 기회적이었다. 이러한 조우는 사회적 지위, 직업, 계급, 지리적 위치, 사회 내 다양한 기관 및 개인과의 연계에 좌우되었다.

일반적으로 특정 지역이 영국의 상업적, 정치적 이익에 대한 중요도에 따라 영국 행정

우선순위와 통치 강도가 되었다. 하천 유역과 평지의 농업 지역은 영국인 핵심 통제 구역('직접 지배' 지역)이었고, 그 반면에 산지, 습지, 접근 불가능한 삼림('간접 지배' 지역)은 값비싼 티크의 채벌 지역을 제외하면 영국인 행정에 덜 노출되었다. 중국 윈난, 인도, 시암의 일부이기도 하면서 '영국령 버마'의 새로운 경계선에 둘러싸였던 많은 산지 공동체는 식민주의 세력이 그린 새로운 지도 속에 공식적으로 편입되어 '영국령 버마'의 새로운 역사와 문화에 연결되었다.

게다가 보이지 않는 경계선은 한때 역사, 언어, 친족, 신념, 물질적 삶과 연결되었던 풍경과 공동체들을 갈라놓았다. 일부 사람은 영국의 권위를 인정했지만, 많은 사람은 이전과 같은 반자치적 삶을 계속 영위하여서 핵심 지역 거주민들이 느꼈던 일상 경험의 근본적인 변화를 겪지 않았다. 영국이 '배제 지역'이라 했던 '간접 지배' 지역은 국가의 주요 하천 유역을 둘러싼 산지이며 식민지 중심에서 거리가 멀수록 영국의 영향력이 가장 약한 곳이었다.

식민지 국가의 경계와 정책 및 실행 조치의 결과로 미얀마 공동체는 각양각색의 반응을 나타냈다. 소수집단은 영국과 관련된 새로운 용어, 상징, 개념을 사용하여 스스로 식민지 공동체의 식민 또는 시민으로 여겼다. 그 반면 다수집단은 정체성을 부각하기 위해 그들의 전통적 신념과 말로 엮어진 훨씬 친숙한 고유성을 택하였다. 그리하여 식민지 시대와 탈식민지 시대의 버마 역사는 부분적으로 서로 다른 공동체가 그들의 과거와 앞으로 펼쳐질 미래를 어떻게 정의하는지에 대한 이야기로 보일 수도 있다.

그렇게 서로 다른 경험을 하게 된 이유 중 하나는 영국 당국이 특정 자원, 생산물 및 노동력을 중요하게 여겼기 때문이다. 초기 영국 비즈니스는 미곡, 목재 그리고 광물 산업 개발에 많은 관심을 가졌다. 그리하여 천연자원이 풍부한 지역이나 새로 개간된 경작 지대(가령, 하부 미얀마 델타)는 식민지 행정과 지속적인 상호 작용이 이루어져, 새로운 중심과 주변 구역을 형성하게 되었다. 앞서 살펴보았듯이, 사람들은 이미 합병 이전부터 그러한 경제 사업에 매료되어 상부 미얀마의 많은 이가 임금 노동자와 농민의 기회가 엄청나게 늘어난 하부로 이주해 왔다. 결국 그렇게 인력 자원을 고갈시켜 군주제가 더욱 약화하는 결과를 빚었다. 특히, 벼농사는 노동집약적이고 엄청난 양의 인력이 필요했다.

주로 인도, 말라야, 중국 등 식민지 외부에서 들어온 새로운 이민공동체들도 영국 관리, 민간 기업 및 현지 중개인들이 홍보했던 그런 똑같은 기회에 매력을 느꼈다. 많은 이가 하부 미얀마의 여러 지역에 새로 설립된 티크 제재소와 정미소에 일자리를 찾았다.

1869년 말 수에즈 운하가 개통되면서 기업들의 운송비용은 절감되었고, 일출과 일몰, 우기, 건기, 종교 휴일, 추수감사절 등에 근거하여 새로 등장한 '근무일'의 개념은 이제 기존의 전통적인 일상 패턴에 필적하였다. 수에즈 운하의 개통에 따른 세계적 영향으로 유럽인들이 미곡 산업에서 채광, 석유 및 기타 광물 산업으로 확장함에 따라 하부 미얀마의 경제 활동은 활기를 띠게 되었다.

새로운 노동력이 요구되는 신생 비즈니스 프로젝트는 현지인과 이민자 집단을 서로 접촉하게 했다. 개간할 토지와 운송할 상품이 있는 한, 현지인과 외국인 노동자의 관계는 안정적이었다. 하지만, 이윤, 편의성 및 시장 점유율을 기반으로 하는 사회적 관계는 호혜와 지원이라는 후원-수혜 개념을 넘어서거나 대체하기 시작하면서, 결국 이웃과 동료를 바라보고 교류하던 방식을 바꾸어 버렸다. 1920년대에 들어와 이런 관계는 경제적 기회가 감소하자 폭력적으로 돌변했다.

영어훈련을 받고 식민지 경제의 민간/공공부문에서 일자리를 얻었던 사람들은 그렇지 않은 사람들에 비해 유리한 입장이었다. 엘리트(꺼잉족처럼 선택된 소수집단)들은 극히 소수의 신식 학교에서 영어를 가장 먼저 배웠다. 일부는 유학을 떠났고, 이후 '영국령 버마'로 돌아와서 식민지 정부나 외국 기업에서 일했다. 어떤 이들은 국내의 미션스쿨에서 영어를 배웠다.

이런 부류의 사람들은 새로운 중산층이 되었는데, 이제 곧 다가올 정치와 사회 개혁에 필요한 역량을 갖추었다. 미얀마인 공동체에도 새로운 기술이 도입되었지만, 도시와 그 교외에 편중된 직종과 직업에만 국한되어 불공평한 과정이 되어버렸다. 예를 들어, 미곡산업 대부분은 신기술을 활용하지 못한 채 여전히 수작업에 크게 의존하였다.[139]

하부 미얀마는 일찍 합병되면서 그러한 변화의 경험과 이해에 있어서 상부 미얀마보다 수십 년 앞서 있었다. 하지만, 전반적으로 인구 대다수가 교육이나 기계에 접근할 수 없거나 특히 도시에서는 계획된 산업화 일정에 따라 움직였기 때문에, 새로운 권력과 그 주변에서 일어나는 변화에 대해 다른 태도를 보였다.

동시에 '버마인'의 의미에 대한 다른 개념은 20세기에 들어오면서 영국인이 도입하기 시작하였다. 현지 가이드와 통역사를 대동한 식민지 측량사들은 영국령 버마와 그곳의 공동체를 포함하는 공간을 구획하였다. 정치가, 민족지학자 및 현지 통역사들은 미얀마 사회와 문화를 연구하고 분류하여 '함부로 손댈 수 없는' 문서와 보고서로 작성하기 시작했다. 식민지 초기에 학자 겸 행정가가 되었던 행정 관리들은 각종 언어를 학습하고, 정리하여 사전을 편찬했다.

---

139 Ian Brown, *A Colonial Economy in Crisis: Burma's Rice Cultivators and the World Depression of the 1930s* (London, 2005).

분류 용어는 기존의 정체성을 동결하고 새로운 것을 탄생시켰다. 한편, '종교', '범죄', '상속', '법', '인종', '원주민', '전통', '정치'에 대한 선입견은 일부 사람들이 장차 발생할 중요한 파장과 함께 자신과 이웃을 바라보는 방식에 차이를 감지하게 했다.[140] 영어 단어가 미얀마어에 유입되고 새로운 의미와 표현이 만들어지면서 지명은 외국인의 감성, 성향 및 언어 능력에 맞게 바뀌었다.

그래서 예를 들어 미얀마어에는 적절한 표현이 없는 '죄송해요'(I am sorry)나 '좋은 아침'(good morning) 등의 개념을 내포하는 구문들은 특정한 미얀마어 단어를 섞어 새로운 사회 환경에 순응할 수 있는 조어가 탄생했다. 미얀마어에서 명사 수식어로 주로 사용되는 '미얀마Myanma'(또는 '버마Bama')는 새로운 주와 그 '구성 요소'를 부각하기 위해 ('버마Burma'의 예처럼) (영어식인) 명사로 변형하였다. (역주-'미얀마'와 '버마'에 대한 논란은 끊이지 않고 등장하는데, 사실 두 표현 모두 같은 의미(국명)이지만, 미얀마어는 문어체와 구어체의 구분이 있어 당시에는 글로 쓸 때는 '미얀마'를, 말로 할 때는 '버마'라고 했다는 사실을 알면 영국인들이 국명을 왜 '버마'로 했는지 이해될 것임) 수도의 위치(그리고 버마 사회의 정신적 중심지)는 상부 버마인 만덜레에서 해안에 자리한 식민지 항구 도시인 '랭군'으로 정하였다. '모범적인 중심'을 나타내는 의미 있는 상징이나 의식 또는 건축 양식 등 그 어떤 것도 '랭군'에 사용되지 않았다. 영국인들은 '제국' 도시의 모습과 기능에 관해서 다른 개념을 갖고 있었다. 권위, 정당성 및 권력에 대한 그들의 관념은 수도의 형태와 기능으로 표현되어서, 랭군은 델리와 싱가포르 그리고 기타 특별한 의미를 지닌 식민지 도시들과 '유사'하였다.[141]

마지막으로, 영국의 행정가, 군인, 고고학자 그리고 정치가들은 그들의 관점과 자신들의 과거에 근거하여 '버마'의 역사를 편찬하거나 저술하였다. 또한, 종족성과 문화에 대한 범주도 통치 목적에 맞게 민족학자들이 구분하고 해석하여 기록하였다. 그것은 미얀마의 소수 집단을 구분하기 위하여 만든 것이지만, 되려 그 집단들이 자신들의 상황을 이해하는 데 영향을 주었다.[142] 전통적 미얀마 국가에서 불이익을 받거나 권리를 박탈당한 집단의 과거사

140　Bernard S. Cohn, *An Anthropologist among the Historians and Other Essays* (New York, 1987).

141　Thomas R. Metcalf, *Imperial Connections*: *India in the Indian Ocean Arena, 1860-1920* (Berkeley, CA, 2007).

142　Mandy Sadan, 'Constructing and Contesting the Category of "Kachin" in the Colonial and post-Colonial Burmese State', *Exploring Ethnic Diversity in Burma,* ed. Mikael Gravers

도 영국인과 그들 스스로가 인식할 수 있도록 기록되었다. 그런 공동체들은 식민지 권력의 이해관계에 부합하는 새롭고도 서로 다른 소속감을 내세우기 위해 자신들의 구습, 언어 및 신념을 되살리고 재창출하거나 때로는 지우기도 하였다.

그래서 '버마'라는 새로운 공동체의 많은 구성 요소는 그 영토를 이해할 수 있는 수준으로 구성하려는 식민지 행정가, 현지 엘리트 및 열성적인 기회주의자들의 필요 때문에 생겨났다. 하지만, 현지 사회 관리에 있어서 자유방임적 접근 방식을 표방하는 듯한 정책들은 그 영향을 직접적으로 받는 사람들에게는 그렇게 느끼지 못한 경우가 대부분이었다.

랭군과 캘커타에서 발의된 정책들은 현지 관리들이 '현장에' 적용하였을 때 기대와 다른 결과를 초래했기 때문에 버마인 공동체들은 자신들을 둘러싼 변화를 다르게 해석하였다. 그래서 식민지주의와의 조우는 혼합적 경험의 양상을 보였는데, 가혹한 변화를 겪은 공동체도 있었고, 그 반면 전통적 왕조 시대와 다를 바 없는 삶을 영위한 공동체도 있었다.

영국 행정가들이 인구를 잠재적인 세수의 원천으로 간주하기 시작하면서 그 절차의 수월성을 제고하기 위한 광범위한 조사를 시행하였다. 현지인들이 이 일에 투입되었는데, 안전요원, 통역가, 지방 행정가의 임무를 수행하였다. 그러나 대다수의 버마인 마을 주민, 농부, 승려, 여성 및 심지어 엘리트조차 당시 형성되고 있는 공동체의 새로운 개념을 확실히 공유하고, 이해하거나 채택하지 못하였다. 현지인들에게 이러한 상상의 공동체 개념을 받아들이도록 설득과 강요 및 억압을 수십 년간 시행했지만, 결국 대부분은 성공하지 못하였다.

영국령 버마 만들기

새로운 권력과 불공평한 변화

새로 임명된 찰스 크로스웨이트(Charles Crosthwaite) 최고 판무관의 본부가 만덜레 왕궁 내에 설치되자 19세기의 마지막 10년을 남겨둔 시점에서 영국령 인도의 주로 영국령 버마의 상징적이며 공식적인 합병이 이루어졌다. 당시 식민지 정부를 괴롭혔던 행정적 문제에 몰두했던 전환의 대부분 기간에 하부 미얀마의 행정 패턴이 상부 미얀마로 확장되었다. 도시와 지방 단위의 거의 모든 현지 공동체는 관할 현지 사회와 전혀 연계성이 없는 새로운 관리들의 임명으로 전통적인 수장들이 권위와 특권을 상실하는 광경을 이미 목격하였다. 새로운 관료의

———

(Copenhagen, 2007).

등장뿐만 아니라 새로운 규칙과 절차로 인해 지방 사회를 하나로 묶어주던 유대가 단절되면서 전통적인 사회생활은 거의 송두리째 뽑혔다.

1887년에 크로스웨이트는 자신의 책임하에 있는 사람들과의 개인적인 유대를 관리하고 개발할 수 있는 현지 묘의 지도자(묘두지)의 권한을 제어하기 위해 전통적 도시 단위(묘, myo)를 '촌락' 단위로 적절히 나누는 촌락법(Village Act)을 도입했다. 이러한 조치는 군사 전략의 맥락에서 구상된 것으로 세습 지도자와 그 공동체 간의 유대를 단절하는 일종의 항전에 대한 대응책인 셈이었다. 그러나 그것은 공동체를 형성했던 사회적, 문화적, 역사적 결속을 깨뜨릴 뿐이었다. 마을 사람들은 전통적으로 중재나 지원 또는 보호를 위해 찾았던 가족이나 개인이 오로지 세금을 주기적으로 징수하기 위해 찾아오는 이방인들에게 삽시간에 권위가 실추되는 것을 보았다. 이런 지방 행정 구조는 새로운 식민지 국가의 상업 및 행정 필요에 따라 조성되었다.

그러한 정책을 통하여 어떤 버마인들의 삶은 하나로 통합되었지만, 다른 이들은 분리되었다. 많은 공동체에 있어서 이러한 구상들은 식민지 당국과 현지 대리인 및 그들의 정책이 식민지 주민들의 일상생활에 더욱 밀착되도록 하였으나, 마을 사람들은 중앙 정부의 '영국인' 관리를 거의 보지 못했다.

새로운 식민지 국가의 관리와 함께 내륙 도시와 지방으로 확대된 식민지 행정이 꽁바웅 왕조의 몰락으로 생긴 권력의 공백을 메워 나갔다. 그리고 다른 식민지들과 마찬가지로 '버마 주'(Province of Burma)의 탄생은 자신들의 세계관과 완전히 다른 외국인들의 결정과 기대에 영향을 받는 버마인의 일상생활 공간을 만들었다.

그런 영향력 중의 하나는 바로 세금 징수였다. 전통적으로 현지 엘리트들은 중앙 권력으로 보낼 금액을 조정하여 국가를 대신하여 세금을 징수할 수 있었다. 그들은 세금 일부에서 자신들의 '급여'를 받고, 종교 기부금이나 후원금으로 사용하며, 기근과 가뭄이 발생하면 세금을 경감해 줄 수 있는 재량권을 가지고 있었다. 하지만, 영국 정부는 세금 징수원을 고용하여 효율성 제고를 노렸으나, 오히려 마을 주민에게 제공되었던 앞에서 언급한 '문화적인 완충작용'을 훼손하였다.

영국은 중앙에서 요구하는 통계 자료를 수집하고 보고하는 데 있어 현지 지도자의 개인적이고 재량적인 역할을 제거함으로써 이를 실현하였다. 이제 영국은 특히 인두세 부과를 위한 인구수 등의 통계 자료를 직접 수집함으로써 필요한 세입이 촌락을 위해 '조작할' 수 있는 촌주의 수치에 좌우되지 않도록 하였다. 특히 1870년 인구 조사 이후 식민지 국가의 직접적인 조사 결과를 살펴보면, 영국령 버마는 영국령 인도의 경제적 지원 없이도 근대적 재정 관리를 해낼 수 있음을 보여준다.

전통적 지도자들에 있어서 이러한 변화는 세습과 관련된 그들의 권위와 특권에 대한 직접적인 도전으로 여겼다. 국가는 현지 세원을 잠식하였고, 동시에 마을의 안정과 안전의 핵심인 인간관계의 네트워크를 무너뜨렸다. 이제 현지인처럼 보이지만 옛날과는 다른 방식으로 행동하는 새로운 관리들이 마을 사람들을 관리하였다. 후원-수혜 관계의 관행은 식민지 국가의 세계관과 언어 및 법률로 말하자면 '뇌물'과 '부패'로 재분류되었다.

주민들은 전통적인 방식으로 후원을 계속 구한다면 새로운 관리와 동행하는 인도 군인들과 헌병들에 의해 바로 처벌받을 수 있었다. 정기적이고 변함없는 세금 납부 주기도 일상 생활의 일부가 되었다. 이처럼 예정된 연간 징수는 식민지의 재정적 안정에 기여하고 국가와 신민 간의 관계를 새로 규정하였지만, 많은 버마인 공동체에 있어서 그러한 예상은 종교 축제와 다른 사회적 기념행사에 연결되는 전통적인 농업 수확 주기와 양립되지 않는 것이었다.

왕국의 합병과 함께 영국은 모든 버마 사회를 관리하는 방법을 재고해야 하는 시점에 놓였는데, 상부 미얀마가 영국령 버마의 일부가 되면서 인구, 영토, 상업적 기회가 갑자기 증가했기 때문이었다. 중앙 정부의 주요 업무의 대부분은 판무관(commissioner), 부판무관, 각 부처장 및 하부 관리에 의해 운영되고 있었지만, 하부 미얀마에서는 1885년 이전에 행정 조정이 시행되어 당시 최고판무관의 늘어나는 업무를 덜어주기 위해 사법관 임명과 법원의 신설이 이루어졌다.

1897년 최고판무관 직위는 부총독으로 격상되었고, 지명받은 9명의 의원으로 구성된 새로운 입법회의는 1909년에는 15명, 1930년에는 30명으로 늘어났다. 이러한 변화는 소수의 현지 엘리트, 사업가 및 변호사에게 새로운 권력 기관에 참여할 기회를 제공하였다.

감옥과 병원, 토지 세수, 신설 법원과 사법 행정을 맡아야 하는 또 다른 경력 업무직이 생겨났는데, 이것은 1906년까지 현지 관리가 담당했다. 산림, 농업, 수산, 복지, 교육, 위생, 공중보건을 담당할 사무국도 다른 행정 부서와 함께 설치되어 정상 업무를 개시하였다. 이와 같은 새로운 국가 기관의 출현은 중앙 집중 관리와 효율적 행정 시스템을 위하여 현지 관리와 부하 직원이 지녔던 현지 자치의 완화 및 감소를 통해 정부와 사회를 통합하는 효과를 가져왔다.

미얀마 사회의 세속화

행정부를 통합하는 개념적 접착제는 영국령 인도의 법적 경험에서 진화된 세속적이고 비인간적인 엄격한 규칙과 절차였다. 어떤 문화적 권위를 지닌 마을 원로, 전통 수장, 영적 치료사, 승려 및 기타 개인의 입장에서 보면, 영국 식민지 법률은 현지에서 행동을 중재하는 관습법의 유연성을 갖지 못했다. 설상가상으로 민사소송법은 인도에서 발전되어 영국령 버마로 들어왔고 판무관보와 지역 치안판사가 담당하였다.

법원 제도를 접한 미얀마인들은 법률과 그 적용이 현지 지도자의 세력 속에서 발생하는 개인적인 중재와 처분과는 완전히 이질적인 것으로 느꼈을 것이다. 13세기 버강의 법정 절차에도 유사한 규정이 있었지만, '증거', '증인', '증언'과 같은 새로운 절차들은 대부분의 버마인을 혼란스럽게 했다. 그것은 버마인이 아닌, 카스트제도를 토대로 한 인도의 관습법에 근거했기 때문이었다.

영국령 인도의 법률제도의 성격 또한 법원과 그 절차가 너무나 비인격적이고 '냉정'하다고 여겼던 버마인 대부분에게는 낯설었고, 새로운 중재와 조정 방식은 식민지 시대 이전 미얀마의 것과 완전히 달랐다. 판사, 가발, 법정, 예복, 선서, 인도인 집행관, 의례적 용어는 '보복'이 아닌 '화합'을 꾀했던 현지 사회의 관습과는 거의 관련이 없었다. 정의의 개념을 비롯하여 형법과 (특히) 민법에 기초를 둔 윤리와 종교의 원칙은 철저하게 달랐다.

법원, 교도소, 경찰서는 식민지 국가 권위의 실질적, 상징적 중심이 되었으며, 국가와 권력을 지배하고 있는 새로운 원칙을 가시적으로 계속 상기시키는 것이었다. 그래서 현지 엘리트들은 새로운 언어를 구사하고 그러한 절차에 숙달하는 것이 식민지 국가에 참여하고 결국 저항하는 방법이라는 사실을 깨닫게 되었다.[143]

1870년 이전까지는 식민지 정부가 시행한 많은 변화는 현지 거버넌스 패턴과 공존하였다. 지방의 귀족들은 새로운 촌락 단위의 절차가 시행되고 있음에도 불구하고 그들이 할 수 있는 한 최대의 지위와 위신을 유지하고 있었다. 영국령 인도의 식민지 수출 경제가 계속 등장하고 침투하는 가운데서도 현지 상업적 패턴이 버티고 있어서 분쟁이 발생하면 현지의 지도자인 묘두지가 여전히 관리하고 있었다. 결국 '전통 경제'와 '식민지 수출 경제'가 공존하여 서로 작용하고 있는 상황에서 전자에서 일하는 사람들(주로 버마인)과 후자에서 종사하는 사람들(주로 인도 또는 중국 이민자) 사이에는 한층 더 경제적, 인종적 분열이 발생할 수밖에 없었다. 이후 몇 년 동안 현지 공동체는 감히 상상조차 할 수 없었던 방식으로 일상생활을 지배하는 규칙의 영향을 받았다. 법에 직접적으로 노출된 많은 사람이 직면한 문제는 법의 원칙과 식민지 주민들이 그 법을 시행하는 사람들에게 거는 기대 사이의 '단절'이었다. 식민지 주의자의 법과 행정에서 신성과 세속을 의도적으로 분리한 것은 많은 버마 불교도에게 특

---

[143] John Cady, *A History of Modern Burma* (Ithaca, NY, 1958).

히 문제가 되었으며, 종종 트라우마로 남았다. 버마 사회의 세속화는 19세기 초 '국가의 합리화'(이 나라 전문가인 어떤 저명한 학자가 만든 용어)라는 보다 큰 과정의 일환으로 시작되었다.[144] 그러나 신성과 세속의 분리를 악화시킨 것은 1885년 군주제의 폐지와 사망한 따더나바잉(불교의 종정)의 새로운 후임의 임명 거부에서 비롯되었다.

미얀마 불교도의 관점에서 볼 때 식민지 당국이 종교 문제에서 '중립'을 지키려는 시도는 통치 방식으로 여길 수 없었다. 국가는 원래 '교단' 문제에 관여하는 것이었다. 앞 장에서 설명한 바와 같이, 국왕은 상가의 정화 및 관리에 깊이 관여하였고, 국민의 공덕 쌓기는 국가의 책임이었다. 종교와 국가는 서로 복잡하게 얽혀 있었다. 따라서, 위에서 살펴본 대로, 1896년 상가의 수장인 종정의 서거 이후 영국이 후속 임명을 거절하자 많은 종파 속에서 이어져 온 극단적인 파벌주의에 의한 상가의 종교적 부패가 나타났다.[145] 종교법을 시행할 종정이 없으니, 종교법의 의미는 점점 더 퇴색하였고 승려들의 행동을 통제할 수 있는 권위가 실추하였다. 승려들은 종교적 서약에서 상당히 느슨해졌고, 사회·정치적인 상황에서 이미 불안을 감지한 대중들에게 당혹과 굴욕을 안기는 원천이 되었다. 일부 승려들은 전 왕실 엘리트들과 동조하여 반란을 일으키기도 했다.

잘 정립되지 않은 '비정통적' 승원에 속한 상가 승려들은 더욱 대담하게 세속적 영역에 개입하면서 정치적 분쟁, 금지된 사회적 문제, 폭력적인 범죄, 선동, 심지어 봉기에도 관여하였다. 그러나 이제 그들은 특히 범죄를 저지른 경우에 영국 세속법의 적용을 받게 되어 신도들의 도덕적 모범에 대한 관념을 더욱 혼란스럽게 만들었다. 종교와 국가는 20세기에 들어와서 비로소 법적으로 분리되었지만, 그런데도 국가는 민사 법정을 통해 종교 문제에 대한 권한을 일관되게 주장하며 세속법을 효과적으로 활용하며 '종교'를 정의하였다.

종교의 힘과 활력이 승려들과 함께 쇠퇴하면서 종교 축제, 예술과 공예, (일반적으로 종교 주제의) 연극 공연 및 기타 관련 산업의 굳건한 존재감과 재정적 지원에 경제적 생계를 의존하던 많은 지역 사회가 심각한 타격을 받았다. 사원 축제와 사원 시장의 개최 빈도와 횟수가 줄어들었다.

---

144 Robert H. Taylor, *The State in Myanmar* (Honolulu, 2009).

145 E. Michael Mendelson, *Sangha and State in Burma: A Study of Monastic Sectarianism and Leadership,* ed. John P. Ferguson (Ithaca, NY, 1975). See also Michael Aung-Thwin, 'Of Monarchs, Monks, and Men: Religion and the State in Myanmar', *Asia Research Institute Working Paper Series,* 127 (2009), pp. 2-31.

예를 들어, 1882년 삐에 있는 쉐모도 파고다가 거두어들이던 임대료를 영국 정부가 징수하자, 사원은 거의 즉시 폐허가 되어 파손되었다. 더 심각한 문제는 이러한 종교적 기부에 의존하던 주변 지역의 사회적, 경제적 삶이 붕괴하였다는 점이다. 사람들은 일자리를 찾거나 새로운 사업을 시작하려고 떠나고, 산업과 상업활동은 크게 위축되었으며, 그 지역은 사원이 순례지로 전락하면서 황량하게 되었다.

또한, 승원 학교의 감소(아래에서 설명함)는 불교가 세속 교육을 선호하는 사회봉사와 문화적 권위라는 관념에서 점점 멀어지고 있다는 사실을 여실히 보여주는 것이었다. 종교와 사회 부문에서 국가의 역할에 대한 영국인들의 개념은 미얀마인들의 것과는 완전히 달랐다.

군주제의 정당성은 왕국의 정신적, 의례적 삶의 유지와 연결되지만, 식민지 권력은 공공 부문과 민간 부문을 확연히 구별하고, 이러한 '다른' 부문의 기능과 구분을 정규화, 표준화, 능률화하는 정책을 펼쳤다. 행정 통합을 위한 노력 자체는 식민지 이전 국가의 구상과 근본적으로 다르지 않았지만, 그 이면에 놓인 원칙과 철학은 달랐다. 영국인들은 국가가 비인격적이고 세속적이며 기능에 있어 관료적으로 보이면 보일수록 더 합법적이고 근대적인 것으로 생각하였다. 군주제의 붕괴에 따라 이전 지방 관리와 추종자들이 지방 자치권을 주장한 것처럼, 사회적 안전장치인 계층 구조도 교리, 지역, 개인 네트워크와 함께 해체되자 왕국의 구조가 왕과 종정을 정점으로 한 수직적 연결 고리에 얼마나 의존하고 있었는지 여실히 드러났다. 축제, 잣쁘웨(연극), 건축, 문학, 음악 및 기타 형태의 미얀마 문화 표현은 항상 종교적 행사·후원·일정과 연결되어 있어서 양적으로나 질적으로 줄어들기 시작했다.

동시에 세속적 변화는 식민지 행정으로 인한 것이었지만, 성지 근처의 지방 마을에 사는 사람들은 계속해서 종교를 일상생활의 일부로 여겼다. 평신도 청지기는 계속해서 사원 업무를 도왔고, 가족들은 중단없이 아들을 승원에 보냈으며, 일반 대중은 매일 아침 어김없이 승려에게 음식 공양을 하였다. 세속주의는 식민지 국가와 그 다양한 부속 기구들이 사회에 침투하는 정도에 따라 분명히 한계가 있었다. 그러나 식민지 행정의 세속적 세계관과 연계된 많은 새로운 생각과 개념 및 가치는 새로운 교육 제도에서 태어난 개혁가들이 불교를 통해 곧바로 번역하고 평가하여 내재화하였다. 어떤 사람들에게 불교는 세속 세계에서 자리를 잡고 그 세계가 적절한지 살피는 렌즈로 사용되었다.

사회 평론가들은 정치적 정체성과 조직에 대한 관념을 불교의 원칙에 적용하기 시작했고, 결국 세속적 주제에 대해 불교적 관용구와 용어를 사용하여 생각하려는 사회개혁조직을 결성했다. 학생들은 근대 세계에서 불교의 위치를 주제로 논쟁을 벌이고, 특별한 미얀마인 정체성과 관련된 전통이 세속 국가 내에서 공존할 수 있는지 토론하였다. 하나의 공동체 형태로써의 국가라는 관념도 종교적 영역에 들어와 특정한 가치를 드러내는 용어가 만들어졌다. 이후 수십 년 동안 세속적 주체를 근대성의 개념과 동일시했던 민족주의자들과 국가 건립자들은 식민지 지배 권력이 떠난 자리를 이어받아 정부 기관, 정책, 대학 그리고 종교 영역을 규제하고 정상화하는 계획을 만들었다.

더 작은 세계: 통신과 교통

사회적, 행정적 환경의 변화는 물리적 환경의 변화를 동반했다. 제2차 영국·미얀마 전쟁 이후 당시 '어와 왕국'과 '하부 미얀마' 사이의 '국경'으로 여겨졌던 삐까지 철도가 놓이면서 우선순위인 운송 분야 건설이 착수되었다. 미얀마인들은 말라야에서 건너온 새로운 중국인 이민자들이 철도 건설에 일하기 위해 자신들의 세계로 들어오는 것을 보았지만, 많은 현지인은 이러한 건설 사업에 수반되는 작업 유형에 매력을 느끼지 못하였다.

철도는 내륙에서 일하는 많은 미얀마인의 삶에 기계화된 교통수단을 제공하였다. 서로 다른 문화적, 사회적 기대치를 지닌 군인, 행정 관리, 새로운 이민자들도 철도를 통해 미얀마 세계로 들어왔다. 열차역이 있는 마을은 해당 지역의 중심지가 되었고, 부판무관이나 하급 관리가 거주하기도 하였다. 대부분의 미얀마인에게 사치품으로 여겨지는 상품들이 이 시골 역을 통해 유통되었는데, 이는 소수의 도시 엘리트만이 소비하던 것이었다. 현지 경작자들은 철도 노선과 열차 시간표에 따라 상품과 배송 일정이 달라진다는 사실을 알게 되었다. 새로운 물류 센터, 새로운 일자리, 새로운 노동자들은 옛 경제 유통망의 쇠퇴를 초래하여 많은 공동체의 사회생활에 영향을 미쳤다.

1889년경에는 만덜레까지 철도가 확장되었고, 이후에는 중국 국경에서 약 50마일 떨어진 밋찌나까지 철도가 연장되었다. 만덜레와 랭군 간의 미얀마 상품, 사람, 통신이 더욱 빨리 이동할 수 있게 발전되자, 상부와 하부 미얀마의 지역사회 간의 거리와 연결에 대한 인식도 서서히 바뀌었다. 수로를 통한 이동과 통신도 증기선의 등장으로 개선되면서, 1900년 무렵 이라와디선박회사(Irrawaddy Flotilla Company)가 미얀마의 주요 동맥을 지배하였다. 처음에는 많은 미얀마인들이 그런 새로운 교통수단의 영향을 받지 못했지만, 점차 부유한 지주, 쌀 중개인, 정미소 관리자들이 이러한 혁신을 활용하였고, 그들의 고객, 노동자, 마을 및 친척들을 식민지 경제의 리듬에 간접적으로 연결하였다.

지역사회 간의 거리가 짧아지면서 증기선과 철도 산업에 종사하는 사람들의 삶도 영향을 받았다. 이와 동시에, 성장하는 경제와 직접적으로 겹치지 않는 경작자, 생산자, 직공, 도예가의 대다수는 부수적인 강과 길을 통한 전통적인 운송 수단을 계속 사용하였다. 연례로 열려 지역 상인들을 계속 끌어들였던 사원 시장의 등나무로 만든 상품 진열대에 새로운 대량 생산 외국 제품이 등장하기 시작하였다. 이러한 제품을 소유하는 것은 당시 사회에서 개인 지위의 향상이라는 의미를 부여하여 당시 주변에서 발전하고 있는 물질세계에 잠재적 구매 자를 접근하게 했다.

'새로운 프런티어'의 형성

특히 하부 미얀마의 농촌 세계관은 쌀 산업의 변화로 인해 영향을 받았고, 경작자들은 세계 시장의 움직임을 직접적으로 느꼈다. 초기에는 지역 경제가 영국령 인도와의 무역에 집중되 었기 때문에 영국을 주요 파트너로 삼았다. (영국령 인도의) 버마주는 원자재, 식품, 목재, 광 물, 면화 및 차의 글로벌 공급처로써 영국령 인도의 입지를 보완할 수 있었다. 사회를 지배하 고 구성하는 광범위한 행정 정책은 대체로 두 식민지 정부 사이에서 상업적 기업이 더 효율 적으로 운영되도록 하고, 미얀마의 쌀, 운송, 석유, 광물 및 고무 산업의 경제 발전에 박차를 가하기 위해 외부 투자를 유치하도록 시행되었다. 그러나 대부분의 미얀마인이 식민지 국가 가 실행했던 변화를 체감하기 시작한 것은 미얀마 델타에서 쌀 생산이 엄청나게 증가한 데에 있었다.

대부분의 지역 사회의 관점에서 볼 때, 에야워디 델타의 개발은 이상한 선택이었는데, 그곳은 정착지가 아닌 개척지이자 광범위한 늪과 습지였다. 종교와 왕실의 중심지는 매년 축 제, 행사, 의식이 정기적으로 열리는 내륙에 있었다. 이전 수 세기 동안 하부 미얀마의 인구 이동은 버고, 버떼잉, 못뗘마, 몰러먀잉 등지에 집중되었으며, 당시 영국 측량사들과 민간 기 업이 목표로 삼고 있는 지역은 아니었다. 그러나 쌀에 대한 세계 시장의 수요는 곧 이 지역에 대한 대규모 투자를 촉발했고, 잠재적인 외국인 투자자들은 기존 공동체와 외국인 공동체 속 에서 새로운 노동력을 찾게 되었다.

일부 미얀마인들은 주로 경제적 기회 창출로 인해 새로운 권력의 중심지인 하부 미얀마 로 이주하기 시작했다. 상부 미얀마와 기타 지역의 내부 이주가 하부 미얀마의 인구 확장에 기여했는데, 1881년에는 인구의 거의 12%, 1901년에는 400만 명의 인구 중 10%를 차지하 였다.[146] 1855년부터 1905년까지 미얀마의 쌀 산업은 수출용 쌀과 벼가 162,000톤에서 세 기가 바뀌면서 거의 200만 톤으로 늘어나 비약적으로 발전하였다. 이 기간에 전체 경작 면적

146　Michael Adas, *The-Burma Delta: Economic Development and Social Change on an Asian Rice Frontier, 1852-1941* (Madison, WI, 1974).

은 약 80만 에이커에서 거의 600만 에이커로 증가하였다.[147]

'영국령 버마'에 자본이 유입되면서 일할 수 있는 사람보다 더 많은 일자리가 생겨났고, 기존 노동력이 개발할 수 있는 것보다 더 많은 처녀지가 있으며, 새로운 지주들의 수요가 증가하여 대부업자들에게도 더 많은 기회가 생겼다. 이러한 투자로 인해 에야워디강 델타의 공동체는 영국령 인도, 말라야 및 상부 미얀마에서 노동력이 이주하면서 미얀마의 가장 중요한 경제 지역 중 하나가 되었을 뿐만 아니라 인구가 많은 지역 중 하나가 되었다. 신규 이민자들은 토지를 임대하거나 획득하여, 지주가 요구하는 만큼의 농작물을 재배하고, 그 잉여 생산물로 상품을 구매하기를 원했다. 어떤 사람들은 단순히 일자리를 찾아 임금을 받아 생계를 유지하려는 소박한 목표를 갖고 왔다.

하부 미얀마인들은 노동력 수요가 증가하면서 일상생활에서 더 많은 외부인을 만나기 시작했다. 새로운 사람들의 대부분은 상부 미얀마에서 태어났기 때문에 미얀마어를 사용했다. 그러나 19세기 마지막 20년 동안 점점 더 많은 인도 이민자(1901년에는 297,000명까지 증가)가 사회경제적 구성원으로 편입되었다. 1870년대 초에는 총 70퍼센트의 인도인이 랭군에 거주했으며, 1901년에는 도시 주민의 50퍼센트가 인도인이었다. 1852년부터 1937년 사이에 약 260만 명의 인도인이 미얀마로 이주한 것으로 추정하는 학자들도 있다. 미얀마 쌀 경제의 확장은 대부분 하부 미얀마에 인도인들이 정착한 데서 비롯되었다.

1880년대에 이미 현지 및 외국 대부업자들은 시장에 진출하였고, 첫 농사를 짓는 사람들에게 있어서 토지 가격(토지 개발에 필요한 대출 금액)이 오르게 되자 그 업계에 영향을 미치기 시작하였다. 도시 대부업자, 인도 체티아(Chettiars, 인도의 대부업자 및 금융가 공동체) 및 대지주가 쌀 경제를 지배하면서 현지 대부업자들은 사업을 접기 시작했다. 쌀 경제의 호황을 둘러싼 환경 속에서도 쉽게 구할 수 없는 금융 및 경제적 수단으로 인하여 대부분의 소규모 미얀마인 경작자들은 수익을 내기가 어려웠다. 그런데도 학자들은 전체 경작지가 1870년 약 100만 에이커에서 1930년에는 800만 에이커로 증가했다고 추정한다.

중산층의 성장

델타 지역의 이러한 사회경제적 변화는 식민지 국가와 미얀마 사회 간의 틈새를 메우기 시작한 진취적인 개인에게 기회를 제공하였다. 1880년대에 농업 부문에 투자가 비약적으로 증가하면서 수적으로 적지만 번창했던 미얀마인 지주, 정미소 운영자, 대부업자, 무역업자가 등

---

147 Siok-hwa Cheng, *The Rice Industry of Burma, 1852-1940* (Kuala Lumpur, 1968).

장하였다. 이 세대의 일부 구성원들은 새로운 영어 교육을 통해 배운 용어와 개념을 사용하여 정치적 정체성, 공동체, 사회 개혁에 대해 처음으로 생각하게 되었다. 장차 언론인, 출판인 및 독서 클럽, 문화 협회, 학생단체의 회원이 될 사람들은 식민지 정부가 인정하는 채널을 통해 변화를 구하고자 노력했다. 하지만 이들은 미얀마 사회에서 소수집단에 불과했다.

이 공동체의 많은 구성원은 촌락에 근거를 두고 있었지만, 일부는 지역 인재를 찾는 국가의 요구에 부응할 수 있었다. 그들은 전통적 엘리트들과 함께 가장 먼저 중등 수준의 영어 학교의 아주 제한된 자리를 차지하였고, 그 결과로 식민지의 행정 및 상업 당국들과 더욱 긴밀하게 협력할 수 있었다. 또한, 주로 남학생이었던 학생들은 처음으로 랭군, 영국령 인도 및 드물게는 유럽에서 대학 교육을 받았다.

인도양 지역의 식민지 공동체에서 성장한 지식인, 기술자, 행정가 등이 속한 이 그룹은 유럽과 식민지 미얀마에서 파생된 세계관을 가장 먼저 내면화하고 흡수하여 전파하였다. 그들은 흔히 식민지 행정 및 금융 부문의 사무직에 가장 먼저 선발되었다. 당연히 문화적, 개인적, 영적, 정치적으로 식민지 당국에 동조하는 것을 선택한 사람들도 있었지만, 특정한 문맥에서만 문화 및 정치의 중개자 역할을 하면서 특별한 상황에 따라 움직이는 사람들도 있었다.

사회적으로 이 그룹에 속한 사람들은 새로운 방식인 자신의 의복, 집에서 사용하는 언어, 거주하는 집, 읽는 책, 듣는 음악, 심지어 선호하는 음식 등을 통해 자신의 정체성을 표현하기 시작했다. 건강, 예절, 일, 여가 및 일상생활의 가치관도 수정되었는데, 유럽의 세계관이 당시에 가장 최신이며 근대적이라고 여겼기 때문이다. 부모 세대와 차별화하기를 원하는 아들과 딸들은 이러한 새로운 삶의 방식에 안식처를 찾았고, 당시의 태도, 패션, 이슈에 몰두하였다.

일부 미얀마인들에게는 자신의 정체성을 표현하기 위해 새로운 방식을 채택하는 것은 결코 간단한 문제가 아니었다. 젊은 여성들은 새로운 유형의 특정한 헤어스타일, 화장, 의상을 통해 자신의 근대성을 표방하려고 했던 것에 대해 구세대의 비판을 받았다. 민족주의자들은 신문의 기고를 통해 영국과 관련된 특정 스타일의 (시스루) 블라우스를 입은 여성들을 비애국적이라고 비판했다.[148]

이처럼 미얀마인의 중산층 경험은 물질적 이해관계를 둘러싼 우선순위, 즉 소비주의와 근대화가 정치 개혁, 민족주의, 유산 보존 문제와 합쳐지면서 이질적인 것이 아니라 한층 공

148　Chie Ikeya, *Refiguring Women, Colonialism, and Modernity in Burma* (Honolulu, HI, 2011).

통적인 것이었다. 도시 중산층 사회의 서로 다른 계층들이 이러한 선택과 압력에 대처하는 방식은 미얀마인들이 자신과 가까운 이웃을 바라보는 방식에 영향을 미쳤다.

이러한 경험에서 세대, 성별, 계층, 민족적 차이에 대한 의식이 생겨났고, 때로는 기존의 사회적 분열을 조장하기도 했지만, 어떤 때엔 새로운 분열이 홀연히 나타나기도 했다. 하지만, 변화에 접근하는 방식에 대해 어느 정도 신중한 태도를 유지하면서 보다 익숙한 상징, 의복, 행동을 통해 자신의 정체성을 드러내는 것을 선호하는 사람들도 있었다. 이러한 문화적 '논쟁'의 대부분은 도시 환경에서 발생하였다.

새로운 세계관

식민지 이전 교육은 미얀마를 세계에서 가장 문맹률이 높은 사회로 만들었지만, 미얀마의 소수종족집단이 식민지 국가에 보다 직접적으로 참여할 수 있는 언어와 개념을 제공한 것은 식민지 교육이었다. 영국은 초기에 승원을 교육 센터로 활용하려는 시도에 이어, 1866년에 설립한 교육부가 곧바로 세속적인 정부 학교를 설립할 수 있게 주도적인 역할을 맡겼다. 1890년대 초에는 정부 또는 선교사가 운영하는 900여 개의 학교가 개교하였다. 20세기의 첫 20년 동안 4,650개의 일반 학교가 문을 열었는데, 미얀마 부모들은 자녀들이 졸업하여 식민지 정부에서 괜찮은 일자리를 얻을 수 있길 바랐다.[149] 승원 학교는 여전히 대다수 국민에게 유일한 선택지였지만, 식민지 정부 학교 교육은 일부 소수에게 급속도로 팽창하는 경제와 성장하는 식민지 관료제도의 혜택을 받을 좋은 기회를 제공했다.

식민지 교육 시스템의 결과로 생겨난 새로운 계층에 속한 많은 이들은 제국의 수사적(rhetoric)인 말과 사상을 통해 사회가 직면한 문제를 표현하기 시작했다. 많은 사람들은 미얀마 문화가 서구 문명보다 열등하니까 전통의 부담에서 '구출'한다는 식민지 이데올로기와 관련된 사상을 수용하기 시작했다. 어떤 사람들은 불교적 관용구와 다른 문화적 형태를 통해 서구의 정치 이데올로기를 현지화할 가능성을 보았다. 또한, 사람들은 그들의 이해관계와 관련된 이슈에 연계된 새로운 형태의 조직을 수용할 필요가 있다고 느꼈다.

회원 명부, 자원봉사, 위원회, 선출직 임원 등이 생겨나면서 사람들의 동원에 있어 유용한 형태로 '단체'의 존립 가능성이 커졌다. 1930년대에 등장한 단체들보다 훨씬 소극적이긴 했지만, 이 단체들은 목적을 실현하기 위해 인쇄 기술과 사회 활동에 대한 공유 의식 및 식민지 국가가 설정한 경계 내에서 일하고자 하는 의지를 활용하였다. 이러한 미래의 개혁가들

149　Taylor, *The State in Myanmar.*

중 다수는 영국과 관련된 기술과 새로운 발상을 어떻게 이해하고, 그런 관념을 더 많은 대중에게 어떻게 전달하며, 자기 동료인 '동포'의 사회적 여건을 개선할 수 있도록 식민지 당국과 어떻게 협상할지가 어려운 일이었다. 한 세대 후인 1920년대에 대학에 입학한 학생들은 자신과 부모 그리고 영국인 및 식민지 상황을 다른 시각으로 바라보았고, 자신의 세계관과 점증하는 의견을 실행하기 위해 더욱 급진적인 방법을 선택하게 되었다.

불교청년회(YMBA, Young Men's Buddhist Association)는 20세기 초반 20년 동안 많은 회원을 확보한 최초의 단체 중의 하나였다. 1906년 우메아웅(U May Oung, 케임브리지대 졸업생)과 우킨(U Kin)이 설립한 이 단체는 사실상 1890년대 이후 쇠퇴하고 있다고 여겨지는 미얀마 문화 전통을 보존하고 전파하려는 취지에서 출발하였다. 문화유산, 언어 보존, 문화에 관심을 가진 단체들은 삼붓다고샤영어고등학교(1897년, Sam Buddha Gosha Anglo-vernacular High School)와 붓다따나놋가하학교(Buddha Thana Noggaha School) 등을 후원하기 시작했다.

이러한 세속적인 불교 학교들은 서구의 교과과정과 행정 구조를 활용하여 젊은 미얀마인들에게 퇴락하고 있는 전통적인 승려 학교 및 비용이 많이 들고 입학이 어려운 기독교 미션스쿨에 대한 대안으로 제공한 것이었다. 이 학교의 졸업생들은 대학에 진학하여 그들의 관심사를 공유하기 위해 새로운 형태의 인쇄물을 사용하면서 사회개선클럽, 토론그룹, 대학협회를 결성하였다. 그중 하나인 랭군대학 문학토론클럽은 빈곤과 범죄의 관계, 사원 축제 개최의 중요성 및 사회에서 차지하는 원주민 스포츠의 지위 등의 문제를 토론하였다. 물론, 미얀마인 대부분은 이러한 주제에 대해 생각할 여유가 없었지만, 그 토론에 참여한 사람들은 미얀마인의 정체성에 대한 새로운 사고방식으로 처음으로 그런 문제를 다루었다.

이런 경험은 1세대 개혁가들을 탄생시켰는데, 그들 중 다수는 전직 장관과 유력가의 아들(일부는 딸)이었다. 학생이었던 그들은 식민지 교육 시스템이 버마주의 일상적 관리를 담당하는 준법 관리를 양성하는 수단이었기에 제국의 우선순위에 대해 배운 최초의 집단이었다. 스펜서 하코트 버틀러(Spencer H. Butler) 부총독의 1916-17년 제국 이념에 관한 위원회(1916-17 Committee on Imperial Idea)는 미얀마인들에게 제국(물론 영국)의 이념을 가르치기 위해 일반적으로 교육과 특별하게는 대학을 전면에 내세우고자 계획하였다. 학생들은 영어와 영국식 매너를 배우고, 세계적 시야를 과거의 만덜레에서 미래의 런던으로 바꾸었다.

스포츠, 연극, 토론 그룹 및 기타 사교 클럽은 '식민지 프로젝트'에 대한 정서적 연계를 도모하는 수단으로 장려되었다. 국가가 주관하는 기념일, 영국 공휴일 및 기타 행사를 통해 미얀마인들이 제국의 이념을 갖게 되기를 바랐다. 실제로 많은 미얀마인은 자신들을 확고한 대영제국의 일원이라고 생각했고, 식민지 체제 내에서 자신들의 사회를 발전시키고자 하였다. 그들의 조상들과 달리 공동체라는 개념은 혈연관계가 아닌 영국의 법률제도, 그 절차 및 참여 기관과 관련된 가치에 기반을 두었다. 이렇게 성장하는 계층의 많은 이들은 유럽에서 도래한 최신 정치와 이념의 논쟁에 열심이었지만, 식민지 국가의 권위와 정당성에 도전하려는 시도는 거의 없었다.

YMBA는 원래 미얀마 문화 보존, 교육 및 국산품 사용과 관련된 지도 원칙이 있었지만, 그 내부의 세대 차이로 인해 비정치적인 성격을 띠게 되었다. 정치와 문화가 복합적으로 작용한 문제로 불교 유적 내에서 유럽인들이 신발을 벗지 않는 것이 있었다. 이러한 행동은 미얀마 불교 사회의 가장 일반적인 관행이며 귀중한 관습에 대한 공개적인 모욕이자 전적인 무시와 무례를 드러내는 것이었다. 초기 개혁가들은 공통적인 '미얀마인'의 특성, 가치 및 상징으로 여길 수 있는 것을 파악하고, '종족' 의식을 나타내기 위한 수단으로 문화의 적극적 활용을 위한 씨앗을 심었다. 신문의 열정적 사설과 전국적인 집회를 통하여 정부에게 해결 방안을 촉구했다. 1918년 정부는 불교 사원의 각 주지가 최종적으로 신발 관련 정책을 정할 수 있는 것으로 결정했는데, 아마도 이것은 YMBA와 승려 간에 형성될 수 있는 유대 관계를 해체하려고 했거나 단순히 '분리 지배'를 시도한 것일 수도 있다. 정부는 굴복하지 않았지만, 많은 중산층 미얀마인에게 이 문제는 식민지 상황의 본질을 토론하고 논쟁하며 협상을 벌일 수 있는 중요한 주제가 되었다.

YMBA가 약간의 정치적 성향을 띠었던 반면, 그 후신인 미얀마협회연합(GCBA, General Council of Burmese Associations)은 사실상 정치적 활동을 목적으로 1920년에 결성하였다. 계층, 정치 전략, 정책 및 식민지 국가에 대한 대응의 차이로 인해 결국 YMBA는 세대별로 분열하였고, 특히 정치적 문제에 대해 청년 회원들은 한층 직접적인 개혁 수단을 추구하였다. 1920년 말, 학생들의 한 집단이 입학 요건을 변경하여 랭군 대학을 엘리트 교육 기관으로 만들려는 계획에 반대하는 시위를 벌였다. 1920년의 대학법은 고등학교 수능고사의 수준을 변경하고, 모든 신입생이 1년간 기숙사에 의무적으로 거주하도록 요구하는 등 입학 기준을 높이도록 규정하였다. 이 법안은 사실상 대학에 입학하는 학생 수를 줄였고, 의도치 않게 교육 문제와 민족주의자들의 정치적 의제가 연결되는 상황을 초래하였다. 1919년부터 인도의 헌법 개정안을 미얀마에도 적용해야 하는지에 대한 문제가 논의되고 있었다. 레지널드 크래독 경(Sir Reginald Craddock)을 비롯한 일부 관리들은 미얀마 사회에서 대학 졸업자가 부족하고 자치 정부의 정치적 경험이 없다는 표면적 이유를 들어 미얀마인들은 아직 준비되어 있지 않다고 보았다. 대학법은 의도치 않게 본질적으로 지역 교육 문제였던 것이 정치 개혁이라는 훨씬 광범위한 메시지와 결합하여 GCBA 내에서 보다 공격적인 요소가 되는 기회를 제공한 셈이었다.

쉐더공 파고다에서 시작된 대학 파업 요구는 도시 개혁가, 우려하는 학부모, 승려, 심지어 모든 권위에 대한 보이콧을 열망하는 소수의 인도 민족주의자들의 지지를 받으며 시작되었다. 1921년 초기 몇 달 동안 인근 학교 학생들은 수업을 거부하기 시작했고, 편집자와 승려 그룹은 '국립' 학교 시스템을 위한 캠페인을 시작했다. 이 사건의 중요성은 정치적 이슈로서 교육의 역할을 강조했다. 그 후 몇 년 동안 GCBA는 교육과 비정부 학교 설립을 자녀의 미래를 걱정하는 도시와 지방의 학부모들의 관심을 끌 수 있는 플랫폼으로 만들었다.

양두제

정치 개혁의 문제는 1920년대와 1930년대에 훨씬 더 대중적인 이슈로 발전되었다. 1920년의 대학 파업은 젊은 학생들과 활동가들에게 활기를 불어넣었지만, 당시 노련한 정치가들의 생각은 1919년 인도법에서 약속한 헌법 개정이 여전히 영국령 인도의 한 주(province)로 남아있는 영국령 버마에도 적용해야 하는지에 관한 더 큰 문제에 있었다. 많은 이들은 인도 대륙에서 정치제도가 자유화되고 있다면 미얀마도 당연히 같은 변화를 누려야 한다고 생각했다. 이 문제의 핵심은 미얀마와 인도의 정치적 관계였는데, 10년 후 정세의 변동을 일으켜 미얀마와 인도가 분리되는 계기가 되었다.

하지만, 1921년 당시 대부분의 미얀마 정치인은 정치적 기회의 확대를 위해 열정을 쏟고 있었고, 그들 공동의 목표를 달성하기 위해 어떤 노력을 기울여야 할지는 대체로 의견이 일치하지 않았다. GCBA와 같은 단체는 1921년 8월에 방문한 버마개혁위원회(Burma Reforms Committee)의 회의를 거부하는 것이 자치제에 대한 그들의 요구에 훨씬 못 미친다고 여겼던 양두제 계획에 대한 일반 대중의 불만을 더 정확하게 전달하는 것이라고 생각했다. 온건파에 속한 사람들은 산림 행정, 입법회의의 공동 대표제 및 교육 문제에 대해 위원회에서 증언하였다. 위원회의 조사 결과가 런던에 제출된 후, 1921년 미얀마에 대한 양두제의 정식 구조가 공식적으로 발표되었다.

1923년 1월 1일 영국령 버마는 새로운 양두제 헌법에 따라 공식적으로 총독의 주(州)로 출범하였다. 총독, 고등법원, 입법회의가 최정상에서 정무를 관리하고, 지방정부의 운영을 위해 지방위원회(circle boards, 역주-각 촌락의 자격 있는 유권자의 선거로 구성됨)에서 선출된 지방의회(district councils) 제도가 만들어졌다. 1922년과 1923년에는 선거를 실시하여 103명으로 구성된 입법회의를 설치하고 새로운 지방 장관을 행정부의 공식 구조에 편입하는 등 런던에서 승인한 조치를 이행하는 데 상당한 정치적 에너지가 사용되었다.

20세기 초에 건축된 삥우르윙(구 메묘)의 영국 총독 별장으로 일본의 폭격으로 상당한 피해를 보았지만, 복구 작업과 리모델링을 거쳐 현재는 호텔로 사용되고 있음

양두제의 진정한 취지인 정부의 책임 분담 문제는 이해당사자들에 따라 다르게 해석되었다. 양두제 개혁 프로그램을 수용한 온건파는 농업, 소비세, 보건 및 공공사업과 관련된 행정 업무가 (자치행정으로) 이양된 사실이 책임 분담과 올바른 방향을 향한 단계로 받아들였다. 미얀마인들은 자신의 미래에 대해 발언권을 가질 수 있는 작은 공간이 만들어져 개선의 진전이라 여겼지만, 완전한 것은 아니었다. 다른 정치인들, 특히 GCBA와 승려들이 주도하는 상가협회총연합(GCSS, General Council of Sangha Sammeggi)의 구성원들은 자치제도, 주권, 세금 면제 등을 포기하는 전반적인 구상을 너무 큰 타협이라고 주장했다. 또한 정부 구성에서 가장 중요한 분야인 일반 행정, 법과 질서, 토지 수입, 노동, 재정 등 '유보된' 업무는 여전히 영국인이 쥐고 있었다. 그 결과 1922년 선거는 대대적인 거부 운동이 일어나 소수만 참여했다.

이것은 성장일로의 중산층 정치 운동의 많은 대중적 요소가 양두제 정부의 첫 모습에 포함되지 않았다는 사실을 의미한다. 그와 동시에 선출된 사람들은 광역적 연합체의 소속이 아닌 무소속 후보였고, 후원-수혜의 관계를 넘어선 이슈를 통해 다른 후보들과 협력할 수도, 협력하려고 하지도 않았다. 첫 번째 및 그 이후의 의회에 출마한 후보자들은 개인의 이해관계, 정치적 우선순위, 민족성, 후원자 등으로 인해 심각할 정도로 분열되어 실행 가능한 연합을 구성할 수 없었다.

의석에 이의를 제기한 어떤 민족집단은 사실 GCBA 내의 분파 그룹으로 양두제를 그들

선거구의 문제를 해결하려는 수단으로 여겼다. 표면적으로 양두제는 미얀마에서 정치 참여의 범위를 넓히기 위한 식민지 정부의 움직임으로 보였다. 그러나 실제로는 입법회의 위원들의 세계관은 미얀마 사회의 극히 일부만을 대표하고 있어서, 입법회의 내부 및 더 넓은 정치 지형에서 발생할 심각한 정치적 분열은 감추어져 있었다.[150]

인도로부터 분리

종교적, 민족적, 계층적 차이를 넘어선 한 가지 특별한 이슈는 미얀마에서 인도를 행정적으로 분리하는 계획이었는데, 이것은 양공의 영국 당국이 지지하였다. 1927년부터 1929년까지 인도법제위원회(Indian Statutory Commission, 위원장인 존 사이먼(John Simon)의 이름을 본떠 사이먼 위원회라고도 함)는 인도와 미얀마를 방문하여 헌법 제정 수준을 평가했는데, 그 작업은 위원회가 1929년 미얀마에 도착했을 때 정말 어려운 상황에 놓였다.

GCBA의 대다수는 미얀마의 헌법 제정 과정이 인도에서 형성된 절차에 기초를 둔 것으로 보았기 때문에 회원들의 강력한 '분리 반대' 기조가 형성되었다. 하지만, GCBA 내의 더 극단적인 파벌은 사이먼 위원회의 목적을 인정하지 않고 자치제를 추구하기 위해 그런 과정을 전면 거부하기로 하였다.

한편, 교육받은 엘리트, 사업가, 입법회의 위원, 편집자들은 위원회가 제안한 절차를 통한 분리 진행이 더 나은 선택이라는 영국의 입장에 동의했다. '분리주의 연맹'(Separation League)이라고 불리는 연합체는 인도와의 분리를 지지하면서 공정하고 모범적인 헌법 제정에 관심을 지닌 꺼잉족협회(Karen National Association, 약 10개의 하위 그룹의 대표), 영국버마협회(British Burman Association), 국민당(People's Party, 3개의 민족주의 정당의 연합) 및 기타 온건 정치 단체의 대표들로 구성되었다. 이런 분리 문제는 미얀마 정치인들에게 다음과 같은 근본적인 질문을 던졌는데, 즉, (영국이 추진하는) 제도 아니면 비협조 어느 쪽을 통해 개혁을 이룰 수 있는가에 대한 것이었다.

소수종족은 중앙 정부에서 종족 대표성과 지방의회에서 의석을 확보하는 데 더 많은 관심이 있었고, 재미얀마 인도인들은 독립된 행정부가 들어서면 자신들의 이익과 복지가 상실될 것이라는 이유로 분리에 반대했다. 혼혈인 공동체(유라시아인, 영국-미얀마인, 영국-인도인)는 그들의 경험, 교육 및 직업이 영국 정책에 더 가깝고, 미얀마에서 사회정치적으로 정상 자리에 있었기 때문에 분리를 주장하였다. 사이먼 위원회가 직면한 과제는 미얀마의 입헌정부 역

150　Cady, *A History of Modern Burma.*

량을 평가하는 데에 국한되지 않았다. 실제로 위원회의 사명은 서로 다른 정치·사회적 경험으로 충돌하는 다양한 인구가 국가에 대해 하나의 관점을 갖도록 하는 것이었다. 결코 쉬운 일은 아니었다.

분리 찬성 정치인들의 대표단을 포함하는 일련의 공식 회의 끝에 사이먼 위원회는 1930년 6월 영국령 인도와의 공식적인 관계가 미얀마인의 이익에 부합하지 않으며, 여러 정치적 보장이 포함된 미얀마 헌법 수립과 함께 신속한 분리가 미얀마의 정치 개혁을 위한 환경과 분위기를 개선할 수 있다고 결론을 내렸다. 위원회는 재정·정치적 요인이 분리에 유리하며, 대다수 미얀마인이 그 결정으로 혜택을 볼 수 있다고 생각했다. 위원회의 보고서는 분리 문제를 둘러싼 분열이 얼마나 심각한지 언급하지 않았고, 대다수 미얀마인의 반대 주장은 중요하게 여기지 않았다. 많은 민족주의자의 생각은 분명했다. 공식적으로 인정된 채널을 통한 개혁은 한계가 있으니 새로운 전략과 입장을 세워야 한다는 것이었다.

승려와 정치

중산층 활동가들의 참여는 초기 형태의 집단적 '민족주의'를 중심으로 공동체/지역사회를 동원하는 데 중요했지만, 승려 또한 제2차 세계대전으로 이어지는 몇 년 동안 결정적인 역할을 했다. 중산층의 세대 차이를 반영하듯이 지방의 젊은 승려들은 새로운 식민지 국가가 사회에서 불교 신앙의 역할을 소외시키는 방식에 반발하기 시작하였다. 일반 학교, 법원, 정부가 등장하면서 승려들은 더 이상 교육의 유일한 제공자, 분쟁의 중재자 또는 사원과 승원의 유지를 위한 국가 기부금의 수령자가 아니었다.

이러한 상황과 다른 진전에 대응하여 GCSS는 처음에는 다양한 종파의 승려들 사이에서 불교 수행과 규율의 기준을 개선하는 데 관심을 두었지만, 식민지 국가의 역할과 지위에 직접적인 의문을 제기하는 데에 힘을 쏟았다. 우옷떠마(U Ottoma)나 우위서야(U Wisara)와 같은 승려들은 1920년대에 지방을 순회하며 불교도들에게 영향을 미치는 문제의 심각성을 알리고 지방과 도시 간의 지속적인 소통을 위한 조직을 결성하였다.

이어 GCSS는 담마까띠까(dhammakatika)라는 정치적 승려 집단을 훈련하고 교육하기 시작했는데, 이들은 지방 공동체를 새로운 정치적 관념에 적용하고, 마을 단위로 세워진 새로운 '방위' 조직(원따누어땅/애국자협회, wunthanu athin)의 고문으로 활동했다. 공식적으로 이 단체는 세금 징수원의 횡포로부터 촌락 주민을 보호하고, 촌락의 애로사항을 해결할 수 있는 도시 정치인과의 연결고리를 제공하였다. 동시에 그들은 양두제가 만든 공식적인 조직에 대항하는 대체 네트워크를 제공하여 농민들이 그들의 충성을 맹세할 수 있는 후원자를 얻게 하였다.

따라서 이러한 정치 조직들의 발전은 식민지 국가가 가져온 사회 전반에 걸친 사회·경제적 변화가 만든 것이었다. 동시에 이러한 조직들은 '민족주의' 운동을 구성하는 매우 복잡하고 흔히 논쟁의 여지가 있는 여러 비전을 제시한다. 그 많은 비전은 영국의 정책을 인식하고 실행 중인 개혁에 반발하는 방식에 영향을 미쳤던 서로 다른 세대, 직업, 지역, 계층, 교육 배경에서 도출되었다.

공무원이자 중산층의 장년 엘리트들은 자신들에게 허용된 범위 내에서 협력하는 반면, 젊은 세대는 인도 민족주의 운동의 방법을 사용하여 더욱 대립적인 접근 방식을 택하였다. 미얀마 입법회의를 통해 개혁을 추구하는 것으로 만족하는 집단이 있다면, 불매운동, 파업, 비협력으로만 변화를 일으킬 수 있다고 생각하는 집단이 있었다. 여전히 인도인 부두 노동자 등 최근 이민자 사회에 불만을 표출하는 집단들도 존재하여 여러 식민지 공동체 간의 긴장은 고조되었다.

그러한 모든 전략은 여전히 도시 정치의 한계를 벗어나지 못하였다. 그러나 대공황이 시작되고 농촌 경작자들에게 과히 재앙적인 영향이 덮치면서, 특히 하부 미얀마의 벼 재배 델타에서 아주 직접적인 형태의 항거가 일어났다. '민족주의자'의 공동체가 다양한 배경에서 나타나면서 이러한 경험은 모든 이에게 같지 않을 수도 있었지만, 여하튼 모두가 대공황을 맞았다.[151]

교육적, 종교적, 직업적, 지리적 차이 또한 이 계층의 구성원들 스스로가 이미 종족, 신분, 재능, 자본, 혈통으로 분열된 식민지 사회와 적절히 연계하는 방식을 만들었다. 집단 간의 경쟁(특히 현지 중산층과 새로 이주한 인도인 공동체)은 더욱 치열했는데, 식민지 행정부의 일자리를 찾아 영국령 인도 출신의 사무원, 공무원, 변호사, 회계사 등이 영국령 버마로 몰려들었다.

인도의 무역업자들은 유럽의 광산업 및 목재업 소유자들과의 전략적 제휴 덕분에 미얀마의 해외 무역에서 우위를 점할 수 있었다. 영국령 인도의 거대한 법률 구조 속에서 일하였던 영국-인도계 변호사들은 미얀마에서 사무실을 차리고, 곧 출범할 미얀마 입법회의에서 법조계와 향후의 정치적 의석 모두 차지할 계획이었다. 그들의 영어 구사 능력은 영국 법률 실무의 핵심이어서 식민지의 공통어를 배우고 있는 많은 현지인보다 유리한 입장이었다.

게다가 인도 중산층은 다른 집단보다 일상적인 경제 문제에 더 많이 관여했기 때문에 인도인은 미얀마인 하층과 중산층 모두를 대신하여 외국 경제에 대해 대변인 역할을 하게 되었다. 나중에 이러한 불만은 미얀마 내의 인도인 공동체에 대한 적대감으로 나타난다. 유럽

---

151   Taylor, *The State in Myanmar*.

인들은 국가와 재정 부문의 고위직 대부분을 맡았고, 다른 외국인 공동체는 사회에서 가장 수지가 맞는 자리를 차지했다. 평범한 미얀마인들이 매일 마주치는 사람들은 전자인 고위층이 아니라 바로 후자였다. 하여튼 대부분의 미얀마인의 경제, 교육 및 행정은 모든 차원에서 외국인들이 지배하였다.

1930년대쯤 미얀마인 대부업자 중에서 자체적으로 자금을 조달할 수 있는 사람은 거의 없었고, 델타 지역에서는 체티아와 다른 도시 기반 대부업 기관의 영향력이 막강해졌다. 더욱이 농민 경작자들은 전적으로 신용이라는 새로운 방식을 통해 대출을 받았는데, 인도 은행과 합자 회사가 관여하는 신용은 마을 주민들에게 신속하게 사용할 수 있는 자본뿐만 아니라 평범한 현지 농부들이 도저히 쥘 수 없는 금액도 제공하였다. 1920년대 쌀 가격 하락으로 경작자들의 대출금 상환 능력에 영향을 미치자, 그들의 토지가 계속 양도되고 있다는 사실이 점차 우려로 나타났다.

에야워디 델타에서 벼농사가 폭발적으로 성장하면서 처음에는 현지 지주/경작자가 증가했지만, 1920년대 후반과 1930년대에는 많은 토지가 비농업인의 소유가 되기 시작했고, 이들은 수익을 내기 위해 경작자에게 논을 임대하였다. 공식 인구조사 통계에 따르면 1921년 벼의 비경작 지주가 33,000명이었다. 1931년경 이 집단은 39,000명으로 증가하였고, 경작 소유주는 50% 이상 감소했다.

대부업자와 기타 도시 상업적 이해관계자로 구성된 새로운 지주들은 미얀마 델타에서 가장 중요한 농지의 절반 이상을 소유하였고, 인도인으로 확인되는 소수 지주의 부의 증가를 대표했다. 그리하여 현지 경작자들에는 이미 불만의 불씨가 커지고 있었다. 전 세계적인 불황이 식민지 경제를 강타하면서 쌀의 가치가 하락하기 시작하자 경작지의 소유권이 없는 농부들은 비참한 결과를 맞이하였다. 현지 경작자들은 임대료와 기타 월 할부금을 상환할 잉여금이 거의 없었고, 결국 토지를 압류당하였다. 그리하여 미얀마인 경작자는 원래 '자기' 땅의 소작농이 되었다.

동시에 소비재와 기타 생필품의 급격한 가격 상승은 겨우 생계를 유지하고 있던 농촌 경작자들의 삶을 더욱 불안정하게 만들었다. 이러한 변화의 대부분은 제1차 세계대전 이전부터 일어나고 있었지만, 1930년대 쌀값의 급격한 변동과 함께 토지를 둘러싼 인도인들의 경쟁이 심화되고, 인두세와 토지세가 부적절한 시기에 정기적으로 부과되자, 델타 지역은 공동체 간의 잠재적인 긴장과 정치적 불안의 온상으로 변했다. 도시에서는 대공황으로 인해 미얀마 노동자들이 인도인 꿀리(육체노동자, coolie)와 중국 사업가들에게 불만을 표출하면서 반외국인 감정은 고조되었다. 1930년과 1931년에는 방화, 살인, 협박을 동반한 격심한 종족 폭동이 발생하여 그동안 식민지 사회를 평형으로 유지해 왔던 취약한 연계성이 여실히 드러났다.

첫 번째 사건은 1930년 5월 랭군에서 인도 꿀리들이 임금 인상을 요구하며 파업을 벌이자, 그들의 업무를 미얀마 노동자들이 대체하면서 발생하였다. 인도 꿀리들이 현장 복귀에 동의하면서 미얀마인 대체 인력은 해고되어 부두를 떠날 때 조롱을 받았다고 한다. 격분한 미얀마인 노동자들은 인도인 공동체의 모든 구성원을 표적으로 삼아 폭동을 일으켰고, 그 결과 거의 100명의 사망자와 1,000명의 부상자가 발생했다. 폭동은 그 이후인 1930년 6월 랭군중앙교도소에서도 발생하였는데, 수감자들은 탈옥하기보다는 교도소장을 공격하여 폭동이 일어났다. 교도소 전복을 진압하기 위해 인도 군대가 투입되어 두 공동체 간의 관계 개선에 도움이 되지 못하였다.

1931년 1월 초, 경제적 어려움에 좌절한 미얀마인들이 외국인 공동체를 탓하며 중국인에 대한 폭력을 행사한 사건이 발생하였다. 1931년 3월과 4월에는 에야워디 델타 인근 지역에서도 인도인 경작자들이 공격을 받아 혼란과 사회적 불안정이 가중되었고, 동시에 농민 반란으로 연결되었다.

식민지 행정부가 정기적으로 징수한 인두세(따따메다, thathameda)는 촌락 공동체의 어려움을 더하고 징수원들의 먹이가 되었다. 이 세금은 실제로 식민지 이전 국가에서도 징수하였지만, 식민지 행정부가 관여하면서 무장 군대가 시행하는 세금 징수제도의 효율성으로 인해 농민들의 삶에 더 직접적이고도 체계적인 영향을 미쳤다.

비판을 받았던 다른 세금으로는 토지세와 쌀 생산에 대한 간접세가 있었다. 전자는 경작자 수익의 10%를 요구했고, 후자는 쌀에 대한 수출 관세였다. 이러한 요구는 농부의 순생산량의 25-50%를 차지할 수 있으며, 심한 경우 잉여량은 거의 없을 수도 있었다. 이런 촌락들을 관리하도록 배정된 현지 식민지 장교는 그 세금을 유예할 수 있었지만, 대부분은 그렇게 하지 않아 경작자들에게 적대감을 품게 하고 이미 부담하고 있던 재정적 부담을 가중하였다.[152]

앞서 논하였듯이 군주제 시대에는 이러한 세금을 마을의 필요에 민감하게 반응하는 현지 촌주가 관리했다. 그러나 양공 당국으로부터 급여를 받는 독립적 세수 징수원은 일반적으로 촌락 주민들의 문제에 관심이 없었다. 비인격적인 시민 행정의 탄생으로 인한 개인적 관계의 약화는 촌락 공동체가 국가 및 그 도덕적 책임을 바라보는 방식에 직접적인 영향을 미

---

152 James C. Scott, *The Moral Economy of the Peasant: Rebellion and Subsistence in Southeast Asia* (New Haven, CT, 1976).

쳤다. 과거 촌주가 마을의 이익을 대변했다면, 이제는 촌주와 지역 행정가가 국가의 대리인이 되었다. 세금 징수를 일시적으로 면제해 달라는 요청은 결국 동조하는 의원들을 통해 입법회의에 전달되었지만, 이러한 호소가 행정부에 전달되면 대개는 귀를 막았기에 이제 농민들의 요구를 도시 개혁가들의 야망에 접근시켜야 하는 문제가 생겼다.

영국령 버마의 결말: 1930-1932년의 반란

도시 개혁가, 불교 정치 단체, 마을 지도자 간의 접촉이 활발해지면서 촌락 공동체는 그 어느 때보다 식민지 지배 관련 광범위한 문제와 밀접하게 연결되었다. 쌀 경작자들은 도시의 정치적 문제를 잘 알고 있었을 뿐만 아니라, 많은 이들이 함께 모여 식민지 관리와 '민족주의자'로 불리는 도시 개혁가 모두에게 자신들의 우려를 표명할 수 있는 조직적 전략을 채택하기 시작했다. 원따누어띵(애국자협회)과 같은 단체를 통해 마을 공동체는 세금, 임대료 상승 및 불링거 풀(Bullinger Pool)이라는 쌀 회사 그룹이 통제하고 있다고 알려진 1930년경의 쌀 가격 하락 등에 대한 우려를 더욱 적극적으로 전달하게 되었다.

촌락 집단은, 지역과 개인의 우선순위가 여전히 존재했지만, 이웃 집단과 연대하기 시작하여 정치적 의제를 공유할 가능성이 높았다. 식민지 당국은 이러한 상황 진전을 경계하여 마을 촌주와 담마까띠까의 상호 관계 및 도시 기반 민족주의자들의 동향을 감시하기 시작하더니 승려들을 체포하고 때로는 그들이 설립을 도운 단체를 폐쇄하기도 했다. 그러나 도시 기반 민족주의자들은 감시망을 피해 세수 비리, 임산물 사용 금지 및 시장 경제의 변동으로 인한 일상생활의 고통에 대한 주민들의 불만을 들었다.

또한, 촌락 개혁가들은 정치적 동원에 대한 훈련을 받고, 지역 네트워크에 대한 정보를 제공받았으며, 영국령 버마와 인도 분리 문제와 같은 입법회의에서 제기되는 최신 이슈에 대해 추적을 계속했다. GCBA 산하 위원회의 위원인 서야상은 이러한 순회 개혁가 중 한 명으로, 1930년 12월 미얀마 역사상 최대 규모의 농민 반란을 일으켰다고 알려져 있다.[153]

서야상의 역할이 어느 정도였는지는 확실하지 않지만, 1931년 초 미얀마 델타 지역 전체에서 여러 차례 무장 저항이 일어났고, 상부 미얀마와 샨 주에서도 여러 차례 무장 항거가

153　Maitrii Aung-Thwin, *The Return of the Galon King: History, Law, and Rebellion in Colonial Burma* (Athens, OH, 2011).

봉기하였다는 것은 분명하다. 쌀값 하락으로 큰 타격을 입은 미얀마 농민들은 식민지 국가의
상징물을 공격하고 파괴하기 시작했다. 이들은 영국과 협력하는 것으로 여겨지는 철도, 지역
관리, 촌락 건물, 촌주 등을 공격했다. 이 반란은 모든 외국인을 제거하여 군주제 복원을 희
망하는 '상징적'(typical) 운동이라고 공식적으로 표방하였다.

서야상은 미신에 빠진 농민들을 속여 자신이 미얀마의 '복귀한' 왕이며, 총알로부터 농
민을 보호할 수 있는 특별한 힘을 받았다고 믿게 한 혐의를 받았다. 결국 서야상과 여러 반란
'지도자'들이 체포되어 특별 법원에서 재판을 받게 되자, 농민들은 다른 지도자를 따라 전혀
다른 이유로 싸웠으며, 그 반란이 군주제 복원과 관련이 있다는 사실조차 몰랐다는 사실이
드러났다.

농민 반란의 원인과 성격에 대해 상당한 논쟁이 이어졌다. 관리들의 주장에 따르면, 반
군 중 상당수는 원따누어떵 운동과 연결되어 있었는데, 그것은 촌락의 관심사와 우선순위가
표명되고 보호받을 수 있는 매체가 되었던 민족주의적 풀뿌리 조직의 네트워크였다. 이러한
공식적인 관점에서 보면, 일련의 봉기는 군주제 복원을 목표로 한 정치 운동의 성격을 나타
냈다.

입법회의의 동정적인 의원들과 민족주의 지도자들은 농민들의 무장봉기 원인으로 대공
황으로 인한 경제적 어려움과 이민자 공동체의 역할을 지목하였다. 여기에서 '미얀마'의 이
미지 추락과 함께 인도에서 실행되는 자치제가 미얀마인이 시행할 수 있을지에 대한 의문이
생겼다. 그리하여 그 반란에 대한 논쟁은 근대적 자치제에 대한 미얀마의 능력에 큰 의구심
이 생기게 했다.

후대의 평가를 보면, 이 반란은 종교적 규범의 하락, 대공황 및 사회 붕괴를 세상 종말
의 징조와 동일시하는 불교 세계관의 산물이었을 수도 있다고 한다. 이러한 관점에서 농민들
은 서야상을 세상 종말 이후 황금시대로 인도할 미륵불로 여겼던 것으로 생각된다. 서야상
운동을 지지함으로써 경작자들은 불교적 모티브를 사용하여 영국 지배하에서 일어나고 있는
엄청난 변화를 이해하려고 했다.

어떤 설명이든 간에 일반적인 사회와 마찬가지로 이 반란은 복합적인 경험, 동기 및 관
심에서 특징이 드러난다. 결국 인도에서 건너온 수천 명의 군대로 구성된 진압군은 여러 반
군 세력을 제압하고 마침내 질서를 회복했다. 서야상은 체포되어 특별 재판에 회부되었다.
1931년 11월에 그는 교수형을 당하였다.

청년 정치에 참여하고 있는 많은 학생에게 있어서 1930년대 농민 반란은 서로 다른 세
계관, 계층, 경험에도 불구하고 촌락과 도시의 미얀마인들이 반식민주의, 반외국인, 반세금

정서로 모두가 민족주의 정신을 공유하고 있다는 사실을 확인해 주는 것이었다. 비록 서로 다른 방식으로 경험하였지만, 대공황의 경제적 어려움은 정부를 비판하는 가운데 도시와 촌락 지역을 느슨하게나마 연결해 주었다. 도시에 기반을 둔 정치인들조차도 여러 농민 봉기를 경제적 좌절과 식민지 정부의 세금 정책에 대한 공격으로 여겼다.

여러 구체적인 사회·경제적 이슈를 제대로 풀어내지 못했던 반식민지 정치는 젊은 학생, 농민, 정치 승려 및 다양한 중산층/엘리트 정치인들을 하나로 묶는 연결고리가 되었다. 중산층 청년들은 자원봉사단, 클럽, 노조에 가입하거나 그것을 결성하기도 했지만, 바모(Ba Maw, 역주-영국령 버마의 정치가이며 일본 점령 후 국가원수로 취임) 박사와 입법회의의 위원으로 대담한 성격을 지닌 우소(U Saw, 역주-1947년 7월 19일 아웅산 장군과 그의 각료들을 암살했던 영국령 버마의 정치가)와 같은 정치 지도자들은 자신의 선거구 개발에 청년들을 적극 참여시켰다. 거리 시위와 청년 집회는 그런 신진 활동가들이 선호하는 것이었다. 그렇게 다양한 이해관계를 하나로 모으기 위해 많은 단체가 결성되었고 1930년대 말경 버마학생총연합(All Burma Federation of Student Unions)과 도버마어씨어용(Dobama Asiayon, '우리버마협회')도 그 속의 일부에 불과했다. 그 단체의 많은 구성원은 과거 정치개혁가들의 방식이 구체적인 성과를 거두지 못했다고 생각했다. 식민지 정부에서 일했던 엘리트들은 다른 세대일 뿐만 아니라 도버마어씨어용이 추구하는 것과는 완전히 다른 미얀마의 미래를 구상하는 정치인으로 인식되었다.

온건적이지 않은 정치적 입장을 지닌 도버마어씨어용은 영국 정부와 미얀마 내 다른 '외국인' 공동체에 직접적으로 도전하는 대중적 이미지 구축에 있어서 공격적이었다. 회원들은 젊고 패기 넘쳤으며, 기성 정치 엘리트 및 구시대 정치인들이 활동했던 당시의 정치 기관과 차별화하려는 의지가 강했다. 회원들 다수는 영어와 대학 교육을 겨우 시킬 수 있었던 하류 중산층 가정의 출신이었다. 그들은 공직이 제공하는 좋은 자리에는 거의 관심이 없었고, 기성 정치인들에 대한 충성도도 높지 않았다. 보수적인 정치인들은 그들을 대립적인 존재로, 이민자 집단들은 인종차별주의자로, 영국 당국은 법과 질서를 어지럽히는 위협적인 존재로 인식하였다.

그들은 대체로 자신의 이름에 '떠킹'(Thakin)이라는 용어를 붙였는데, 이는 일반적으로 유럽인(또는 다른 서구인)이 윗사람을 호칭할 때 사용하는 '주인'(master)이라는 뜻의 경칭이다. 그러나 그것은 서로 사용하면서 '백인 주인'을 모방하는 동시에 자신들이 국가의 미래를 좌우할 운명의 지도자라는 의미로 사용되었다. 이러한 떠킹에게는 민족 자결과 독립만이 만족할 만한 일이었다. 많은 이들이 자신들의 생각을 표현하는 데 도움을 주었던 당시의 마르크스주의 사상에 매료되었다. 훗날 일본과 싸웠고, 반파시스트인민자유연맹(AFPFL, Anti Fascist

People's Freedom League)의 핵심이었던 떠킹 딴퉁(Than Tun), 소(Soe), 떼잉페(Thein Pe) 등과 같은 공산당 중요 지도자들도 AFPFL의 초기 회원들이었다.

이러한 젊은 미얀마 정치인들은 영국으로부터 정치적 자치를 더욱 확보해야 한다는 공통의 목표는 공유하지만, 이를 달성하기 위한 수단에는 다른 견해를 지닌 동료 야당 그룹 간의 엄청난 차이로 인해 난관에 부닥쳤다. 정당을 분열시킨 다수의 이슈는 현 정부의 구조, 미얀마인들에게 이양될 권한의 종류 및 확대되는 영국 권위의 범위에 관한 생각이 서로 다른 데서 비롯된 것이었다. 시간이 지나면서 미얀마 정치인들은 석유, 광업, 정미업 등에 종사하는 노동자들과의 연대에 집중하여 계층, 직업, 세대를 넘어 유대를 형성했다. 1936년 학생 파업과 1938년 버마석유회사에 대한 파업은 그들의 유동적 전술에 기인한 것으로, 기성 정치인들과의 세대 차이를 잘 보여주는 것이었다.

1930년대 후반 도버마어씨어용은 이념과 세대 간의 노선뿐만 아니라 영국이 제공하는 기존 정치 과정 또는 영국과 전혀 무관한 완전히 다른 노선을 통하여 개혁을 추진할 것인지에 대한 보다 근본적인 문제를 놓고 분열하게 된다. 아웅산, 네윈, 딴툰과 같은 회원들은 영국에서 교육을 받은 버모 박사와 1937년에 성립된 그의 신정부에 동조하지 않았는데, 이 정부 역시 내부 파벌주의, 이익 집단, 개인적 충성도에 의해 난항을 겪었다. 미얀마의 현 정치인들과 영국 식민지 정부가 계속해서 모든 주도권을 쥐고 있는 상황에서 떠킹 중의 일부는 자극과 지원을 다른 곳에서 찾았다. 그 자극과 지원은 아시아 국가인 바로 일본에서 왔다.

영국령 버마를 탄생시킨 국가의 재통합 과정에서 몇 가지 의문이 생긴다. 영국령 버마는 얼마나 새롭고 얼마나 다르며, 누구를 위한 것인지 묻지 않을 수 없다. 다시 말해, 무엇이 근본적이고 구조적인 변화를 겪었고, 무엇이 그렇지 않았으며, 누가 그러한 변화의 영향을 받았고 누가 그렇지 않았는가? 본질적으로 그 답은 '주체'가 누구냐에 따라 달라진다.

종교, 언어, 후원-수혜 구조, 리더십과 정당성에 대한 개념, 문자 체계, 문학, 민법, 음식, 복장 및 그러한 사회·문화적 요소에 '주체성'이 부여된다면, 영국령 버마는 미얀마 대부분에 거주하는 대다수 인구 또는 심지어 수도와 다른 중심지에 거주하는 일부 도시 엘리트 집단을 위해 큰 변화를 시도하지 않았다. 11세기 버강에서 온 방문객이라도 그 종교에 아주 익숙했을 것이며, 심지어 이전 자신이 섬겼던 사원에서 예배를 드릴 수 있었을 것이다. 당시 미얀마어를 사용하는 사람들과 대화할 수도, 약간만 배우면 미얀마어를 읽을 수도, 많은 음식의 맛을 알 수도, 옷차림이 놀라움이나 웃음의 원인이 되지 않을 수도, 대부분의 문화적 의식과 축제를 알아볼 수도 있었을 것이다.

그러나 도시 사회(그 사회 계층, 정당 정치, 시장 경제, 근대 생활 방식, 건축, 특히 기술) 및 전반적인 식민지의 특정한 특징(그 군대, 지방 행정, 세수 구조, 사법 제도, 물리적 인프라)에 '주체성'이 부여된다면, 마지막 왕조에서 온 사람이라 할지라도 이러한 변화의 많은 부분을 알아차리지 못할 것이다. 즉, 오늘날과 마찬가지로 영국령 버마에서는 옛것과 새것이 모두 존재하였다.

• • • •

제11장　분열과 미얀마연방, 1942~1962년

1942년부터 1962년까지 미얀마인들은 1885년 군주제 붕괴 이후 가장 어려운 상황을 견뎌냈다. 영국, 일본, 중국, 미국의 군대가 제2차 세계대전에서 패권을 차지하기 위해 싸우면서 제국주의 열강 간의 경쟁은 미얀마를 전쟁터로 바꾸어 놓았다. 다양한 배경을 가진 미얀마인들이 이 경쟁에 참여했는데, 권력의 지역적 경쟁이 공동 번영과 국가 자결권을 둘러싼 국제적 경쟁과 겹쳤기 때문이었다. 식민지 당국이 떠나자, 인구 전체가 흩어지고, 가족이 헤어지고, 이웃이 멀어지고, 약속이 파기되었다.

　전쟁 전 미얀마의 주요 정당, 재계, 승려, 정치인, 학생 및 식민지 행정관들 간의 견해 차이는 전시 미얀마에서도 계속되었다. 일본 제국주의가 미얀마에 진입하면서 다양한 이해관계와 충성심 및 관심을 지닌 다양한 집단이 물러난 식민지 행정부의 정치적 공백을 이용하거나 단지 그 속에서 살아남기 위해 노력하면서 그러한 차이는 더욱 증폭되었다. 1885년 군주제의 붕괴가 다양한 사람들에게 기회와 재앙을 가져다준 것처럼, 일본이 침략하여 영국 행정부가 붕괴하자 똑같은 상황을 초래하였다.

　미얀마 국토에 일본군이 등장하여 미얀마의 내부적 동력에 영향을 미치자, 전시의 무질서는 사람들을 하나로 묶는 연대감을 형성하기도 했지만, 서로 분열을 일으킨 집단들도 있었다. 새로운 권력이 등장하면서 이전 식민지 질서와 연계했던 사람들(주로 고령의 친영국계 지도자들)은 소외되고 반영국적이고 변화된 정치 상황에 민감하게 대응했던 정치인, 학생, 청년 지도자들로 대체되었다. 유럽의 우월성에 대한 믿음에 의혹이 생겼던 반면에, 토착 언어, 상징 및 전통은 새로운 범아시아 정체성으로 부활했다.

이러한 전쟁과 전환의 맥락에서 군대라는 진부하나 새로운 기관이 지배적인 위치를 갖고 정치 무대에 다시 등장했는데, 이는 전시에는 군대가 정말 중요할 뿐만 아니라 전후에는 군대가 영국에게서 독립을 쟁취한 영웅으로 여겨졌기 때문이다. 독립 이후 미얀마의 수호자이자 보호자로 (다시는 미얀마가 정복되지 않도록 하겠다고 맹세했던) 군대를 인정했던 것은 그 당시에는 비논리적이지 않았다. 그러나 군부의 등장은 엘리트, 특히 영국 정부에서 일했던 복귀 관리들 및 촌락 지역의 소수종족과 민간 무장단체와 긴장 관계를 형성했다.

1942년에서 1962년까지의 시기에는 몇 가지 중요한 진전이 있었다. 여기에는 미얀마독립군(BIA, Burma Independence Army)의 부상, '국민적' 정당인 반파시스트인민자유연맹(AFP-FL)의 창설, (주로 군부 지도자들에 의한) 독립의 수호, 의회 민주주의의 도입, 반세기 동안의 파괴적인 내전의 시작(내전의 진압은 군부가 담당함), 1958년 군부의 '잠정 정부' 및 1962년의 쿠데타 등이 포함된다. 이 모든 사건은 미얀마연방의 발전 과정의 일부로 볼 수 있다. 그중에서 반세기에 걸친 내전이 아마도 그 시대를 가장 잘 대변하는 것으로 내전의 '승자'가 궁극적으로 국가를 재통합하고 새로운 국가를 구현하였다.

1948년 독립 직후 국민국가를 쟁취하기 위한 경쟁은 가장 강렬하고 치열했는데, 이것은 이질적인 집단들을 공통적인 목표(영국 축출)로 묶어주었던 공동의 적인 영국이 사라졌기 때문이었다. 이제 한때 친구이자 동지였던 여러 그룹이 미얀마연방이라는 새로운 정치 체제를 누가 가장 잘 구현할 수 있는지를 놓고 서로 싸우면서 국가 통합은

양공에 건립된 독립기념물

현 양공 시청

진정한 시험대에 올랐다.

　새로운 미얀마 정부가 수도에서 불과 50마일 떨어진 지역을 포함하여 주요 도시 중심부를 훨씬 넘어서는 영토를 거의 통제할 수 없었기 때문에 독립 이후 중앙 권력은 상당히 위축되었다. 외연 지역을 장악하고 국가를 통합하는 방법을 찾는 것이 국가의 가장 중요한 목표였으며, 이러한 노력은 12세기, 16세기 및 18세기에 이루어진 것과 매우 유사했다. 공석이거나 약해진 왕좌를 차지하기 위한 정쟁과 마찬가지로 20세기 정치인들은 정부 권력을 차지하기 위해 지지자와 자원을 확보하기 위해 경쟁했다.

　1942년부터 1962년까지 20년 동안의 중심에는 천 년 묵은 이슈가 있었는데, 그것은 어떤 미얀마 집단이 미얀마를 재통합할 수 있는 가장 유능한 지도자, 정치적 의지, 인구학적이나 물질적 후원 배경 및 미얀마에 가장 적합한 신념을 갖추고 있는가였다. 놀랄 일도 아니지만, 특히 이러한 무질서한 시기에는 당연히 군대였다. 그리고 이 시기의 이야기는 본질적으로 단명한 민간의 대체 수단에 의해 산발적으로 '중단된' 다양한 변신을 거듭한 군대에 관한 것이다.

새로운 후원자와 미얀마 군대의 형성

1930년대 후반 중산층 개혁가, 정치 엘리트, 풀뿌리 민족주의자들이 직면했던 근본적인 과제 중 하나는 사회경제적, 교육적, 지리적 및 특히 세대 간의 차이를 통합하는 것이었다. 도

20세기 초 양공에 설립된 성마리아 성당

버마어씨어용의 회원들은 기성 정치인들이 식민지 체제에 너무 밀착되어 신뢰할 수 없다고 확신했다. 그들은 자치에 관한 원칙을 정부 봉급, 지위 및 안락한 물질적 삶과 맞바꾼 것으로 여겨졌다.

또한 식민지 행정부와 입법회의의 온건주의자들의 상당수는 선교사 교육의 특혜와 다른 혜택을 누렸던 소수종족 출신이었다. 도시의 소수종족은 미얀마어를 사용하고 미얀마 전통 의상인 에인지와 론지(블라우스와 통치마)를 입고 민족적 구분 없이 일상생활을 영위했지만, (상상 속의) 정체성 정치는 유사성보다는 차이점을 강조하였다. 도버마어씨어용의 지도자들은 강력한 반식민주의 운동을 전개하기 위해 문화적으로 '미얀마인'으로 분류되는 사람들과 그렇지 않은 사람들 사이의 차이와 갈등을 완화해야 했는데, 이는 이미 초기 정당을 분열시킨 요인이었다.

떠킹 지도자들도 서로 다른 소속이나 교육 기관에서 정치를 배웠기 때문에 이념의 미묘한 차이로 분열되어 있었다. 하지만, 그들 대부분이 비슷한 중산층 출신이어서, 대체로 군주제, 인도, 영국인 및 근대성에 대한 인식이 매우 달랐던 부모 세대에 비해 생각은 비교적 응집력이 있었다. 물론 이념적 또는 계층적 차이로 보이는 것 같아도 실상은 항상 개성의 차이가 존재하였다.

이러한 모든 차이는 도버마어씨어용 회원들이 세상과 자신 및 미얀마의 미래를 바라보는 방식에 영향을 미쳤다. 그러나 그들을 하나로 묶어준 한 가지는 바로 이런 접근 방식이었다. 즉, 기존 정치 채널과 식민지 국가가 선택한 대표들을 통한 협력은 선택 사항이 아니라는 것이었다. 그 대신에 '미얀마'의 비전을 실현하기 위해서는 '대중 투쟁'이 필요하다고 생각했다. 그러나 식민지 치안 세력이 존재하는 한 그러한 움직임은 거의 불가능했다.

그렇지만, 식민지 정부에 대한 도버마어씨어용의 더욱 대결적인 접근 방식이 나타나고 저항의 한 형태로 보이콧을 자주 사용하며 농민과 유전 노동자들 사이에서 인기가 높아짐에 따라 식민지 당국과 기성 정치인 모두 이 집단을 경계하게 되었다.

떠킹에 대한 지지는 전혀 예상치 못한 외부의 일본에서 나왔다. 일본은 1941년 네덜란드와 연료 수급 협상에 실패하자 미얀마를 포함하는 비상 계획을 수립하였다. 그들은 1930년대 초부터 미얀마인들에게 접근하여 국제학생기구를 설립하고 신문사를 인수하였다. 우소의 더썬(The Sun)과 떼잉마웅 박사의 뉴버마(New Burma)는 1930년대 후반부터 일본의 재정 지원을 받은 듯 친일적인 기사와 사설을 게재하기 시작했다.

1939년 일본 비밀 요원들은 소수의 젊은 미얀마 운동가들과 접촉하여 반식민지 정서를 불어넣었다. 치과의사, 안마사, 언론인 등으로 가장한 일본 정보기관은 현지 민족주의자들이 군사 작전의 개시에 있어서 유용할지 그 여부를 알아보기 위해 영국령 버마의 정치 환경을 조사하였다.

하지만, 당시 도버마어씨어용과 같은 단체는 중국의 후원 가능성에 더 주목했다. 그리고 영국 경찰이 정치 활동을 이유로 지도자 아웅상을 추적하자, 그는 1940년 양공을 빠져나와 중국의 지원을 요청했다. 하지만, 도버마어씨어용 내부의 공산주의자 동료들이 쓴 편지를 지녔던 아웅산은 일본 요원들에게 붙잡혔고, 양공에 있던 친일파 동료들이 그를 대신해 개입하지 않았다면 투옥되었을 것이다. 아웅산은 자신이 사실 일본인들에게 손을 내밀었다고 일본인 체포자들을 설득한 후 훈련과 재정 지원을 대가로 새로운 일본인 후원자들과 협력할 계획을 세웠다.[154]

1941년 소수의 떠킹들이 하이난 섬에서 아웅산과 함께 자체 저항군을 조직할 수 있도록 첩보, 태업, 군사 전술, 파괴 및 조직 전략에 관한 훈련을 받았다. 스즈키 케이지 대령의 후견 속에서 미얀마 역사(신화 이야기 수준)에 알려진 '30명의 동지'는 방콕으로 보내져 미얀마 독립군(이하 BIA)을 결성하게 되었다.

왕정 몰락 이후 처음으로 영국령 버마에서 미얀마인으로 구성된 정규군이 출범할 가능성이 현실로 다가서자, 떠킹들은 이 기회를 이용해 신병에게 일본 제국주의 선전을 살짝 가미한 도버마어씨어용의 정신을 듬뿍 주입하였다. 안보의 우선순위, 시민권 개념 및 국가 공동체의 개념에 관한 생각은 전쟁 경험을 통해 형성되었다. 이런 식으로 군인들을 애국주의자, 즉 국가를 위해 투쟁한 사람들이라는 관념으로 연계시키는 토대를 세우기 시작했다.

민족주의자, 공산주의자, 사회주의자 그리고 '불량배'를 포함한 다양한 신병들이 BIA에 입대하면서 여러 관념이 '미얀마인을 위한 미얀마'라는 생각으로 더욱 수렴되었다. 여기에 전쟁 경험까지 더해져 그들은 자신의 지도자들과 긴밀한 유대감을 형성했다. 스즈키 대령(보모조 또는 '캡틴' 썬더볼트로도 불렸음), 아웅산, 렛야(Let Ya), 제야(Zeya), 네윈 등은 일본군 부대의 지휘관이 아닌 미얀마의 '자체'(원주민) 군사 영웅으로 여겨졌다. 또한 그들은 국민을 보호할 수 있는 미래 사회와 정치의 후견인이었다.

일부 미얀마 역사서와 기념박물관에서는 BIA를 처음부터 일관되고 단합된 이념적인 애국자 집단으로 묘사하지만, '실제 현장'의 이야기는 좀 더 복잡한 상황을 나타낸다.[155] 공식

---

154 John Cady, *A History of Modern Burma* (Ithaca, NY, 1958).

155 Mary P. Callahan, *Making Enemies: War and State Building in Burma,* (Ithaca, NY, 2003). 일본의 미얀마 점령과 BIA의 역할에 대해서는 다음 자료를 참조하시오. Dorothy Hess

적으로 BIA는 침략이 시작되면 일본 제15군을 지원하고 미얀마에서 신병 모집을 담당하는 것이었다. BIA 장교들은 일본 정규군의 침략 경로를 따라 촌락 지역의 특정 구역에 배치되었다. 이는 현지 지형에 대한 안내와 지원을 제공할 수 있는 병력을 양성하기 위한 것이었다. 그러나 BIA의 역할에 대한 일본군의 불안감은 작전 개시와 함께 노출되었다.

스즈키 대령은 BIA를 일본 홍보의 핵심인 '대동아공영권'이라는 슬로건을 위한 자신의 작은 해방군으로 여겼다. 그는 미얀마 왕족 출신으로 미얀마인들을 해방하기 위해 왔다는 신화까지 만들었다. 하지만, 그의 몇몇 일본인 동료들은 BIA를 탐탁지 않게 여겼는데, 부족한 자원을 나눠 제공하지만 실제로 미얀마에서 전개하는 일본 제국 군대의 전반적인 전략 계획에 BIA가 큰 도움을 줄 수 없기 때문이었다.

그렇지만, 아웅산과 그의 군사들은 BIA를 미얀마의 독립을 쟁취할 수 있는 유일한 수단(그래서 명칭도 그렇게 지었음)으로 여겼고, 미얀마의 식민지 압제자들을 제거하는 데에 목적을 둔 '자유의 투사들'의 군대라고 믿었다. 그러나 떠킹 집단 속의 일부 사람들은 일본군의 파시스트 정책과 원칙이 자신들의 좌파(사회주의와 공산주의) 정치와 충돌한다는 점에서 일본과의 동맹에 대해 불안해하였다.

1941년 12월 말 일본군이 미얀마에 진격하자, 현지 식민지 관리들은 BIA와 그 지도부를 식민지 파트너를 배신한 폭도들로 간주했다. 식민지 관리로 종사하는 중산층 미얀마인, 특정 소수종족과 영국에 '협력한' 다른 소수종족들도 BIA를 영웅으로 여기지 않았다. 떠킹은 꺼잉족이나 몬족과 같은 소수종족에게 회원 모집의 노력을 하지 않았는데, 그들은 영국인의 편애를 받아서 신뢰할 수 없는 존재로 인식되었기 때문이다. 이러한 정서는 독립 이후 종족 갈등의 씨앗을 뿌린 격이 되었다.

일본을 대신해 영토를 관리하게 된 BIA 장교들이 남아 있어도 문제는 해결되지 않았다. 지방행정위원회를 맡게 된 일부 장교는 일본 당국조차도 발생한 문제를 해결할 수 없거나 꺼릴 정도로 권한을 남용했다. 예를 들어, 먀웅먀(Myaungmya) 마을에서 BIA 군대와 꺼잉족 커뮤니티 사이에 충돌이 발생하자 일본군은 큰 전쟁 속의 작은 전쟁을 진압하기 위해 개입할 수밖에 없었다.

결국 일본은 8개월간의 작전 끝에 BIA를 해체하고 병력을 수천 명으로 줄인 후 미얀마 방위군(BDA, Burma Defence Army)으로 이름을 바꾸었다. 아웅산과 다른 떠킹 지도자들은 자

Guyot, 'The political impact of the Japanese occupation of Burma' (PhD, Yale University, 1966).

신들의 권위와 영향력이 미치는 군대의 '병력 축소'에 대하여 우려하였다. 일본 후원자들과의 갈등과 일본이 허용한 1943년 새 과도정부의 대표성 범위에 대한 불만은 결국 연합군과 BDA 간의 비밀 협상을 벌이게 하였고, 후자는 편을 바꾸어 연합군의 반격이 시작되는 틈을 타서 일본에 대항하겠다는 의도를 드러냈다. (참고로 미얀마 독립을 위한 BDA의 첫 공격은 현재 새 수도 네삐도가 들어선 삔머나에서 일어났다.)

물론 미얀마 역사에서 군대의 역할은 그들의 활동으로 득을 보았는지 그 여부와 그러한 평가가 이루어진 시기에 따라 여러 방식으로 기억된다. 독립 후 20년 동안 군대는 영웅으로 기억되지만, 최근의 군대는 그렇지 않다. 정당성은 종종 시기에 따라 달라지기도 한다. 또한, 종족집단에 따라 달라지기도 한다. 특정한 소수종족, (BIA와 직접 접촉한) 마을 주민 그리고 현지인 관리는 떠킹과 대부분의 미얀마 역사와 공유하지 않는 방식으로 기억할 것이다.

돌이켜보면 BIA의 창설은 역사적으로 말하자면 모든 미얀마 역사가들이 매우 중요한 사건이라고 생각한다. 그것은 영국령 버마에서 국민 대다수를 대표하는 미얀마인 군대(그 이전에는 영국령 인도의 군대)로는 첫 번째일 뿐만 아니라, 독립 및 그 후의 험난했던 시기의 많은 지도자가 이후 수십 년 동안 미얀마의 지도자로 계속 활동하였다.[156] 현재의 군대는 그 역사, 구조, 신화 그리고 존재 이유의 대부분에 있어서 BIA의 직접적인 후계자라고 할 수 있다.

영국령 버마의 쇠퇴

BIA가 몰러먀잉과 하부 미얀마의 다른 지역에서 북쪽으로 진군하자, 영국 당국은 갑자기 닥친 사태의 전환에 전혀 대비하지 못한 상태였다. 동남아에서 영국의 요새였던 '난공불락의 싱가포르'가 비교적 빨리 쉽게 일본군에게 함락되어 식민지 행정 전반에 상당한 충격파가 울려 퍼졌지만, 영국은 아시아에서 그들의 입지는 안전하다고 확신했었다. 당시 미얀마 총독이었던 도먼-스미스(Dorman-Smith)의 결정은 양공의 많은 인구와 부족한 인프라를 고려할 때 너무 더디게 진행되었다. 결국 소수의 영국인 커뮤니티는 수도를 떠나 처음에는 미얀마 북부로 이동했지만, 나중에 인도로 건너가 온화한 기후의 '고원 지대'인 씨믈라(Simla)에 망명 정부를 세웠다.

민간 정부가 퇴각하자 사회 질서는 곧장 무정부 상태로 바뀌었다. 병원과 학교가 문을

156 　Robert H. Taylor,: *The State in Myanmar* (Honolulu, HI, 2009).

달고, 교도소와 정신병원의 문이 활짝 열렸으며, 심지어 동물원의 동물들도 사살되었다. 많은 인도 노동자와 육체노동자(꿀리, 역주-주로 중국인), 기타 노동자들이 피난을 떠나면서 양공 강의 부두는 황량해졌고, 물자 부족은 더욱 악화되었다. 상수도, 전력, 교통 및 위생 인프라가 붕괴하니 주민들 사이에 질병이 확산되었다. 여러 인도 공동체 소속 수천 명에 달하는 양공과 하부 미얀마의 주민들은 미국 선교사들과 함께 북쪽으로 피난을 떠나 인도에 이르는 험한 산지를 넘다가 40만 명이 목숨을 잃었다.

일본의 폭격이 도시 생활의 일상이 되면서 일부 부유한 미얀마인 가족들은 도시 경계 밖으로 이주했다. 식민지 관리 고위층은 에야워디 강 지류에 있는 식민지 수도까지 운행하는 페리를 이용할 수 있어 인근 마을에서 양공으로 출퇴근했다. 당시의 회고록에 따르면, 많은 사람이 가능한 한 오래 자리를 지키며 공무를 수행하고 지역 우체국에서 급여를 받거나 전쟁으로 인한 휴가 및 이주 비용까지 신청했다고 한다.[157] 식민 당국이 양공을 떠나기로 공식 결정을 내렸을 때, 이 관리 집단은 자신과 가족 그리고 하인들을 위한 교통편을 마련할 수 있었다. 1943년 일본이 수립하고 버모(Ba Maw) 박사가 이끄는 미얀마 '과도정부'에 합류 요청을 받고 가담한 사람도 있지만, 일본과 그들을 지지했던 BIA 군대에 대한 그들의 시각은 비우호적이었다.

다른 미얀마 중산층 엘리트들은 처음에는 일본인의 등장이 자신들의 이익에 해롭다고 생각하지 않았기 때문에 식민지 행정부와 함께 후퇴하지 않았다. 실제로 많은 사람이 불교 국가인 일본이 영국을 상대로 근대 아시아 국가 중 최초로 서양 국가에 승리했다는 소식에 흥분하기도 했다. 일본군이 빠르게 진군하고 있다는 소식이 만덜레에 전해지자 꽁바웅 왕조에 대한 기억이 아직 생생한 만덜레에서는 옛 노래인 승전가가 들렸다는 소식이 전해졌다.

영국에 동조하지 않았던 젊은 작가, 출판인, 활동가, 학생, 정치인들은 처음에는 일본 치하의 새로운 질서를 식민지 권력에 대항할 기회로 여겨 열렬히 받아들였다. 심리적으로 그들은 친일 언론이 내세운 '대동아공영권'이라는 구상에 큰 매력을 느꼈다. 식민지 신민으로 세상에 태어난 많은 이들에게 자신의 미래를 스스로 결정할 수 있다는 기대는 충분히 매력적이었다.

많은 사람이 일본의 침공을 지지했지만, 이후 일본 군인들이 미얀마인들을 학대하는 모습을 보면서 '저널쪼'(Journal Kyaw)라는 예명을 사용하는 우칫마웅(U Chit Maung)과 같은 지

---

157   Theippan Maung Wa, *Wartime in Burma: A Diary, January to June 1942*, traris. and ed; L. E. Bagshawe and Anna Allot (Athens, OH, 2009).

식인들은 식민지 세력 하나가 다른 세력으로 교체되었을 뿐이며 언젠가 일본인을 몰아내야 한다는 사실을 깨닫게 되었다.[158] 미얀마인은 일본군 정보기관인 껨뻬따이(헌병대) 및 미얀마인인 버모 박사가 주도하는 새로운 과도정부에서 일하였다. 일부 소수종족은 영국에 충성했다는 이유로 체포되어 투옥되는 등 더 힘든 시간을 보냈다. 그러나 다른 소수종족들은 자신들의 이익을 따져 일본에 협력하기로 했다.

일본은 불교와의 공통점에 초점을 맞춘 홍보 캠페인을 통해 대중적인 이미지를 바꾸려고 노력했다. 이 프로그램에는 전쟁으로 폐허가 된 양공에 새로 건립된 파고다에 기증할 성물(holy relics)을 찾기 위해 대동아불교회의를 도쿄에서 개최하는 것이 포함되었다. 꺼잉족과 청소년을 대상으로 한 프로그램으로 동아시아청년연맹을 설립하고 전국적으로 청소년들을 동원하여 교육, 도서관, 위생 시설을 개선하는 데 힘을 기울였다. 다양한 민족과 이민자 공동체의 청소년을 끌어들인 이 단체는 대중의 호평을 받았다. 하지만, 이 단체는 1944년 반파시스트인민자유연맹(AFPFL)에 가입하였다.

동아시아청년연맹의 성공에도 불구하고 일본의 지원을 받은 새로운 행정부는 양공과 그 인근 지역에만 국한된 행정력을 지녔다. 버모 박사의 내각에서 배제된 정치인들 사이에서 개인적 경쟁이 다시 부상했다. 그중에서 특히 공산주의 및 사회주의 네트워크와 연관이 있는 사람들은 결국 일본에 대한 저항을 계획하기 시작했고, 어떤 이들은 새로운 후원자들로부터 영국에 대항한 노력에 대한 보상을 제대로 받지 못했다고 생각하여 수혜자로서 자신의 목적을 달성하기 위해 단순히 대체 후원자를 찾고 있었다. 물론 버모 정부를 일본의 꼭두각시 정부로 간주하고 그 정부에 참여하거나 협조하지 않았던 사람들도 있었다.

이러한 중앙의 내부 균열은 이전에 나타났던 패턴으로 버모 정부를 약화해 수도 외곽에 행정력을 행사하고자 했던 정부의 노력에 걸림돌이 되었다. 영국군이 떠난 정치적 공백을 이전 BIA 구성원, 떠킹 및 전통 수장들이 채우면서 지방 자치권은 촌락 지역에 환원되었다. 영국이 '간접적으로' 통치했던 '변방 지역'(Frontier Areas)이었던 고원 지대는 일본도 예전과 같이 관리하여 본질적으로 현상 유지되어 자치권이 인정되었다. 평원 지대의 경작자들은 BIA 행정위원회, 불량한 중국인 세력 및 일본군의 학대와 함께 전쟁으로 인한 물자 부족으로 큰 고통을 겪었다.

요컨대, 미얀마의 전쟁 경험은 모두에게 복합적이고도 사회경제적으로 어려웠지만, 그

158　Journal Kyaw U Chit Maung, *A Man Like Him*: *Portrait of the Burmese Journalist Journal Kyaw U Chit Maung,* trans. Ma Thanegi (Ithaca, NY, 2008).

런데도 새로운 후원자들과 후원–수혜 관계를 맺어 두각을 나타낸 사람들도 있었다.

미얀마연방의 등장

일본 당국이 BIA를 해체하고 미얀마방위군(BDA, Burma Defence Army)으로 대체하기로 했을 때, 더욱 효과적인 통제를 위해 최소한 두 가지 계획이 마련되었다. 첫째, 기존 BIA 구성원의 군사적 능력과 직업적 헌신에 대한 평가를 통해 느슨해졌다고 여겨지는 '바람직하지 않은 요소'를 제거했다. 둘째, 당시 수천 명에 불과한 축소된 군대에 장교 훈련을 포함한 새로운 훈련 체계를 도입하였다. 어떤 단일 이벤트나 개념보다 더 중요한 것은 함께 싸우고, 훈련하고, 배우는 경험이 생도들 사이에서 깊은 전우애를 형성하여 이후 수십 년 동안 실로 귀중한 유대 관계를 맺게 하였다는 것이다.[159]

미얀마독립군(BIA)은 단명하였지만, 미얀마 국가 형성의 역사에 큰 발자취를 남겼다. 그 이유 중 하나는 BIA와 그 후신인 BDA가 군 지휘 구조 내의 주요한 민족주의자 인물들과 개인적 유대, 전쟁 경험, 민족성 및 조직 정체성으로 엮인 전사들과의 확대 네트워크를 구축했기 때문이었다. 사실상 BIA/BDA는 전쟁 기간 국가 기구가 부재한 상황에서 민간인 조직을 위한 새로운 틀을 제공하여 민간인 요소에 군대를 견고하게 결합하였다. 1930년대 이후 정치인, 활동가 및 기타 지도자들이 제한적이나마 개인 민병대를 조직하여 활용하긴 했지만, BIA/BDA는 개인 관계를 군대식 지휘 체계로 바꾸어 광범위한 '국가적' 조직망으로 작동하는 아주 큰 기구였다.

국민국가를 세우는 데 군대가 일조했던 또 다른 점은 군대 구조가 전통적인 미얀마 사회·정치적 구조와 양립할 수 있었다는 것이다. 또한, 군대의 명확한 지휘 체계는 진보에 진정한 잠재력을 제공했으며, 다양한 배경과 민족성을 아우르는 군대 정신은 혼돈과 무정부 상태의 시대에 응집력, 안정감 및 질서를 제공했다. (그런 의미에서 군대는 불안정하고 혼란스러운 시기에 안정적이고 규율 있는 환경을 제공한 상가와 매우 유사함) 이러한 특성 덕분에 아웅산과 네윈과 같은 전시 및 미래의 지도자들은 군대를 포함하여 전쟁 후 정치 무대에 복귀하는 영국에 저항하기 위해 은밀히 조직되었던 정치 세력에도 다수의 유능한 인재들을 성공적으로 포섭할 수 있었다.

159　Callahan, *Making Enemies*.

공식적인 군사령부의 설립으로 아웅산과 다른 떠킹 구성원들은 행정 업무에서 해방되어 일본 지휘 구조에서 벗어나 독립적으로 '현장에서' 활동할 수 있게 되었다. 이를 계기로 아웅산은 미얀마로 돌아온 영국 최고사령부와 협력을 위한 교섭과 비밀 조직인 반파시스트 기구(AFO, Anti-Fascist Organization)의 결성을 시작했던 공산주의자와 사회주의자들과 접촉을 재개할 수 있었다. 결국 AFO는 적절한 시기에 미얀마의 독립이 허용되기를 바라며 동남아시아사령부(SEAC, Southeast Asia Command)의 사령관 마운트배튼 경(Lord Mountbatten)에게 비밀리에 협력하였다. 전 BIA/BDA(이후) BNA(미얀마 국군, Burma National Army) 군인, 공산당과 사회당, 게릴라 전사 및 소수종족 반군으로 구성된 이 느슨한 동맹은 미얀마연방 지도부의 기반이 되었다.

AFO는 곧장 AFPFL로 명칭을 바꾸고, 독립을 궁극적인 목표로 삼는 다양한 정당과 민족주의자 단체를 포함하여 그 회원 수를 늘렸다. 인도의 국민회의당(Congress Party)과 마찬가지로 광범위하고 외형적으로 포용적인 AFPFL은 거의 모든 정치 분야의 대표를 영입하고 전시 미얀마에서 다양한 공동체의 단기적 이해관계와 우선순위를 통합하는 조직 체제를 제공했다.

그러나 일본을 물리치기 위해 결성된 이 동맹은 1945년 승리가 눈앞에 다가오자 즉시 해체되었다. 구성원들은 그 결과를 예상하고 서로 등을 돌렸고 권력을 차지하기 위해 경쟁하였다. 오랜 원한, 개인적 경쟁 및 강한 이념적 차이가 재차 AFPFL, 이전 식민 당국, SEAC 세력 및 특정 소수종족 집단 사이에서 일어났다. 강경한 노선을 취하지 않으면 지도자들은 같은 계파 내 경쟁자에게 자신의 지위가 뺏길 것을 우려하게 되니 각 계파는 국가의 미래와 관련하여 서로 타협할 수 없는 태도를 보였다.

총독인 레지날드 도먼-스미스 경(Sir Reginald Dorman-Smith)의 식민지 행정부가 복귀하자 반역자로 단정한 일본과 아웅산의 BIA에 의해 쫓겨난 후 상실했던 정당한 권위를 되찾고자 하였다. 복귀한 관리 중의 일부는 아웅산을 반역죄로 재판에 회부하고 교수형에 처하길 원했다. 설상가상으로 런던은 미얀마의 자치정부를 지원할지 아니면 영국의 상업 이익을 위한 경제 기반을 먼저 재건할지를 두고 주저하였다.

사실상 집권 정당(AFPFL)과 군부(BNA)의 수장인 아웅산은 영국이 미얀마인 지도자에 의한 국가 운영을 허용하기로 한 합의를 지키기 위해 군부 조직을 그대로 유지하기를 원했다. 그러나 두 단체의 구성원들은 서로 불신하는 경향이 있었다. 새로운 AFPFL을 통해 아웅산과 동맹을 맺은 공산주의자들은 영국(과 아웅산)에게서 새로운 국가 조직의 형태를 결정하는 데 핵심적인 역할을 맡도록 보장받길 원했다. 소수종족, 특히 꺼잉족연합(KNU, Karen

National Union)도 향후 국가의 권력 구조에 관심이 많았고 자신들의 이익과 관심이 받아지길 바랐다.

하지만, 국가 재건의 청사진을 담은 1945년 영국 백서는 AFPFL의 기대에 미치지 못하였다. 영국은 자치정부를 고려하기 전에 경제 회복과 인프라 개발이 선행되어야 한다고 제안하였다. 이에 따라 도먼-스미스 총독과 아웅산 사이에 AFPFL 대표성에 관한 세부 사항을 놓고 첨예한 대립이 발생하였고, 1946년 쉐더공 파고다에서 대규모 시위가 벌어졌다. 그러나 AFPFL 내부의 파벌주의, 특히 (아웅산의 처남이 이끄는) 공산주의자들은 AFPFL의 존립을 위협하였다. 미얀마의 미래는 계속해서 전 식민지 당국에 의해 좌우되었지만, 정치 지도자들 사이의 파벌주의는 해결에 거의 도움이 되지 못했다.

1946년 8월 도먼-스미스의 후임으로 휴버트 랜스 경(Sir Hubert Rance)의 총독 부임과 경찰의 총파업 및 미얀마 독립을 요구하는 아웅산의 최후통첩에 따라 1947년 1월 27일 클레멘트 애틀리(Clement Attlee) 영국 총리와 협정이 체결되었다. 이 협정은 다음 해 내로 미얀마의 독립을 약속했다.[160] 아웅산은 즉시 변방 지역의 소수종족 집단을 방문할 계획을 세웠는데, 그들은 대표성, 재정 지원 및 현지 자치권의 보장 없이 버마족이 지배하는 국가에 합류하는 것을 꺼렸다. 여러 종족집단은 새 국가와의 관계에 대해 다양한 견해를 가지고 있었고, 각 종족 내부의 의견 차이로 인해 복잡하게 얽혀 있었다.

1946년 초 아웅산은 삥롱(Panglong)으로 가서 샨족, 꺼친족, 친족 대표들을 만나 연방 합류의 조건을 논의하는 회의를 개최하였다(역주-꺼잉족은 종족 대표성의 문제로 참가하지 않았고 처음부터 자신들의 독립국가 건설을 주장하였음). 이 회의에서 아웅산 주도의 미얀마에서 미래를 공유한다는 사실에 소수종족들은 진정한 우려를 드러냈다. 그러자 아웅산은 소수집단들에게 국가 내에서 자치권을 행사할 수 있다는 보장을 제공했는데, 이 약속은 나중에 저주가 되었다. 1947년 4월 제헌의회 선거에서 AFPFL 후보가 다수 의석을 차지한 후, 1947년 6월 1일 영연방 잔류 거부 결의안이 채택되면서 대영제국과의 관계는 상징적으로 단절되었다.[161]

독립을 눈앞에 둔 상황에서 가장 치명적인 일격이 재통합 과정을 거의 무너뜨릴 뻔했다. 1947년 7월 19일 토요일 오전 10시 30분경 군복을 입은 암살자들이 사무국에서 집행위원회 회의 중이었던 아웅산과 그의 동료들을 향하여 영국제 경기관총을 난사하였다. 암살범들은 (아웅산의) 정적이었던 우소의 사주를 받아 무기와 탄약을 제공한 두 명의 영국 장교로

---

160 Taylor, *The State in Myanmar*, pp. 229-31.

161 Cady, *A History of Modern Burma*.

테러로 목숨을 잃은 아웅산 장군 포함 총 9명의 희생자가 잠들어 있는 순국자의 묘역(1983년 10월 9일 전두환 대통령 국빈 방문 시에 자행된 북한의 테러로 원래 묘소는 없어지고 러시아 지원으로 제작된 현재의 콘크리트 구조물만 남아 있음)

부터 물질적 지원을 받은 것으로 알려졌고, 지금도 그렇게 믿고 있다. 아웅산은 암살 당시 겨우 32세로 엄청난 역경을 딛고 짧은 시간에 많은 것을 성취하여 전도양양했던 젊음의 정점에 있었다.[162]

부총리 우누(일명 '미스터 소프트', 역주–우누의 이름인 '누'는 부드럽다는 의미를 지님)가 새로운 국가를 이끌기 위한 선서를 했다. 영국과 미얀마는 일련의 의회 및 헌법 절차를 통해 분리를 공식화했고, 마침내 1948년 1월 4일 이른 아침(역주–점성가의 조언으로 길조로 여겨진 새벽 4시 20분에 독립선언식을 거행함)에 미얀마의 독립을 선언했다.

내전과 국가를 위한 경쟁

독립이 확정된 직후 곧장 미얀마는 내전에 휩쓸렸다. 세 집단, 즉 공산주의자, 인민의용단

---

[162]   Angelene Naw, *Aung San and the Struggle for Burmese Independence* (Chiang Mai, 2001), p. 215, has a detailed account of the assassination.

(PVO, People's Volunteer Organization), KNU 등은 다양한 이념적, 개인적, 정치적 이유로 인하여 우누 정부와 싸우기로 하였다. 비슷한 시기에 이들 단체와 연계하였던 군인들도 탈영(때로는 연대 전체)하여 무장 세력의 이념과 조직 정체성을 뛰어넘는 개인적, 민족적, 후원자–수혜자 간의 강한 친밀감을 나타냈다.

우누 정부는 엄청난 위기에 직면했다. 많은 촌락 지역을 현지 지도자와 반군 단체가 장악하고 있어서 정부는 양공 이외의 지역을 거의 통제하지 못하였다. 반란의 중심에는 새로운 '미얀마'가 갖추어야 할 거버넌스의 형태 및 내용에 대해 근본적인 차이가 있었다. 그러나 모두 이념적인 문제가 아닌 역사적, 개인적, 사회경제적, 문화적 문제도 존재하였다. 신생 미얀마 정부는 출범 첫해에 거의 무너질 뻔했다.

공산주의자들은 분개할 만한 어떤 정당한 불만이 있었다. 제헌의회 선거에서 저조한 성적을 거두어 소수의 의원만 의석에 앉았다. 우누 정부와 정책적 차이로 인하여 결국 AFPFL에서 축출된 것이 마지막이었다. 설상가상으로 공산주의자들은 개인적, 이념적 노선에 따라 분열하여 각각 떠킹 딴퉁과 더 급진적이고 호전적인 떠킹 소(Soe)의 파벌로 나뉘었다. 정부가 공산주의자들의 체포 명령을 내리자, 그들은 지하로 숨어들어 무장 저항을 시작했다.

AFPFL과 연계된 비공식 무장 세력인 PVO도 새로운 연립 정부에서 배제된 것에 불만을 품고 있었다. 이 단체 역시 반란만이 자신들의 이익을 지킬 수 있는 유일한 방법이라고 판단했다. 도로, 교량 및 기타 교통의 동맥은 지역 지도자들과 그들의 '포켓 군대'로 구성된 PVO에 의해 장악되었다. 사회문화적 생활의 붕괴로 인하여 인근 지역으로 이주하는 난민들이 속출하였다.

꺼잉족의 불만은 일본의 침략으로 시작된 미얀마 당국에 대한 불신뿐만 아니라 영토에 관한 신헌법의 특별 조항과 새로운 국군에서 자신들의 지위에 대한 불확실성에서 비롯된 것이기도 하다. 영국 지배하에서 꺼잉족은 영국령 버마 군대의 고위직에 올랐지만, (영국이 추상적 개념으로 구체화한 언어종족 집단을 의미하는) '버마족'은 군이나 경찰에 들어갈 수조차 없었다. 독립 이후 꺼잉족의 후원자였던 영국이 더 이상 미얀마에 존재하지 않아 상황은 역전되었다.

그리하여 꺼잉족은 그들의 꺼잉–몬(Karen-Mon) 국가를 세우기로 하고, 떠닝다이, 특정한 에야워디 지역 그리고 미얀마어 사용자가 많이 거주하는 하부 미얀마 일부 지역에 영토를 요구하였다. 결국 1949년 미얀마 정부에 맞서 꺼잉족방위기구(KNDO, Karen National Defence Organization)가 무장 반란을 일으켜 오늘날 공항과 가까운 도시 서쪽의 인세잉(Insein)을 점령하면서 양공을 거의 점령할 뻔했다. 네윈 장군이 이끄는 국군과 사회당의 군대 및 기타 비정규 군대가 아니었다면 정부는 붕괴하고 수도가 점령되었을 가능성이 컸다.

독립 직후에는 군사적 위협 외에도 정치권의 분열과 무질서를 양산했던 공무원 파업을 비롯한 대규모 총파업이 발생하였다. 질서와 안정을 달성하는 것은 다른 어떤 것보다도 중요한 정치적 목표가 되었고, 그 후 수십 년 동안 정부의 최우선 과제가 되었다.

그리하여 제2차 세계대전 후 무정부 상태의 상황에서 가장 유능한 (강력한) 집단이 정국을 장악해 해체될 위기의 연방을 '구원'하기 위해 일어섰다. 그것은 바로 국군이었다.

우누 정부는 여러 직면한 문제들, 특히 내전의 발발 속에서도 존속하였다. 수도와 주요 도시를 둘러싼 촌락 지역은 결국 군대에 의해 십 년 정도에 걸쳐 점진적으로 수복되었지만, 산지와 밀림 지역의 대부분은 1990년대 후반까지 수십 년 동안 공산당, KNDO 그리고 그 외 수많은 반군 단체의 손에 놓여 있었다. 우누는 재임 기간 내내 이 짐을 짊어졌다.

우누는 비동맹 국가 그룹에 가담하여 외부 세계와의 연결을 시도했지만, 그의 관심은 대부분 국가의 거의 모든 문제가 걸려있는 국내 문제에 집중되었다. 제2차 세계대전 당시 폭격으로 인프라는 파괴된 채 복구되지 않았는데, 이는 AFPFL이 즉각적인 정치권력 이양을 선택한 이후 곧장 내전이 발생하여 복구할 기회가 없었기 때문이다. 우누가 영국에 원조와 무기를 요청했을 때, 영국은 미얀마 정부가 영연방 중재를 통해 꺼잉족 문제를 해결하면 자금을 제공하겠다는 조건부 답변을 내놓았다. 우누는 외국 세력의 국내 정치 간섭을 허용하는 조건이라며 이 제안을 거부했다.

그러나 미얀마의 목재, 쌀, 석유, 광업은 전후 몇 년 동안 외국 자본이 절실히 필요했다. 또한, 인프라 손상, 반란, 내전으로 인해 국내 상업도 침체하였다. 하지만, 1950년에 이르러 영연방 국가들과 미얀마 정부 간의 관계가 상당히 개선되면서 영국, 인도, 호주, 파키스탄, 실론 등에서 무이자 대출을 받게 되었다.

국군의 진압 작전의 결과로 촌락 지역이 안정됨에 따라 미얀마 정부는 국가 건설에 중요한 다른 프로그램을 추진할 수 있었다. 대부분의 행정 구조는 영국으로부터 물려받았으며, 전쟁 기간 공석이 되었던 자리를 채울 수 있는 의지가 투철하고 영어 교육을 받은 유능한 공무원이 남아 있었다. 유망한 학자와 학생들은 정부의 후원을 받아 북미, 영국, 호주, 인도 등지의 대학에서 기술 교육을 받기 위해 해외로 파견되었다.

우누 정부는 1955년에 미얀마역사위원회(Burma Historical Commission)를 설치할 여유도 생겼는데, 이 위원회는 국가기록보관소 설립과 국정 교과서 출판을 감독할 권한을 가졌다. 영국 학자, 전직 관리, 선교사 등이 정부의 자문으로 초청되었는데, 그 일부가 이를 수락했다. 국립 경기장, 국립 동물원, 국립 도서관도 설립이 계획되었으며, 이것은 국민국가의 건설이 지니는 세속적 관념을 인식하고 진지하게 채택하고 있다는 사실을 암시하는 것이었다.

동시에 우누는 불교를 후원함으로써 미얀마의 왕권, 권위, 정당성에 대한 전통적 생각에 접근하였다. 불교가 사회주의 원칙과 양립할 수 있다고 확신한 그는 미얀마의 과거와 현재를 다시 연결할 방법을 모색하기 시작했다. 1949년 종교부, 불교포교협회, 빨리어대학 등과 함께 평신도 중심의 불교회의(Buddhist Sasana Council)를 설립하여 국가가 공식적으로 불교를 지원할 수 있도록 종교법원법을 제정하는 한편, 모범적인 불교도 왕인 인도 아쇼카의 전통에 따른 제6회 불교결집(Great Buddhist Council, 역주-불교의 경장, 율장, 논장 등 삼장(Tipitaka)을 정리하는 불경 편집회의 상기띠(Samgiti)를 의미하며, 미얀마에서는 1871년 꽁바웅 왕조의 민동 왕 시대에 만덜레에서 제5회 불교결집을 개최한 바 있고, 지금까지 총 6회의 결집이 이루어진 것으로 알려짐)를 개최했다.[163] 우누의 종교 프로그램은 대중의 압도적인 지지를 받았지만, 이러한 행위는 불교와 그 문화적 상징, 관념, 포교를 자신 또는 자신의 신앙과 문화를 나타낸다고 여기지 않는 특정한 소수 종교 및 종족 공동체를 배제하는 것이었다.

기독교인, 무슬림 그리고 공산주의자들도 국가와 불교의 특정한 과거를 '공식적으로' 연결하려는 움직임에 위기감을 느꼈다. 이러한 연계는 대다수의 미얀마 불교도의 관심을 끌었지만, 불교를 국교로 삼겠다는 잠재적 위협은 이미 소수집단들이 정치적 이유로 미얀마연방에서 탈퇴하겠다고 위협하고 있었던 긴장된 상황을 더욱 악화시켰다. 이미 90%에 가까운 불교 신자가 있는 국가에서 굳이 불교를 국교로 삼을 이유가 없었다. 우누 총리의 이러한 '비이성적' 결정은 질서를 확립하고 국가를 효율적으로 운영하는 데에 있어서 민간인 행정 당국보다 훨씬 월등한 능력을 지녔다고 확신하는 군지휘관들이 모를 리 없었다.

1958년 9월 26일 우누는 네윈 장군과 그의 군대에 일정 기간 정부를 구성하여 '혼란을 수습하고' 이후 민간 정부에 권한을 돌려주도록 요청했다. (이 기간은 나중에 국군이 진행 중이던 특정 군사 작전을 완료할 수 있도록 연장되었음) 네윈 장군은 헌법상 합법적 기간 연장이 되도록 의회의 공식적인 법안 통과를 요구했다.[164]

하지만, 과거 20년간의 군부 지배라는 정서적 맥락에서 1958년의 '관리 정부'는 최근 미얀마 역사를 바라보는 시각에 걸맞은 수정론으로 '쿠데타'라고 불리게 되었다.[165] 우누 자신도 '쿠데타'라고 불렀지만 1962년에 그가 축출된 후 그렇게 언급했고, 당시 그의 모든 공개 발표에 따르면 국군에게 개입을 요청했다는 것은 사실로 드러났다. 쿠데타였든 아니든,

---

163   Taylor, *The State in Myanmar.*

164   D.G.E. Hall, *Burma* (London and New York, 1950), pp. 187-8.

165   Callahan, *Making,Enemies*, pp. 187-8.

민간 정부는 도적이 만연한 촌락 지역과 더불어 범죄가 극에 달한 도시 지역에서도 통제력을 잃고 있었던 것은 분명하다. 그리고 샨족은 1948년 헌법에 따라 미얀마연방에서 탈퇴할 권리를 행사할 수 있는 독립 후 10년이 지났기 때문에 우누에게 승인을 요구하며 압력을 가했을 수 있었다.

그리하여 내무부 장관(연방경찰 책임자)과 국방부 장관(국군 책임자) 사이에 긴장이 발생하면 질서가 무너지고 국가 문제로 커질 위험이 있었다. 우누는 국군과 국민의 존경과 충성을 끌어낼 수 있는 유일한 인물인 네윈 장군에게 '관리 정부'를 수립해 달라고 요청했다.[166] 당시 국군은 질서를 회복할 수 있는 유일한 기관이었다. 따라서 이 대립 상황은 단순한 군부와 민간인의 권력 다툼이라기보다는 미얀마의 오랜 역사를 통해 알려진 뿌리 깊은 공포인 무정부 상태를 막으려는 양측의 열망에서 비롯된 것이었다.

'관리 정부'의 18개월 동안 군부의 영향력은 확산하여 비군사 부문까지 침투했다. 군의 식당/보급소로 출범했던 국군서비스연구소(Defence Services Institute)는 시간이 지나면서 군부를 대신해 은행, 해운사, 백화점, 건설사, 운송 회사 등을 인수하며 대기업으로 성장했다. 나중에는 군 장교들에게 온갖 특혜를 제공하고 공무원이나 민간 부문보다 더 나은 안전과 혜택을 제공하면서 점점 더 많은 남성을 군대로 지원하게 했다.

젊은이들은 경제적 관심을 넘어 유명한 군인 영웅을 우상으로 여겼고, 군대 자체가 바람직한 직업 목표가 되었다. 1950년대 문학은 군인의 경력을 모두가 존경하고 존중하는 고귀한 직업으로 찬양했다.[167] 마침내 1960년 국회가 군부에 부여한 연장 기간이 만료되고 연장 요청으로 발생했던 문제가 진정되자, 군부는 예정된 선거가 계획대로 진행되도록 보장하였고 실제로 선거를 관리하고 진행하여 민간 정부에 권력을 이양하였다.

그러나 우누와 그가 속한 정당이 1960년 선거에서 승리하고 집권하자마자 정쟁과 파벌주의, 촌락 지역의 반란과 강도, 도시 지역의 무법 상태도 다시 시작되었다. 이러한 상황은 1962년 3월 2일 네윈 장군이 쿠데타를 일으킬 때까지 2년 더 계속되었다 (다음 장에서 자세히 설명함). 이 쿠데타로 군부는 총리, 대통령, 대법원장 등을 포함한 주요 정부 장관 50명을 체포했고, 단 한 명의 사상자(들려온 바로는)만 발생하며 민간 정부가 종식되고, 이후 수십 년간

---

166   Taylor, *The State in Myanmar,* p. 250.

167   Michael Aung-Thwin, 'Introduction', in Ma Ma Lay, *Blood Bond,* trans. Than Than Win, ed. Michael Aung-Thwin, University of Hawai'i Center for Southeast Asian Studies Translation Series (Honolulu, 2004), p. 9.

1911년에 완공된 영국령 버마의 최고법원 건물

군부 지배가 시작되었다.

국가가 다시 그 소유자에게 돌아왔고 마침내 외국인 지배로부터 독립했기 때문에 이 시기는 대다수에게 의미가 있었다. 그래서 이 시기를 '의미를 지닌 무질서'라는 말로 표현할 수 있다. 그러나 이 말이 암시하듯이 독립과 동시에 내전이 발발했으니, 절반의 축복이었다. 공동의 적(영국)이 사라지자, 수년간 미얀마 사회를 분열시켰던 균열이 다시 나타나면서 이제 싸워야 할 상대는 오직 자기 자신뿐이었다.

그 어려운 정치 환경 속에서 완전히 낯설고 거의 시도되지 않았던 거버넌스인 의회 민주주의가 도입되었다. 그것은 이해하기 어려웠고, 가장 기본적인 원칙(가령 평등주의와 국민 주권)은 대부분 사람(농부)에게 완전히 이질적인 정치적 개념이었다. 대부분의 국가 역사에서 이에 대한 개념적, 구조적 기초가 없었고, 당시 대부분의 사람에게는 우선순위도 아니었다. 당연히 한 번도 시행된 적이 없던 제도와 이를 실행하기 위해 선택된 사람들은 미얀마 사회의 가장 시급한 문제인 사회 질서를 회복하고 무정부 상태를 극복할 수 없었다. 질서를 회복할 수 있는 물리적, 구조적 수단을 갖춘 유일한 조직은 군대뿐이었다.

군부는 질서를 회복하고 연방의 붕괴를 막고 촌락 지역의 도적과 무법을 막고 도시의 폭력 범죄를 줄였지만, 옛 중국 속담처럼 '말 위에서 지배'할 수는 없었다(역주-원나라가 힘으로 중국을 정복했지만, 군사력만으로 중국을 다스릴 순 없다는 쿠빌라이칸 고문의 조언). 결국 군부는 경제학자, 철학자, 지식인, 행정가가 아닌 군인만으로 구성되었기 때문이다. 물론 국가 운영을 높기 위해 인재들이 영입되기는 했지만, 그 수는 극소수였고, 어쨌든 '전통적'이고 수직적인 후원-수혜 구조 속에서 운신해야 했다. 그 결과 종종 모순된 생각, 방법, 목표가 뒤섞이는 경우가 많았다. 이러한 유산은 2010년 11월 선거가 치러질 때까지 그 후 수십 년 동안 미얀마를 괴롭혔다. 그러나 이전의 패턴이 완전히 종식되었는지 그 여부는 여전히 미지수이다.

제12장 재건과 국가 건설, 1962–2011년

1960년 선거를 주관하였던 미얀마 국군은 1962년 3월 2일 선출된 정부에 약속한 대로 권력을 이양하고 그 권위와 정당성을 인정하였다. 당시 미얀마 사회의 최우선 과제였던 사회적 혼란을 잠재운 군의 통제와 카리스마 있는 능력은 높게 평가되었고 그들에 대한 대중의 정서는 매우 호의적이었다.

이러한 정서는 민간 정부에 대한 일반적인 인식과 극명한 대조를 이루는 것이었다. 대중들에게 민간 정부는 부패하고 힘이 없으며, 규율이 없고 정부 구성원을 거의 통제하지 못할 뿐 아니라 사회 속 불법들을 방치하고 있다고 믿었다. 1950년대 중반 불량 승려들은 일반적으로 사회에서 자신들의 명예로운 지위를 남용하고 스스로가 법이라 주장하며 강간, 살인, 내부권력 다툼, 마약 밀수 등의 폭력 범죄를 저질렀다.

다시 말하자면, 이는 민간 정부가 법질서의 회복에 있어서 적합하지 않음을 의미하였고, 1960년 이후 국군은 권력 유지를 정당화하기 위하여 이를 이용할 수 있었다. 그러나 군은 그것을 문제 삼지 않고 민간인에게 권한을 돌려주었다. 되돌아보면 당시 이는 너무 이른 시기라 여겨졌으나, 불과 2년 만에 국군이 (이번엔 환영받지 못한) 쿠데타를 일으켰고 혁명위원회(Revolutionary Council)라는 이름으로 통치권을 쥐게 되었다. 12년 후, 그들은 민간 정부 수립이라는 그들의 궁극적인 목표를 성취하였고, 그로 인해 버마사회주의계획당(BSPP, Burma Socialist Programme Party)이라는 단일 정당이 이끄는 민간 정부가 수립하였다.

그러나 이는 인력 분배와 통제 측면에서 완전히 민간 정부도 아니었으며, 법의 원칙과 구조 측면에서 군사 정부도 아니었다. 1988년 무정부상태와 무질서가 분출될 때까지 그 혼합적 형태는 유지되었고, 이러한 상황이 전국으로 확산하면서 국군은 다시 한번 통치권을 장악하고 23년 동안 이를 유지하였다.

마침내 2011년 1월, 정부의 법적 권위는 다시 한번 공식적으로 선출된 민간인으로 구성된 '의회' 즉 흘룻도로 돌아갔다. 그 후 두 달이 지나자 선출된 흘룻도 의원들은 의회에 자리를 잡았고, 2011년 3월 30일, 권리 이양의 장을 관리하고 마련해 준 국가평화발전위원회(SPDC, State Peace and Development Council)로 알려진 이전 군부는 (1958년 '과도정부'가 그랬듯이) 공식적이면서도 합법적으로 해산하였다. 이 장에서는 1962년 3월부터 2011년 5월 사이에 일어난 사건들을 중점으로 다루어 볼 것이다.

1962년 쿠데타

1962년에 일어난 쿠데타는 주로 내부적 요인도 있었으나 몇 가지 외부적 요인에도 발생 원인이 있었다. 샨족과 꺼야족 두 소수종족에 의해 위협받는 연방 보전의 필요성을 군부는 그 이유로 내세웠다. 소수종족들은 1947년 헌법에서 허용했던 10년 후 연방 탈퇴 권리를 내세웠다. 1948년 연방 가입 대가로 아웅산은 개인적으로 그들과 이러한 거래를 했다. 당시에는 그것이 실현 가능할 것처럼 보였다. 그러나 1962년 그 문제는 결코 해결되지 못했을 뿐만 아니라 연기되면서 결국 국가 존립의 위협 요소로 자리 잡았다. 국가 지도자 중 한 사람이자 아웅산의 계몽가(torchbearer)였던 네윈 장군은 성립 과정에 일조했던 연방이 단순히 해체되는 것을 지켜볼 수 없었기에 결국 쿠데타를 일으켰다.

이른 아침 사태 발생 이후 군부는 공식 보도 자료를 내놓았다. 이전 정부의 정책들은 연방 수호에 실패했다고 주장하면서, 실질적인 연방 보존 정책을 시행하는 것이 군의 진정한 책임이자 지속적인 관심사라고 설명하였다. 이와 관련하여 군부는 전 총리가 샨족과 꺼야족에게 유화책을 펼쳤다고 생각하였다. 군부의 지역 지휘관의 관점에서 보면, 양공은 중앙 권력을 약화하는 과도한 자치권을 소수종족에게 부여하여 변방 지역에 대해 '유화적'이었다.

또한, 군부는 소수종족의 영토가 독립하게 되면, 그곳이 외세의 후원과 간섭을 받게 되면서 결국 국내 문제에 영향을 미칠 것이라 우려하였다. 제1차 영국 · 미얀마전쟁 때도 비슷한 경험이 있었으며, CIA의 지원을 받아 중화인민공화국에 대항해 내전을 벌인 뒤 미얀마의 외딴 국경 지역으로 피신한 국민당(KMT, Kuomingtang) 세력도 그런 경우였다.

한국, 라오스, 베트남에 대한 미국의 개입은 새로운 세계 강대국들이 공산주의 국가, 특히 중국과 북한과 접경하는 국가들에 주목하고 있음이 분명했다. 그러나 14년 넘게 자국민을 상대로 내전을 벌여온 미얀마의 전투에 지친 군인들에게 민간 정부는 대내외적인 위협으로부터 이 나라를 보호할 전략적인 선견지명, 정치적인 의지, 능력이 없는 것처럼 보였다.

특히 인구의 90%가 이미 불교 신자임에도 불구하고 불교를 국교로 만들려는 우누의 노력은 군의 눈에 매우 거슬렸다. 이는 변방 지역의 기독교 소수종족과 이미 무장봉기 중인 다른 소수종족에게 자치와 분리의 추가적인 명분을 제공함으로써 그들을 더욱 자극한 꼴이 되었다. 결국 우누의 제안은 의회에서 부결되었지만, 그는 상황을 악화시켜 버렸다.

제6차 불교결집대회 개최와 함께 8만 개의 모래 사원(sand pagoda)과 세계평화사원(World Peace Pagoda)을 건립한 우누의 액막이 '해결책'은 국가 입장에서는 큰 공을 세웠다고 할 수 있을지 모른다. 그러나 변방 지역의 강도 행위와 도시의 높은 범죄율 등 국민 통합의 문제를 해결할 노력이 부족함에 따라 사회 전반적으로 더 이상 견딜 수 없게 되었다.

마지막으로, 군부 측 전략가들은 마침내 현재 상황이 단지 민간 정부, 정부 인사 또는 정책의 문제가 아니라 시스템 자체가 잘못된 것임을 확신했다. 군부는 의회 정부(그리고 일반적인 연방제도)가 중앙의 힘을 약화하고 지방자치를 장려하는 경향이 있기에 내재적으로 구조적인 약점을 가진다고 생각했다. 당시 미얀마의 상황을 생각해 보면, 강력한 중앙정부 수립을 통해 그런 활동을 억제해야 할 시기였다.

여기에 더해, 특수한 이익집단, 개인적 경쟁 및 당파적 정당 정치는 본질적으로 취약한 시스템을 더욱 약화시켜, 정치인들이 결국 큰 공동체에 해를 가하게 되는 자신의 이익을 위한 일을 할 수 있게 하였다. 당시 양공 외곽의 현실 세계와 동떨어진 수도에서 의회 게임을 '즐기는' 민간인 장관들이 국가의 조각들을 하나로 묶는 연결고리가 얼마나 빈약한 것인지 깨닫지 못한다는 사실을 군부에게 그대로 보여주었다.

쿠데타 발생의 이유와 원인이 무엇이든 간에 최종 분석을 하자면, 제2차 세계대전과 독립 이후 사회의 무질서가 군부에게 권력을 주었고 미얀마 사회에서 없어서는 안 될 요소로서 그들의 '평판을 상향'하게 하였다. 1950년대와 1960년대 초 '혼란 정돈'의 성공, 법적으로 허용된 시간이 되어 시민들에게 권력을 다시 넘겨주는 프로 정신 그리고 그들의 통치로 되찾은 전반적인 사회질서 등으로 대중들의 군부에 대한 총체적인 평판과 신뢰로 인하여 1962년의 쿠데타에 반대하는 모습이 거의 없었다.

쿠데타에 저항하는 폭동이나 시위가 없었고, 외교 관계를 단절하거나 미얀마에 파견된 대사를 본국으로 소환하는 나라도 없었다. 어떤 국가 원수도 주미얀마 대사를 소환해 그들을 견책하지 않았으며 국가에 어떠한 경제 제재를 가하지도 않았다. 실제로 인도, 태국 등 동남아 국가들의 일부 언론은 당시 이러한 사건에 박수를 보냈으며 아무도 쿠데타를 비난하지 않았다. 반공주의자들도 이번 쿠데타가 미얀마와 인근 인도차이나 지역의 공산주의 성장을 살피는 데 유리하다 생각했다. 사람들 대부분은 국가의 가장 중요한 관심사인 개인과 대중의 안전과 국가 통합을 위하여 군부가 최선이자 유일한 해결책이라 생각했다.

쿠데타 이후 네윈 장군과 그의 지휘관들은 AFPFL이 지배하던 민간 정부를 명확한 명령 체계를 갖춘 '혁명위원회'(Revolutionary Council)로 대체했다. 그리고 1962년 7월 4일 모든 참여 정치가 이루어질 수 있도록 단일 정당(BSPP)이 창당될 것이라고 발표했다. 다른 모든 정당은 1964년 국가연대보호법에 의거하여 해산되었다.[168]

실제 경험은 상당히 다를 수도 있는 새로운 권력자들은 이전 민간 동료들과 많은 관계를 맺고 있었다. 새 지도자들은 공산주의자, 꺼잉족 반군, 다양한 무장 세력들과 싸웠던 전투 경험으로 다져진 군인들이었고, 그들의 선배들은 BIA의 일원으로 독립 투쟁을 위해 최초로 영국에 대항했던 사람들이었다. 전후 미얀마군의 명성은 미국 독립 전쟁 이후 조지 워싱턴의 군대나 인접한 베트남에서 프랑스군을 패배시킨 월맹군(Viet Minh)과도 매우 유사했다.

아마도 미얀마 국군은 네윈 장군이 지도자로서 자격이 있다는 것을 알고 있었을 것이다. 그는 국가를 위해 싸웠고, 1949년 꺼잉족 반군으로부터 수도를 지켰으며, 국부 아웅산의 신뢰를 받는 부관이자 선전가였으며, 아웅산 암살 이후에도 군대와 함께했다. 그들의 관점에서 네윈은 다시 한번 국가를 분열로부터 '구원'한 존재였다. 그는 베트남의 얍(Giap, 역주-일본, 프랑스, 남베트남과의 전쟁에서 탁월한 전략으로 늘 승리를 거둔 것으로 유명함) 장군과 유사한 미얀마인이었다. 다시 말해, 이 특정한 집단의 군부 지도자들과 1962년의 쿠데타는 미얀마 문화와 역사가 규정하는 정치적 정당성을 가지고 있었다.

신정부가 들어선 뒤 3개월 동안 대부분의 삶은 크게 달라지지 않았다. 그러나 점차 녹색 군복을 입은 남성들이 새로운 정치 엘리트가 될 것이라는 사실이 시민들에게 분명해졌다. 제2차 세계대전 이후 이미 대중들에게 친숙한 군사적 가치, 행동 및 의례는 군 경력으로 위신, 지위, 권력이 연계되면서 미얀마 국민의 의식 속으로 더욱 깊이 침투되었다.

다양한 출신의 엘리트들은 새 정부에 협조할 것인지 아니면 반대로 발생하는 사회경제적, 정치적 결과를 받아들일지 결정해야 했다. 일부 사람들에게 그 결정은 그리 어려운 일이 아니었다. 왜냐하면 전통 시대 왕들이 역대 군주를 섬겼던 경험 많은 장관들을 그대로 임명했던 것처럼 네윈도 많은 전직 공무원과 노련한 정치인들을 자신의 새로운 정당에 영입했기

168　Robert H. Taylor, *The State in Myanmar* (Honolulu, HI, 2009).

때문이다. 특히 우누 정권에서 소외됐던 사람들은 합류를 결심했고, 지난 정권의 책임자였던 사람들은 불참을 선택했다. 군부는 주요 역할을 했던 정부 기관들을 해체했으며 그로 인해 일부 지식인들은 해외로 이주하였다.

우누는 결국 가까운 동료들과 함께 나라를 떠났으며 군사 정권이 빨리 종식되기를 바랐다. 태국에 망명정부를 수립한 그는 쿠데타로 피해를 입은 사람들을 모집했다. 심지어 그는 자신의 대의명분을 위해 기금을 모으고자 미국으로 갔다. 한 번은 일리노이대학교(Illinois University)가 소재하는 어바나(Urbana)에서 열린 공개 강연에서 '한 손에는 소총(rifle), 한 손에는 민주주의'를 외치며 군사정부 타도를 선언했다.

1947년 헌법에 따라 의사소통 수단으로 '종족 국가'(ethnic states)에 설치되었던 사법부, 입법부 및 지역 평의회는 모두 사라지고, 노련한 관료들을 위한 몇몇 자리만 남았다. 이러한 핵심 기관의 권한은 모두 의장인 네윈과 혁명위원회에 이양되었다. 1962년에서 70년 사이에 중공업, 비즈니스, 은행 및 기타 분야의 국유화는 그런 경제 기업에 종사하던 미얀마 출생 인도인, 중국인 및 소수종족이 타지로 다른 삶을 찾아 떠나는 집단 이주를 유발하였다.

꺼잉족 출신뿐만 아니라 다른 공동체를 포함하여 '서양인 혈통'이 섞여 있다고 호주 이민국에 증명할 수 있는 사람들은 그곳으로 이주했다. 또한, 군부 통치하에서 자신들에 대한 배려와 우선권이 제공되지 않을 것이라고 확신한 사람들은 인도와 심지어 런던으로 건너갔다.

그러나 당시 인구의 거의 80%를 차지하였던 엄청난 수의 경작자(또는 어떤 식으로든 토지와 연관이 있는 사람들)는 군부 통치의 즉각적인 영향을 받지 않았고, 오히려 그들의 삶은 시간이 지날수록 훨씬 나아졌다. 왜냐하면 정부는 도시 지역과 그 주민들에게 덜 집중하는 대신에 미얀마의 촌락 지역과 농민들에게 먼저 더 신경을 썼기 때문이다. 실제로 쿠데타는 미얀마인 대부분의 삶을 즉각 변화시키지 못했다. 그러나 그 후 혁명위원회가 미얀마 사회를 더욱 철저하게 변화시키려 했기 때문에 큰 변화가 발생하였다.

그들의 첫 번째 목표는 국가 지위를 보호하기 위해 그 통제력을 더욱 효율적으로 장악하는 것이었다. 둘째로, 사회 속의 주요 약점, 특히 도시 범죄와 촌락 지역의 무법과 도적 행위로 인해 국가가 직면한 사회경제적 불안정 요소를 파악하고, 그것을 제거하는 것이었다. 셋째로, 부패와 과도한 지방 분권으로 비효율적인 정치 환경에 주목하였다. 이후 몇 년간 새로운 법률이 제정되어 정치적으로 정부에 반대하는 것을 불법화하면서 정치인들과 활동가들은 자신들의 입지가 좁아지고 있음을 깨달았다.

특별히 군부는 정부가 공식적으로 평신도 주도의 불교위원회(BSC, Buddha Sasana Council)와의 연계를 금지하여, 그로 인해 '불교 교단'과 국가 간의 전통적 친숙 관계를 유지하려던 우누의 시도는 뒤집어졌다. 교육 및 문화 기관들은 정치 선동의 중심이었기 때문에 혁명위원회의 관리 및 감시하에 놓였다.

네 번째 정책은 미얀마를 외부(특히 서구)의 가치, 문화, 정치와 거리를 두게 하려는 것이었다. 미얀마어는 항상 그랬듯이 정부와 교육의 공용어가 되었다. 비교적 적은 수의 사람만이 영어 교육을 받았고 정부 일에 참여하였다. 따라서, 반서구 정책을 둘러싼 많은 부정적 성향은 독립 전과 직후 특권의 지위를 누렸던 영어 사용 중산층 엘리트들의 두드러진 생활 양식과 태도를 표적으로 삼은 것이었다.

심지어 버스의 번호도 미얀마 문자로 다시 바뀌었고 유명한 식민지 역사가인 아서 페이어경의 이름을 딴 페이어 거리와 영국령 인도의 총독 달루지경의 이름을 딴 달루지 거리와 같은 영국 관리들을 기리는 거리 이름은 유명한 미얀마 역사 인물들의 이름으로 교체되었다. 예를 들어, 윈저로(Windsor Road)는 미얀마 역사상 유일한 여왕의 이름을 딴 싱소부로(Shin Saw Bu Lan)로 개명되었다.

미얀마 문화의 부활을 위한 또 다른 노력으로 국가문해위원회(National Literacy Commission)가 설치되고, 미얀마어의 사용을 장려하였다. 국립언어위원회(National Language Commission)도 미얀마의 문학적 능력, 번역 및 교육을 촉진하기 위해 노력하였다. (실제로 1971년 미얀마는 UN 문해상을 수상하였음) 또한, 그들은 국어 사전 편찬을 맡기도 했다. 영어는 비록 유치원 과목으로 전락하긴 했지만, 현재 우리가 보고 있는 결과를 만든 이전 세대들의 교육과 세계관에 영향을 주었다. 영어가 수년 동안 고등 교육 단계에서 필수 과목이었지만, 미얀마에서 잘 사용되지 않는다.

이 모든 정책은 미얀마 문화와 전통의 '순수성'와 영광을 부활시키고 굴욕적인 식민지 과거를 거부하고 잊기 위한 시도였다. 우누 재임기 엘리트들은 영국적 가치, 세계관, 인식을 가진 '협력자'인 식민지화된 계층과 연합하였다. 당시 마마레(Ma Ma Lay, 역주-20대부터 '자네쪼'라는 신문의 발행인(그녀의 필명인 '자네쪼'가 여기서 유래함)이자 소설가로 미얀마에서 널리 알려진 여성 문학가)의 매우 인기 있었던 소설인 몽유웨머후(Mon Ywei Ma Hu, '미워서가 아니야')에서 그려진 주요 악역이었던 우소항(U Saw Han)이란 인물이 바로 그들의 모습을 전형적으로 보여주었다.[169]

혁명위원회가 제시한 진정한 애국적 비전은 '부패한' 서구 문화가 아닌 미얀마 문화에

---

169   Ma Ma Lay, *Not out of Hate: A Novel of Burma*, trans. Margaret Aung-Thwin(Athens, OH, 1991).

서 비롯된 일상적 경험을 나누는 것이었다. 미스미얀마를 뽑는 대회를 포함하여, 서양식 미인대회, 음악/댄스 대회, 복장과 '남사스러운' 대중 공연(경마와 도박)이 금지되어 많은 젊은이는 실망했을 수도 있다. 극단적인 조치로, 미얀마 정부는 가능한 외부의 서구적 영향력의 흔적과 전달 매체를 모두 제거하기 위해 아시아재단이나 풀브라이트(Fulbright) 장학금 프로그램 같은 외부 기금을 배척하기도 했다.

그러나 정부는 외부 요소를 거부하는 동시에 '현대적'이고 '혁명적'인 국가를 건설하고자 하였다. 아마도 그들은 비슷한 시기 중국의 사례를 통해 자신들도 외국의 원조나 영향력 없이 그것을 이룩할 수 있으리라 믿었을 것이다. 즉, 내부 및 외부, 군사 및 (실제이든 상상된 것이든) 문화적 위협은 모두 제거되었다. 군부는 자신들이 1942년부터 '진정한' 독립을 위해 투쟁해 왔으며 20년이 지난 후에도 여전히 그렇게 하고 있다고 믿었다.[170]

BSPP와 미얀마식 사회주의

1974년 3월 2일, 1962년 쿠데타 12주년을 맞이하여 '민간' 정부의 제도화를 위한 새로운 공식 기구가 출범하였다. 이는 연방의 결속을 심각하게 약화시킨 조항을 가진 1947년 제정된 헌법의 '탈중심적 연방주의'를 적절히 삭제한 새로운 헌법에 기초한 것이었다. 1974년 헌법은 BSPP라는 유일 정당이자 대중적 조직이 지배하는 (재정적, 행정적, 정치적 측면에서) 중앙으로 권력을 돌려놓았다.

그 구조와 원칙은 동유럽/중국 사회주의 국가 모델을 기반으로 미얀마식 사회주의라는 자신들만의 이념을 수반한 것이었다. 서론에서 언급한 바와 같이, 이러한 이념은 마르크스주의로부터 영감을 받고, 레닌주의에 따라 구현하였으며, 목표 대상은 불교도였다. 그것은 국민의 물질적, 정신적 안녕을 동시에 이롭게 하는 이념이었다. 이러한 여러 행동과 그것을 합리화하려는 생각은 특히 식민지주의의 트라우마를 겪은 동남아의 모든 신생 독립 국가들이 겪고 있는 국가 정체성의 모색 등 그 당시 국가를 괴롭히는 더 큰 우려에 반응한 것이었다. 또한, 혁명위원회와 BSPP 정부는 사람들의 심리적 (사회적, 문화적, 종교적) 요구를 상당히 잘 다루었지만, 결국 그들은 가장 중요한 사람들의 물질적 요구를 적절히 공급하는 데에 실패했다.

---

170   Michael Aung-Thwin, '1948 and Burma's Myth of Independence', in *Independent Burma at Forty Years: Six Assessments*, ed. Josef Silverstein (Ithaca, NY, 1989), pp. 19-34.

초기 BSPP는 과거 도버마어시어용과 연결되어 있던 정치인, 활동가, 지식인의 마음을 움직였는데, 새로운 정당의 비전과 방식들이 그 신참자들의 본래 정치 활동에 참여하도록 영감을 주었던 전쟁 전의 사회주의적 가치를 일깨워 주었기 때문이다. 과거 도버마어시어용과 어떤 이념적 연결 고리를 가지고 있었던 BSPP는 자신들의 정치적 성향을 보다 명확하게 하고 싶었는데, 외국 정부에게 공산주의자로, 시민들에게 반종교주의자로 낙인찍히는 것을 피하고자 하였다. 대부분의 미얀마인은 이러한 뉘앙스를 몰랐을 수도 있지만, 당원들은 특정한 사회경제적 원칙에 따라 사회에 참여하고 그들이 살고 있는 곳의 문화적 배경을 고려하는 것이 중요하다고 느꼈다. 이를 위해 BSPP는 특정 계층이 아닌 모든 지역 공동체가 참여하고 이익을 얻을 수 있는 국가를 만들기 위해 혁명을 꾀하였다.

당 지도자들은 정부의 노력으로 온 국민이 혜택을 받을 수 있는 유일한 방법으로 그들 모두를 이 과정에 포함시키고자 했다. 촌락 인구가 국가의 대부분을 차지하고 궁극적으로 진정한 '전통의 수호자'로 여겼기 때문에, 정부는 식민지와 탈식민지 직후의 정부들이 우선순위에서 배제하였다고 생각하는 농민에 초점을 맞춘 프로그램을 만들기 시작했다.

산업과 제조업 (및 외부 근대 세력) 분야에서 농민과 농업 (및 내부의 역사적 세력) 분야로 초점이 바뀌었다. 정부는 농업 부문에 경제 투자 및 자원과 기반 시설 개발을 꾀하는 일련의 계획을 설계했다. 이와 함께, 네윈(또한, 이전의 우누)은 농민과 미얀마 역사와의 연관성을 재정의하는 식민지 시대 이전의 리더십, 권위, 영성을 부활시켜 의회 민주주의가 도입한 현대적 정당성의 개념을 선점하였다. 농경 촌락 사회를 선호하는 이러한 가치를 갖고 행동했던 26년 동안 상업적인 도시 사회를 소외시킨 것은 미얀마에 엄청난 정치적, 경제적 반향을 일으켰다.

농민에 초점을 맞춘 것은 접합이 느슨한 사회를 통합하기 위한 매우 큰 프로젝트 중 하나였다. 우누 정부는 분명한 종족 공동체로 인정받기를 원하는 소수집단의 주장을 받아들여 평등의 유화 정책을 채택하고자 노력했지만, 그런 입장은 BSPP가 추구하는 국민주의에 역효과라 할 수 있는 언어종족적 성향으로 측정되는 차이의 개념을 오히려 강화시켰다. BSPP는 종족 정체성이 아닌 평등한 지위, 의료 및 교육으로 정의되는 전혀 다른 공동체를 추구하기 위해 정치적 논의로서 종족성을 중화시키려 했다.

정부는 좀 더 문화적 감수성을 가진 시민을 양성하기 위해 그런 공동체와 관련된 다른 개념을 개발하고자 노력했다. 새로운 국가종족발전아카데미(Academy for the Development of National Groups)에 다녔던 미얀마인들은 미얀마의 문화적 경험의 일부로 포함되는 광범위한 상징, 공연, 예술을 배웠고, 이후 이러한 생각을 전파하기 위해 변방 지역으로 파견되었다. (국기에 그려져 있는) 벼 줄기, 낫, 기계 장치와 같은 상징들은 종족 중심이 아닌 국가의 새로운 개념을 나타내기 위해 사용되었다. 이러한 국가 정체성 제고를 위한 노력의 중심에는 미얀마 국(Myanmar Pyi, 미얀마의 '국가')의 많은 종족집단을 초월하는 것에 있다.

국가 통합을 촉진하는 공공 행사 또한 정부의 후원을 받아 국가의 불교 유산 및 문화적 전통과 연결되었다. 처음 혁명위원회가 집권할 당시 공식적으로 불교에 대한 국가의 후원을 중단했고 BSC를 해산시켰다. 이는 오랫동안 군주를 괴롭혔던 국가 차원의 종교 후원에서 빚어진 경제적 결과를 알기 때문일 수도 있다. 그러나 이제 군주제는 고려할 요소가 아니고, 국가의 정당성이 교단의 '보증'에 전적으로 의존할 필요도 없기에, 혁명위원회는 국가에서 '교단'을 순전히 분리하기를 원했을 수도 있다. 또한, 그런 정책은 소수집단이지만 불교도가 아닌 종족 공동체의 관점에서 보면 국가의 지위를 약화시키는 것으로 파악했다.

상가를 통제하려던 정부의 노력은 승려들이 (그들의 맹세와는 달리) 세속적인 정치 문제에 간섭하면서 1965년, 1969년, 1974년 두 집단의 대립 구도를 가져왔다. 그러나 상가를 '야당'이 아닌 동맹자로 삼는 것이 정부로서는 훨씬 더 현실적이고 현명한 입장이었다. 그래서 1980년에 이르러 정부의 공식적 태도가 바뀌기 시작했다. 그것은 '제1차 불교 신앙의 정화, 영속 및 포교를 위한 상가의 종파 집회'를 후원함으로써 시작되었다.

그 당시 상가는 청렴을 유지하기 위한 규칙과 절차를 담은 자체적인 새로운 상가 헌법을 제정하였다. 또한, 그것은 국가의 세속적인 행정에 근거하여 새로운 조직을 구성했는데, 작은 마을 단위의 수도원과 그 수도승들을 최고위원회의 승려들과 연결하는 것이었다. 개정 후 네윈은 (고대 국왕들의 전통에 따라) 약 14,000명의 죄수를 석방하였고, 망명자 우누와 같은 전직 정치범들의 고국 귀환을 조치하였다. (우누는 자신의 '망명정부'와 군부 타도를 위한 모금 활동이 무산되자 이 조치에 응했다. 그는 돌아와서 삼장(Tipitakas)의 방대한 책, 즉 상좌불교의 경전을 영어로 번역하기 시작했다.)

새로운 전국상가마하나야카위원회(National Sangha Mahanayaka Council)는 공식적으로 인정된 종파의 업무 관할, 회원의 등록 및 승려의 교육, 훈련, 품행에 대한 표준적인 규범 관리의 목적을 위해 설립되었다. 몇 해 지나 박사 과정을 포함하는 불교선교대학(Buddhist Missionary University)이 설립되어, 타국의 불교 진흥을 위해 해외에서 온 승려들을 교육하게 되었다. 이런 계획 중 다수는 불교를 국가 문화로 보존하기 위해 강한 사명감을 갖고 노력한다는 인상을 심어주었다. 일부 학자들은 (이전 우누와) 네윈 장군의 이러한 행위는 미얀마 불교 왕권에서 비롯된 정통성과 권위라는 전통적 개념을 상기시키기 위한 것이라고 주장한다.

또한, 정부는 동남아의 다른 국가에서 한동안 수행해 왔던 공공역사(public history) 육성이라는 문화 캠페인을 공표했다. 그것은 국민의 이목을 끌기 위한 것으로서, 공간과 과거를 공유한다는 유대감을 갖게 하는 대국 건설 프로젝트의 일부였다. 미얀마에서는 공공역사는 단순히 인구 대부분을 포용하기 위해 불교의 과거를 선택하였다. 그러나 다른 국가와 마찬가지로 국가적 이야기에 맞지 않는 특정 서사와 경험, 또는 이 공공역사 프로젝트에서 주요 집단(농민)만큼 두드러진 위치를 차지하지 못한 특정 소수집단과 종교 공동체는 제외되거나 간과되었다.

공공역사 측면에서 농민 집단에 집중하는 것은 불교 상가의 후원이 군주에게 있었던 것처럼 BSPP에게도 정말 중요한 일이었다. 두 '수혜자'들은 모두 국가 이념의 핵심 요소였다. 즉, 전통 시대의 국왕은 승려의 보호자, 옹호자, 정화자로서 정통적이라고 인정되었으며, 사회주의 정부는 농민 계층을 보호하고 지원하면서 합법적인 존재가 되었다. 미얀마식 사회주의는 그 배후에 있는 이념이었다. 국가가 식민지 이전 상가와 20세기 농민/농업 분야에 지속해서 지원했던 재정 구제가 궁극적으로 국력 약화를 초래했다는 사실은 흥미롭다.

국내 정책에서 농민에게 우선순위를 부여한 것은 실용적인 측면을 위한 것이기도 했다. 국가는 지방의 마을과 농업 부문에 집중함으로써 경제적으로 이들을 더 잘 관리할 수 있었고, 원거리 촌락 공동체를 보다 직접적이고 효과적으로 국가 행정 속에 통합할 수 있었다. 1974년 선거 기간 동안 정부 대표들은 농민을 방문하였고, 그들은 국가, 지방, 중앙 행정을 직접 연결할 수 있도록 마을 안전행정위원회(SAC, Security and Administrative Committees)를 설립했다. 마을 단위의 SAC는 당시 관료 구조를 어느 정도 개인 관계로 발전시킨 군인들이 주재하였다. 또한, 국가와 공적인 업무를 수행할 때마다 농민과 경작자가 참여할 수 있는 마을 단위의 혁신이었던 인민입법의회(People's Councils)와 인민법원(People's Courts)이 있었다. 요약하자면, 지금까지 고위 관료의 전유물이었던 절차와 개념이 촌락 공동체에 도입된 것이다.

그래서 1962년 이후 미얀마 농부들은 국가 프로그램에 그 어느 때보다 적극적으로 참여하게 되었다. 그들은 중앙 정부에서 온 많은 고위 관리와 접촉했고 국가 운영 방식에 자신들의 목소리를 냈으며 지방 의회, 법원 및 선거에 관여하였다. 그들은 수확물에 중과세가 부과되지 않을 정도의 경작지만 임대하였다. 농민들은 마을 토지위원회의 승인을 받아 매년 같은 구획을 유지할 수 있었다. 농민들은 그 땅을 다른 사람에게 팔거나, 저당 잡히거나, 임대할 수 없었지만, 생산물을 관리하고 원하는 것을 팔 수 있었다.

정부의 농민권리보호법(Peasants' Rights Protection Act)은 임대료를 내지 못하는 농민들의 토지 압류를 금하였다. 이것은 식민지 시대에 미얀마 농민이 땅 대부분을 인도인 대부업자에게 빼앗겼던 사실에서 비롯되었을 수 있다. 국가는 농민들의 생산물 일부를 국가에 팔 수 있게 하였다. 그러나 BSPP가 이런 식으로 농민들을 경제적 파멸에서 구원해 주는 기본 원칙을 고수하는 동안 나머지 국가 경제 부분은 무너져 내렸다.

1980년대 후반, 네윈과 그의 내각은 자신들의 정책이 국가 경제의 모든 분야를 공평하게 관리하지 못한다는 것을 깨닫기 시작했다. 정부는 지출 면에서 대체로 검소했으나 국가의 기본적인 서비스를 유지하기 위한 새로운 수입원을 창출할 능력은 거의 없었다. (이념 및 안보상의 이유로) 과도한 과세로부터 농민을 보호하려고 했던 BSPP의 정책은 결국 국가 세수 증대에 타격을 가했다. 1980년대 중반 정부는 농민들에게 무지 싼 가격으로 공급하던 비료를 구매할 자금이 없었다.

1985년 화폐 통용 폐지 결정은 많은 사람들을 비탄에 빠트렸다. 이에 대한 보상이 불충분했을 뿐 아니라 애당초 정부의 재정 관리에 대한 신뢰도 부족했기 때문이다. 더욱이 1981년과 1987년 사이에 쌀과 목재 가격이 51퍼센트 하락하면서 농민과 촌락 지역의 사람들이 가장 큰 영향을 받았다. 1962년 직후 생겨난 암시장을 더욱 효과적으로 제한하려는 정부의 결정은 도시 거주자들에게 영향을 끼쳤는데, 이것은 엄격한 단속으로 인해 특정 '필수' 상품에 대한 접근이 차단되었기 때문이다.

국가 경제가 위기에 처했다는 사실을 뒤늦게 깨달은 네윈은 BSPP 중앙위원회의 특별 회의를 소집해 개혁 방안을 마련하라고 요구했다. 그러나 때는 너무 늦었으며 방안도 미비했다. 당시 회의를 통해 거의 아무것도 얻지 못했고, 사람들은 연이은 화폐 통용 정지를 우려하여 다음 날 아침 은행 앞에 줄을 서기 시작했다. 한 신문은 즉시 소문을 부인했지만, 다음 날 정부는 다시 화폐를 통용 정지시켰고, 이에 항의하고자 시민들은 거리로 나섰다. 미얀마는 외국 채권 지불 기한을 지키지 못해 유엔으로부터 최빈국(Least Developed Country) 지위를 부여받아 집단적 자존심에 큰 타격을 입게 되었다.

1988년과 미얀마 국내 문제의 대외 확산

미얀마 '위기의 해'

1988년 사건들의 역사적 기록과 그 결과들은 여전히 객관적인 연구를 기다리고 있다. 당시의 역사를 얘기할 때, 다음의 (이런 사건들이 일반적으로 미얀마 역사의 궤적을 형성하는 방식에 더욱 관심을 끌게 하는) 개요만으로 충분하다.[171]

---

[171] 마웅마웅(Maung Maung) 박사의 저서 *The 1988 Uprising in Burma* (New Haven, CT,

　　모든 일은 1988년 3월 12일 현지의 보통 찻집에서 시작되었다. 당시 라디오에서 현대 록 음악을 틀 것인지 아니면 전통 미얀마 음악을 틀 것인지를 놓고 동네 청년들과 대학생 간에 다툼이 벌어졌다. 찻집은 양공공과대학 인근에 있었으며, '지역인과 대학생'(town and gown) 사이에 긴장감이 이미 팽배했다. 이 사건으로 한 학생이 다쳤다. 경찰은 범인을 체포했으나, 정부 관계자와 인맥이 있다는 이유로 풀려났다. 이튿날 체포된 청년이 석방됐다는 소식이 돌기 시작하자 한 무리의 학생들은 거리로 나와 경찰의 대처에 항의했다. 경찰이 쏜 총에 시위대 학생 1명이 사망하였고 사태는 확대되고 있었다.

　　도시 내 다른 지역 학생들은 사건 관련 불만의 여부와 관계없이 반경찰과 반정부 성격을 띠는 시위에 참여하기 시작했다. 경찰 보고서에 따르면, 방화, 공공 기물 파손, 약탈행위가 일어나자, 진압경찰이 양공공과대학 캠퍼스를 포위한 후 진입하였다. 한편, 군은 양공인문과학대학(역주-현 양공대학교)의 메인 캠퍼스를 포함한 도시의 여러 지역에 파견되어 있었으며, 미확인된 보고에 의하면 거의 283명이 사망했다고 한다.

　　국제 언론은 위와 같은 사건을 다르게 해석하였는데, 이는 주로 시위대를 옹호하는 견해였다. 정부 보고서에 따르면, 잠겨있던 경찰차 안에서 41명의 학생이 질식해 사망했으며, 학생, 시위대, 정치 망명자, 언론인, 운동가들의 또 다른 증언에 의하면 상당히 더 많은 사상자가 나왔다고 한다. 같은 사건에 대한 다른 견해들과 언론이 포착한 '직접 겪은' 다양한 기사들은 상황을 복잡하게 만들었고 미얀마의 사정을 국제적으로 여실히 드러냈다.

　　비록 일부 지역 청년들 사이에서 비롯된 싸움이었지만, 그것은 점점 걷잡을 수 없이 확산하였다. 국내외 운동가들도 가세하였으며 직접 관련이 없는 해외 단체들도 동참하기 시작했다. 그들이 소속된 단체는 '글로벌' 틀 속에 있었기에, 찻집에서 비롯된 단순한 사건은 미얀마의 '정권 교체'를 위한 국제적 성전이 되었다. 양공의 폭력 사태는 비슷한 경제적 요인에 영향을 받아 다른 도시로 확산되었다. 불안정을 더욱 가중시키는 것은 행동 방침에 대해 국가 지도자들도 분열되었다는 인식이었다. 1988년 7월 23일 네윈은 자신과 BSPP의 중진들이 사임할 것이라 발표하였다. 이는 단순히 학생들의 불만과 사회경제 정책을 해결하는 것보다 정치 체계 전체를 바꿈으로써 '야당'에게 실행 가능한 선택지가 생겼다는 인상을 남겼다.

　　네윈은 BSPP 의회에 국내 상황을 해결할 수 있는 방법을 찾아 달라고 요청했다. 그리고 그는 다당제 정치체제의 복귀 여부를 묻는 국민투표 실시를 제안했는데, 이는 미얀마의 미래

1999)는 이러한 사건을 '내부', 즉 정부 내의 가장 중요한 사람들의 관점에서 설명했다. 그러나 아직 그 중요한 시기에 관한 학문적 연구가 없다.

를 논의하는 사람들의 조건과 기대를 바꾸어 놓았다. 예상대로 BSPP 당원들은 권력을 양보하지 않으려고 했지만, 구조적 변화에 대한 열린 질문은 엘리트, 학생, 노동조합, 지하 공산주의자, 망명 정치인, 해외 반체제 인사, 민간 단체, 심지어 외국 정부에 이르기까지 정치 변화가 가능할 뿐만 아니라 필요하고 바람직하다고 생각하도록 자극하였다.

1988년 8월 첫째 주 총파업이 시작될 것이라는 소식이 라디오를 통해 미얀마인들에게 들리기 시작했다. 우세인르윙(U Sein Lwin)이 이끄는 신정부는 무력으로 질서를 재건하려고 했다. 이에 대한 보복으로 무력 진압이 시작되자 상황은 더욱 폭력적이고 무정부 상태가 되었고, 이는 다른 도시 지역으로 확산되어 시위대 사이에서 종족적 불만과 계층적 적대감이 표면화되었다.

1942년 영국군의 후퇴와 1948년 독립 이후 계속된 내전으로 인한 무질서를 연상시키는 패턴으로 무정부 상태가 확산되어 일반화되었다. 일반 경찰들은 오껄라빠(양공 교외)에서 참수당했고, 머리는 신문지에 싸서 부인에게 주거나 나무에 매달았으며, 시신은 꼬치에 꿰어 먹었다.[172]

이번 폭동의 근본적 원인은 지난 30년 동안의 미얀마식 사회주의 방식에서 비롯된 경제 관련 '기본 생계'(bread and butter) 문제에 대한 불만이었다. 물론 침체된 경제 정책에 대해서는 원래 불만이 있었으나, 1988년의 통화 통용 정지와 최빈국 지위의 오명과 같은 비교적 최근의 사건들이 결정적 요인으로 작용하였다.

이러한 대체로 장기적인 경제적 요인 외에도 사회·문화적 및 행정적 요인, 특히 정부의 일반적인 자의성과 동정심 없는 관료주의가 더해져야 한다. 놀랍게도, 그리고 자신의 서약에 어기면서 승려들은 시위에 참여했고, 일부 지역에서는 지방 당국이 도망치거나 사퇴 협박을 받을 때 지방 정부 역할을 하기도 했다. 그리고 무질서가 걷잡을 수 없이 커질 때마다 경찰은 '녹아내린' 것인지 어디에서도 찾아볼 수 없었다. 폭도들은 거의 면책특권에 얻은 듯 행동할 수 있었고, 이러한 상황에서 불만을 품은 노숙자, 깡패, 폭력배들이 무질서에 가담하면서 개인적 복수를 자행했다.

앞 장에서 언급했듯이 미얀마에서는 폭정보다 무정부상태를 훨씬 더 두려워하는 경향이 있고, 1988년 3월부터 9월까지 정부가 법과 질서를 유지하지 못하면서 뿌리 깊은 공포가

---

172 그 참수에 대한 지역 언론 보도는 광범위하고 생생하지만, 그 중 일부만이 외부로 전달되었다. '버마 폭동에서 참수된 경찰관 3명'이라는 제목의 1988년 8월 10일자 Los Angeles Times의 AP 리포트 및 1988년 8월 26일 Asiaweek의 Eyewitness 기사를 예로 참조하시오.

되살아났다. 상황은 매우 끔찍했는데, 가족들은 담과 문이 있는 집을 가진 친척들 집으로 대피했고 안전상의 이유로 구르카(Gurkha, 역주-과거 영국군의 네팔인 용병으로 용맹한 것으로 널리 알려짐) 경비원을 고용하기도 했다. 정부의 많은 공무원이 시위대 합류를 강요당하며 괴롭힘과 협박을 당했다. 그들의 사무실은 약탈자, 갱단, 깡패 및 시위대의 표적이 되었다. 이러한 폭력 행위를 막아낼 경찰력이 부족했고, 그로 인해 공장과 정부 상점은 벽돌과 금속 프레임 등 기반 시설을 약탈당했다.

대학 실험실은 약탈당하거나 파괴되었고, 도시의 주요 건물과 묘비, 담장은 철거되었으며, 철근과 벽돌은 길거리에서 팔렸다. 칼, 창, 다트를 던지는 징글리(슬링)도 시장에서 공공연하게 팔렸다. 한 가지 슬프고 잘 알려진 사건을 얘기하자면, 잘못된 시간에 잘못된 장소에 있던 무고한 소년이 폭도들에 의해 상수도에 독을 뿌린 정부 스파이로 몰려 참수당했다. 그것은 최악의 무정부상태였다.[173]

하지만 거의 모든 서방 언론과 반정부 성향의 미얀마인, 일부 해외 커뮤니티, 일부 외국 정부는 폭동의 원인을 '민주주의'를 위한 대중의 운동, 정부의 '폭정'에 맞선 '자유'를 위한 파업이라는 정치적 이유뿐만 아니라 민주주의라는 특정 이데올로기에 기인한 것으로 보고 있었다. 그래서 당시 대부분의 영어권 언론 보도는 이 폭동을 '민주화' 운동으로 규정했는데, 이는 당시 비서구권에서 정부에 반대하는 거의 모든 시위에 대해 자주 반복되는 만트라(주문, 표현)이었다.

1988년 폭동은 결코 그런 것이 아니며, 심지어 이데올로기적 성격을 띠고 있음이 분명했다. 특정 정치 집단에 의한 특정 정치적 이슈로서 '민주주의'가 쟁점으로 부각된 것은 이미 정부가 출범한 훨씬 후의 일이다. 즉, 1988년 폭동의 원인은 민주주의가 아니라 결과였다. 폭동의 근본적인 사회경제적 기원은 최소 30년 전(미얀마식 사회주의)으로 거슬러 올라가는 반면, 직접적인 원인은 찻집 싸움이었기 때문에 훨씬 더 복잡했던 것이다.

서구 언론은 미얀마에서 일어난 사건을 탈냉전 정치의 관점에서 바라보던 1980년대의 국제적 맥락으로 해석하고 있다. 페레스트로이카(perestroika)와 글라스노스트(glasnost) 이후 미국과 소련의 경쟁 관계가 막을 내렸고 소련이 해체되자 남은 초강대국의 우선순위도 안보와 반공에서 인권과 민주주의로 옮겨가게 되었다. 그 당시 10년 동안(그리고 그 이후까지) 널리

---

173 이 사건에 대해서는 마웅마웅(Maung Maung) 박사의 *Uprising in Burma* (p. 172)와 10-11장을 참조하시오. 이러한 사건 중 다수는 1988년 7월과 8월 동안 국내는 물론 해외 언론에도 알려졌다.

알려진 필리핀의 코라손 아키노(Corazon Aquino), 파키스탄의 베나지르 부토 (Benazir Bhutto), 중국의 천안문 광장(Tiananmen Square), 남아프리카의 넬슨 만델라(Nelson Mandela) 등의 사건들은 그 패러다임에 잘 부합하는 것처럼 보였다.

냉전 이후 위 사건에 대한 그러한 해석들은 공산주의와 계획 경제에 대한 자본주의와 민주주의의 전 세계적인 승리를 보여주는 '증거'로 여겨졌다. 이러한 견해는 모든 국가와 종족이 궁극적으로 동일하다고 추정했고, 그들 사이의 중요한 사회적, 역사적, 문화적 차이를 무시했다. 이러한 차이점 중 하나가 본질과 '시위 문화'였다.

서구 민주주의 국가에서 시위는 주로 특정 이슈(예로 인권, 베트남 전쟁, 낙태)에 대한 표현이지만, 미얀마(그리고 최근에는 리비아, 시리아, 이집트, 예멘)와 같은 국가에서는 현 정권 또는 정부 전체를 전복하는 것이 시위의 목적이 된다. 이는 경쟁을 '제로섬 게임'(zero sum game)으로 만들었고 그로 인해 극단적인 폭력이 발생했다. 미얀마에서는 양측 모두 이 사실을 알고 있었으나 외신들은 그렇지 못했다.

거의 30년 동안 상대적으로 '고립'되어 있던 미얀마의 양측 주요 인사들이 갑자기 국내 상황이 국제적으로 논의의 대상이 된 것을 발견했다. 1988년 이전까지만 해도 미얀마에 관한 뉴스는 외진 영자 신문의 뒷면에도 거의 실리지 않았고, 위에서 언급했듯이 1962년 쿠데타나 1974년 헌법 제정과 BSPP 창립은 모두 외국의 관심을 끌지 못했다. 그러다 1920년대 이후 국내 정치의 일부로 여겨지던 총파업, 폭력 시위, 탄압 등이 갑자기 해외에서 주요 뉴스가 되었을 뿐만 아니라 모든 사람의 관심사가 되었다. 그리고 '시청'의 늦은 업무 처리, 쌀과 휘발유 가격, 우체국의 긴 줄 등 일상적으로 일반인을 짜증나게 하는 거의 모든 것이 자유 대 폭압의 틀 안에서 해석되었다.

정부 관리, 정치인, 군인, 운동가들은 식민지 시대부터 계속되어 온, 국내 '대화'의 일부였던 국가 공동체를 형성하기 위한 자신들의 투쟁이 이제 이웃 국가, 유엔, 인권 단체, 아시아와 서구의 다른 영향력 있는 국가들에 의해 감시, 판단, 해석되고 있다는 사실을 깨닫기 시작했다. 또한, 다양한 경쟁자들은 또한 '민주주의', '인권', '선거', '정권 교체', '투명성', '미얀마인/버마인' 등의 용어를 공개적으로 사용하면, 많은 서구 정부, 국제개발기구, 원조 단체, 국제 언론의 특정 반응(때로는 경악할 만한 반응)을 불러일으키고, 이는 대외 이미지를 위해 조작될 수 있다는 사실을 깨달았다.

미얀마 내외의 집단은 다양한 방식으로 이 새로운 구성과 국내 문제의 국제화에 대응하여, 일부는 이를 전파하는 데 기여한 반면, 다른 집단은 이를 무시하고 미얀마의 미래와 사건에 대한 자신들의 견해를 계속 주장하였다. 미얀마의 내부 정치 상황에 대한 새로운 외부 그림은 정당성과 권위에 대한 개념과 그 기반이 되는 원칙에 관한 특정적이고 편협한 서구 사상의 보편주의를 나타냈다. 그리고 외부 평론가, 정부, 원조 기관, 로비스트 및 언론은 본질적으로 (미얀마) 국내 논쟁에 참여함으로써 1942년부터 미얀마 내부에서 진행되어 온 논란에 사실상 뛰어든 셈이 되었다. 외부인들에게는 새로운 일이었지만, 미얀마인들에게는 전혀 새로운 일이 아니었다. 그리고 이번에는 돈과 권력을 가진 이들이 새로운 목소리와 분석의 틀을 통해 향후 23년 동안 전 세계의 논쟁을 지배하였다.

이 새로운 목소리들 대부분은 지난 40-50년 동안의 미얀마에 대해 거의 아는 것이 없었기 때문에 미얀마의 민주화 역사는 1988년에야 시작된 것처럼 보였다. 이러한 대외적 이미지와 상황 자체에 대한 정부의 미숙한 대응 방식은 현대적 홍보에 대한 미숙함과 내부 문제에 대한 심각한 우려로 인하여 사태 해결에 도움이 되지 못하였다.

BSPP의 해산, SLORC/SPDC의 출현 및 NLD

1988년 9월 정부는 국제사회의 비판과 압력을 완화하기 위하여 우세인르윙(U Sein Lwin)과 그의 강경 전술을 대신할 예일대 출신의 온건한 전 대법관 마웅마웅(Maung Maung) 박사를 민간 정부 수반으로 임명하였다. 마웅마웅의 유화적인 태도는 (특히 국내에서) 약점으로 여겨져 대담해진 여러 시위대의 지도자들을 협상 테이블로 불러내는 데에 거의 도움이 되지 못했다.

대신에 그들은 새로운 과도정부의 수립 등 더 많은 것을 요구했다. 시위 지도자들은 서구 강대국들과 언론의 지지를 받고 있는 자신들이 유리한 위치에 있다고 생각하여, 정부가 수용할 수도 없고 수용하지도 않을 권력 이양 요구를 하였다. 한편, 옆에서 지켜보던 군부는 계속되는 폭력과 무질서를 통제하지 못하는 민간 정부의 무능함에 인내심이 거의 바닥을 드러내고 있었다.

정부는 내부적으로 분열 중이었고 시위대에겐 (그들이 종종 폄하하는 '민주주의'라는 모호한 구호 외엔) 통일성과 일관성 있는 비전이 결여되어 있었기 때문에 평화롭게 실현 가능한 해결책을 협상하는 것은 거의 불가능했다. 이런 상황 속에서 질서를 회복할 수 있는 유일한 수단은 군부뿐이란 확신을 주었고, 실제로 그들이 옳았다. 1988년 9월 18일 BSPP와 그 민간 정부는 해체되었다. 새로운 군사 정부는 공식적으로 국가법질서회복위원회(SLORC, State Law and Order Restoration Council)로 명명되었다. 비록 정확히 똑같은 상황이라 할 순 없지만 어떤 의미에서 미얀마의 군사 정권은 1962년과 비슷한 무정부상태와 분열을 해결하기 위해 돌아온 것이나 다름없었다.

아이러니하게도 군부에 의해 채워진 권력 공백은 서로 다른 경험과 의제 및 이념을 가진 다양한 경쟁 집단들이 미얀마가 무엇인지, 미얀마 시민이 되는 것이 무엇을 의미하는지에 대한 각자의 버전을 정의할 권리를 주장할 정치적 '공간'을 만들어냈다. 전직 장관, 퇴역 군 장성 및 BSPP 하에서 권력이 제한되었던 다른 중간급 관리들은 이제 자신의 지위를 다시 확립하기 위한 계획을 세우기 시작했다. 그러나 안타깝게도 그들의 경험, 관점, 의제만이 합법적으로 여겨졌고, 그들만이 '미얀마 국민'의 이익과 복지를 대변하는 것으로 간주되었다.

그 결과, 1988년 이후 SLORC, 망명 정부, 국내 정당, 학생, 각 종족집단 지도자 등 주요 주체들은 진정한 기회가 나타났을 때 타협할 수 없는 화해 불가능한 입장을 취하게 되었다. 각 집단은 미얀마 역사와 사회에서 자신들의 입장이 경쟁자들과 완전히 다르다고 해석했고, 그들이 정당성을 주장했던 과거가 공유되는 경우가 더 많다는 사실을 무시해버렸다.

실제로 많은 사람이 같은 역사를 경험했고, 같은 계보를 따르며 같은 국가를 위해 일했고, 현재 SLORC이 스스로 주장한 것처럼 일부는 떠킹 출신이었고, 다른 사람들, 특히 현재 권력을 가진 사람들과 함께 일했던 사람들은 자신을 똑같이 훌륭한 국민주의자(nationalists)라고 생각했다.

군부는 국가를 위해 경쟁하는 경쟁자 중에서 가장 잘 조직되고 강력했기 때문에 핵심적 이해당사자였다. 군부의 확고한 행정적 입지(BSPP 시절부터), 주요 상업, 운송 및 산업 부문에서의 광범위한 영향력, 무기에 대한 거의 독점적 지위는 군부가 공식적으로 BSPP와의 관계를 단절한 후에도 국가의 제도적 통치 채널을 거의 논란의 여지 없이 장악할 수 있게 해주었다. 군부는 이전과 마찬가지로 스스로 국가의 수호자이자 연방의 분열을 막고 정치 위에 군림할 수 있는 유일한 집단으로 생각했다. (세 가지 이유 중에서 첫 두 가지는 맞는 얘기일 것 같다.)

이러한 자화상의 대부분은 반식민지 국민주의 운동, 도버마어시어용, 떠킹, 30인의 동지, 미얀마독립군, 1948년 이후 반군 활동 저지, 1950년대 침입한 KMT 격퇴, 무엇보다도 1949년과 1962년 연방 분열의 위기로부터 구해낸 역할 등에 정당성과 뿌리를 연결한 군부의 전통에서 물려받은 것이었다. 실제로 양측의 많은 구성원은 같은 역사의 일부였으며, 같은 경험으로 형성되었다.

도시 미얀마인들은 지방 언론, 게시판, 공표, 교과서 등을 통해 이러한 국가의 전망을 더 자주 접하게 되었다. 국군의 날, 순교자의 날 그리고 중요도가 덜한 농민의 날과 같은 국경일을 통해 도시 사람들은 국가 건설에 있어서 군의 역할을 공개적으로 인식하게 되었다. 반면 촌락과 산지에서는 새로운 지도부와의 만남이 주로 교량, 학교, 도로, 관개 시설 등 인프라 개발 프로젝트와 관련이 있었기 때문에 이러한 이미지에 대해 잘 알지 못했다.

이러한 자기 인식 중 일부는 유일하게 국가의 공식 정치 역사를 공개적으로 전시하는

미얀마 국군박물관에 걸려 있는 군부의 지도자들, 왼쪽부터 딴쉐, 아웅산, 네윈 장군

국군박물관(Defence Services Museum)에 담겨 있다. 일반 관광 코스는 아니지만, 이 박물관은 여러 군부대와 지역사령부의 군사 역사를 담고 있어 무척 흥미롭다. 주요 전시물은 초기(식민지 이전) 시대부터 현대의 개발 프로그램 및 프로젝트에서 기여했던 군의 역할까지 그 흔적을 추적하고 있다. 관람객은 신생 조직에서 항상 '국가적 투쟁'의 일부였던 군대의 연대기적 설명을 볼 수 있다. 아웅산 장군과 네윈 장군을 위한 특별 기념관에는 두 개의 거대한 초상화가 나란히 전시되어, 비록 국군의 역사에서 문제가 있긴 하지만, 두 명의 떠킹 장군의 기억을 연결하여 지속적인 통합의 서사를 내세우고 있다.

군부가 거의 모든 국가 역사를 통하여 분열, 분리주의, 내전이 존재한다고 생각하는 것은 결코 이상하거나 특별한 주장이 아니다. 흥미롭게도 정적들도 똑같은 인물, 역사, 사건을 이용하여 정당성과 권위와 관련해 비슷한 주장을 펼친다. 양측 모두 스스로 투쟁의 승리자라고 생각했지만, 서로 다른 수단을 써서 서로 다른 목적을 위해 싸웠다.

1988년 9월 중순 군부가 양공 거리를 탈환했을 때 수많은 시위주동자, 활동가, 범죄자들이 그 과정에서 살해되거나 구금되었다. 추가로 체포될까 두려워 시위에 참여했던 학생, 전직 공무원, 정치인, 예술가, 작가, 지식인들은 빠르게 흩어졌고, 일부는 해외로 도피했으며 일부는 1940년대 후반부터 독자적인 저항을 벌여온 반군 단체에 합류했다.

공산주의자들과 종족 분리주의자들은 수십 년 동안 국가 공동체로의 통합에 저항해 왔지만, 1988년 사건과 일부 학생 시위대가 그들의 대열에 합류하면서 수십 년 동안 지속된 무장 반란이 처음으로 국제 관찰자들의 시선에 드러났다. 외부에서 거의 알지 못하거나 관심을 두지 않았던 마흔 살의 반란이 갑자기 유명 인사가 된 것이다. 관찰자들은 이 사건을 냉전 이후 도시에서 일어난 사건과 같은 맥락에서 읽었다. 즉, 민주주의와 자치제도를 위해 권위주의 정부에 반기를 든 '자유의 투사들'이라고 말이다.

그러나 실제로는 도시 기반의 정치적 반체제 인사들과 국경지대 반군 사이에는 세대적, 지리적, 계층적, 언어적, 종교적 차이가 컸고, 심지어 반체제 인사가 반대하는 정부 구성원들과는 더 큰 차이가 있었다. 그런데도 외국의 평론가, 언론, 정치 활동가들은 도시 시위의 동기와 의제를 국경지역의 반군 세력의 문제와 관심과 혼동하여 SLORC에 대해 일방적이고 일관된 적대 이미지를 만들어 냈다.

앞서 언급한 바와 같이, 1988년 BSPP 해체 및 SLORC이 특정 정치 엘리트, 공무원, 교사를 비롯하여 사회주의 성향이나 충성심이 의심스러운 군 장교들을 숙청 한 결과 BSPP의 일당제 속에서 억제되었던 정당들이 다시 등장하기 시작하였다. 그중에서 가장 잘 알려져 있고 잘 조직된 단체는 1988년 8월 이후 결성된 국민민주동맹(NLD, National League for Democracy)이다.

특히 외부 관찰자들의 눈으로 보면, NLD는 '미얀마 국민'과 그들의 민주적 열망을 대변하는 유일한 합법적인 '야당'으로 자리 잡았다. 오랫동안 정부에 몸담았던 아웅지(Aung Gyi) 장군과 띵우(Tin U) 장군, 그리고 지금은 유명해진 도아웅산수찌(근대 미얀마의 '아버지'인 아웅산 장군의 딸)가 이끄는 NLD는 1980년대 후반에 일어난 정치적 변화를 축약적으로 보여줬다. 그러나 그 속에는 뭔가 '짐'이 있었는데, 기회가 있을 때마다 추악한 모습을 드러냈던 과거의 정치적, 개인적 경쟁의식이었다.

많은 전직 군 장교, 전직 관료, 변호사, 언론인, 활동가, 학생 등 BSPP의 일당 체제에서 권리를 박탈당했던 사람들이 NLD에 합류했다. 1988년 이후 정세 변화로 소외되거나 그 이전의 사회경제적 어려움으로 좌절감을 느낀 사람들도 있었지만, SLORC의 집권과 BSPP의 숙청은 그들에게 필요한 정치적 공간을 제공했다.

하지만, NLD의 저명한 당원들은 각자 다른 경험, 동기, 의제를 신당에 가져와 초기에는 다양한 의견을 제공했다. 또한, NLD에 합류한 사람들은 그들 자신의 지지자, 미래에 대한 기대와 비전을 품고 있었기 때문에 파벌주의가 내재하여 있었다. 결코 이념, 방법, 의제, 세대 또는 사회 계층 등에 있어서 하나로 통합된 정당은 아니었다. 그런데도 이러한 다양성은 널리 알려지고 눈에 잘 띄는 상대에 맞서 일치단결할 때는 강점을 발휘하고, 어려움이 닥쳤을 때는 약점이 되었다. NLD는 대부분 농촌 경작자인 '미얀마 국민'을 대표하기보다는 신구 엘리트들이 주도하는 '왕좌'를 놓고 경쟁하는 도시의 교육받은 집단으로 주로 구성되었다.

1930년대와 1940년대의 초기 정당과 마찬가지로 NLD는 의사 결정 권한의 대부분을 집행위원회에 위임하는 구조를 채택하였고, 그 위원회에는 (초기에는) 아웅지가 의장, 띵우가 부의장, 수찌(역주-언론에서는 아웅산수찌의 이름을 줄여서 사용하기도 함)가 사무총장을 맡았다.

(이들은 아웅-수-띵으로 불림) 아웅지는 (공산주의자 출신이 당에 합류하자) 결국 개인적, 정치적 이유로 NLD와 결별하고, 수찌와 띵우가 최고 지도자로 남게 된다. 수찌는 1991년 노벨 평화상 수상 이후 대중 연설과 카리스마 그리고 '올바른' 계보(역주-아웅산 장군의 딸이라는 점)로 국내외에서 위상이 높아지면서 NLD의 사실상 지도자 역할을 맡게 되었다.

이전 정부의 무기력한 경제 정책, 사이비 사회주의의 우선순위, '노인' 세대의 지도자들에 지친 많은 미얀마인에게 정치인 모습의 수찌는 매혹적이지 않아도 신선하게 다가왔다. 그녀는 어떤 수준의 거버넌스 경험이 거의 없었지만('민주주의'에 대한 포괄적인 관련성을 제외하면 정당과 다른 특별한 국가적 플랫폼이 없다는 점에서 일부 드러났지만), 그녀의 아버지인 아웅산을 닮았다. 미얀마 문화의 관행이기도 한 작명에 있어 아버지의 이름을 넣어 (따라서 아웅산수찌, 역주-'아웅산'은 아버지의 이름, '수'는 할머니 이름, '찌'는 어머니 '킨찌'에서 더하여 작명한 것으로, 성이 없는 미얀마에서는 자녀들의 이름에 부모나 직계 존속의 이름에서 한 자를 더하는 관습이 있음) 그녀가 대중적으로 내세운 정체성인 것이다. 또한, 그녀는 자유, 민주주의, 비폭력에 대한 열정적인 대중 연설(미얀마어로)을 통해 '무대 위 존재감'을 드러냈고, 유창한 영어 실력으로 서구 기자들을 NLD의 다른 지도자들보다 그녀에게로 다가오게 하였다. 많은 젊은 학생 운동가들은 정부와 그 정책을 직접적으로 비판하는 그녀의 방식에 매료되었지만, 나이가 있는 청중들은 그녀의 대결적인 태도에 종종 돌아섰다. 이는 미얀마에서 젊은이들이 어른을 대하는 방식이 아니었고, 이는 격렬한 정치 현장에서도 여전히 중요한 문화적 규범이었다.

아웅산수찌는 서구의 역사와 문화에서 의미 있는 상징과 은유를 사용하면서 유창한 영어를 (영국식 억양으로) 구사했기 때문에 서구의 자유민주주의 경험을 가진 사람들에게 아주 매력적으로 보였다. 그녀는 아시아와 서양의 두 가지 장점을 모두 갖춘 것처럼 보였다. 한편, 그녀는 서구 교육을 받았고 해외에서 많은 삶을 살았기 때문에 서구 사회를 잘 알고 있었다. 다른 한편으로 그녀는 미얀마어에 능통했고, '완벽한' 계보를 가지고 있었으며, 미얀마 전통 의상을 입었고, 미얀마 전통에 잘 적응한 듯 보였다. 그녀의 글 중 일부는 현대 민주주의 사상에 미얀마 불교를 연결하려고 시도했으며, 민주주의의 씨앗은 미얀마 문화의 깊은 곳에서 찾을 수 있다고 주장하기도 했다.

또한, 그녀는 미얀마의 최근 역사를 언급하면서 NLD의 정치적 의제를 독립을 위한 '두 번째' 투쟁으로 연결하여, 그녀의 아버지가 시작한 영국에 대한 '미완의 혁명'이 이제 군부에 대항하는 NLD의 캠페인으로 진행되고 있음을 암시했다. 그러나 그 주장은 미묘한 문제가 있었는데, 현 국군을 '창설'한 것은 그녀의 아버지였기 때문에 그녀는 그 특정 유산을 상기시키면서도 동시에 그 유산으로부터 거리를 두어야 하기 때문이었다. 그런 상황에서도 그녀의 메시지는 BSPP의 사회경제 정책으로 고통받고 그 속에서 변화를 꿈꾸는 사람들에게 희망적인 메시지를 던졌다. 그녀의 글은 서구 청중, 망명 정치인 커뮤니티, 미얀마 내 다양한 도시 기반 추종자들에게 가장 큰 호소력을 발휘했다.[174]

서구에 알려진 (잘못을 저지런 적 없는) 잔다르크의 대중적 이미지와 달리, 그녀는 경험이 부족하고 고집이 세며 타협하지 않고 이상주의적이었고, 상대방이 대부분의 카드와 탱크의 열쇠를 쥐고 있는 분야에서 '제로섬 게임'을 벌였다. 정치적, 사회적 맥락이 유리했던 간디와 만델라(그녀의 모델)에게는 '도덕적 고지'를 지키는 것이 효과가 있었지만, 그녀에게는 그렇지 않았다. 게다가 그녀가 속한 정당은 한마음이 아니었기 때문에 당내 파벌주의(특히 현실적이고 타협을 원하는 사람들과 '원칙'을 고수하는 사람들 사이에서)를 잠재우려는 시도는 시간이 걸리고 난처한 일이었다.

얄궂게도 (아웅산과의) '올바른' 계보적 연결, 식민주의에 대한 저항, 불교에 대한 후원도 SLORC이 자기 정당성의 메시지를 전달하기 위해 사용했으며, 이는 한 국가 내의 매우 다른 집단이 다른 정치적 목적을 위해 놀랍도록 유사한 방식으로 국가의 과거와 미래를 표현했다는 사실을 보여주었다. 군사 정부와 NLD, 양측 모두 '미얀마 국민'을 대변하려 했지만, 다양하고 개인화되고 위계적인 사회정치적 지형에서 그 대상이 누구인지 파악하기는 어려웠다. 다시 말해, 아웅산과 불교 및 반식민지 투쟁이라는 공통의 과거는 SLORC이나 NLD만의 전유물이 아니었다.

특정 반군 단체, 특히 공산주의자들도 이러한 역사의 일부였다고 정당하게 주장할 수 있다. 특정 지도자와 사상에 대한 충성심(따라서 미얀마의 미래에 대한 비전)이 정부군과 상충했을 수도 있지만, 많은 이들이 원래 미얀마 독립군에 소속되어 영국과 이후 일본에 맞서 싸웠던 경험을 가지고 있다. 많은 사람이 AFPFL의 일원이기도 했다. 사실 공산주의자들의 가장 저명한 지도자인 떠킹 딴통은 앞 장에서 언급했듯이 아웅산의 큰동서이자 수찌의 고모부(역주-딴통은 아웅산의 부인인 킨찌의 언니 킨킨찌의 남편)이었기에 NLD의 최고 지도자로서 역사적, 계보적 정통성을 주장할 수 있었다.

그 반면, 꺼잉족, 샨족, 꺼친족과 같은 일부 소수종족은 다수인 버마족과 같은 과거를 주장할 수 있지만, 그들의 과거는 군사 정부와 NLD가 국가의 이름으로 규정하는 것과는 상당히 달랐다. 실제로 이들의 투쟁은 영국을 위한 만큼 국가를 물려받은 세력인 AFPFL, BSPP, SLORC에 대한 투쟁이었으며, 많은 소수종족이 영국과 긴밀히 협력했기에 다수집단과 같은

174　Aung San Suu Kyi, *Freedom from Fear and Other Writings* (New York, 1991).

과거나 미래 비전을 공유하지 못했다. 소수종족의 정치는 '국가적 서사'에 부합하지 않았을 뿐만 아니라 큰 장애물이었다.

이러한 소수종족의 분리주의 운동은 국가 통합에 가장 큰 위협이 되었으며, 내전과 반란을 종식하는 것이 정부의 최우선 과제 중 하나가 되었다. 그러나 국가와의 협상이 다시 시작되었던 1988년 이후 시기에 수십 년에 걸친 치열한 전투를 잊기는 매우 어려운 일이었다. 특히 실패한 반체제 인사와 외부 권력의 끊임없는 간섭으로 이를 더욱 힘들게 만들었다.

국내 상황의 복잡성을 양극화된 시나리오로 지나치게 단순화하는 것은 국군, 국내 정당, 소수종족 반군, 망명 단체가 지지자들 사이에서 자신의 입지를 공고히 하기 위해 사용했던 유용한 전술이었다. 일부 집단은 이러한 새로운 이념적 가치, 용어, 상징 및 전략을 성공적으로 흡수하고 현지 아젠다에 맞게 조정할 수 있었지만, 다른 집단은 그렇게 하지 못했고 이후 새로운 글로벌 미디어에 등장하기 시작한 이미지와 표현에 묻혀 버렸다.

1990년 제헌의회 선거

이들 사건 중에서 가장 중요하고 국제 관찰자들의 의식 속에 미얀마의 국내 상황을 가장 (잘못) 표현한 것은 아마도 우네윈(역주-'우'는 기혼이며 사회적 지위가 있는 남성에게 붙이는 경칭인데, 네윈의 경우 민간인 신분이었으니 '장군' 대신 '우'를 사용하는 것이 관례이고 여성의 경우 '도', 그 외 '다웃따/박사' 등 다른 명칭도 사용함)과 마웅마웅 박사가 소집을 약속했던 1990년 5월 제헌의회 선거였을 것이다. 이 선거는 새 헌법을 제정할 제헌의회 대표를 선출하기 위한 것이었다. 그러나 20년이 넘도록 서방 언론에서는 이 선거가 권력 이양을 목적으로 한 전국 선거로 잘못 알려졌고, 정부는 그 결과를 무시한 것으로 알려져 있다.

가장 눈에 띄는 지도자(수찌)가 가택연금 상태임에도 불구하고, NLD는 선거구(의석)의 약 80퍼센트를 차지했고, 제헌의회에 대표를 파견하는 투표에서 약 60퍼센트를 획득했다. 이는 NLD의 명백한 승리이자 우누(그의 정당은 단 한 석도 얻지 못함)와 같은 구 정치 엘리트와 후원자들은 더 이상 새로운 세대와 맞지 않거나 영향력이 없다는 사실을 나타내는 것이었다. 그 제헌의회 선거가 대내외적으로 해석되는 방식은 국내외 집단들의 다양한 관심과 의제를 반영하는 것이었다.

NLD의 득표 성공과 그에 따른 '국제사회'의 끊임없는 권력 이양 요구로 인해 NLD와 그 지지자들은 더욱 대담해졌고, NLD가 미얀마의 합법적인 정부를 대표한다고 주장하기 시작했다. 이는 선거를 앞두고 1989년과 1990년 NLD 지도자들이 발표한 공개 성명에서 모두가 동의한 기본 원칙에 위배된다는 것을 알고 있었기 때문에 NLD에게는 명백한 도박이었다.

1990년 3월에 발행된 1짯 지폐에는 가택연금 중인 아웅산수찌의 초상화가 위폐 방지 부분에 교묘하게 들어감 (1990년 5월 선거를 겨냥한 것으로 이후 통용되지 않음)

즉, 이번 선거에서 선출된 모든 의원의 임무는 새로운 헌법을 제정하고 그 헌법에 대한 국민투표를 실시하는 것이었으며, 권력 이양은 그 이후에 이루어지는 것이었다.

다시 말하면, 이번 선거 자체가 권력 이양을 위한 것이 아니라는 점은 NLD와 다른 모든 정당이 선거 전에 분명히 밝힌 바 있다. 아웅산수찌는 선거 1년 전에 이렇게 말한 바 있다. "누가 당선되든 <u>정권을 이양하기 전에</u> (밑줄은 저자의 강조) 헌법을 만들어야 할 것이며, 그 헌법은 채택되어야 합니다. 그들(정부)은 헌법을 어떻게 채택할지 말하지 않았습니다. 국민투표를 거칠 수도 있고, 몇 달 아니 몇 년이 걸릴 수도 있습니다."[175] 서구 언론은 이 발언을 무시하기로 했다.

1990년 5월 말 선거관리위원회가 선거 결과를 발표했지만, 투표 결과에 따라 서구 정부는 SLORC에 즉각 권력을 NLD에 넘기라는 압력을 다시 가하기 시작했고, 이 역시 도움이 되지 않았다. 선거 직전에 입국한 언론사 기자들도 제헌의회 선거라는 사실을 인지하지 못했거나 인지하지 않으려는 듯 <u>권력 이양</u>을 촉구하는 사설과 기사를 각 신문에 게재했다.

갑작스러운 언론의 공세와 선거 결과에 놀란 정부는 1990년 7월, 헌법에 따라 구성된

175　데렉 톤킨(Derek Tonkin)의 다음 글에서 인용함. 'The 1990 Elections in Myanmar: Broken Promises or a Failure of Communication?', *Contemporary Southeast Asia*, XXIX/1 (2007), pp. 33-54. 도미닉 폴더(Dominic Faulder)와 가졌던 그녀의 원래 인터뷰 내용은 1989년 7월 21일자 Asiaweek에서 볼 수 있다.

정부가 수립될 때만 권력이 이양될 것이라고 재차 천명했다. 당분간 현 정부는 사법부, 입법부, 행정부의 모든 권한을 보유하게 될 것이다. 과반수 의석을 확보한 것은 분명 NLD의 성과였지만 이는 훨씬 더 긴 과정의 첫 단계에 불과했고, 군부의 견해로는 '법에 따라 정부가 구성될 때까지' 질서를 유지하는 것이 자신들의 의무라고 여겼다.[176]

1990년 10월, 지연에 참다못한 일부 당선 의원들은 비밀리에 자체 의회를 소집하려다 보안군에 의해 즉각 진압당해 무산되었다. NLD의 일부 집행위원들은 합의된 선거의 취지를 받아들이고 이를 존중하길 원했지만, 일반 당원들은 이를 원하지 않았기 때문에 NLD 내부에서도 이 문제를 두고 분열이 일어났다.

또한, NLD 내부의 일부 인사들은 의회 의석의 과반수를 차지한 지금 무엇을 해야 할지 갈피를 잡지 못하고 있다는 언론 보도가 흘러나왔다. 제헌의회에 참여한다는 것은 새로 제정될 헌법을 합법화하고 지지한다는 뜻이고, 과반수 의석을 차지했는데 보이콧한다는 것은 의석수가 적은 다른 세력이 이 땅의 최고 법의 초안을 작성한다는 의미이었다. 동남아 및 해외의 많은 관찰자들의 관점에서는 이 제헌의회 선거는 합법적인 형태의 자유민주주의 정부에 대한 기존의 세계관을 확인하는 계기가 되었고, 미얀마는 티벳, (당시) 동티모르, 천안문 광장과 함께 '미완성' 혁명 목록에 등재되었다.

결국 NLD는 새 헌법 제정 과정이 시작될 때 제헌의회를 보이콧하기로 결정했음에도 국내외적으로 상당한 지지를 얻었습니다. SLORC에 대처하는 NLD의 일련의 정책(그리고 서구 사회에 그러한 문제를 정교하게 대응하지 못한 SLORC의 무능)은 미얀마의 국내 정치적 상황을 지나치게 단순화했을 뿐만 아니라 사회경제적 변화를 희생하면서도 '민주주의'를 위한 경쟁을 단순히 미얀마에서 발생하는 사건을 해석하는 운영 체제로 만들었다.

두 개의 미얀마

제헌의회 선거 이후 미얀마에 대한 거의 정반대의 두 가지 인식이 나타났는데, 이는 제1차 및 제2차 영국·미얀마 전쟁 이후 영국이 해안 지방과 델타를 합병했던 시기를 연상시킨다. 다만 이번에는 영토 경계, 사회, 경제, 종교적 구조와 제도가 그대로 유지되어 사실상 영국령 버마와 어와 왕국으로 나뉜 것이 아니라 하나의 단위였다. 그런데도, 그 표현은 아주 달랐는데, 하나는 사이버 공간에서 대부분은 외부이며 외부 청중을 위한 것이고, 다른 하나는 '지상'과 내부이며 내부 소비를 위한 것이었다.

176　Ibid.

국제적으로 더 알려진 '버마'는 활동가, 언론인, 학생, 반체제 인사, 정치인, 예술가, 전직 군인, 불만을 품은 승려, 동조하는 정부 및 이른바 '국제사회'가 만든 것이었다. 이들은 서구가 합법적인 정당으로 간주하는 유일한 정당인 NLD를 통해 '민주주의' 체제를 위한 정치적 변화를 위해 함께 외쳤던 단결된 국민들이 반대하는 권위주의 통치하의 국가라는 그림을 그렸다. 이 '버마'에 대해서는 국제 관광이나 비즈니스가 권장되지 않았고, 실제로 경제 제재가 가해져 오늘날까지 남아있다. 이 버전의 '미얀마'를 지지하는 사람들은 그 권위, 법률, 법령, 정책, 심지어 11세기까지 거슬러 올라가는 고유한 이름조차 인정하지 않았다.

다른 '미얀마'는 대다수의 농업 인구와 함께 SLORC(이후 SPDC)으로 구성되었으며, 유엔으로 대표되는 전 세계 대다수 국가의 눈에는 이 나라의 전통적인 이름이 공식적이고 합법적인 국가로 남아있었다. 이 미얀마는 사이버 공간에서 (주로 미얀마어로 된) 메시지를 외부보다 내부에 더 많이 전달하고, 진정한 미얀마인과 국민을 대표하는 것으로 여겨지는 상징과 용어를 사용하여 사이버 공간의 '버마'를 무시하고 대응하였다. 아웅산수찌를 비롯한 NLD의 강경파가 지지하는 정책인 국제사회의 제재에도 불구하고, 군사 정부는 댐, 강 펌프장, 철도, 도로, 공항, 교량, 통신 서비스, 수력발전소, 학교, 대학, 병원 등 국가 건설 인프라 프로젝트에 집중했다.

이러한 업적의 대부분은 대부분 미얀마어로 된 전국 신문에 방송되고 인쇄되었으며, 외부 언론에서는 거의 볼 수 없었다. 이 '미얀마'는 또한 대규모 대중 역사 캠페인(위에서 언급했듯이), 유산 테마파크 건설, 신성한 불교 유적지 보수 및 신축, 새로운 불교 대학 설립 등 투표함 선거보다 훨씬 오래되고 더 중요한 전통적 정당성 기준에 호소하는 활동을 펼쳤다.

이 '지상' '미얀마'의 중요한 업적 중 하나는 반세기에 걸친 내전을 종식한 것이었다. 1989년부터 1997년 사이에 17개의 무장 단체가 정부와 휴전협정을 체결했다.[177] 어느 나라의 역사에서나 특히 미얀마의 역사에서 중대한 사건으로 다뤄질 수도 있었을 것이다. 또한, 정부가 사방에서 공격받는 상황에서 10년도 채 안 되는 기간에 이뤄낸 성과라는 점에서도 대단한 업적이었다. 민주적이든 권위주의적이든 미얀마의 어떤 정부도 반세기 가까이 노력한 끝에 이 목표를 달성하지 못했다. 하지만, 이 중대한 사건은 사이버 공간의 '버마'에서 거의 언급되지 않았는데, 이는 중국이나 미국의 내전 종식과 그에 수반되는 모든 것을 무시하는 것과 같은 선별적 자르기였다.

177　국가평화발전위원회(SPDC)는 1997년 11월 15일에 SLORC을 해산하고 대부분의 인력과 일부 정책 및 명칭을 변경했던 것으로 이러한 휴전에 대한 공로가 양쪽 모두에게 돌아가야 한다.

이러한 성공에는 '밀기'와 '당기기'의 요인이 큰 몫을 한 듯 보인다. 다양한 반군 집단 간의 내부 경쟁, 중국 공산당의 버마공산당(BCP)에 대한 재정적, 정치적 지원 철회와 BCP 지도자의 조기 암살, 땃마도(Tatmadaw, 국군) 자체의 세력 성장 및 혁명의 열정을 별다른 성과 없이 지속하기에는 오랜 시간이었던 50년 가까이 지속된 반란에 대한 단순한 피로감과 환멸 등이 복합적으로 작용한 것으로 여겨진다. 특히 1990년대에 들어서면서 이들 반군 집단은 이미 일부 집단이 그랬던 것처럼 국가에 빨리 합류하지 않으면, 자신들이 참여하든 참여하지 않든 개발 프로그램과 계획에서 소외될 수 있다는 사실을 깨달았을 것이다.

물론 '자치구'(autonomous zones)에 거주하는 소수의 분열된 집단은 헌법이나 선거에 참여하는 것은 물론 정전 협정에 서명하기를 거부했고 지금도 여전히 존재한다. 그러나 서명한 대다수의 대표들은 새 헌법 제정에 참여하도록 초대받았고, 2010년에 예정된 총선에 출마할 (종족집단에 기반한) 정당을 조직하려고 한다.

제헌의회

내전이 사실상 종식되고 있었기 때문에(가장 중요한 반군 단체가 정부와의 대화에 동의하면서), 정부는 다시 한 번 국가 정치 문제에 집중하고 오랜 목표였던 정권을 민간인에게 돌려주는 일을 다시 시작할 수 있게 되었다. 이러한 노력에서 SPDC는 전임 SLORC의 정책을 이어가고 있었지만, 제헌회의(Constitutional Convention, 역주-미얀마어로는 '어묘다 니라강' 국민회의, 헌법 제정을 위한 의원들은 군부가 임의로 남녀, 세대, 직업, 종족 등을 고려하여 선택함) 소집으로 시작할 7단계의 '민주주의 로드맵'을 명시적으로 고안하여 한 걸음 더 나아갔다. (1974년 헌법이 1988년 군부 점령으로 폐기되었기 때문에 새로운 헌법을 만들어야 했음)

1992년 마침내 정부는 제헌회의를 소집하기로 결정했다. 당시 정부와 NLD 간의 관계가 다소 온화해졌기 때문에 제헌회의에는 당시 NLD 의장인 우아웅쉐(U Aung Shwe)가 참석했다. 또한, 정부와 협상을 시작한 휴전 단체의 지도자들도 포함되었다. 첫 번째 회의는 1993년과 1996년 사이에 소집되었다. 그러나 1995년 NLD는 아직 구성되지 않은 흘룻도('의회')에서 군부에 보장된 의석 할당량(25%)과 함께 '비공개' 회의를 이유로 들며 제헌회의에서 철수했다.

제헌회의는 그 후 8년 동안 휴회되었는데, 이는 부분적으로는 의원의 철수로 인한 회의 중단 때문이기도 했지만, 나머지 반군 단체들과의 최종 휴전협정(최우선 과제)을 완료하고 새로운 참가자들의 회의 준비를 위해 조직 정비할 시간을 주기 위해서였다.

2004년에 제헌회의를 재소집하자 SPDC는 입헌 정부를 향한 7단계 '로드맵'을 발표했고, 그 이후 '대화'의 일부가 되었다. 이 '로드맵'은 다음과 같다.

1. 국민회의를 다시 개최한다
2. '통제된 민주주의'(disciplined democracy)) 시스템을 '단계적으로' 구현한다
3. 헌법 초안을 작성한다
4. 국민투표를 통해 헌법을 공포한다
5. 헌법에 따라 입법부 선거를 시행한다
6. 입법부를 개회한다
7. 정부 및 기타 헌법 기관을 구성한다

정부가 대의 정부 수립을 위해 진지하게 움직이던 이 중요한 시기에, 내전 종식 등 지금까지 이룬 모든 성과를 무시한 채 '정권 교체'를 위한 외부의 끊임없는 압박이 계속되었다. 경제 제재는 계속해서 국가에 부과되어 주로 평범한 사람들에게 영향을 미쳤으며, 한편으로 두 가지의 중요한 사건이 발생하였는데, 하나는 국내의 인위적인 사건, 다른 하나는 자연재해로써, 헌법 제정 완료와 대의 정부 공포를 모두 위협했다. 그리고 이러한 사건들은 다시 한 번 미얀마에 대한 국제사회의 부정적인 관심을 환기시켰고, 지난 20년 동안 성취한 모든 것을 '원점'으로 되돌리고 전체 과정을 거의 무산시킬 뻔했다.

첫 번째는 2007년 9월 양공에서 벌어진 승려들의 극적인 행진이었다. 문제는 몇 주 전 상부 미얀마에서 승려들이 지역 분쟁 끝에 정부 관리들을 인질로 잡으면서 시작되었다. 이는 양공에서 국제적으로 공론화된 사건으로 확대되어, 지난 몇 주 동안 상부 미얀마 당국이 행하였던 자신들의 지위에 대한 구체적이고 개인적인 모욕에 항의하며 다양한 수도원에 소속된 약 2,000명(만덜레는 5,000~10,000명)의 승려들이 행진을 벌였다.[178]

양공 시위는 처음에는 평화롭게 진행되었고, 며칠 동안 보안군은 행진하는 승려들을 사람들이 손을 잡고 에워싸며 '보호'하는 모습을 그저 바라보기만 했다. 시각적으로 가장 극적인 장면은 텔레비전 화면을 가득 채운 사프란의 물결이었다. 외부, 특히 서구 사람들에게는 아마도 한 번도 본 적이 없는 광경이었을 것이다. 예상대로 이 시위는 '민주주의' 대 '권위주의 통치'라는 냉전 패러다임에 빠졌고, '비폭력'인 불교 '교단'조차 정부와 싸우는 것으로 알려졌다.

그러나 소수의 외교관들과 더 적은 수의 기자들만 알고 있었던 것은 정통적이고 공식적

178　Reuters, 22 September 2007.

으로 인정된 국가 상가의 9개 종파에 소속되어 정식 수계를 받은 약 40만 명의 승려 중 97% 이상이 비폭력 서약과 세속 활동이 금지된 수도원에 머물며 참여하지 않았다는 사실이다. 즉, 행진하는 승려 대부분은 국가 상가에 소속되지 않았고, 일부가 소속되어 있더라도 전체 승려 수의 1~2%에 지나지 않았다.

그들은 아직 제대로 수계를 받지 못한 초심자이거나 국가 상가에서 공식적으로 '정통'으로 인정받지 못한 '소외된' '불법' 수도원에 속한 사람들이었을 가능성이 높다. 정통 상가의 정회원으로 상가 생활에 전념하지 않고도 세속적인 이유로 단기간 '승려'가 되어 그러한 수도원에 들어갈 수 있기 때문에, 우누 총리가 한때 '노란 승복을 입은 인간'이라고 불렀던 사람들이 많다. 이들은 필요한 시험을 치를 필요도 없고, 20번의 와(역주-'와'(varsha, 우기, 안거)는 승려들이 일정 기간 함께 모여 수행하는 것을 뜻한다. 미얀마에서는 승려들이 우기가 되면 바깥출입을 삼가고 경건하게 수행하는 것을 의미하며, 일반 신도들은 이 기간 즐거운 일을 삼가한다.) 동안 상가에 대한 헌신과 헌신을 증명하거나 진정한 상가 구성원에게 요구되는 서원을 따를 필요도 없다. 사실, 이러한 세속적이고 폭력적인 활동에 참여하는 것 자체가 그들의 이단적이고 '가짜' 입지를 드러내는 것이다. 그러나 그들은 머리를 깎고 사프란 승복을 입기 때문에 진짜 승려와 시각적으로 구별하기 어렵다. (역주-미얀마의 유명한 양공 쉐더공 사원이나 만덜레 마하무니 사원에서는 갑자기 승려가 나타나 사원 안내를 해주겠다고 하고 나중에 돈을 요구한다. 특히 외국 관광객은 승려가 돈을 요구하는 것에 좀 당황하게 되는데 그 사람들은 가짜 승려이며, 외국인이 그 진위를 구별하기는 사실 어렵다. 그런 부류 사람들의 수가 사실 꽤 많다.)

이후 정치인들이 시위를 선동하고 상황을 악화시키면서 시위는 폭력적으로 변했다.[179]

---

179 상가 역사의 더 큰 맥락에서 이 사건을 간략히 살펴보기 위해서는 아웅뜨윙(Michael Aung-Thwin)의 다음 논문을 참조하시오. 'Of Monarchs, Monks, and Men: Religion and the State in Myanmar', *Asia Research Institute Working Paper Series,* 127 (2009), pp. 2-31. 특히. 부록 1의 25페이지에 따르면 무소속 조직으로 추정되는 National Endowment for Democracy(이하 NED)는 2006년(2007년 시위 전년도)에 '버마' 내 승려들에게 비폭력적인 '민주주의를 위한 투쟁'에 대해 '교육'하기 위해 약 15,000달러를 기부한 것으로 나타났다. 이 정보는 그 공개 도메인에서 정확한 내용 그대로를 볼 수 있다. NED 웹사이트는 접속이 가능했다. 관련된 부분의 내용은 다음과 같다. '2006년 NED 예산. 15,000달러: 내부 조직 및 연대 구축. 버마의 인권 상황을 모니터링하고 승려와 불교도들에게 버마의 민주주의를 위한 비폭력 투쟁에 대해 교육함. 본 기구는 인권과 민주주의에 관한 팜플렛, 스티커, 달력 등의 자료를 제작 및 배포하고 버마 내부의 불교 공동체를 조직하기 위한 노력을 지원할 것이다.' 물론 여기서 문제는 어떻게 15,000달러를 미얀마 짯(kyat)

1988년 폭동 당시 신원이 확인된 최소 4명의 정치범(머리를 깎고 승복을 입고 승려로 위장)은 불안정한 상황을 이용해 보안군과 강경 시위대 간의 폭력적인 대결을 부추겼다. 특히 비폭력적이고 평화적인 승려들을 향해 총과 대검을 휘두른다는 언론 보도가 나오면서 정부는 거리 질서 회복 방식에 대해 심각한 비판을 받았다.

그러나 이후 여러 곳에서 나온 증거뿐만 아니라 당시 폭력 사태를 목격한 목격자들에 의해 밝혀진 것처럼 이는 실제 상황과는 거리가 멀었다. 이러한 뉴스 보도는 수천 명의 승려가 참여한 시위의 초기 비폭력 단계와 시위가 폭력적으로 변하고 소수의 '불량' 승려(또는 승려 복장을 한 사람들)만이 남은 9월 마지막 주를 혼동하여 불교 '교단' 전체가 학살당하는 듯한 인상을 주었다.[180]

사실 놀라운 일도 아니게, 이러한 '불량' 승려 대부분은 위에서 언급한 '불법' 종파와 수도원에 소속되어 있었으며, 대중이나 국가 상가에 의해 공식 상가의 일부로 인정받지 못했다는 사실이 나중에 밝혀졌다. 이 수도원 중 한 곳에서는 포르노와 무기류도 발견되었다. 승려들이 이러한 폭력적인 세속 활동에 연루된 것은 미얀마 현대사에서 새로운 일이 아니며, 적어도 1920년대까지 거슬러 올라가는데, 이것을 미얀마 대다수의 출가자나 공식 상가의 정서를 반영하는 것으로 해석해서는 안 된다.

실제로 9월 26일과 27일 실탄을 사용한 총격이 시작되었을 때(그 이전에는 고무탄이 사용되었음), 대치 지역 위 트레이더스 호텔(Traders Hotel)에서 지켜본 목격자들에 따르면, 두 블록, 많아야 세 블록 정도에 달하는 술레파고다로드(Sule Paya Lan)에는 진짜 승려든 '가짜' 승려든 더 이상 보이지 않았다고 한다. 한때 평화로웠던 시위는 보안군과 폭도들 사이에 또 다른 대결로 변했고, 폭도들은 그때까지 다양한 종류의 투석기에서 발사된 금속 화살, 햇볕에 말린 딱딱한 점토 공, 시위용으로 트럭에 실어 온 벽돌 조각(뉴스 영상에 찍힌) 및 기타 즉석에서 만든 도구를 사용했다.

외부 언론 보도는 19년이라는 시간적 거리와 역사적으로 다른 상황에도 불구하고, 2007년의 행진하는 승려들과 1988년 시위를 '사프란 혁명'이라고 부르며 모호한 연관성을 제시하여 시위를 부추겼다. 물론 둘 다 아니었다. 미얀마 상가 지도부가 주도한 시위가 아니

으로 교환했는가 하는 것인데, 왜냐하면 NED는 미얀마에서 그렇게 할 수 있는 라이센스가 없기 때문이다.

180　양공에서 이 기간에 승려의 가사가 품절되었는데, 이는 '가사 기부' 절기에도 일어나지 않았던 일이다.

었고, 수많은 시위대 사이에서 식별할 수 있는 지도부가 전혀 없었으며, 명시적이거나 묵시적인 목적의 단결도 없었고, 행진 참가자들이 명확하게 제시한 의제도 없었다. 그런데도 외부 논평가들은 서둘러 '빈칸 채우기'에 나섰고, 이 사건은 도덕적 중재자인 '폰지'(pongyi, 승려의 미얀마어)가 국민을 대신해 나선 '민주주의'를 위한 '혁명'이라고 선언했다.

이 특정 사회 불안의 원인은 '민주주의 이념'이 아닌 사회경제적 요인일 가능성이 훨씬 더 높다. 불과 며칠 전 천연가스와 휘발유 가격이 갑자기 올랐고, 지난 2년 동안 지역 수도원들은 점점 더 많은 재가자가 승려가 되어 재정에 부담을 주면서 과밀화를 경험하고 있었다. 최근 몇 달 동안 종교계에 대한 기부금도 감소하고 있어 상황이 더욱 악화되고 있었다. 그러나 서구 언론들은 이러한 요인이나 사회를 계속 압박하는 경제 제재에 대해 거의 또는 전혀 관심을 기울이지 않았다. (1988년 폭동과 마찬가지로 이 사건도 감정이 가라앉은 후 좀 더 학술적인 분석이 필요할 것이다.)

입헌 정부를 향한 '7단계' 과정을 방해할 뻔한 또 다른 사건은 2008년 5월 2일 에야워디 삼각주를 강타한 사이클론 나르기스(Nargis)였다. 이번에도 정부는 이 사건의 대처에 대해 비판받았지만, 이번 사건은 전적으로 자연의 작용이었다. 이 폭풍은 에야워디 델타의 하부를 휩쓸어 최대 138,000명의 사망자를 냈다. 사이클론은 연례적으로 방글라데시를 향해 북상하던 '정상적인' 경로에서 갑자기 동쪽으로 방향을 바꿨다. 방글라데시에 상주하는 유엔 구호군과 국제구호기관이 즉시 현장에 출동했고, 지역 이웃 국가들도 하루나 이틀 만에 원조를 제공하거나 원조 제안을 했다.

그러나 프랑스, 영국, 미국 등 공개적으로 적대적이었던 세 나라가 뒤늦게 못떠마만에 정박한 군함에서 원조를 '제안'했지만, 지난 20년간 극도로 비판적이었던 국가들의 동기를 경계하여 거절했다. 입항이 거부되자 이들 정부와 언론의 거센 비판이 이어졌다.

상징적인 이유와 기타 거부 사유를 제외하면, 실질적으로 미얀마의 인프라는 더 이상 구호 물품을 처리할 수 없었다. 양공의 작은 국제공항은 한 번에 한 대(최대 두 대) 이상의 C-5(군용 화물기) 하역을 처리할 수 없었고, 도로와 다리가 대부분 유실되어 트럭으로 물품을 이동하는 것도 불가능했다. 현지 지형에 대해 잘 알고 있는 사람만이 현지 수단을 이용해 이재민을 도울 수 있는 조건이었다. 그리고 그 책임의 대부분은 이미 수십 년 동안 미얀마 국내 구호 인프라의 일부로 활동해 온 현지 당국, 지역 수도원, 미얀마 적십자 및 월드비전과 같은 구호 기관이 떠맡았다. 이들은 군함에 대한 선정적인 보도가 나오기 훨씬 전부터 현장에 나와 피해자들을 돕고 있었다. 그리고 이 기관들은 현지 통화 사용, 인력 고용, 물품 배포, 구호 대피소 건설 등을 할 수 있는 적절한 서류를 갖추고 있었다. 이들 단체와 다른 NGO 및

INGO는 나르기스 피해자들을 돕기 위해 정부 및 지역 수도원과 함께 구호 활동을 조율하고 가장 큰 성과를 거둔 진정한 '영웅'이었다. 하지만 영어권 언론에서는 이들에 대한 소식을 거의 들을 수 없었고, 정부가 적대적인 정부의 군함 입항을 거부했다는 소식만 들었다.

따라서 외부 정치세력은 사이클론 나르기스에 대한 정부의 대응을 자국민에게 필요한 지원을 거부한 무감각한 정부라는 분석 틀을 통해서만 (또는 주로) 해석했지만, 아세안과 중국 내 다른 커뮤니티는 비이념적이고 인도주의적이며 실용적인 접근 방식을 취했고, 이는 궁극적으로 상황을 훨씬 더 정확하게 보고하고 이 자연 재해를 구제하는 데 훨씬 더 효과적인 것으로 판명되었다.

사이클론 나르기스의 범위와 규모만큼이나 엄청난 사건이 (특히) 부시 백악관에 의해 정치화되어 정치적 점수를 얻기 위한 기회로 삼아 미얀마 정부가 태만하다고 비난하고 자연재해에 대처하는 것보다 (사이클론의 영향을 받지 않은) 일부 지역에서 계속 실시되고 있는 (헌법에 관한) 국민투표에 더 관심을 기울인 것은 안타까운 일이지만 물론 그렇지 않았다.

나르기스에 대한 '국제 언론'의 이러한 보도는 며칠 후 중국을 강타한 지진, 2010년 아이티 지진, 2011년 일본의 지진과 쓰나미에 대한 보도와 비교했을 때도 드러난다. 나르기스의 인명 피해는 이러한 다른 자연재해보다 훨씬 컸지만, 그쪽의 재해는 정치화되지 않았다. 모든 것이 인도주의적 관심을 보이는 자연재해로만 보도되었다. 지난 20년 동안 미얀마에서 발생한 사건, 심지어 엄청난 자연재해까지 보도할 때 명백한 이중 잣대가 존재했다.

이 자연 재해 이후 사소한 사건 외에는 반정부 정치 활동(또는 자연 행위)의 대규모 분출은 발생하지 않았다. 미주리주 출신의 몰몬교도가 아웅산수찌의 집으로 헤엄쳐 가서 며칠 동안 머물며 외교적 사건을 일으킨 '수영 선수' 사건과 미얀마의 '핵 장비'가 일반 파이프로 밝혀졌다는 루머가 있었을 뿐이다. 두 번째는 다가오는 선거를 방해하려는 의도가 분명했다.

좋든 싫든, 미얀마 정부를 무너뜨리기 위해 23년간 수백만 달러를 쏟아부은 끈질긴 노력에도 불구하고, 국내 야당과 그 '국제적' 지지자들은 솔직히 말해서 전투에서 패했고, 어쩌면 전쟁에서도 패했을지도 모른다.

요약하자면, 1988년부터 2008년까지 미얀마 국내의 사건은 전 세계의 관심사가 되었다. 1988년 폭동으로 촉발된 1990년 제헌의회 선거, 2004년 전후로 간헐적으로 진행된 국가 헌법 초안을 위한 회의, 2007년 불교 승려들의 시위, 2008년 사이클론 나르기스, 2008년 신헌법 제정 등이 그것이다. 모두 국제적 언론의 이슈가 되었는데, 이전에는 상대적으로 중요하지 않았던 인터넷과 기타 매스컴 기술이 이를 보편적인 이슈이자 모든 사람의 관심사로 바꿔놓았기 때문이다. 이는 마치 현대 미얀마 역사가 1988년부터 시작된 것처럼 현대 미얀마를 거의 전적으로 1988년의 관점에서만 묘사함으로써 그 이후 미얀마에 대한 이미지를 왜곡시켰고, 이 사건에 부당하고 인위적인 '매개자'를 부여하고 그 근본적인 원인을 당시 '보편적'인 것으로 여겼던 특정 외부 사건과 연결시켰다. 냉전 이후 '자유' 대 '폭정'이라는 틀 안에서 해석된 미얀마의 거의 모든 사건은 민간과 군부, 권위주의와 민주주의, 다수종족 중심부와 소수종족 주변부 사이의 투쟁이 되었다.

이러한 '선과 악'의 패러다임을 지닌 개념적 양극화는 실제로 훨씬 더 복잡한 상황을 지나치게 단순화하고 잘못 표현하여, 그 패러다임의 일부로 여기지 않는 사람, 목소리, 경험을 간과(그리하여 '무시')했다. 인터넷이나 신문을 거의 또는 전혀 접할 수 없는 사람들, 교과서나 박물관에서 기억되지 않는 사람들, 영어를 거의 또는 전혀 사용하지 않는 사람들, 서구의 통치 이론에 대한 고민이 일상의 관심사와 우선순위에 포함되지 않는 사람들은 단순히 배제되었다. 이들은 미얀마 인구의 대다수를 차지하기 때문에 미얀마인의 현대사가 그들의 참여 없이, 마치 미얀마 전체가 군부와 NLD라는 두 집단으로만 구성된 것처럼 분석되고, 논의되고, 쓰이고 있었다.

적어도 독립 이후 미얀마의 최근 역사를 정치적 성향, 삶, 가치관이 정반대인 두 집단 간만의 투쟁이 아니라 역사, 정치, 문화를 공유한 여러 집단의 다양한 경험으로 구성된 것으로 재조명한다면, 독자들은 상황을 훨씬 더 포괄적이고 복잡한 것으로 이해할 수 있으며, 국외에 거주하는 소규모 집단이 바라는 것이 아니라 미얀마 내부 다수의 우선순위와 관심에 기초하여 이해할 수 있다. 이러한 내부 관점은 다음 내용의 주제인 최근 선거 결과를 설명하는 데 도움이 된다.

2008년 헌법과 2010년 선거

2008년 새 헌법은 2008년 5월 말에 실시된 국민투표에서 승인되었으며, 현재 이 나라에서 최상위 법으로 자리 잡았다. 책으로 출판되어 전국에서 1권당 1달러에 판매되고 있는 이 헌법은 1947년과 1974년의 두 가지 이전 버전의 일부 내용을 유지하면서 상당히 실질적인 내용을 일부 변경했다.[181] 이 당시 미얀마 관련 최고의 전문가인 로버트 H. 테일러의 말을 인

---

181 미얀마연방공화국의 헌법은 미얀마어와 영어 두 가지 버전으로 출판되었고 그 제목은 각각 다음과 같다. *Constitution of the Republic of the Union of Myanmar* (2008), *Pyidaungzu*

용하자면, 2008년 헌법은 '과거를 인정하고 현재 국가 권력을 독점하고 있는 이들과 권력을 공유하겠다는 약속을 담고 있다'고 할 수 있다. 미래에 대한 약속은 군이 민간 정당과 일부 권력을 공유할 수 있다는 가능성이라고 설명한다.[182]

그 '가능성'은 11월 7일, 헌법의 조항을 이행하기 위한 총선거가 실시되면서 실현되었고, 이로써 정부는 군사정권에서 다당제 대의 체제로 전환되었다. 대의제는 국가 차원의 '양원', 즉 삐두 흘룻도(국민의회, 330석)와 어묘다 흘룻도(종족의회, 168석)로 구성된 흘룻도가 있다. 주 수준에서는 미국의 컬럼비아 특별구(District of Columbia, Washington D.C.)처럼 행정적으로 다른 수도 네삐도(Naypyidaw)를 제외한 14개 주마다 인구에 따라 총 673개의 의석이 할당된 흘룻도가 있다.

이 세 의회의 총의석수는 공식적으로 1,171석(역주-헌법에 규정된 군부에게 할당된 연방의회(양원) 의석의 25%(166석)는 국민의회 110석, 종족의회 56석이며, 이를 더하면 총 1,337석)이다. 그러나 이번 선거에서 일부 주 의회에 배정된 8석은 보안상의 이유로 선거를 치를 수 없는 '자치구'에 속해 경선이 치러지지 않았고, 나머지 4석은 후보자가 한 명뿐이거나 경선이 치러지지 않아 실제로 전국적으로 총 1,154석의 의석이 경합을 벌였다.

유권자 한 명당 3표(각 의회마다 한 표씩)를 행사할 수 있기 때문에 총투표수가 유권자 수를 초과할 수 있었다. 그러나 모든 사람이 세 개의 투표용지를 모두 투표한 것은 아니며, 모든 투표용지가 '유효'로 판정되어 분실되거나 취소되지도 않았다. 총투표수는 6,600만 개이며, 이 중 약 6,200만 개가 유효 투표로 집계된 것으로 추정된다. 이 수치가 정확하다면 대부분의 유권자가 세 장의 투표용지 중 최소 두 장을 투표했다는 의미이다.

예상대로 퇴역 군인 및 정부(SPDC) 소속의 비군인 지지자로 구성된 연방결속발전당(USDP, Union Solidarity and Development Party)은 약 36,161,818,표를 얻었으며 이는 '국민의회' 의석의 59%, '종족의회'의 57%, 주 의회의 489석을 차지하였다.[183] 또한, 태국, 튀르키예, 파

Thamada Myanma Naingnandaw Phwesipon Achekhan Upade (양공, 정보부, 2008). 전자문서 버전은 전 베트남 및 태국 주재 영국 대사인 데렉 톤킨(Derek Tonkin)이 운영하는 가장 신뢰할 수 있는 Network Myanmar(www.networkmyanmar.org)를 포함한 다양한 웹사이트에서 쉽게 구할 수 있다.

182　Taylor, *The State in Myanmar*, p. 487.

183　각자 다른 방법으로 투표를 계산하는 수많은 분석과 보고서가 있다. 그러나 2010년 12월 8일자 (수요일) 국영지 미얀마 어링(Myanma Alin, pp. 1, 9)에 실린 연방선거위원회(Union Elec-

키스탄, 방글라데시, (수하르토 이전) 인도네시아 헌법의 규정과 마찬가지로 군대에 할당량이 배정되어 있어 사실상 USDP와 그 정치적 동맹이 전체 의석수의 거의 83%를 차지한다.

이번 선거에서 USDP 다음으로 많은 의석을 차지한 정당은 국민통합당(NUP, National Unity Party, 구BSPP 당원들로 구성)은 총 62석(5.37%)을 차지하며 전체 유효 투표의 많은 수인 총 14,285,043표를 득표했다. 이러한 결과는 다음과 같은 이유로 매우 흥미롭다.

첫째, 1988년 이후 사실상 정치 무대에서 퇴출당하고 1990년 제헌의회 선거에서 NLD 에 패배한 옛 BSPP의 전직 정치인과 의원들이 1,400만 표가 넘는 유효 투표수를 획득할 정도로 예상치 못한 '컴백'을 이뤄냈다는 점이다. 이는 미얀마의 정치 지형에 여전히 다양하고 오래된 이해관계와 파벌, 충성심이 존재한다는 것을 시사한다. 마찬가지로 미얀마신민주당(Democatic Party Myanmar)을 대표하는 이른바 '세 공주'(두 명은 전 총리(우누, 우바스웨)의 딸)의 입당과 선거운동은 비록 큰 성공을 거두지는 못했지만(3석 차지), 현대 미얀마 정치에 오래된 엘리트 네트워크가 계속 존재하고 있음을 보여준다.

둘째, NUP가 얻은 표를 USDP의 표와 합산하면 투표의 대다수(약 6,600만 표 중 50,446,981표)가 이전 두 정부(BSPP와 SPDC)를 대표하는 두 정당에 유리하게 작용했다는 것을 의미한다. 이는 1990년과 거의 정반대의 결과이며, 그 이후로 국민들의 분위기가 극적으로 변했음을 나타낸다. (그 이유는 아래에서 논하고 있음)

산족민주당(SNDP, Shan Nationalities Democatic Party)은 총 57석, 전체의 4.94%를 얻어 전국 3위를 차지했다. 하지만 유효 투표의 2.69%만 득표하여 미얀마 산족 인구의 약 9%에 훨씬 못 미치는 득표율을 기록했다. 이는 그 자체로 종족 정체성 문제에 대한 흥미로운 얘기 이지만, 여기서 다루기에는 너무 큰 주제이다. 심지어 정당에 소속되지 않고 출마한 무소속 후보도 82명이었으며, 이 중 6명이 의석에 당선되었다. 이러한 신구 정치 집단 간의 상대적 분포는 현 체제가 그대로 유지된다면 미얀마 정치의 매우 흥미로운 미래를 예고한다.

난항을 예상했던 국제 관찰자들이 놀랐던 것은 군부에서 민간 통치로 전환하는 전체 과

---

tion Commission)의 최종 보고서에는 3개의 의회(상원, 하원, 지방의회)에 대한 총투표수, 무효 투표수, 유효 투표수를 포함하는 가장 상세한 수치가 포함되어 있다. 또한, 호씨(Richard Horsey) 의 'Outcome of the Myanmar Elections', *SSRC Conflict Prevention and Peace Forum* (17 November 2010)를 참조하시오. 이 보고서가 작성되었을 시점에서는 모든 선거 결과 자료가 연방선 거위원회에서 공포되지 않아 다소 불일치가 있을 수 있다. 선거에 관한 대부분의 정보는 앞의 주석 14에서 언급한 Network Myanmar에서 볼 수 있다.

정, 특히 마지막 단계가 대체로 순조롭고 차분하게 진행되었다는 점이다.[184] 2011년 북아프리카의 '아랍의 봄', 이집트와 리비아의 폭력적인 정부 이양, 시리아와 예멘에서 같은 시도가 있었던 것과 비교하면, 미얀마의 전환은 '공원 산책'이었다.

일부 국제 언론기관은 선거가 치러지기 1년 전부터 이미 유일 정당인 NLD가 참여하지 않을 것으로 예상하고 앞으로의 과정이 포용적이지 않을 것이라며 논의의 틀을 미리 정해 놓았기 때문이다. (1,171개 선거구를 대표하는 37개의 다른 정당이 참여할 예정이었음) 결과적으로 NLD는 실제로 참여하지 않았다. 하지만, 선거법에서 요구하는 등록을 고의로 하지 않아 스스로 자격을 박탈당했기 때문에 참여하지 않기로 결정한 것이다. 이러한 결정은 당 지도자 아웅산수찌와 다른 당 강경파의 권고에 따라 내려진 것으로, 1990년대부터 이 모든 과정에 항의해 온 NLD의 입장과 일치하는 것이 분명하다. 2008년 헌법이나 선거 자체에 암묵적인 정당성을 부여하지 않으려는 의도로 전략적인 결정으로 보였다. 이는 지난 20년간의 정치적 입장에 반하는 것일 뿐만 아니라 강경 지지자들의 분노를 불러일으킬 수 있었기 때문이다. 또한, '국제적' 비판이 선거를 무효화할 수 있기를 바랐을 수도 있지만, 물론 그런 일은 일어나지 않았다. (그러나 수찌는 유권자 등록번호를 부여받았고 당원들과 함께 미얀마 시민으로서 투표할 자격이 있었다는 점에 주의를 요함)

선거 불참 및 보이콧 결정은 당 내부에 영향을 미쳐 한 정파가 탈당하여 국민민주전선(National Democratic Front)이라는 새로운 정당을 창당하기로 결정할 정도로 당내 분열을 심화시켰다. 이 정당은 연방선거관리위원회에 등록하고 합법적으로 선거에 참여하여 16석(총 유효 투표수 3,213,877표)을 획득했다. 비록 미약하지만, 미얀마의 향후 거버넌스에 한 자리를 확보한 반면, NLD는 참여하지 않았기 때문에 국가 거버넌스뿐만 아니라 국가 미래에 대한 '국민적 소통'에서도 배제되어 다소 자멸적인 전략이 되었다. (이것이 바로 2011년 11월 아웅산수찌와 NLD가 20년간의 강경한 태도를 뒤집고 다음 보궐선거에 참여하겠다고 발표한 이유)

NLD와 제휴했던 다른 두 정당인 SNDP와 여카잉족발전당(RNDP, Rakhine Nationalities Development Party)도 '탈당'하여 선거에 참여하고 후보를 내기로 결정했다. (위에서 언급한 바와 같이, SNDP는 57석, RNDP는 35석을 얻어 총 득표수는 3.03%이다.)[185]

---

184 호씨(Horsey)의 다음음 글을 참조할 것. 'Outcome of the Myanmar Elections', p. 1. ' 선거일 자체는 평화로웠고, 투표는 정말 차분한(심지어 가라앉은) 분위기에서 진행되었다.' 물론 부정행위가 있었다는 이야기가 회자하기도 했다.

185 미얀마에서 샨족 인구의 4분의 1도 안 되는 사람들이 '샨족'의 정당에 투표한 반면, 여카잉

요컨대, 선거를 보이콧함으로써 NLD는 결국 아무것도 얻지 못했다. 그러나 일부 외국 정부, 특히 미국에서는 여전히 유일한 합법적인 야당으로 간주하기 때문에 '국가적 피해자'의 역할을 계속할 수 있었다. 하지만, 얼마나 오랫동안 그리고 얼마나 효과적으로 그 역할을 수행할 수 있을지는 아직 미지수이다. 20년이 넘는 정치적, 개인적 투쟁 끝에 세계에서 가장 부유한 국가와 민간 단체의 압도적인 재정적, 정치적 지원을 받았지만, NLD가 보여준 것은 거의 없으며, 그 일부는 스스로 만들어낸 것이었다.

다른 국제 참관단들도 선거가 실제로 실시되기 훨씬 전부터 선거가 자유롭지 않고 공정하지 않을 것이라고 폄하했다. 이러한 비판은 투표 당일 현장의 훈련된 국내외 참관인들에 대한 대부분의 뉴스 보도에 의해 전반적으로 입증되지는 않았지만, 일부 '인권' 단체와 다른 사람들은 부정이 있었다고 주장하면서도 이러한 문제가 결과에 영향을 미칠 만큼 충분하지 않다고 인정했다.[186] 미얀마 학자들은 이번 선거를 장기적인 관점에서 바라보며 이번 선거가 완벽하지는 않았지만, 올바른 방향으로 나아가는 한 걸음이라는 데 동의하며 보다 현실적인 평가를 하고 있다.[187]

그러나 2010년 11월 13일 수찌가 가택연금에서 풀려나자마자 이번 선거에 대한 비판(적어도 영어권 언론에서는)이 사라지기 시작했고, 이는 일부 집단에게 절차적 문제는 애초에 큰 문제가 아니었음을 나타내는 것이었다. 그 후 2011년 초에 미얀마의 합법적인 정부로 '의회'가 구성되고, 3월 말에는 군부 통치가 공식적으로 종식되면서 미얀마에서는 열렬한 반체제 인사들의 목소리만 남게 되었다. 이는 쉽게 되돌릴 수 없는 기정사실이다. 역사적 사건이 선거의 '정당성'에 관한 논쟁을 덮어버렸기 때문이다.

이러한 현실을 감안할 때, 우리가 생각하기에 가장 중요한 질문은 미얀마가 현재 얼마나 '진짜로 민주화되었는지'가 아니라 양적, 질적 선거 결과가 우리에게 무엇을 말해줄 수 있는지이다. '사기', 협박 등의 일반적인 (그리고 쉬운) 비난을 넘어 USDP가 3,600만 표, NUP가

족 인구의 3분의 2 정도가 '여카잉족' 정당에 투표했다는 것이다.

186 예를 들어, 정치적 의제가 분명한 버마 기금-유엔 사무소(Burma Fund-UN Office)의 *Burma's 2010 Elections*: A *Comprehensive Report* (New York, 2011)를 참조하시오. 또한, 객관적이지만, 편견이 뚜렷한 International Crisis Group의 'Myanmar's Post-Election Landscape', *Crisis Croup Asia Briefing*, 118 (Jakarta/Brussels, 2011)도 살펴보시오.

187 David I. Steinberg, 'Is Burma Finally Poised for Change?', *Pacific Forum*, 3 (Honolulu, HI, 2011).

1,400만 표를 얻었다는 사실을 어떻게 합리적으로 해석할 수 있을까? 또한, 역사가로서 우리는 이번 선거가 미얀마 현대사에서 역사적 사건으로서 어떻게 그리고 어디에 '적합'한지 알고 싶다. 그리고 마지막으로, 우리는 평화적인 정권 이양으로 적어도 국민 대다수인 75%가 촌락과 농업에 종사하는 미얀마 국민이 더 안정적이고 문제없이 생활하는 데 도움이 될 수 있기를 바라고 또 그렇게 될지 궁금하다.

이번 선거 결과를 통해 알 수 있는 가장 중요한 사실 중 하나는 많은 사람들이 실제로 투표에 참여했다는 사실이다. 노동, 여성, 소수종족, 지식인과 학자, 농민, 노동자, 공무원, 전직 군인 등 다양한 선거구를 대표하는 1,154석이 경합을 벌였고, 37개 정당이 후보를 내고 (이 중 최소 21개 정당이 의석을 차지함), 6,600만 표에 가까운 투표가 이루어진 이번 선거에 누가 당선되었고 유권자들이 왜 그렇게 투표했는지에 상관없이 미얀마 사회의 광범위한 스펙트럼이 참여했다는 것은 부인할 수 없는 사실이다.[188] 결국 선거 참가는 참여 민주주의의 핵심이므로 이러한 변화는 부정적이라기보다는 긍정적이라고 생각한다.

둘째, 2010년의 민심이 1990년과 달랐을 수 있는 이유에 대해 위에서 제기한 질문과 관련해서, 문맹률이 높은 나라에서 비밀투표로 치러진 선거에서 부정행위에도 불구하고 3,600만 표에 가까운 지지를 받은 정당은 특정 정당이 아니라면, 적어도 경험 부족과 예측 불가능성보다는 현직과 연속성에 대한 광범위한 지지를 시사하거나 반영하는 것이라고 볼 수 있습니다. 즉, 미얀마 유권자 대다수에게는 현상 유지보다는 변화보다는 현상 유지가 중요했을 것입니다. 그렇지 않았다면 투표 결과는 크게 달라졌을 것입니다.

1990년 제헌의회 선거에서 변화를 원했고 NLD가 '변화의 정당'이었던 것과 달리, 2010년 총선은 지난 20년간의 인프라 및 군사·안보 성과를 보존하고 영속화하는 데 더 중점을 두었다. (실제로 이것이 바로 USDP가 출마한 플랫폼의 핵심이다.) 게다가 1990년 이후 NLD는 보이콧, 시위, '민주주의'에 대한 막연한 개념 외에는 구체적으로 제시할 것이 없는 '훼방꾼'(spoiler)의 역할을 맡아왔다. (새 헌법이 제정되고 이번 총선이 완료되면서 그 명분마저도 빼앗겼다) 이제 그 명분은 사라졌습니다. 따라서 NLD가 여전히 '민주주의의 죽은 말'과 2008년 헌법의 기술적 합법성만을 강조하는 동안, USDP는 국가 안보, 노조의 청렴성, 인프라 성과, 시장 부문 개발 등 현실적이고 실용적인 이슈를 중심으로 선거를 치렀다.

188　호씨(Horsey)의 글('Outcome of the Myanmar Elections', p. 8)에서는 경합 의석이 총 1,157석이고, 아시아위기그룹(the *Crisis Group Asia Briefing*, p. 171) 보고서에는 1,154석으로 나온다.

따라서 USDP의 강령은 외국 정치 체제의 이론적 개념과 통치 원칙에 집착하는 NLD보다 미얀마 국민 대다수의 관심사에 훨씬 더 부합했다. 일반 농부들은 그런 문제보다는 도적과 내전이 없는 안전하고 안정적인 시골, 비료에 대한 지속적인 보조금과 정부가 제공하는 유사한 '혜택', 국가 관개용수, 관정(tubewell), 1인용 트랙터 및 가정용 정화조에 대한 무료 또는 저렴한 접근, 토지 및 농산물에 대한 낮은 세율, 개선된 도로와 고속도로를 통한 쉽고 저렴한 물품 운송, 종교에 기부하고 자녀의 가장 중요한 귀뚫기 의식 및 싱뷰 의식의 비용을 지불하기에 충분한 돈을 갖는 것에 관심이 있다.

USDP는 지난 20년 동안 완료된 막대한 인프라 개발 프로젝트가 특히 농산물 생산 및 유통 능력을 향상시키는 데에 있어 미얀마 농촌에 긍정적인 영향을 미치기 시작했다고 말할 수 있을 것이다.[189] 무엇보다도 중요한 것은 반세기에 걸친 파괴적인 내전의 종식은 한때 안전하지 못했던 지역에서 이러한 인프라 개발이 이루어질 수 있게 했을 뿐만 아니라, 수십 년 동안 권위주의적이든 민주적이든 모든 현대 미얀마 정부를 괴롭혔던 매우 어렵고 복잡한 (특히 군사적 성격의) 문제를 해결할 수 있는 정부의 능력을 구체적으로 입증한 것으로, 선거에 경쟁하는 다른 어떤 정당도 주장할 수 없는 공신력 있는 증거가 되었다는 점이다.

주요 도시의 주민들은 대부분 정부에 고용되어 있거나 정부와 관련된 직종에 종사하고 있어서 지난 20년간의 정쟁을 끝내고 현재의 법과 질서를 유지하는 것만으로도 충분히 만족도가 높았다. 게다가 1988년 BSPP가 해체되고 미얀마식 사회주의가 끝난 이후, 국가 경제의 시장 요소가 크게 확대되어 상당한 부를 가진 매우 눈에 띄는 새로운 비군인 비즈니스 계층이 생겨나고 혜택을 누리고 있다. 물론 그들은 현 상태를 바꾸기 위해 투표함으로써 그들의 새로운 물질적, 사회적 지위를 위태롭게 하지는 않을 것이다.

그리고 잊지 말아야 할 것은 미얀마에서 후원-수혜의 관계는 미얀마 사회의 규범적 구조라고 할 수 있을 정도로 여전히 살아 숨 쉬고 있다는 사실이다. 일반 미얀마인 경작자뿐만 아니라 상가와 군대를 포함한 대부분의 계층에게 '재화를 제공'할 가능성이 가장 높은 후원자는 당연히 정부와 그 대리인인 USDP이다. 군인 한 명당 휘발유와 쌀 가격 보조, 공공주택

189　앞장에서 설명한 바와 같이, 1,100 마일(약 1,770km)에 이르는 에야와디 강의 교량 건설이 이러한 발전을 가장 잘 보여주는 예이다. 1988년 이전에는 그 강의 다리는 저가잉교 하나뿐이었다. 오늘날 강의 서쪽과 동쪽을 연결하는 교량은 십여 개가 넘는다. 이러한 기반 시설의 발전에 대한 더 자세한 내용은 아웅뜨윙과 헤프너(Michael Aung-Thwin & Carl Hefner)의 'Making of Moedern Burma', CD-ROM (2001)을 참조하시오. ㅍ

이용 등 '특혜'를 위해 그에게 의존하는 민간인이 9명이나 되는 상황에서 선거 결과는 유권자 대다수가 적어도 현재로서는 후원-수혜 구조를 바꾸기를 원하지 않는다는 것을 나타낸다.

그렇다면 왜 일반 미얀마인들은 자신에게 이익을 주는 쪽에 투표하지 않고 자신의 이익에 반하는 투표를 하리라 생각할까? 결국, '바보야, 경제 때문이지'라는 말은 일반 미얀마인들에게도 적용된다. 그리고 그들이 우리의 기대에 부응하지 않을 때, 우리는 정부가 투표에 개입하는 등 사악한 이유가 있다고 의심한다. 동시에 우리는 보통 미얀마인들이 사람들 대부분의 일상에 필요한 경제적 문제를 구체적으로 해결하지 못한 채 잘 이해되지도 않는 외국 이념(민주주의)의 채택에 온 힘을 쏟는 정당에 투표할 것이라고 막연히 기대한다.

더 심각한 문제는 이러한 정당, 특히 NLD의 정치적 이해관계가 외국 단체 및 국가의 이해관계와 연계되어 있는 것으로 (실제적이든 상상적이든) 인식된다는 점이다. 소로스 재단(Soros Foundation)과 민주주의를 위한 국민 기부금(National Endowment for Democracy)과 같은 단체가 NLD의 의제에 간접적으로 재정적 지원을 하고 있다는 사실은 일반 미얀마 유권자들에게도 알려지지 않았다. 보통의 미얀마 농부들은 이러한 특정 단체와 그들의 '전략적 자금 지원' 프로젝트의 세부 사항을 알지 못하더라도 지난 20년간의 혼란과 무질서에 기여한 정치 활동에 대한 외국의 지원과 격려에 대해서는 잘 알고 있을 것이다.

미얀마의 '정권 교체'에 영향을 미치기 위한 끈질긴 노력으로 미국 의회는 매년 약 1,000만 달러(현재 약 20년 동안)를 이 목적에 배당하여 거의 같은 기간 동안 미얀마에 대한 경제 제재를 지속하는 등 주도적인 역할을 해왔다. 바로 이러한 활동들이 평범한 미얀마인들에게 가장 큰 피해를 준 것이다. 그렇다면 왜 수십 년 동안 이러한 활동을 공개적으로 지지해 온 정당에 투표하는 것일까?

미얀마에 대해 이른바 '국제사회'가 제기하는 문제는 본질적으로 이념적일 뿐만 아니라 정치적 정당성과 권위에 대한 서구의 원칙과 가정에 기반하고 있으며, 대부분의 미얀마인의 일상생활과는 거의 또는 전혀 관련이 없다. 그러한 정치 이데올로기가 너무 강력해서 자신의 생활 방식, 문화, 정부, 종교, 가족에 반하는 투표를 하게 만들 것이라고 기대하는 것은 순진할 뿐만 아니라 오히려 문화 중심적일 수 있다.

따라서 USDP에 대한 투표는 현직과 연속성을 위한 투표일 뿐만 아니라 자신의 물질적 (그리고 심리적) 자기 이익을 위한 투표이며, 동시에 NLD와 같은 '대리인'을 통한 외국의 내정 간섭에 반대하는 투표이기도 하다. 이러한 요인들은 6,600만 표의 투표용지가 수작업으로 조작되었다는 의혹보다 USDP의 압승의 근거가 될 가능성이 훨씬 더 높다.

2011년 1월과 3월 사이에 거의 모든 정부 고위직과 기타 헌법 기관의 직책이 채워졌다.

떼인세잉 전 총리(국내에서는 '미스터 클린'으로 알려짐)가 흘룻도의 두 '의회' 의원들에 의해 부통령 2명과 함께 대통령으로 선출되었다. 그의 새 내각에는 군 고위 장교들과 여러 부처를 이끌 새로운 얼굴들이 섞여 있다. 그리고 앞서 언급했듯이 2011년 3월 30일, 미얀마의 군사통치가 공식적으로 종식되고 민간 정부가 복귀하면서 군부 독재정권이 해산되었다.

이 중요한 사건은 주요 국제 신문의 뒷면에 거의 실리지 않았다. 아마도 선거에 대한 1년간의 '선제공격'으로 인해 선거에 대한 결론이 잘못되었고 뉴스가 사라졌기 때문이었을 것이다. 아마도 새 정부의 고위급 인사 구성이 이전 정부와 동일한 인사를 일부 유지했기에 '문민정치 회복'이 '새 병에 담긴 오래된 포도주'처럼 피상적인 것으로 보였을 것이다.

그러나 이론적 수준에서도 그 결론은 보증받지 못한다. 군사 정권에서 의회 체제로 정부 형태가 실제로 바뀌었고, 그 구조, 구성 및 기능이 다르기 때문이다. 경험적으로 보면, 세 개의 흘룻도 의석의 대부분은 새로운 얼굴들이 차지하고 있으며, 공직에 출마하는 모든 후보자는 법에 따라 민간인이어야 하므로 공직에 진지하게 관심이 있고 군직을 사임할 의사가 있는 사람들만 실제로 출마 등록을 했다고 생각할 수 있어서 변화는 뚜렷하게 나타난다.[190]

기업으로서의 군이 여전히 흘룻도에서 25%의 할당량을 차지하며 확고한 입지를 구축하고 있는 것은 사실이지만, 특히 이전 정부의 최고위 군 장교인 딴쉐와 마웅에(Maung Aye)가 은퇴했거나 은퇴할 예정이고, 일상적 논의에서 새로운 '의회'에 속하지 않기 때문에 이제 그들은 새로운 규칙에 따라 새로운 방식으로, 새로운 상관과 새로운 선거구에 대한 책임하에 다수의 민간인과 함께 활동해야 한다. 아마도 이런 전환에 대해 오랫동안 비판해 온 대부분의 사람을 괴롭힌 것은 군부가 1960년과 1974년에 그랬던 것처럼 약속을 지키고 대의제에서 정부 권한을 민간인에게 돌려준다는 사실, 즉 같은 비판자들이 20년 넘게 조롱해 온 약속을 지켰다는 사실일 것이다.

이러한 전환이 가능한 이유 중 하나는 미얀마 정부의 '하이브리드' 성격에 있다. 미얀마 현대사를 통틀어 군부와 민간 정부는 공생 관계로 운영되어 왔으며, 한 국가를 통치하려면 군부든 민간인이든 숙련된 손길이 필요한 탓에 한쪽의 구성원이 항상 다른 쪽에 참여했다. 이러한 혼합적 성격의 정부는 실제로 많은 민간인 출신 장교가 정부 요직을 맡았던 식민지 구조로 거슬러 올라간다. 식민지 이후에도 민간 정부에 군이 계속 존재하게 된 주된 이유는 베트남, 캄보디아, 이스라엘처럼 제2차 세계대전 이후 반세기 동안 내전이 지속되어 1990년대 후반까지 끊임없는 전쟁 상태에 놓여 있었기 때문이다.

190　테일러(Robert H. Taylor)와 2011년 6월 13일 개인 의견 교환.

이러한 공생 관계는 인력의 이동이 상대적으로 쉬웠을 뿐만 아니라 매번 큰 혁명의 트라우마를 겪을 필요 없이 정부가 '둘 다'가 될 수 있게 해주었다. 이에 따라 두 정부 형태 사이에 진동이 발생하여 제2차 대전 이후부터 2011년까지 네 번의 군사(또는 권위주의) 정부 형태(1945, 1958, 1962, 1988)가 네 번의 '민간'(또는 대의제) 정부 형태(1948, 1960, 1974, 2011)로 대체되거나 자리를 바꿨다. 미얀마 사회는 평균 15년에 한 번씩 60년 동안 이러한 변화를 정기적으로 경험했기 때문에 이 '변화'가 결코 특별한 것으로 여겨지지 않았다.

이러한 변동은 민간 정치와 군부 지배 사이의 '투쟁'의 증거로 해석되기도 하지만, 우리는 이를 안정적인 (또는 강한) 제도와 불안정한 (또는 약한) 제도 사이의 '자연스러운' 움직임으로 여기고 싶다. 전쟁 전의 정치, 제2차 세계대전, 탈식민지화 그리고 반세기 동안의 내전 등 미얀마의 최근 과거 상황으로 인하여 대의제 (및 민간) 제도가 권위주의 (및 군부) 제도보다 안정적이지 못하였다.

그러나 군부가 정권을 잡을 때마다 시간이 지나면 항상 국가적 우선순위, 특히 연방의 통합을 실현할 수 있는 전국 규모의 정당(AFPFL, BSPP, USDP)과 대의 정부를 만들어 왔다. 그 후 정당과 정부의 얽힌 성격은 경직되고 융통성이 없어져 그 정체성이 도전받을 때까지 무정부상태와 무질서를 초래하게 되었다. 이때 군부가 법과 질서를 회복하기 위해 다시 한번 개입하면서 또 다른 변동이 시작된다.

군부가 자주 반복하는 말처럼 민간인에게 권력을 돌려주지 않고 무기한 권력을 유지할 생각이었다면, 왜 지루하고 시간이 오래 걸리는 전국 정당과 대의 정부를 설립하는 과정을 거쳤을까? 창당하지 않고 이미 가지고 있는 권력을 그냥 유지하면 되지 않을까? 매번 명목상의 민간 정부를 만들지 않고 이미 가지고 있는 권력을 유지하면 어떠했을까?

동시에 정권이 바뀔 때마다 대의 기관은 더욱 강력해지고 안정적이 되었다. 가장 최근 버전인 2008년의 헌법과 2011년의 흘룻도를 보면 알 수 있듯이, 이전 버전보다 더 강력하고 안정적이며 개선된 버전이 분명하다. 예를 들어, 2008년 헌법은 다당제라는 점에서 1947년 모델과 유사하지만, 1947년 헌법의 심각한 약점이었던 특정 주의 탈퇴를 허용하는 조항을 삭제하여 연방을 훨씬 더 강력하게 만들었다. 사실 1974년 헌법은 그런 약점을 의도적으로 해결했다. 그러나 그렇게 하면서 너무 중앙집권적인 방향으로 나아갔고, 단일 정당 체제(BSPP)와 단일 (사회주의) 경제(미얀마식 사회주의)를 만들었다.

현재 2008년 헌법과 2011년 흘룻도는 국가를 다시 중앙으로 가져와 이러한 초기의 문제를 다소 해결하려는 시도이다. 따라서 2011년 흘룻도는 1947년 의회보다는 중앙집권적이지만, 1974년 국가만큼 중앙집권적이진 않다. 1947년과 1974년 헌법의 약점으로부터 교훈을 얻은 현행 헌법 기초자들은 비록 하이브리드에서 예상할 수 있는 것처럼 여전히 '모순'이 존재하지만, 문제를 신중하게 검토하고 접근했다.[191]

민간 또는 군대, 약하거나 강하거나, 불안정하거나 안정적이거나, 사회주의 또는 자본주의, 단일 정당 또는 다수 정당, 하이브리드 또는 그렇지 않은 1920년대 상황, 1943년 일본 치하의 명목상 '독립', 1948년 독립, 1958-60년 '잠정 정부', 1962년 혁명위원회, 1974년 BSPP, 1988년 SLORC/SPDC, 2011년 새로운 흘룻도 등 현직자와 엘리트가 여전히 대부분의 카드를 쥐고 있다.

11세기 버강 왕국 이후 미얀마의 역사에서와 마찬가지로, 오늘날 국가를 위한 경쟁은 각 진영이 정당성의 일부로 '국민'을 내세우더라도 주로 엘리트들 사이에서 이루어지고 있다. 국가를 위한 '경쟁'이 주로 엘리트들의 손에 달려있어서 '국가' 지도자들은 설립과 반대 사이에서 표류하고, 그래서 이런저런 시기에 보면 많은 사람들이 두 진영에 속해 있다. 미얀마의 정치는 (어쨌든 국가 차원에서 보면) 마치 '의자에 먼저 앉기'(musical chairs) 놀이와 같으며, 대부분의 주요 경쟁자들이 친척이거나 한때는 가까운 친구 또는 동료였기 때문에 '가족 싸움'에 가깝다고 할 수 있다. 미얀마의 정치는 매우 개인적인 영역이다. 엘리트들이 여전히 정치를 지배하고 있어서 미얀마 역사에서 진정한 혁명은 없었고 엘리트들 사이에서만 진화의 변동이 있었다고 말할 수 있다.

이제 독립과 현 지도자 세대를 분리하는 어느 정도 거리감이 있고, 중요한 반란이 거의 끝나고, 선출된 '의회'가 들어서고, 독립 이후 그 어느 때보다 국가가 안정된 지금, 미얀마는 내부 정치, 외부 세력, 심지어 대자연의 방해 없이 인프라 및 경제 개발에 집중할 수 있게 되었다.

하지만 미얀마는 아직 숲에서 벗어나지 못했다. 만약 무정부상태가 발생하여 군부가 질서 회복을 위해 전 세계 대부분의 헌법에서 볼 수 있는 비상사태 조항과 같은 것으로 2008년 헌법에 명시된 법 조항을 들고 다시 돌아온다면, 시계추는 흔들리며 다시 진동이 시작될 것이다. 그러나 그렇게 되려면 과거에 그러한 무질서를 유발했던 종류의 조건이 다시 등장해야 한다. 즉, 특히 경제는 지금부터 의미 있는 진전을 이루지 못한 채 사실상 무기력한 상태를 유지해야 하며, 정치도 '평소와 같은 업무'로 돌아가야 한다. 두 가지 모두 가능성이 희박한 전망이지만, 미얀마에서는 결코 알 수 없다.

191　2008년 헌법의 제정에 관여한 학자 중에서 일부와 친분이 있어서 이는 놀랄 일이 아니었다. 그들 대부분은 매우 존경받는 역사학자들이고 미얀마에서 잘 알려진 사람들이다.

　　현재의 국가 재통합과 재건 단계에서 가장 중요한 질문은 20세기와 마찬가지로 그대로 남아있다. 즉, 현재의 정부 지도자, 종교계의 구성원, 반체제 집단, 정당, 민간 재단, 외국 정부는 해결의 편에 설 것인가? 아니면 계속 문제의 일부가 될 것인가?

결론

이 책에 기술한 대로 미얀마의 역사를 이제 살펴보았으니, 그 역사가 일어난 인구학적, 지리적, 정치적, 언어종족학적, 사회문화적 환경의 대부분이 당분간 지속될 것이라는 점을 염두에 두고 특별히 같은 지역(동남아)에 걸쳐 발생했던 역사적 사건을 경험한 이웃 국가들과 비교해 볼 때 미얀마의 미래는 어떤 모습으로 예상할 수 있을까?

역사학자들은 보통 예측하기를 싫어하지만(그렇게 하길 좋아하는 정치학자들에게 늘 맡겨둔다) 그럼에도 위의 질문에 답해보자면, 독자들은 개인적인 정치 철학에 부합하는 이론적 관점보다 국가의 기록된 역사에 근거한 관점에서 논하기를 바라는 것 같다. 따라서 처음부터 독자들에게 국가가 그 역사적 궤적과 상반되는 방향으로 전개되길 기대하거나 아니면 좀 더 정확하게 말하자면 그렇게 되길 바라는 것은 비현실적이고 낭만적(심지어 해로운)인 생각이며, 어떤 경우에도 그렇게 되지 않는다는 사실을 상기시켜야 한다. 이러한 점을 염두에 둔다면 이 지역(동남아)의 어떤 나라가 장차 미얀마와 비슷할까?

미얀마는 오늘날 동남아시아에서 가장 근대적이고 세속적인 국가인 싱가포르와 닮지 않을 것인데, 이 나라의 정통성과 인식은 '새로움'과 '근대성'에 기반하고 있지만, 미얀마의 경우는 '오래됨'과 '전통'에 근거를 두고 있다. 부분적인 이유로 국가라는 점에서 싱가포르는 미얀마에게는 부담이 되었던 역사적 '짐' 같은 것이 없었고 매우 유능한 지도자를 갖고 1965년 거의 깨끗한 백지 상태에서 시작했다. 또한, 비록 짧은 기간의 공화국이지만 싱가포르는 국가로서 식민지 지배나 탈식민지화를 경험한 적이 없었고, 특별히 식민지 시대를 거친 동남아의 모든 국가가 경험하였고 또한 미얀마에서는 반세기 이상 지속되었던 탈식민지 이후 예외 없는 폭력적 여파였던 내전을 겪은 적이 없었다. 게다가 싱가포르는 270제곱마일(역주-약 700㎢/부산 약 770㎢)의 영토에 인구 5백만 명이 약간 넘는 도시 국가에 불과하며, 사실상 '국어'인 영어를 사용하는 세 언어종족 공동체(중국인, 말레이인, 인도인)로만 구성되지만, 미얀마는 약 5,900만 명의 인구와 26만 제곱마일(역주-약 67.6만㎢/한국 약 10만㎢)의 영토에 10개 이상의 주요 언어가 사용되고 있다. 마지막으로 싱가포르인들은 당당하게 돈벌이라는 공통의 '이념'과 미래 비전을 공유한다.

말레이시아의 농촌 지역은 미얀마와 매우 흡사한 전형적인 동남아 원주민 사회로 보이지만, 사실 두 나라는 근본적으로 아주 다르다. 말레이시아는 무슬림 사회이고, 해양과 상업 중심의 사회이며, 대부분의 역사 속에서 그런 모습이었다. 식민지와 탈식민지 경험 모두 미얀마에 비하면 상대적으로 온건한 편이었다. 그 결과 식민지 시대 이후는 (이른바 '비상사태'도 있었지만) 비교적 안정적이었으며, 유능한 지도부가 큰 장애 없이 현대 사회를 구축하는 데 집중할 수 있었다. 싱가포르만큼 세속적이지는 않지만, 말레이시아의 종교와 (분권화된) 종교 조직은 오랫동안 국가의 사회경제적 구조의 큰 부분으로 자리 잡았으며, 언어종족적 구성은 싱가포르와 매우 유사하다. 그 덕분에 말레이시아는 미얀마가 직면했던 내부의 무력적이고 폭력적인 저항이나 반대 같은 것에 큰 방해를 받지 않고 전면적인 경제 및 정치 근대화와 국가 건설을 추진할 수 있었고, 그리하여 오늘날 말레이시아가 선두 자리에 머물 수 있는 초석을 만들게 하였다. 미얀마의 근대사는 이보다 더 다를 수 없었고, 미얀마의 미래도 말레이시아와 비슷할 것 같지 않아 보인다.

필리핀의 오랜 스페인 식민지 경험 및 그 역사가 필리핀 문화, 특히 종교(가톨릭)에 침투한 깊이에 비해서 미얀마의 상대적으로 짧은 식민지 경험(그리고 그 영향)을 고려하면 더욱 비슷하지 않다. 여기에 필리핀의 섬과 해양이라는 지정학적 특성, 미국의 식민지가 되면서 미국의 가치와 제도를 받아들인 점, 영어의 광범위한 지식과 사용 및 (남부 지역의 중앙 정부에 대한 반감에도 불구하고) 일반적으로 서구 문화를 선호하는 감정적 정서까지 더하면 미얀마와 구별되는 틈새는 더욱 넓어진다. 두 나라 원주민의 기반이 (말레이시아와 마찬가지로) 동남아인이고, 이 섬나라의 언어종족 구성도 미얀마만큼이나 다양하지만, 미얀마의 미래는 필리핀과 비슷할 가능성은 매우 낮아 보인다.

미얀마는 태국과 가령 상좌부 불교의 근대 세계와의 (때론 열정적이고 때론 꺼리는) '수용'의 태도라든지 비슷한 지정학적 환경에서 비롯된 농촌 개발과 농업적 관심에 초점을 두는 등 여러모로 닮았다. 하지만, 태국의 언어종족 구성은 미얀마만큼 복잡하지 않다. 즉 '모국어'가 따이어(역주-Tai, 따이어족의 모어로 타이어, 라오어, 샨어 등이 여기에 속함)인 사람들이 거의 전체 인구를 차지하며 압도적인 언어종족적 다수를 차지하고 있다. 이러한 공통 언어와 문화는 수십 년 동안 통합의 상징(실질적인 핵심)이었던 존경받는(사랑받지는 못하지만) 군주의 확고한 존재를 중심으로 굳건히 다져졌으며, 이는 생동감 있는 근대 태국 건설에 큰 힘이 되었다. 마지막으로, 태국은 식민지 지배를 받지 않아서 미얀마를 황폐화한 탈식민지 내전을 경험하지 않았다. 그 결과 두 나라는 특정 서방 강대국에 대한 시각이 근본적으로 달라 현재의 세력 제휴 관계와 외교 정책도 서로 다르다. 오늘날 미얀마에 대한 중국의 영향과 태국에 대한 미국의 영향은 두 이웃 국가에 흥미로운 변화를 불러올 것으로 예상된다.

충격적인 식민지 역사, 일본과의 제2차 세계대전에서의 양면적 경험, 전후 독립을 위한 치열한 투쟁 및 특히 독립 이후 문제에 대한 군사적 해결이라는 측면에서 미얀마는 인도네시아와 닮았다. 실제로 2008년 미얀마 헌법이 '의회'의 일정 비율의 의석을 군부에 할당했던 인도네시아의 기존 헌법(수하르토 이전)의 핵심 요소를 채택한 이유 중 하나가 바로 이 두 나라의 근대사적 경험의 유사성 때문일 수 있다. 미얀마의 '통제(disciplined) 민주주의'는 인도네시아의 '교도(guided) 민주주의'의 반향이라고 할 수 있어서, 양국 간에는 보이는 것보다 더 많은 이념적 공감대가 존재한다. 근대 미얀마와 인도네시아의 '국부'의 딸들이 모두 최근 몇 년 동안 국가 정치에서 지도자 역할을 맡게 되었다는 점도 기묘한 유사점이다. 그러나 이러한 유사점에도 불구하고, 도서의 구성과 인접하지 않은 영토의 크기, 이슬람교와 국가 내의 공식적, 비공식적 장소, 중국보다는 호주와의 인접성 및 관계 증진 그리고 벵골만, 윈난, 중국을 경유하는 옛 실크로드에 위치한 미얀마보다는 말라까 해협이라는 지정학적 위치 등을 고려할 때 인도네시아는 미얀마와는 다른 경제적 미래를 갖고 있다.

반세기에 걸친 미얀마의 내전은 국가 건설이라는 측면에서 파괴적이고 불안정한 것이지만 캄보디아의 '킬링필드'나 베트남의 프랑스와 미국 전쟁에 비하면 아무것도 아니었다. 그런데도 세 나라 모두 폭력적이고 충격적인 탈식민지 경험은 그들 국민의 마음에 무정부와 무질서라는 공통된 공포를 심어주었다. 이러한 경험으로 인하여 캄보디아의 대학살이 주로 자생적으로 발생했지만, 냉전 속의 강대국의 간여로 그 환경이 조성되었다는 이유로 특정 서방 강대국에 대한 깊은 의혹이 남게 되었다. 베트남인들은 대개 북쪽의 큰 이웃 국가에 대한 저항의 역사를 자랑스럽게 여기지만, 미얀마의 역사에서는 그것은 기념할 만한 일이 아니다. 오히려 미얀마의 미래는 현재 중국과의 동맹을 연장하고 거기에 의존하는 것에 더욱 연관되어 있다. 베트남이나 캄보디아가 미얀마의 미래 모델이 되지는 못하겠지만, 동남아의 다른 어떤 국가보다 그들과 닮은 모습을 보일 가능성이 높다.

물론 미얀마의 역사적 궤적이 미래를 향해 계속 나아갈지 그 여부는 무엇이 교차하고

간여하는가에 따라 달라질 것이다. 앞 장에서 언급했듯이, 어떤 이유로든 극단적인 무질서가
재발한다면, 새로운 '통제 민주주의'는 시험대에 오르고 유보될 수 있을 것이다. 그렇다 하더
라도 이는 일시적인 현상이고 결국 대의제 정부로 돌아갈 것이다. 왜냐하면 그러한 변동은
지금까지 늘 일어났던 역사적 패턴이었고, '험티 덤티'(Humpty Dumpty)가 다시 원래의 형태
로 복귀하는 것은 역사적으로나 구조적으로 너무 흔히 발생했었다.

　　현 정부 역시 이전의 거의 전체적인 사회주의적 특징 중 일부(또는 많은 부분)를 유지하기
보다 경제적으로 큰 시장 형성을 향한 현재의 길을 계속 걸어갈 가능성이 높다. 그러나 미얀
마 정부는 중국 모델처럼 시장 개척에 있어서 중요한 역할을 계속할 것처럼 보인다. 미얀마
는 아시아와 다른 지역에서 필요하고 원하는 것을 상당 부분 얻을 수 있어서, 미얀마에 가해
진 그 유명하고도 혹독한 경제 제재로 일어날 일은 상징적인 측면을 제외하면 거의 중요하
지 않다. 그리고 이러한 정치적, 경제적 변화가 제대로 정착되고 제도화될 기회가 생긴다면,
사회문화적 변화도 나란히 그 뒤를 따라갈 수 있을 것이다. 하지만, 너무 장밋빛 예단을 하지
말 것이니, 미얀마는 향후 50년 이내에 그 어떤 경우라도 현재의 대만, 한국, 싱가포르 같은
모습은 볼 수 없을 것이다.

　　결국 미얀마의 미래는 다른 누구도 아닌 미얀마 자신의 과거, 역사적 패턴, 인적·물적
환경, 신념에 의해 형성될 것이다. 그리하여 미얀마의 우선순위는 주로 농업과 국내 문제에
머물 것이며, 그 정부는 주로 토착 및 외국의 사상과 현실이 혼합된 중앙집권적일 것이며, 그
사회는 상좌불교와 토착적인 초자연주의에 굳건히 기초할 것이다. 요컨대, 향후 미래에 있어
서 미얀마의 과거는 그 현재의 지울 수 없는 부분으로 계속 남을 것이다.

참고문헌

Adas, Michael, *The Burma Delta: Economic Development and Social Change on an Asian Rice Frontier, 1852-1941* (Madison, WI, 1974)

Andaya, Leonard Y., *Leaves of the Same Tree: Trade and Ethnicity in the Straits of Melaka* (Honolulu, HI, 2008)

Aung Myint, *Kaung Kin Dat Pon Mya Hma Myanma She Haung Myo Taw Mya* [항공 사진 속의 미얀마 고대 왕도, 미얀마어] (Yangon, 1998)

Aung San, *Burma's Challenge* (Yangon, 1974)

Aung San Suu Kyi, *Freedom from Fear and Other Writings* (New York, 1991)

Aung Thaw, *Excavations at Beikthano* (Rangoon, 1968)

__________, 'Expert team conducting research on ancient objects unearthed in Budalin Township', *Myanmar Alin* (1999), pp. 5, 12

__________, *Historical Sites in Burma* (Rangoon, 1972)

__________, 'The 'Neolithic' culture of the Padah-lin Caves', *Asian Perspectives*, XIV (1973), pp. 123-33

Aung Thein (Phra Phraison Salatak), 'Intercourse between Siam and Burma', *Journal of the Burma Research Society*, XXV/2 (1935), pp. 49-108

__________, 'Intercourse between Siam and *Burma*', *Journal of the Burma Research Society*, XXVIII/2 (1938), pp. 109-76

__________, 'Our Wars with the *Burmese*', *Journal of the Burma Research Society*, XL/2 (1957), pp. 135-238

__________, 'Our Wars with the *Burmese*', *Journal of the Burma Research Society,* XL/2(a) (1957), pp. 241-345

__________, 'Our Wars with the *Burmese*', *Journal of the Burma Research Society,* XXXVI-II/2 (1955), pp. 121-96

Aung-Thwin, Maitrii, 'British Counter-Insurgency Narratives and the Construction of a Twentieth-Century Burmese Rebel' (PhD, University of Michigan, 2001)

__________, *The Return of the Galon King: History, Law, and Rebellion in Colonial Burma* (Athens, OH, 2010)

__________, 'Structuring Revolt: Communities of Interpretation in the Historiography of the Saya San *Rebellion*', *Journal of Southeast Asian Studies,* XXXIX/2 (2008), pp.297-317

Aung-Thwin, Michael, '1948 and Burma's Myth of Independence', in *Independent Burma at Forty Years: Six Assessments,* ed. Josef Silverstein (Ithaca, NY, 1989), pp. 19-34

__________, 'A New/Old Look at "Classical" and "Post-Classical" Southeast Asia/Burma', in *New Perspectives on the History and Historiography of Southeast Asia: Continuing Explorations,* ed . Michael Aung-Thwin and Kenneth R. Hall (London, 2011), pp. 25-55

__________, '*Athi, Kyun Taw, Hpaya Kyun*: Varieties of Commendation and Dependence in Pre-Coloniai Burma', in *Slavery, Bondage and Dependency in Southeast Asia,* ed. Anthony Reid (New York, 1983), pp. 64-89

__________, 'Ava and Pegu: A Tale of Two Kingdoms', unpublished manuscript

__________, 'A Tale of Two Kingdoms: Ava and Pegu in the Fifteenth Century', *Journal of Southeast Asian Studies,* XLII/1 (2011), pp. 1-16

__________, 'The British "Pacification" of Burma: Order without Meaning', *Journal of Southeast Asian Studies,* XVI (1985), pp. 245-61

__________, 'Burma', in *Encyclopedia of Asian History,* ed. Ainslie T. Embree (New York, 1988), pp. 202-4

__________, 'Burma before Pagan: The Status of Archaeology Today', *Asian Perspectives,* XXV (1982-3), pp. l-21

__________, 'Burmese Historiography-Chronicles (*Yazawin*)', in *Making History: A Global Encyclopedia of Historical Writing,* ed. D. R. Woolf (New York, 1997), pp. 119-22

__________, 'The "Classical" in Southeast Asia: The Present in the Past', *Journal of Southeast Asian Studies,* XXVI/1 (1995), pp. 75-91

________, 'Divinity, Spirit, and Human: Conceptions of Classical Burmese Kingship', in *Centers, Symbols and Hierarchies: Essays on the Classical States of Southeast Asia,* ed. Lorraine Gesick (New Haven, CT, 1983), pp. 45-86

________, 'Heaven, Earth and the Supernatural World: Dimensions of the Exemplary Center in Burmese History', in *The City As a Sacred Center: Essays on Six Asian Contexts,* ed. Holy Baker Reynolds and Bardwell Smith (Leiden, 1987), pp. 88-102

________, '*Hmannan Mahayazawindawgyi* [The Great Royal Chronicle of the Glass Palace]', in *Making History: A Global Encyclopedia of Historical Writing,* ed. D. R. Woolf (New York, 1998), pp. 417-19

________, *Irrigation in the Heartland of Burma: Foundations of the Pre-Colonial Burmese State* (DeKalb, IL, 1990)

________, 'Jambudipa: Classical Burma's Camelot', *Contributions to Asian Studies,* XVI (1981), pp. 38-61

________, 'Kingship in Southeast Asia', in *Encyclopedia of Religion,* ed. Mircea Eliade (New York, 1987), pp. 333-6

________, 'The Legend that Was Lower Burma', in *International Conference on Texts and Contexts* (Yangon, 2001)

________, 'Lower Burma and Bago in the Historyof Burma', in *The Maritime Frontier of Burma: Exploring Political, Cultural and Commercial Interaction in the Indian Ocean World, 1200-1800,* ed. Jos Gommans and Jacques Leider (Leiden,2002), pp. 25-57

________, *The Mists of Ramanna: The Legend that Was Lower Burma* (Honolulu, 2005)

________, 'Mranma Pran: When Context Encounters Notion', *Journal of Southeast Asian Studies,* XXXIX/2 (2008), pp. 193-217

________, *Myth and History in the Historiography of Early Burma: Paradigms, Primary Sources, and Prejudices* (Athens and Singapore, 1998)

________, 'The Myth of the "Three Shan Brothers" and the Ava Period in Burmese *History*', *Journal of Asian Studies,* LV/4 (1996), pp. 881-901

________, 'Of Monarchs, Monks, and Men: Religion and the State in Myanmar', *Asia Research Institute Working Paper Series,* 127 (2009), pp. 2 -31

________, 'Origins and Development of the Field of Prehistory in Burma', *Asian Perspectives Special Issue: The Archaeology of Myanma Pyay (Burma),* XL/1 (2001), pp. 6-34

________, *Pagan: the Origins of Modern Burma* (Honolulu, 1985)

__________, 'Parochial Universalism, Democracy *Jihad,* and the Orientalist Image of Burma: the New Evangelism', *Pacific Affairs,* LXXIV/4 (2001/2), pp. 483-505

__________, 'Principles and Patterns of the Precolonial Burmese State', in *Tradition and Modernity in Myanmar: Proceedings of an International Conference Held in Berlin from May 7th to May 9th, 1993,* ed. Uta Gartner and Jens Lorenz (Berlin, 1994), pp. 15-44

__________, 'The Problem of Ceylonese-Burmese Relations in the Twelfth Century and the Question of an Interregnum in Pagan: 1165-1174 *A.D.',* *Journal of the Siam Society,* LXIV (1976), pp. 53-74

__________, 'Prophecies, Omens, and Dialogue: Tools of the Trade in Burmese Historiography', in *Historical Essays in Honor of Kenneth R. Rossman,* ed. Kent Newmyer (Lincoln, NE, 1980), pp. 171-85

__________, 'A Reply to *Lieberman',* *Journal of Asian Studies,* XL/1 (1980), pp. 87-90

__________, 'The Role of *Sasana* Reform in Burmese History, Economic Dimensions of a Religious Purification', *Journal of Asian Studies,* XXXVIII/4 (1979), pp. 671-88

__________, 'Shift of Capital in Burma', *Asian Studies Newsletter* (2006), p. 9

__________, 'Spirals in Burmese and Early Southeast Asian *History',* *Journal of Interdisciplinary History,* XXI/4 (1991), pp. 575-602

__________, 'Toungoo and Burma in Southeast Asian *History',* *Journal of Southeast Asian Studies,* XVI (1985), pp. 150-8

Aung-Thwin, Michael with Carl Hefner, 'Making of Modern Burma', CD-ROM (2001)

Ba Maw, 'Research on the Early Man in Myanmar', *Myanmar Historical Research Journal,* I (1995), pp. 213-20

Ba Maw *et al.,* 'Artifacts of Anyathian Cultures Found in a Single Site', in *Essays Given to Than Tun on His 75th Birthday: Studies in Myanma History* (Yangon, 1999), pp. 7-15

Ba Shin, ed., *Essays offered to G. H. Luce by His Colleagues and Friends in Honour of His Seventy-Fifth Birthday,* 2 vols (Ascona, 1966)

Bannya Dala, *Yazadarit Ayedawpon* [야자더잇 왕의 실록, 미얀마어] (Yangon, 1974)

Bellwood, Peter, 'Southeast Asia before History', in *The Cambridge History of Southeast Asia. Volume One: From Early Times to c. 1800,* ed. Nicholas Tarling (Cambridge, 1992), pp. 55-136

Benda, Harry J., 'The Structure of Southeast Asian History: Some Preliminary Observations',

Journal of Southeast Asian History, III (1962), pp. 106-38

Bennett, Paul J., 'The "Fall of Pagan": Continuity and Change in 14th Century Burma', in *Conference Under the Tamarind Tree: Three Essays in Burmese History* (New Haven, CT, 1971), pp. 3-53

Bode, Mabel Haynes, *The Pali literature of Burma* (London, 1909)

Burma Fund-UN Office, *Burma's 2010 Elections: A Comprehensive Report* (New York, 2011)

Cady, John, *A History of Modern Burma* (Ithaca, NY, 1958)

Callahan, Mary Patricia, 'The Origins of Military Rule in Burma' (PhD, Cornell University, 1996)

__________, *Making Enemies: War and State Building in Burma* (Ithaca, NY, 2003) Chhibber, Harbans Lal and R. Ramamirtham, *The Geology of Burma* (London, 1934)

Chutintaranond, Sunait, "Cakravartin": The ideology of traditional warfare in Siam and Burma, 1548-1605' (PhD, Cornell University, 1990)

__________, 'King Bayinnaung in Thai Perception, Historical Writings and Literary Works', in *Traditions in Current Perspective* (Yangon, 1996), pp. 59-67

Cooler, Richard M., *Brjtish Romantic Views of the First Anglo-Burmese War, 1824-1826* (Dekafb, IL, 1977)

Cox, Hiram, *Journal of a Residence in the Burmham Empire and More Particularly at the Court of Amarapoorah* (London, 1821)

Dalrymple, A., *Reprint from Dalrymple's Oriental Repertory, 1891-7 of Portions Relating to Burma,* vols I-II (Rangoon, 1926)

de Terra, Helmut and H. L. Movius, Jr, 'Research on Early Man in Burma. I - The Pleistocene of Burma by H. de Terra. II - The Stone Age of Burma by H. L. Movius, Jr', *Transactions of the American Philosophical Society,* XXXII (1943), pp. 271-393

Dijk, W. O., *Seventeenth-century Burma and the Dutch East India Company, 1634-1680* (Singapore, 2006)

Duroiselle, Charles, ed., *A List of Inscriptions Found in Burma, Archaeological Survey of Burma* (Rangoon, 1921)

Faria e Sousa, Manuel de, *The Portugues, Asia: Or, the Discovery and Conquest of India by the Portugues,* trans. Captain John Stevens, 3 vols (Farnborough, 1971)

Federici, Cesare, *Voyages and Travels of Cesar Frederick in India* (Edinburgh, 1811), pp. 142-211

Furnivall, J. S. and Pe Maung Tin, eds, *Zambudipa Okhsaung Kyan* (Yangon, 1960)

Goh, Geok Yian, 'Cakkravatiy Anuruddha and the Buddhist Oikoumene: Historical Narratives of Kingship and Religious Networks in Burma, Northern Thailand, and Sri Lanka (11th-14th Centuries)' (PhD, University of Hawaii, 2007)

Grave, Peter and Mike Barbetti, 'Dating the City Wall, Fortifications, and the Palace Site at Pagan', *Asian Perspectives,* XL/1 (2001), pp. 75-87

Gutman, Pamela, 'Ancient Arakan: With Special Reference to its Cultural History between the 5th and 11th Centuries' (PhD Australian National University, 1976)

Gutman, Pamela and Bob Hudson, 'The Archaeology of Burma, from the Neolithic to Pagan', in *Southeast Asia: from Prehistory to History,* ed. Ian Glover and P. Bellwood (Abingdon and New York, 2004), pp. 149-76

Hall, D.G.E., *Burma* (London and New York, 1950)

__________, 'The Daghregister of Batavia and Dutch Trade with Burma in the Seventeenth Century', *Journal of the Burma Research Society,* XXIX/2 (1939), pp. 139-56

__________, *Early English Intercourse with Burma 1587-1743* (London, 1968)

__________, *Europe and Burma: A Study of European Relations with Burma to the Annexation of Thibaw's Kingdom, 1886* (London and New York, 1945)

__________, *A History of South-East Asia,* 3rd edn (London, Melbourne and New York, 1968)

__________, *Hanthawady Hsinbyumyashin Ayedawbon,* trans. Thaw Kaung and San Lwin, *Myanmar Min Mya Ayedawbon* (Yangon, 1967), pp. 319-95

Harvey, G. E., *A History of Burma: From the Earliest Times to 10 March 1824: The Beginning of the English Conquest* (London, 1925)

Herbert, Patricia M., *The Hsaya San Rebellion (1930-1932) Reappraised* (London and Clayton, Australia, 1982)

Hla Pe, *Burma: Literature, Historiography, Scholarship, Language, Life, and Buddhism* (Singapore, 1985)

Horsey, Richard, 'Outcome of the Myanmar Elections', *SSRC Conflict Prevention and Peace Forum* (17 November 2010)

Htin Aung, *History of Burma* (New York, 1967)

Hudson, Bob, 'The King of "Free Rabbit" Island: A GIS-Based Archaeological Approach to Myanmar's Medieval Capital, Bagan', in *Myanmar Two Millennium Conference* (Yangon, 2000), pp. 10-20

__________, 'Iron in Myanmar', *Enchanting Myanmar,* V (2006), pp. 6-9

__________, 'Myanmar's Early Urban Centres: Some Proposals for Computer Mapping and

Analysis of Archaeological Data', in *Traditions of Knowledge in Southeast Asia* (Yangon, 2003)

__________, 'The Nyaungyan "Goddesses": Some Unusual Bronze Grave Goods from Upper Burma', *Journal of the Asian Arts Society of Australia,* X/2 (2001), pp. 4-7

__________, 'The Origins of Bagan' (PhD, University of Sydney, 2004)

__________, 'The Origins of Bagan: New Dates and Old Inhabitants', *Asian Perspectives Special Issue: The Archaeology of Myanma Pyay (Burma),* XL/1 (2002), pp. 48-74

__________, 'A Pyu Homeland in the Samon Valley: A New Theory of the Origins of Myanmar's Early Urban System', in *Myanmar Historical Commission Conference Proceedings* (Yangon, 2005), pp. 59-79

Hudson, Bob and Nyein Lwin, 'Archaeological Excavations and Survey, Yon Hlut Kyun, Bagan, Myanmar: A Preliminary Report', in *Report to Director General of Archaeology* (Yangon, 1999)

Hudson, Bob, Nyein Lwin and Win Maung (Tanpawady), 'Digging for Myths: Archaeological Excavations and Surveys of the Legendary Nineteen Founding Villages of Pagan', in *Asian Perspectives Special Issue: The Archaeology of Myanma Pyay (Burma),* ed. Miriam T. Stark and Michael Aung-Thwin (Honolulu, 2002)

__________, *Religion, Law and Tradition: Comparative Studies in Religious Law* (London and New York, 2002)

__________, 'Sanction in the Theravada Buddhist Kingdoms of S.E. Asia', *Transactions of the Jean Bodin Society for Comparative Institutional History,* LVIII/4 (1991), pp. 335-70

__________, 'Thai, Mon, and Burmese Dhammathats – Who Influenced Whom?' in *Thai Law, Buddhist Law: Essays on the Legal History of Thailand, Laos, and Burma,* ed. Andrew Huxley (Bangkok, 1996)

Ikeya, Chie, *Re.figuring Women, Colonialism, and Modernity in Burma* (Honolulu, 2011)

International Crisis Group, 'Myanmar's Post-Election Landscape', *Crisis Group Asia Briefing,* 118 (Jakarta/ Brussels, 2011)

Kala, U., *Mahayazawingyi* [대왕통사, 미얀마어], ed. Saya Pwa, 3 vols (Yangon, 1960)

Koenig, William J., 'The Burmese Polity, 1752-1819: A Study of Kon Baung Politics, Administration, and Social Organization', *Michigan Papers on South and Southeast Asia,* 34 (Ann Arbor, MI, 1990)

Lach, Donald F., *Southeast Asia in the Eyes of Europe: The Sixteenth Century* (Chicago and

London, 1968)

Laichen, Sun, 'Chinese Historical Sources on Burma: A Bibliography of Primary and Secondary Works', *Journal of Burma Studies,* II (1997), pp. 1-116

__________, 'Ming-Southeast Asian Overland Interactions, 1368—1644' (PhD, University of Michigan, 2000)

LeBar, Frank M., Gerald Cannon Hickey and John K. Musgrave, eds, *Ethnic Groups of Mainland Southeast Asia* (New Haven, CT, 1964)

Letwe Nawyahta and Twinthintaik Wun, *Alaungmintaya Ayedawpon* [얼라웅퍼야 왕의 실록, 미얀마어], ed. Hla Tin, 2 vols (Yangon, 1961)

Levenson, Joseph R., ed., *European Expansion and the Counter-Example of Asia, 1300-1600* (Englewood Cliffs, NY, 1967)

Lieberman, Victor B., 'An Age of Commerce in Southeast Asia? Problems of Regional Coherence-A Review Article', *Journal of Asian Studies,* LIV/3 (1995), pp. 796-807

__________, *Burmese Administrative Cycles: Anarchy and Conquest, c. 1580-1760* (Princeton, NJ, 1984)

__________, 'The Burmese Dynastic Pattern, circa 1590-1760: An Administrative and Political Study of the Taung-ngu Dynasty and the Reign of Alaung-phaya' (PhD, University of London, 1976)

__________, 'Ethnic Politics in Eighteenth-Century Burma', *Modern Asian Studies,* XII/3 (1978), pp. 455-82

__________, 'Excising the "Mon Paradigm" from Burmese Historiography', *Journal of Southeast Asian Studies,* XXXVIII (2007), pp. 377-83

__________, 'How Reliable is U Kala's Burmese Chronicle? Some New Comparisons', *Journal of Southeast Asian Studies,* XVII/2 (1986), pp. 236-55

__________, 'A New Look at the Sasanavamsa', *Bulletin of the School of Oriental and African Studies,* XXXIX (1976), pp. 137-49

__________, 'Reinterpreting Burmese History', *Comparative Studies in Society and History,* XXIX (1987), pp. 162-94

__________, *Strange Parallels: · Southeast Asia in Global Context, c. 800-1830* (Cambridge, 2003)

__________, 'The Transfer of the Burmese Capital from Pegu to Ava', *Journal of the Royal Asiatic Society of Great Britain and Ireland,* I (1980), pp. 64-83

Luce, G. H., 'The Ancient Pyu', in *Burma Research Society Fiftieth Anniversary Publications*

(Rangoon, 1960), pp. 307-21

__________, 'A Cambodian(?) Invasion of Lower Burma – A Comparison of Burmese and Talaing Chronicles', *Journal of the Burma Research Society,* XII/1 (1922), pp. 39-45

__________, 'The Career of Htilaing Min (Kyanzittha)', *Journal of the Royal Asiatic Society,* I-II (1966), pp. 53-68

__________, 'Countries Neighbouring Burma: Parts 1 & 2', *Journal of the Burma Research Society,* XIV/2 (1924), pp. 137-205

__________, 'Dvaravati and Old Burma', *Journal of the Siam Society,* LIII/1 (1965), pp. 9-26

__________, 'The Early *Syam* in Burma''s History: A Supplement', *Journal of the Siam Society,* XLVII/1 (1959), pp. 59-101

__________, 'Economic Life of the Early Burman', in *Burma Research Society Fiftieth Anniversary Publications* (Rangoon, 1960), pp. 323-75

__________, 'Mons of the Pagan *Dynasty*', *Journal of the Burma Research Society,* XXXVI/1 (1953), pp. 1-19

__________, 'Note on the Peoples of Burma in the 12th-13th Century AD', *Census of India,* XI/1 (1931), pp. 296-306

__________, *Old Burma-Early Pagan,* 3 vols (New York, 1969-70)

__________, 'Old Kyaukse and the Coming of the Burmans', *Journal of the Burma Research Society,* XLII/1 (1959), pp. 75-109

__________, *Phases of Pre-Pagan Burma: Languages and History,* 2 vols (Oxford and New York, 1983), vol. I

__________, 'Sources of Early Burma History', in *Southeast Asian History and Historiography: Essays Presented to D.G.E. Hall,* ed . C. D. Cowan and O. W. Wolters (Ithaca, NY, 1976)

Luce, G. H. and Pe Maung Tin, eds, *Inscriptions of Burma,* 5 vols (Rangoon, 1933-56)

__________, *Selections from the Inscriptions of Pagan* (Rangoon, 1928)

Ma Ma Lay, *Not Out of Hate: A Novel of Burma,* trans. Margaret Aung-Thwin (Athens, OH, 1991)

Marks, John .E., *Forty Years in Burma* (London, 1917)

Maung Maung, *Burma's Constitution* (The Hague, 1959)

Maung Maung Tin, ed., *Konbaungset Mahayazawindawgyi* [꽁바웅 왕조의 대왕통사, 미얀마어], 3 vols (Yangon, 1967)

Mendelson, E. Michael, 'The King of the Weaving Mountain', *Royal Central Asian Journal,*

XLVIII (1961), pp. 229-37

__________, 'A Messianic Buddhist Association in Upper Burma', *Bulletin of the School of Oriental and African Studies,* XXIV (1961), pp. 560-80

__________, 'Observations on a Tour in the Region of Mount Popa, Central Burma', *France-Asie,* XIX/179 (1963), pp. 786-807

__________, *Sangha and State in Burma: A Study of Monastic Sectarianism and Leadership* (Ithaca, NY, 1975)

Ministry of Information, Myanmar, 'Hsinbyushin Ayedawbon', in *Myanmar Swai-Son Kyan* [Myanmar Encyclopaedia] (Yangon, 1960)

Moore, Elizabeth, 'Bronze and Iron Age Sites in Myanmar: Chindwin, Samon, and Pyu', *SOAS Bulletin of Burma Research,* I/1 (2003), pp. 24-39

__________, *Early Landscapes of Myanmar* (Bangkok, 2007)

Moore, Elizabeth and Aung Myint, 'Finger-Marked Designs on Ancient Bricks in Myanmar', *Journal of the Siam Society,* LIIIX/2 (1991), pp. 81-102

Moore, Elizabeth and U. Pauk Pauk, 'Nyaung-gan: A Preliminary Note on a Bronze Age Cemetery Near Mandalay, Myanmar (Burma)', *Asian Perspectives Special Issue: The Archaeology of Myanma Pyay (Burma),* XL/1 (2002), pp. 35-47

Morris, T. O., 'Copper and Bronze Antiquities from Burma', *Journal of the Burma Research Society,* XXVIII (1938), pp. 95-9.

__________, 'The Konbyin Terrace of the Irrawaddy at Thayetmyo', *Journal of the Burma Research Society,* XXVI (1936), pp. 163-9

__________, 'A Palaeolith from Upper Burma', *Journal of the Burma Research Society,* XXII (1932), pp. 19-20.

__________, 'A Palaeolith from Yenangyaung', *Journal of the Burma Research Society,* XXVI (1936), pp. 119-21

__________, 'The Prehistoric Stone Implements of Burma'', *Journal of the Burma Research Society,* XXV (1935), pp. 1-39

Movius, H. L. Jr, 'Palaeolithic Cultures of the Far East', *Transactions of the American Philosophical Society,* XXXVIII/4 (1948), pp.335-411

__________, 'The Stone Age of Burma', *Transactions of the American Philosophical Society,* Part II, XXXII (1943), pp. 271-393

Myanma Alin (Wednesday, 8 December 2010), pp. 1, 9

Myint Aung, 'The Capital of Suvannabhumi Unearthed?' *Shiroku,* 10 (1977), pp. 41-53

_________, 'The Development of Myanmar Archaeology', *Myanmar Historical Research Journal*, 9 (2002), pp. 11-29

_________, 'The Excavations at Halin', *Journal of the Burma Research Society*, LIII/2 (1970), pp. 55-04

_________, 'The Excavations of Ayethama and Winka (?Suvannabhumi)', in *Essays Given to Than Tun on his 75th Birthday: Studies in Myanma History* (Yangon, 1999), pp. 17—64

Naw, Angelene, *Aung San and the Struggle for Burmese Independence* (Chiang Mai, 2001).

Ni Ni Myint, *Burma's Struggle against British Imperialism: 1885-1895* (Rangoon, 1983)

Nyi Nyi, 'Old Stone Age of Burma', *Working Peoples Daily* (1988)

Nyunt Han, Win Maung (Tanpawady) and Elizabeth Moore, 'Prehistoric Grave Goods from the Chindwin and Samon River Regions', in *Burma: Art and Archaeology*, ed. Alexander Green and T. Richard Blurton (Chicago, 2002)

Okudaira, Ryuji, 'The Burmese Dhammathat', in *Laws of South-East Asia. Volume I: The Pre-Modern Texts*, ed. M. B. Hooker (Singapore, 1986), pp. 23-142

Oshegov, Sergey S. (U Kan Hla), 'Pagan: Development and Town Planning', *Journal of the Society of Architectural Historians*, XXXVI/1 (1977), pp. 15-29

Parker, Edward Harper, *Burma: With Special Reference to Her Relations with China* (Rangoon, 1893)

Pe Maung Tin, ed., *The Glass Palace Chronicle of the Kings of Burma*, trans. Ehrhardt Exp MTPe Maung Tin and G. H. Luce (New York, 1976)

_________, *Myanma-Sapei Thamaing* [History of Burmese Literature] (Yangon, 1948)

Phayre, Sir Arthur, *History of Burma Including Burma Proper, Pegu, Taungu, Tenasserim, and Arakan* (London, 1883)

_________, 'History of Pegu', *Journal of the Asiatic Society of Bengal*, XLII/1 (1873), pp. 23-57

Pichard, Pierre, 'A Distinctive Technical Achievement: The Vaults and Arches of Pagan', in *The Art of Burma: New Studies*, ed. Donald M. Stadtner (Mumbai, 1999)

_________, *Inventory of Monuments at Pagan*, 8 vols (Gartmore, 1992-2000)

_________, *The Pentagonal Monuments of Pagan* (Bangkok, 1991)

Pinto, Ferdinand Mendez, *The Voyages and Adventures of Ferdinand Mendez Pinto, The Portuguese*, trans. Henry Cogan (London, 1891)

Pires, Tomâe, Armando Cortesäao and Francisco Rodrigues, *The Suma Oriental of Tome*

Pires: *An Account of the East, from the Red Sea to Japan, Written in Malacca and India in 1512-1515; and, The Book of Francisco Rodrigues*: *Rutter of a Voyage in the Red Sea, Nautical Rules, Almanack and Maps, Written and Drawn in the East before 1515,* Hakluyt Society 2nd ser., 89-90 (Nendeln, Liechtenstein, 1967)

Pranke, Patrick Arthur, 'The "Treatise on the Lineage of Elders" (*Vamsadipani*): Monastic Reform and the Writing of Buddhist History in Eighteenth-Century Burma' (PhD, University of Michigan, 2004)

Reid, Anthony, *Southeast Asia in the Age of Commerce - 1450-1680, Volume One*: *The Lands below the Winds* (New Haven, CT, 1988)

Sangermano, Father, *A Description of the Burmese Empire Compiled Chiefly from Burmese Documents by Father Sangermano,* trans. William Tandy (New York, 1969)

Scott, James C., *The Art of Not Being Governed*: *An Anarchist History of Upland Southeast Asia* (New Haven, CT, 2009)

__________, *Weapons of the Weak*: *Everyday Forms of Peasant Resistance* (New Haven, CT, 1985)

Sithu Gamani Thingyan, *Zimme Yazawin* [Chronicle of Chiang Mai], trans. Thaw Kaung and Ni Ni Myint, ed. Tun Aung Chain (Yangon, 2003)

Smail, John, 'On the Possibility of an Autonomous History of Modern Southeast Asia', *Journal of Southeast Asian History,* II/2 (1961), pp. 72-102

Solheim, Wilhelm G., 'Early Bronze in Northeastern Thailand', *Current Anthropology,* IX (1968), pp. 59-62

__________, 'New Light on a Forgotten Past', *National Geographic,* 139 (1971), pp. 330-39

Spiro, Melford E., 'Buddhism and Economic Action in Burma', *American Anthropologist,* LXVIII/5 (1966), pp. 1163-73

__________, *Buddhism and Society*: *A Great Tradition and Its Burmese Vicissitudes* (New York, 1970)

__________, *Burmese Supernaturalism* (Englewood Cliffs, NJ, 1967)

Stargardt, Janice, *The Ancient Pyu of Burma* (Cambridge, 1990)

__________, *Tracing Thought through Things*: *The Oldest Pali Texts and the Early Buddhist Archaeology of India and Burma* (Amsterdam, 2000)

Stark, Miriam T. and Michael Aung-Thwin, eds, *Asian Perspectives Special Issue*: *The Archaeology of Myanma Pyay* (*Burma*), XL (Honolulu; 2001)

Strachan, Paul, *Pagan*: *Art & Architecture of Old Burma* (Whiting Bay, Scotland, 1989)

Steinberg, David I., 'Is Burma Finally Poised for Change?', *Pacific Forum*, 3, (Honolulu, 2011)

__________, *Burma/Myanmar: What Everyone Needs to Know* (New York, 2009)

Symes, Michael, *An Account of an Embassy to the Kingdom of Ava, Sent by the Governor-General of India, in the Year 1795* (London, 1800)

Tarling, Nicholas, ed., *The Journal of Henry Burney in the Capital of Burma 1830-1832* (Auckland, 1995)

Taylor, Jean Gelman, *Indonesia: Peoples and Histories* (New Haven, CT, and London, 2003)

Taylor, Robert H., 'Perceptions of Ethnicity in the Politics of Burma', *Southeast Asian Journal of Social Sciences*, X/1 (1982), pp. 7-22

__________, *The State in Myanmar* (Honolulu, 2009)

Tha Myat, Thiripyanchi, *Mon Myanma Ekaya Thamaing* [몬어와 미얀마어 문자의 역사, 미얀마어] (Yangon, 1956)

__________, *Myazedi Khaw Gubyauk Kyi Pyu Kyauksa* [먀제디, 구　찌 사원의 쀼어 비문, 미얀마어] (Rangoon, 1958)

__________, *Pyu Phat Ca* [쀼어 강독, 미얀마어] (Rangoon, 1963)

Than Tun, 'Administration Under King Thalun (*1629-1648*)', *Journal of the Burma Research Society*, LI/2 (1968), pp. 173-88

__________, 'The Buddhist Church in Burma During the Pagan Period: 1044-1287' (PhD, University of London, 1955)

__________, 'Emperor without [an] Empire', *English for.All*, 62 (1992), pp. 71-4

__________, 'Hanthawady Sinbyushin: An Autobiogaphy', *Golden Myanmar*, I/4 (1994), pp. 13-15

__________, 'History of Buddhism in Burma: A.D. 1000—1300', *Journal of the Burma Research Society*, LXII/1 and 2 (1978), pp. 1-266

__________, 'History of Burma: A.D. 1300-1400', *Journal of the Burma Research Society*, XLII/2 (1959), pp. 119-33

__________, *The Royal Orders of Burma, A.D. 1598-1885*, 10 vols (Kyoto, 1983-90)

Thant Myint U, *The Making of Modern Burma* (New York, 2001)

__________, *The River of Lost Footsteps* (New York, 2006)

Thaw Kaung, 'Accounts of King Bayinnaung's Life and Hanthawady Hsinbyu- myashin Ayedawbon, a Record of his Campaigns', *Myanmar Historical Research Journal*, II (2003), pp. 23-42

________, 'Ayedawbon Kyan, An Important Myanmar Literary Genre Recording Historical Events' (unpublished paper, Bangkok, 2000)

Thin Kyi, 'The Old City of Pagan', in *Essays Offered to G. H. Luce by His Colleagues and Friends in Honour of His Seventy-Fifth Birthday,* ed. Ba Shin (Ascona, 1966), pp. 179-88

Tin Hla Thaw, 'History of Burma: A.D. 1400—1500', *Journal of the Burma Research Society,* XLII/2 (1959), pp. 135-51

Tin Shein, ed., *Hmannan Mahayazawindawgyi* [유리궁 대왕통사, 미얀마어], 3 vols (Yangon, 1967)

Tonkin, Derek, 'Network Myanmar', www.networkmyanmar.org

Trager, Frank N., William J. Koenig and Yi Yi, eds, *Burmese Sit-táans 1764-1826: Records of Rural Life and Administration* (Tucson, 1979)

Tun Aung Chain, 'Pe Maung Tin and Luce's Glass Palace Revisited', *Journal of Burma Studies,* IX (2004), pp. 52-69

________, ed., *Chronicle of Ayutthaya: A Translation of the Yodaya Yazawin* (Yangon, 2005)

Universities Historical Research Centre, *Proceedings of the Workshop on Bronze Age Culture in Myanmar* (Yangon, 1999)

Vink, M., 'Seventeenth-Century Burma and the Dutch East India Company, 1634-1680', *Journal of the Economic and Social History of the Orient* (2008)

Wales, H. G. Quaritch, 'Dvaravati in South-East Asian Cultural History', *Journal of the Royal Asiatic Society,* I-II (1966), pp. 40-52

Wheatley, Paul, *Nagara and Commandery: Origins of the Southeast Asian Urban Traditions* (Chicago, 1983)

Wiant, Jon, 'Tradition in the Service of Revolution: The Political Symbolism of *Taw-hlan-ye-khit*', in *Military Rule in Burma Since 1962: A Kaleidoscope of Views,* ed. F. K. Lehman (Singapore, 1981), pp. 59-72

Wicks, Robert S., 'The Ancient Coinage of Mainland Southeast *Asia*', *Journal of Southeast Asian Studies,* XVI/2 (1985), pp. 195-225

Woodman, Dorothy, *The Making of Burma* (London, 1962)

Wyatt, David K., 'Relics, Oaths and Politics in Thirteenth-Century *Siam*', *Journal of Southeast Asian Studies,* XXXII/1 (2001), pp. 3-65

Yi Yi, 'Burmese Sources for the History of the Konbaung Period 1752-1885', *Journal of*

Southeast Asian Studies, VI (1965), pp. 48—66

Yule, Henry, *A Narrative of the Mission to the Court of Ava in 1855 Compiled by Henry Yule together with the Journal of Arthur Phayre, Envoy to the Court of Ava, and Additional Illustrations by Colesworthy Grant and Linnaeus Tripe with an Introduction by Hugh Tinker* (New York, 1968)

역자 후기

본서의 번역 도중에 저자의 한 명인 마이클이 지병으로 세상을 떠났다. 그동안 이런저런 평계로 느릿느릿 걸어가던 번역 작업이 뛰어가게 만든 계기가 되었다. 아쉽기만 하다. 그의 생전에 자기 저서의 한국어판 출판을 보았다면 얼마나 좋았을까 하는 그런 미안한 마음이 든다. 한국어판 판권 결정에 대해 무척 좋아해 주었던 그 모습이 생각난다. 마이클의 미얀마 역사 연구에 대한 노정은 역자가 그의 사망 직후 『동남아시아연구』(31권 3호, 69-77)에 간략하게 썼던 논평의 글에 담았다. 그래서 여기 역자 후기에서 저자의 연구 성과에 관한 이야기는 생략하였다. 이 역서는 그의 영전에 올린다.

마이클의 아들이자 싱가포르국립대 역사학과 교수인 마이트리(캠브리지대 출판사 발행의 저널 JSEAS의 편집인)가 공저로 발행한 원서는 세계적인 미얀마 전문가인 로버트 H. 테일러가 추천사에서 언급한 대로 "사료에 충실한 진정한 미얀마 역사서"로 손색이 없다. 지금까지 여러 권의 미얀마 역사서가 발행되었지만, 사실 역사 기술의 '진정한' 의미로 들여다보면 미얀마를 이해하기에 너무나 문제가 많았던 것이 사실이었다. 본서의 구성과 가치에 대해서는 저자들이 서론에 잘 나타내고 있으니, 그것을 읽어봐 주길 바란다. 현대 정치사에서 미얀마와 이모저모로 접촉이 많아 그곳에 관심이 많은 한국에서 이제 제대로 된 역사서를 소개하게 되어 그것만으로도 너무나 가슴이 벅차다. 30년 이상 미얀마와 인연을 맺어온 역자에게도 이 책에 등장하는 역사적 사실에서 생소한 것이 많았다. 그때마다 미얀마 전문가라고 하면서 이걸 어찌 몰랐을까 하는 자책도 생겼고, 새롭게 깨닫는 사실도 잘못 알고 있었던 사실도 많았다.

마이클과 마이트리의 해박한 지식에서 나오는 부가 설명적인 문체는 한국어로 옮기기에 너무 힘들었지만, 역사서 번역을 통하여 미얀마를 제대로 볼 수 있었다는 것만으로도 그 동안의 힘든 여정을 상쇄하고도 남는다. 본 역자의 제자이자 이 책의 공동 저자인 마이트리의 제자(싱가포르국립대 역사학과 박사과정 수료)이며 근현대사 부분을 맡아 번역에 참여했던 공동 역자 강민지 양도 같은 생각이었을 것이다. 여전히 만족스럽지 못한 부분이 많지만, 역자들의 한계가 있다는 사실을 토로하니 독자들의 너그러운 이해를 바란다.

이번 번역을 통하여 원서에 삽입된 지도, 표, 사진, 그림 등은 정확히 세 개를 제외하고 독자들의 가독성을 높이기 위해 모두 역자가 직접 그리거나 찍었던 것으로 교체하였으며, 근현대사 부분의 이해를 돕기 위해 원본에 없는 새로 추가한 삽화도 있다. 이 과정에서 발견한 원본의 오류는 저자의 확인을 받아 모두 수정하였다. 인명, 지명, 전문용어 등의 미얀마어는 음성학적 지식을 발휘하여 원어 발음을 살리고 우리말의 규칙에도 어긋나지 않게 표기하였다. 철저하게 미얀마어의 우리말 표기는 영어가 아닌 원어인 미얀마어 표현을 기준으로 하여 아마도 생소한 표기에 놀랄 수도 있을 것이다. 영어 표현을 우리말로 옮겨 정말 이상한 발음으로 등장했던 언론에서 사용되는 모든 표기는 과감하게 완전히 무시하였다. 만달레이는 만덜레, 바간은 버강, 로힝야는 로힝자 등이 그 대표적인 예이다. 조만간 미얀마어의 한국어 표기에 대하여 내 개인적 생각을 적어볼 예정이다. 그러나 너무나 대중에게 익숙한 표현은 그대로 사용할 수밖에 없었다. 미얀마, 아웅산 등 몇 개의 말은 고치지 않았다.

번역에서 힘든 작업 중의 하나인 어색하고 잘못된 문장이나 표현의 수정, 이른바 교정과 교열을 기꺼이 자원하여 감당해 주었던 제자 임지혜 박사에게 이 자리를 빌려 깊은 감사를 전하고 싶다. 하지만, 번역에 있어서 오류는 전적으로 역자들의 책임이다. 마지막으로 이 책의 발행을 위해 복잡한 실무를 도와준 동아대 아세안연구소의 이진아 박사님과 역서를 모양새 있게 만들어 주신 도서출판 진인진의 담당 선생님들과도 출판의 기쁨을 나누고 싶다.

본서의 사진/그림/지도의 출처

저자와 발행인은 아래와 같은 저작물을 사용할 수 있도록 허락해 주신 분들에게 감사를 표한다. (역자는 저자의 허락을 받아 일부 원본의 희미한 지도를 선명하게 다시 그렸으며, 분간하기 어려운 사진이나 그림도 역자 소유물로 대체하였고, 문맥을 돕는 사진을 삽입하기도 하였다.)

Michael Aung-Thwin, *Pagan: The Origins of Modern Burma* (Honolulu, HI, 1985): p. 92

저자 제공: pp. 39, 68, 93, 104, 114, 119, 121, 168, 185

Google Earth 제공: pp. 69 (© 2011 Cnes/Spot Image, © 2011 Mapabc.com, image © 2011 Digital-Globe, © 2011 Google), 110 (image © 2011 GeoEye, © 2011 Europa Technologies, image © 2011 DigitaGlobe, © 2011 Google), 130 (© 2011 Mapabc.com, image © 2011 GeoEye, © 2011 Google)

Bob Hudson 제공 사진: pp. 58, 61

Lee Li Kheng 제공 지도: pp. 36, 46, 57, 78, 79

Our Heritage Homes 제공 사진: p. 214

Victor B. Lieberman, *Burmese Administrative Cycles: Anarchy and Conquest, c. 1580-1760* (Princeton, NJ, 1984): p. 135

V. C. Scott O'Connor, *Mandalay and Other Cities of the Past in Burma* (London, 1907): p. 172

Wikimedia commons 제공: pp. 150 (CC BY 2.0), 157 (CC BY-SA 4.0)

역자 제공 사진/그림/지도: pp. 11, 12, 17, 19, 20, 21, 22, 24, 70, 72, 88, 89, 100, 102, 161, 167, 169, 226, 227, 229, 236, 243, 262, 267

색인

A

AFPFL　36, 246, 247, 250, 258, 260, 261, 263, 264, 272, 289, 309

B

BCP　294

BDA　255, 256, 259, 260

BIA　250, 254, 255, 256, 257, 258, 259, 260, 272

BNA　36, 260

BSPP　269, 272, 275, 276, 278, 279, 280, 281, 283, 284, 285, 287, 289, 302, 306, 309, 310

G

GCBA　236, 237, 238, 239, 244

GCSS　238, 240

K

KNDO　263, 264

KNU　260, 263

N

NLD　284, 287, 288, 289, 290, 291, 292, 293, 294, 300, 302, 303, 304, 305, 306, 307

NUP　302, 304

P

PVO　263

S

SLORC　284, 285, 287, 289, 291, 292, 293, 294, 310

SNDP　302, 303

SPDC　270, 284, 293, 294, 301, 302, 310

U

USDP　301, 302, 304, 305, 306, 307, 309

Y

YMBA　235, 236

한국어

ㄱ

건조 지대　19, 83, 91, 92, 103, 112, 123, 134, 136, 137, 138, 140, 143, 144, 145, 147, 150, 153, 175, 177

경제 제재　14, 15, 271, 293, 295, 298, 307, 316

공산주의　254, 255, 258, 260, 261, 262, 263, 265, 270, 272, 276, 281, 283, 286, 288, 289

미얀마 역사-전통과 변혁

초판 1쇄 발행 | 2024년 5월 31일

지은이 | 마이클 아웅뜨윙·마이트리 아웅뜨윙
옮긴이 | 박장식·강민지
발행인 | 김태진
발행처 | 진인진
등   록 | 제25100-2005-000003호
주   소 | 경기도 과천시 관문로 92, 101-1818
전   화 | 02-507-3077-8
팩   스 | 02-507-3079
홈페이지 | http://www.zininzin.co.kr
이메일 | pub@zininzin.co.kr

ⓒ 동아대학교 아세안연구소 2024
ISBN 978-89-6347-594-3 93910

* 책값은 표지 뒤에 있습니다.